Das Taufbecken von Siena

The Baptismal Font from Siena

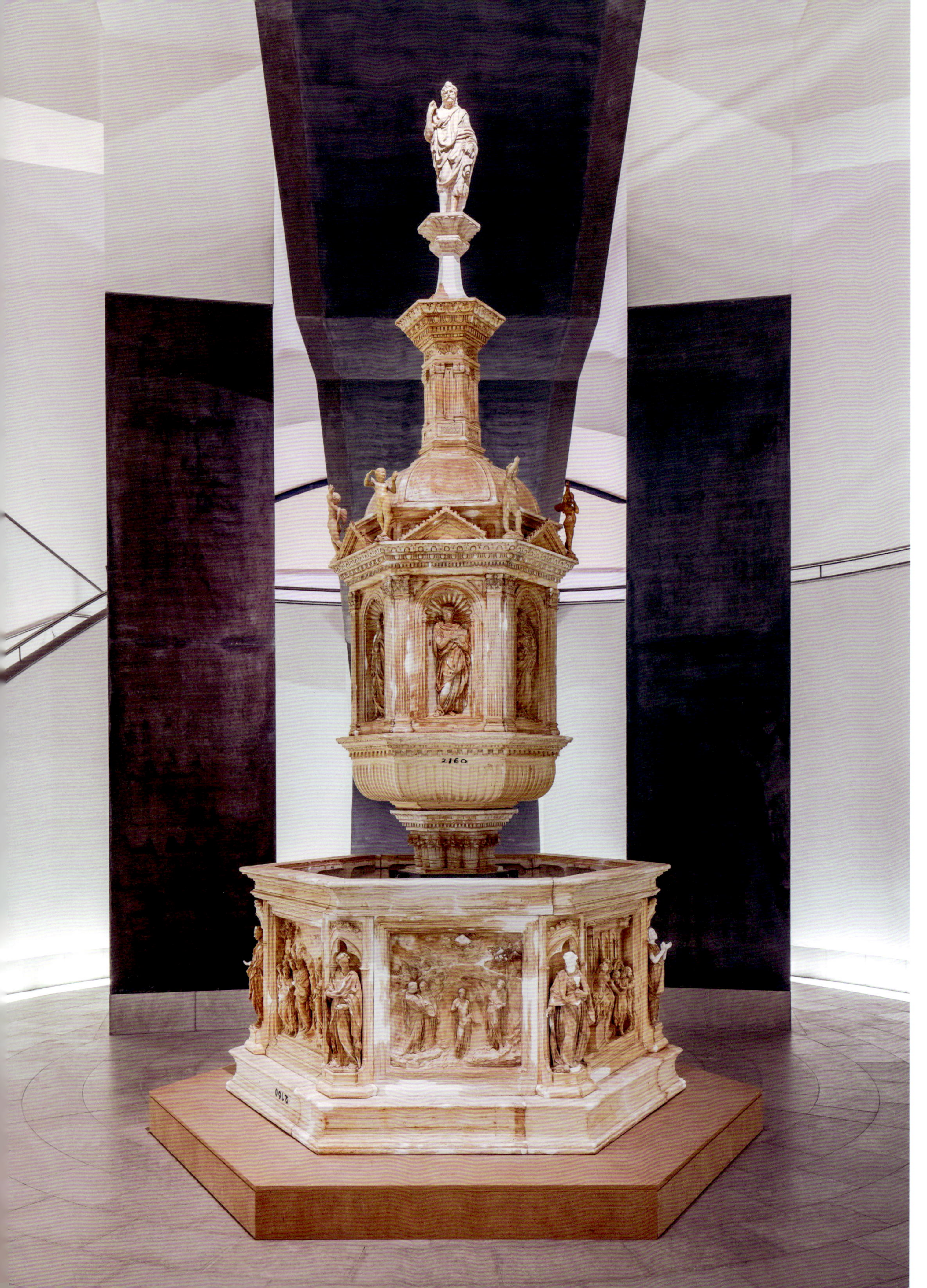

DAS TAUFBECKEN VON SIENA

THE BAPTISMAL FONT FROM SIENA

Geschichte, Restaurierung und Wiederaufstellung eines Gipsmodells

History, Restoration and Reinstallation of a Plaster Cast Model

für die / for the Staatliche Museen zu Berlin
herausgegeben von / edited by Neville Rowley und / and Veronika Tocha

mit einem Fotoessay von / with a photo essay by Fabian Fröhlich

und Beiträgen von / and contributions by Aurelia Badde, Eckart Marchand, Ricardo Mendonça, Neville Rowley und / and Veronika Tocha

übersetzt von / translated by Eckart Marchand

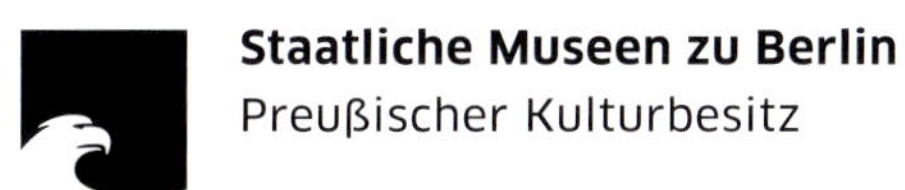

Staatliche Museen zu Berlin
Preußischer Kulturbesitz

SCHNELL + STEINER

INHALT

CONTENTS

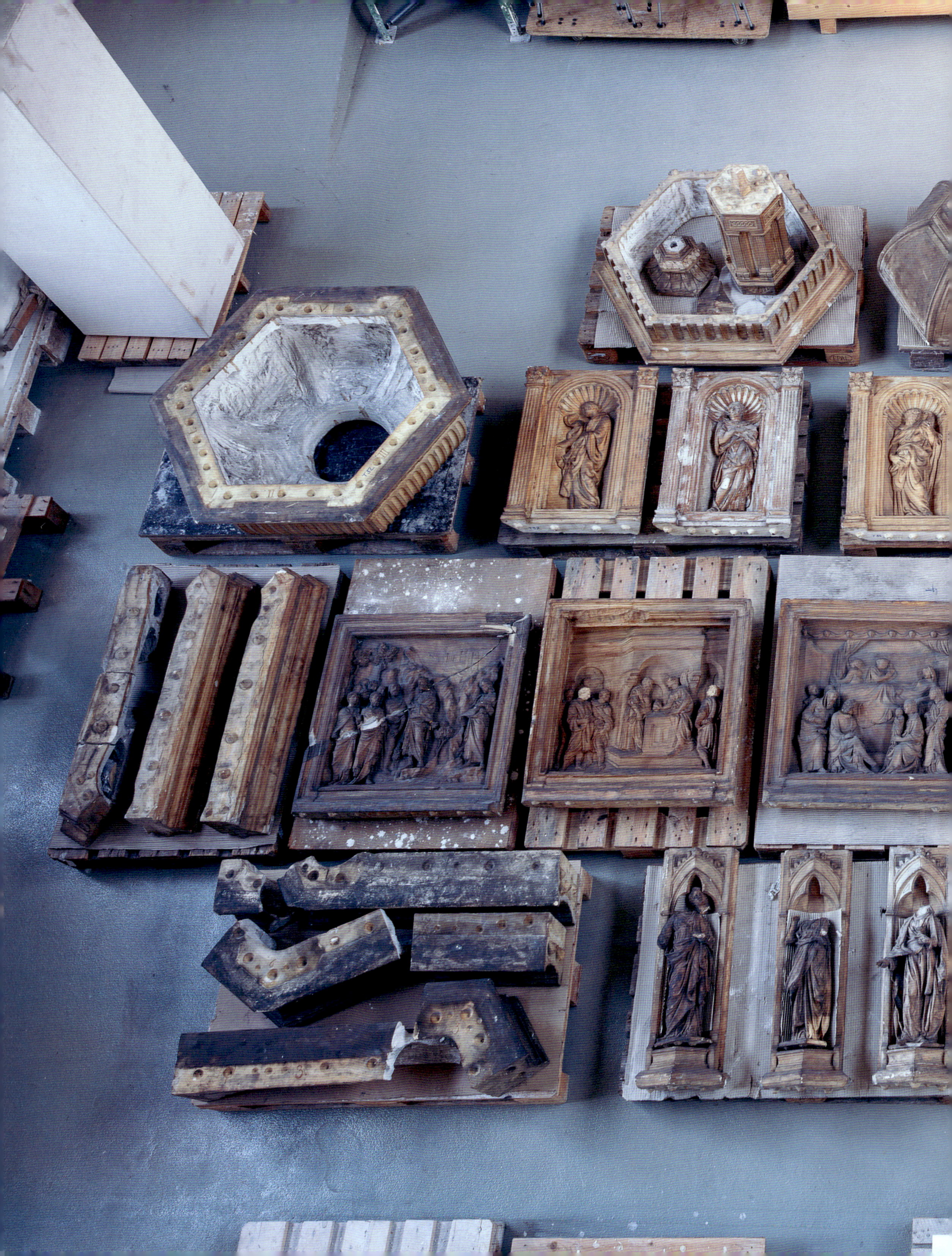

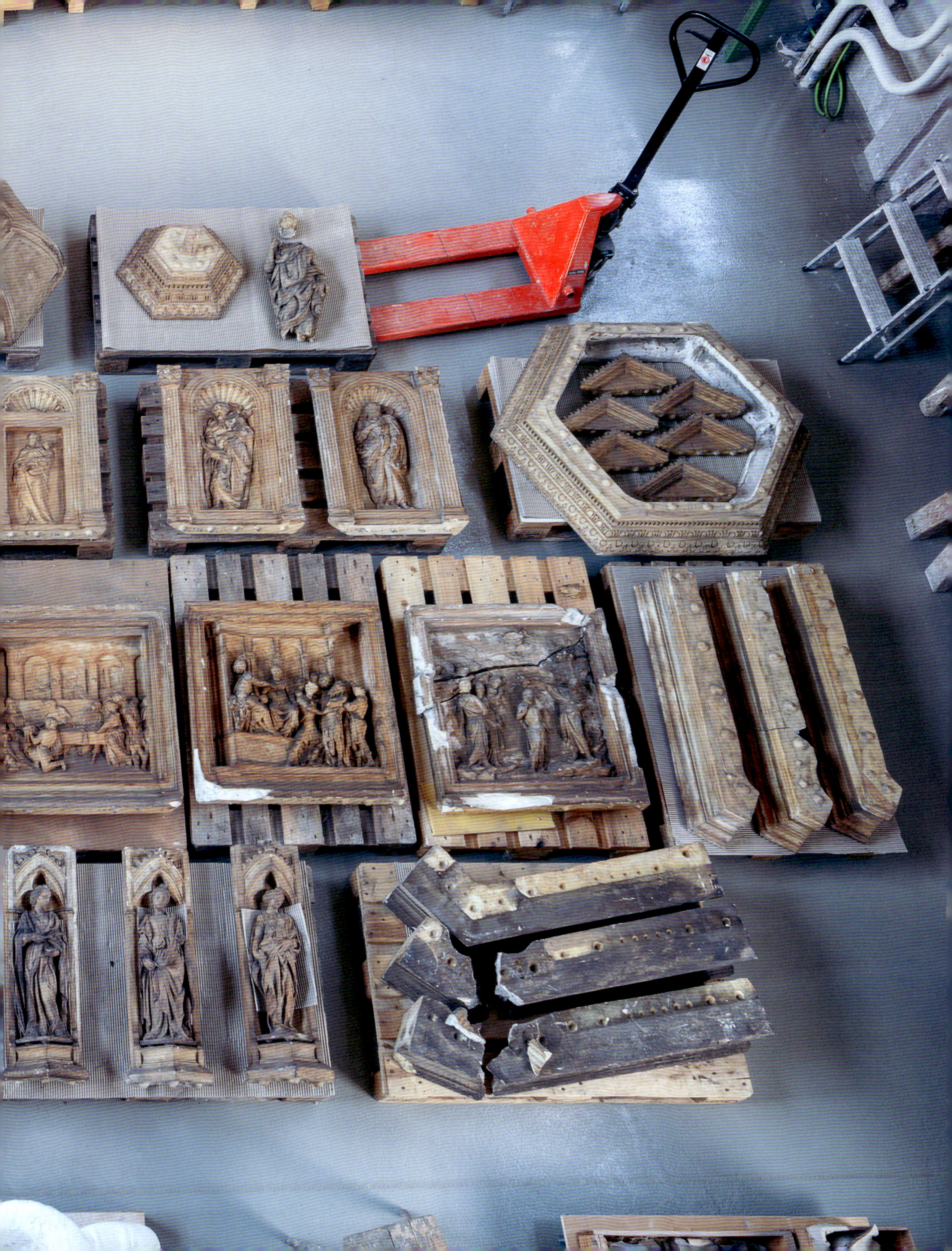

←

Die aus den Lagerregalen geborgenen Teilmodelle vor der Restaurierung, arrangiert und fotografiert von Philip Radowitz im Januar 2022.

Von unten nach oben: je sechs Teilmodelle des Sockels, der Nischen, der Nischenfiguren, des Becken-Gesimses, der Becken-Reliefs, der Tabernakel-Reliefs, der Giebel sowie die Teilmodelle des Tabernakel-Unterbaus, des Tabernakel-Gesimses, des Tambours, der Kuppel, der Laterne, des Laternen-Gesimses, des Piedestals, des oberen Gesimses und der Bekrönungsfigur; nicht abgebildet: die Teilmodelle des Mittelpfeilers sowie der sechs Putti. Siehe auch das Schema auf S. 102–103.

The model parts recovered from the storage shelves before restoration, arranged and photographed by Philip Radowitz in January 2022.

From bottom to top: six model parts each, of: the socle, niches, niche figures, basin cornice, basin reliefs, tabernacle reliefs, pediments; the model parts representing the tabernacle support, tabernacle cornice, drum, dome, lantern, lantern cornice, pedestal, upper cornice, and the crowning figure. Not shown: models of the central pillar and the six putti. See also the diagram on p. 102–103.

PAUL HOFMANN

VORWORT

Das Material Gips spielte für Kunstschaffende schon immer eine besondere Rolle. Aus Stuck, einer mit Zuschlagstoffen angereicherten Gipsmischung, wurden seit der Antike Kunstwerke, kunsthandwerkliche Gegenstände, Schmuck und anderes hergestellt. Das Material konnte gegossen, geschnitzt oder modelliert werden. Der Rohstoff Gips (Calciumsulfat) war einfach herzustellen. Gipshaltiges Gestein wurde dafür zerkleinert, gebrannt und gemahlen. So war im künstlerischen Schaffensprozess Gips ein wichtiges Hilfsmittel, da er sich als Material für das Erstellen von Modellen und zum Abformen in hervorragender Weise eignete, ob in der Metallgießerei, in der Bildschnitzerei oder in der Steinbildhauerei. Gegen Mitte des 18. Jahrhunderts verwendeten Steinbildhauerwerkstätten Gips als Material für die Abformung von zuvor in Ton modellierten Ergänzungen wie Arme, Beine und Köpfe, die zur Vervollständigung und Restaurierung antiker Statuen dienten. Beispielhaft dafür stehen die Werkstatt von Lambert-Sigisbert Adam in Paris oder der Bildhauer und Restaurator Bartolomeo Cavaceppi in Rom. Mit der Industrialisierung konnte reinerer und feinkörnigerer Gips hergestellt werden, womit sich nicht nur die Härte des Endproduktes verbesserte, sondern auch seine Feinheit. Die höhere Qualität war für die Fertigung von Gipskopien eine wichtige Voraussetzung, da die Wiedergabe feinster Details möglich wurde.

Als sich in der ersten Hälfte der 19. Jahrhunderts die Wunder- und Kunstkammern der europäischen Königshäuser für das breite Publikum öffneten, erste Museen in Europa entstanden und der konkurrierende Erwerb originaler Kunstwerke

PREFACE

For those involved in the production of art, plaster has always played a special role. *Stucco*, a mixture of gypsum and additives, has been used since ancient times to create works of art, craft objects and ornaments. It could be cast, carved or modelled. Gypsum, the raw material constituted of calcium sulphate, was easy to produce by crushing, firing and grinding gypsum-bearing stone. Plaster thus became an important auxiliary medium for a variety of artistic processes, as it was an excellent material for making models and moulds, whether in metal foundries or for woodcarving and stone sculpture. Towards the middle of the eighteenth century, when restoring and completing ancient marble sculptures, sculptors used gypsum-based plaster in their workshops to mould additions such as arms, legs or heads that had been modelled first in clay. The workshops of Lambert-Sigisbert Adam in Paris or Bartolomeo Cavaceppi in Rome are important examples of this practice. As industrialisation progressed, purer and finer plaster became available, improving not only the strength of the final product but also the definition it could have. This higher quality was an important prerequisite for the production of plaster copies, as it made it possible to reproduce the most subtle details.

In the first half of the nineteenth century, as various European royal houses began to open the doors of their cabinets of curiosities and art collections to a wider public, as the first museums were founded in Europe, and as the art trade thrived on the competition to acquire original works of art from Antiquity and the Italian Renaissance, gypsum-based plaster

der Antike und der italienischen Renaissance den Kunsthandel erblühen ließ, bekam der Werkstoff Gips eine weitere Bedeutung. Denn es gab eben nur einen originalen *David* von Michelangelo in Florenz. Zugleich wollten viele Museen dieses und viele andere bedeutende Werke der Weltgeschichte auch in ihren Ausstellungen präsentieren. Um dieser stark wachsenden Nachfrage gerecht zu werden, entstanden größere Gipswerkstätten, nur darauf spezialisiert, Originale zu kopieren und in die Museen der Welt zu liefern. Später wurde auch die Farbgebung des Originals meisterlich imitiert. Die Kopie sollte so authentisch wie möglich das originale Kunstwerk wiedergeben. Ob Bronze, Marmor oder Elfenbein – das Erscheinungsbild des Abgusses war für die Kunstmaler in den Werkstätten in Europa eine große Herausforderung, wie die eindrucksvollen Malmodelle in der Berliner Gipsformerei der Staatlichen Museen zu Berlin zeigen.

Der Bildhauer Christian Friedrich Tieck leitete zwischen 1830 und 1851 die königliche Sammlung. Er erstellte für das erste Königliche Museum (heute Altes Museum) gleichermaßen die Verzeichnisse der originalen Bildwerke wie auch der Gipsabgüsse. Vor diesem Hintergrund entstand in den 1870er Jahren auch die Abformung des bedeutenden Taufbeckens in Siena. Denn auch Berlin wollte einen Abguss des kolossalen Beckens von Jacopo della Quercia, Lorenzo Ghiberti und Donatello, dem »Erfinder der Renaissance«, besitzen, wie die Ausstellung in der Gemäldegalerie 2022/23 in Berlin ihn betitelte.

Für Wilhelm Bode war es von elementarer Bedeutung, auch Gipsabgüsse europäischer Kunstwerke

took on a new importance as a working material. There was only one original of Michelangelo's *David* in Florence, but many museums wanted to display this and other world-famous works in their exhibition rooms. To meet this growing demand, large plaster casting workshops developed, specialising in the production and supply of copies for museums around the world. Later, the colouring of the originals was also imitated with great skill, with the intention that the copy should reproduce the original as authentically as possible. Whether the original was in bronze, marble or ivory, the final appearance of the cast was seen as a great challenge by the artisan painters working in these workshops throughout Europe, and the painting models in the Gipsformerei of the Staatliche Museen zu Berlin are impressive examples of this.

Between 1830 and 1851, the sculptor Christian Friedrich Tieck was in charge of the royal collection. For the first Königliches Museum (now the Altes Museum), he made inventories of both original works and plaster casts. This was the background to the casting of the important Baptismal Font from Siena in the 1870s. Berlin also wanted a cast of the colossal font by Jacopo della Quercia, Lorenzo Ghiberti and Donatello, the »Inventor of the Renaissance«, as he was designated in the 2022/23 exhibition at the Berlin Gemäldegalerie.

It was of fundamental importance to Wilhelm Bode to include plaster casts of European works of art in the collection of the »Department of Sculpture of the Christian Epochs«, which he founded in 1883 with the aim of educating museum visitors in

zur kunstgeschichtlichen Bildung des Museumspublikums in die »Abteilung der Bildwerke der christlichen Epochen« zu integrieren, die er 1883 gründete. Mit der Eröffnung des Kaiser-Friedrich-Museums, des heutigen Bode-Museums, am 18.10.1904, konnte er diesem Anspruch gerecht werden. Einen Höhepunkt in der Zusammenführung mittelalterlicher bis barocker deutscher Skulpturen mit Gipsabgüssen bedeutender Kunstwerke erreichte Wilhelm Bode in der Konzeption des Deutschen Museums. Der erste *Wegweiser zu den Hauptwerken* vom Oktober 1930 hob in seiner Einführung hervor: »Den Originalskulpturen steht eine Sammlung von Abgüssen nach hervorragenden kirchlichen Bildwerken des Mittelalters zur Seite«. Bode selbst erlebte die Eröffnung des Deutschen Museums am 02.10.1930 nicht mehr, er verstarb am 01.03.1929.

Nach 1945 verloren die Gipssammlungen an Bedeutung. Als Lapidarium mit besonderem Zugang noch bis Anfang der 1990er Jahre im Bode-Museum geöffnet, wurden diese einst so wichtigen Sammlungsbestände mit der Wiedervereinigung aufgelöst und verschwanden in den Depots. Auch die Neukonzeption im Rahmen der Generalsanierung mit der Wiedereröffnung des Hauses 2006 sah keine Verwendung dieser Bestände vor, weder als integrierter Bestandteil noch als Studiensammlung. Seither gab es kaum Bemühungen, diese historische Sammlung wissenschaftlich und restauratorisch aufzuarbeiten und wieder in die ständige Ausstellung aufzunehmen.

Der heute im Untergeschoss der kleinen Kuppel errichtete historische Abguss, auch als Gipsmodell

the history of art. With the opening of the Kaiser-Friedrich-Museum (now the Bode-Museum) on 18 October 1904, he was able to fulfil this ambition; and with his concept for the Deutsches Museum, Bode reached a high point in the compilation of German sculpture from the Middle Ages to the Baroque, with plaster casts based on major works of art. The first *Wegweiser zu den Hauptwerken* (Guide to the Major Works), published in October 1930, emphasised this in its introduction: »Alongside the original sculptures stands a collection of casts of the most outstanding ecclesiastical sculptures of the Middle Ages.« Bode himself did not live to see the opening of the Deutsches Museum on 2 October 1930. He died on 1 March 1929.

After 1945 the cast collections lost their importance. As a lapidarium, they were accessible through a separate entrance in the Bode-Museum until the early 1990s, when, in the wake of the German reunification, these once important holdings were dismantled and stored away. Furthermore, the re-conceptualisation of the museum, as part of the general refurbishment that culminated in the reopening of the building in 2006, made no provision for the display of these works, either as part of the museum's holdings or as a separate research collection. Since then, there have been few attempts by curators or conservators to recover this historic collection and reintegrate it into the permanent exhibition.

Thus, on the one hand, the historical plaster cast, also described as the plaster model of the Baptismal Font, located in the basement under the small dome, is reminiscent of earlier collections of plaster casts of

des Taufbeckens bezeichnet, ist damit einerseits als eine Reminiszenz an die früheren Sammlungen von Gipsabgüssen italienischer und deutscher Bildwerke zu verstehen, welche vor 1939 das damalige Kaiser-Friedrich-Museum und das Deutsche Museum mitprägten. Andererseits erinnert das Modell an die Auffassung Wilhelm Bodes, neben Gemälden, Architektur, Möbeln, Glasfenstern und Wandteppichen, also originalen »Bildwerken der christlichen Epochen«, auch Gipsabgüssen die gleiche Bedeutung in der Vermittlung von Kunstwerken beizumessen. Er erinnert aber auch an die Geschichte der Gipsformerei, die als erste eigenständige Sammlung der Königlichen Museen bereits 1819 gegründet wurde.

In wenigen Jahren wird die archäologische Promenade fertiggestellt. Sie wird das Bode-Museum mit dem Pergamonmuseum verbinden. Die von dort kommenden Besucher:innen werden das imposante Taufbecken beim Betreten des Museums als erstes Werk wahrnehmen können. Mit der Präsentation des Sienesichen Taufbeckens möchten die Skulpturensammlung und das Museum für Byzantinische Kunst an die lange Geschichte der Gipsabgüsse in den Staatlichen Museen erinnern und deren Wertschätzung wieder stärker in der Öffentlichkeit verankern.

Italian and German sculpture that helped to shape the Kaiser-Friedrich-Museum and the Deutsches Museum before 1939. On the other hand, this model is a reminder of Wilhelm Bode's idea that plaster casts should be given the same importance in conveying works of art as paintings, architecture, furniture, stained glass and tapestries; that is, original »Sculpture of the Christian Epochs«. The cast of the Baptismal Font is also an important reminder of the history of the Gipsformerei, which was founded in 1819 as the first collection of the Königliche Museen.

In a few years the Archaeological Promenade will be completed. This passageway will connect the Bode-Museum with the Pergamonmuseum. Visitors coming from the latter will see the imposing Baptismal Font as the first work on display when they enter the former. With the presentation of the Baptismal Font from Siena, the Skulpturensammlung and the Museum für Byzantinische Kunst wish to remind visitors of the long history of plaster casts in the Staatliche Museen zu Berlin and to re-establish their appreciation among the general public.

transl. E. Marchand

MIGUEL HELFRICH

VORWORT

Gipsabgüsse spielen in der Kunstgeschichte und in der Museumspraxis eine zentrale Rolle. Ihre Bedeutung geht weit über die reine Reproduktion von Kunstwerken hinaus und umfasst künstlerische, wissenschaftliche und pädagogische Aufgaben. In diesem faszinierenden Gemeinschaftsprojekt der Gipsformerei und der Skulpturensammlung der Staatlichen Museen zu Berlin wird das Potential von Gipsabgüssen durch die aufwändige Restaurierung des ersten Gipsmodells des Sieneser Taufbeckens und dessen Überführung in die Dauerausstellung des Bode-Museums eindrucksvoll verdeutlicht.

Das Sieneser Taufbecken gelangte im Rahmen der von der preußischen Regierung zwischen 1875 und 1883 in Italien in Auftrag gegebenen Abformungskampagnen in den Bestand der Gipsformerei. Diese Kampagnen brachten der Gipsabguss-Sammlung der Königlichen Museen einen bedeutenden Zuwachs an Formen und Modellen. Zugleich markierte diese Zeit den Aufstieg der Gipsformerei zu einem der bedeutendsten Lieferanten von Abgüssen von Renaissanceskulpturen und trug wesentlich zur internationalen Strahlkraft der Berliner Manufaktur bei.

Die Erweiterung der Sammlung führte 1891 auch zum Umzug der Gipsformerei in ein eigens dafür errichtetes Gebäude in der Sophie-Charlotten-Straße. Mit dem geplanten Neu- und Umbau an diesem Standort, im Zuge dessen auch die in den 1960er Jahren errichtete »Modellhalle« abgerissen wird, beginnt in naher Zukunft eine neue Phase mit modernen Werkstatt- und Lagermöglichkeiten, die es erleichtern werden, auch die großen und be-

PREFACE

Plaster casts play a central role in art history and museum practice. Their importance extends far beyond the simple reproduction of works of art, fulfilling as they do artistic, scholarly and educational purposes. The fascinating collaborative project between the Gipsformerei and the Skulpturensammlung of the Staatliche Museen zu Berlin, described in detail in this volume, offers a striking illustration of the potential of plaster casts in light of the lavish restoration of the first plaster model of the Baptismal Font from Siena and its transfer to the permanent display of the Bode-Museum.

The Baptismal Font entered the holdings of the Gipsformerei in the context of the casting campaigns in Italy commissioned by the Prussian government between 1875 and 1883. As a result, the number of moulds and models in the Königliche Museen's cast collection increased considerably. This period also marked the rise of the Gipsformerei as one of the most important suppliers of casts after Renaissance sculpture and contributed significantly to the international reputation of this Berlin manufactory.

The expansion of the collection also led to the move of the Gipsformerei to a purpose-built new home in Sophie-Charlotten-Straße in 1891. The planned construction and renovation work on this site, including the demolition of the 1960s »model hall«, will soon usher in a new phase with modern workshop and storage facilities. These changes will further the conservation of the large and important late nineteenth century models.

With this in mind, the restoration and presentation of the plaster model of the Siena Baptismal

deutenden Modelle des späten 19. Jahrhunderts zu konservieren.

Die Restaurierung und Präsentation des Gipsmodells des Taufbeckens von Siena im Bode-Museum und die Rekonstruktion seiner Historie erscheinen vor diesem Hintergrund als logische Fortsetzung dieser Geschichte. Die Reinigung, Restaurierung, das Nachgießen verlorener Teile und die Aufstellung des Modells waren ein komplexer Prozess, der nicht nur die technischen Fähigkeiten aller Beteiligten forderte, sondern dank dieser Anstrengung auch wertvolle Einblicke in die Geschichte und Funktion von Gipsmodellen im Allgemeinen ermöglichte. Denn der Weg vom historischen Renaissance-Monument über eine mehrteilige Gipsstückform bis hin zum vielteiligen Modell lässt sich auch auf andere Bestände der Gipsformerei übertragen.

Gipsmodelle wie das Werkstattmodell des Taufbeckens sind mehr als bloße Kopien, sie sind Zeitkapseln, die ein Kunstwerk zum Zeitpunkt der Abformung festhalten. Sie konservieren Details und Zustände, die heute am Original nicht mehr vorhanden sein können, und haben zugleich ihre eigene Objektgeschichte. Das Gipsmodell des Taufbeckens aus Siena dokumentiert einen Zustand, der sich vom heutigen Erscheinungsbild des Monumentes in Siena unterscheidet – insbesondere nach dessen ebenfalls gerade erfolgter Restaurierung. Diese Eigenschaft macht Gipsabgüsse zu unverzichtbaren Dokumenten der Kunstgeschichte.

Durch ihre Beweglichkeit und Reproduzierbarkeit können Gipsabgüsse unterschiedliche Zusammenhänge veranschaulichen. Unser Projekt bietet

Font in the Bode-Museum and the reconstruction of its biography seem a logical extension of this history. The cleaning and restoration, the re-casting of lost parts and the installation of the model were part of a complex process that not only challenged the technical skills of all those involved, but also provided valuable insights into the history and function of plaster models in general. In fact, the path from historical Renaissance monument to multi-part plaster piece mould to multi-part model can also be applied to other works in the Gipsformerei.

Plaster cast models, such as the workshop model of the Baptismal Font, are more than mere copies: they are time capsules that record a work of art at the time of mould taking. They preserve details and states of conservation that may be lost in the original today, while at the same time having their own history as objects. The cast model of the Baptismal Font from Siena documents a state of conservation that is different from the appearance of the monument in Siena today, especially after the recent restoration of the latter. This characteristic makes plaster casts essential documents of art history.

The inherent mobility and reproducibility of plaster casts allows them to illustrate different contexts and interrelationships. Our project provides an impressive example of this. The Skulpturensammlung in the Bode-Museum includes a single *Putto* from the Baptismal Font, now missing from Siena, as a »standalone«; by juxtaposing it with the plaster model of the complete Baptismal Font, the *Putto's* original context is made visible and it is thus restored to the art historical framework of which it was originally part.

dafür ein eindrückliches Beispiel: In der Skulpturensammlung im Bode-Museums befindet sich ein einzelner *Putto* als »Solitär« aus dem Taufbecken, der in Siena fehlt. Durch die Gegenüberstellung dieses *Puttos* mit dem Gipsmodell des gesamten Taufbeckens wird sein ursprünglicher Kontext sichtbar und er erhält den kunsthistorischen Rahmen, in den er ursprünglich eingebettet war.

Gipsabgüsse ermöglichen es auch, bedeutende Kunstwerke an verschiedenen Orten zugänglich zu machen. Das Taufbecken von Siena wurde von der Gipsformerei an mindestens fünf bedeutende Museen weltweit geliefert. Diese Abgüsse haben ihre eigene Geschichte und Biografie. Sie haben von der Herstellung bis zur Aufstellung zahlreiche Veränderungen erfahren. Das Projekt zeigt, welche eigene Dynamik diese Abgüsse entwickeln können.

In der Ausstellung »Das Taufbecken von Siena. Geschichte, Restaurierung und Wiederaufstellung eines Gipsmodells« und in diesem Begleitbuch werden die Funktionen und Möglichkeiten von Gipsabgüssen umfassend dargestellt. Bei über 7.000 Formnummern der Gipsformerei wird zugleich aber auch klar, dass noch viele weitere Schätze darauf warten, erforscht zu werden.

Plaster casts also make it possible to display important works of art in many different places. Casts of the Baptismal Font from Siena have been given to at least five major museums around the world. These casts have their own histories and biographies, experiencing many changes from production to presentation. This project shows how these casts have developed their own dynamics.

The exhibition »The Baptismal Font from Siena: History, Restoration and Reinstallation of a Plaster Cast Model« and the accompanying book make visible the functions and wider potential of plaster casts. But with the inventory of the Gipsformerei listing more than 7,000 moulds, it is also clear that there are many more treasures waiting to be explored.

transl. E. Marchand

NEVILLE ROWLEY · VERONIKA TOCHA

EINLEITUNG

Im September 2022 eröffnete in der Berliner Gemäldegalerie die Sonderausstellung »Donatello. Erfinder der Renaissance«, die vor dem Hintergrund der Vielfalt der Berliner Sammlungen Donatellos Erfindungsreichtum ins Zentrum rückte. Zwei Exponate der besonderen Art bildeten das Entrée zur Ausstellung: die historischen Formmodelle des Bronze-*David* und des *Heiligen Georg* aus der Sammlung der Gipsformerei. In der Ausstellung war mit dem Formmodell des *Johannes des Täufers* eine weitere Leihgabe der Berliner Manufaktur vertreten (Abb. 1). Die Gipse hatten im Ausstellungsnarrativ unterschiedliche Funktionen: Als Stellvertreter ihrer nicht ausleihbaren Originale ermöglichten sie den Besucher:innen eine Begegnung auf Augenhöhe. Als Objekte in einem immer noch selten im Museum gezeigten Werkstoff antizipierten sie die in der Ausstellung durchdeklinierte Diversität der Materialien und Techniken im Werk Donatellos – von Pappmaché und Gips über Terrakotta und Glas bis hin zu Marmor und Bronze. Und als offensichtliche Werkzeuge in einem bis heute aktiven Formereibetrieb verdeutlichten sie die Bedeutung von Reproduktionsmedien wie dem Gipsabguss oder der Fotografie für die Rezeption und Kanonisierung der Skulpturen des bedeutenden Bildhauers der italienischen Renaissance.

Die Idee zur Ausstellung »Das Taufbecken von Siena. Geschichte, Restaurierung und Wiederaufstellung eines Gipsmodells«, die seit Herbst 2024 als Dauerpräsentation im Bode-Museum zu sehen ist, entstand während der Vorbereitung der Donatello-Ausstellung. Denn sechs der insgesamt 19 vergoldeten Bronzen an dem zwischen 1417 und 1434

INTRODUCTION

September 2022 saw the opening, in the Gemäldegalerie Berlin, of »Donatello: Inventor of the Renaissance«, an exhibition that brought to the fore the wealth of Donatello's inventiveness against the backdrop of the diverse riches held in Berlin's collections. Two very special works led into the exhibition: the historical moulding models from the Gipsformerei's collection of Donatello's bronze *David* and his *St George*. It also featured another loan from the Berlin plaster casting workshop: the moulding model after Donatello's *St John the Baptist* (fig. 1). These plaster casts fulfilled a number of different functions in the exhibition narrative: as substitutes for unobtainable originals, they afforded visitors an encounter at eye level; as objects in a still rarely exhibited material, they anticipated the diversity of materials and techniques in Donatello's own work, so thoroughly documented in the exhibition – from papier mâché and plaster to terracotta, glass, marble and bronze; and, as the tangible tools of a plaster casting workshop still in operation today, they underlined the importance of reproductive media such as casts and photographs in the reception and canonisation of the works of this important Italian Renaissance sculptor.

The idea for the exhibition »The Baptismal Font from Siena: History, Restoration and Reinstallation of a Plaster Cast Model«, on permanent display at the Bode-Museum from autumn 2024, emerged during the planning of the Donatello exhibition. Made between 1417 and 1434, the Baptismal Font from the Baptistery of San Giovanni in Siena is decorated with 19 gilded bronze reliefs and statuettes,

entstandenen Taufbecken im Baptisterium von San Giovanni in Siena wurden von Donatello geschaffen. Seit 1902 befindet sich eine dieser Bronzen, der *Putto mit Tamburin* (siehe Abb. S. 138), in der Berliner Skulpturensammlung. Da die anderen Bronzen nicht ausgeliehen werden konnten, entstand der Gedanke, das historische Gipsmodell des Taufbeckens im Bestand der Gipsformerei in der Donatello-Ausstellung aufzubauen. Die 59 ausladenden und in kritischem Zustand befindlichen Teilmodelle machten diese Aufgabe jedoch unmöglich: Die Fristen waren kurz und die Pandemie tat ihr übriges. Während die eine Idee begraben werden musste, ward eine andere geboren, und so taten sich die Gipsformerei und die Skulpturensammlung zu einem Kooperationsprojekt zusammen, das es in dieser Form bisher noch nicht gegeben hat. Mithilfe einer großzügigen Förderung der Ernst von Siemens Kunststiftung konnte innerhalb eines Jahres die umfassende Restaurierung und Rekonstruktion des Gipsmodells durchgeführt werden. Dank des Kaiser Friedrich Museumsvereins und weiterer Unterstützung durch Museum & Location wurde aus der Aufstellung des Einzelexponats im angespannten Haushaltsjahr 2024 am Ende doch noch eine komplette Ausstellung.

In der Krypta des Bode-Museums trifft nun das Gipsmodell von 1876 auf Donatellos *Putto mit Tamburin* von 1429. Nachdem der monumentale Gips die zierliche Bronze zunächst buchstäblich in den Schatten zu stellen scheint, erstrahlt diese sogleich in neuem Licht. Allein durch den formalen Kontext des Monumentes, den das Modell zu stiften vermag, und der den 36 Zentimeter großen *Putto* als kleinen Teil eines über fünfeinhalb Meter hohen Gesamtwerkes begreifbar macht, offenbart sich der Mehrwert des Gipsmodells für das Verständnis der bemerkenswerten Statuette. In der Gegenüberstellung verlängern wir Wilhelm (von) Bodes Leitgedanken einer integrativen Präsentation von Originalkunstwerken und Gipsabgüssen in die Gegenwart. Wir erinnern daran, dass im Bode-Museum, das damals noch

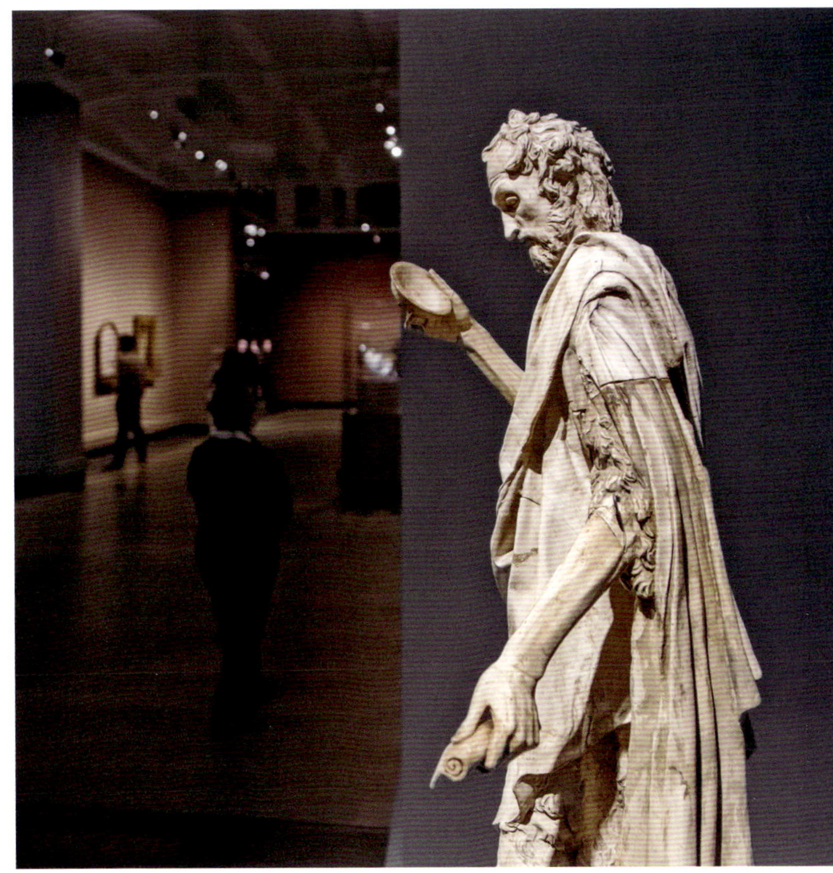

1 Das Formmodell des *Johannes des Täufers* von Donatello in der Ausstellung »Donatello. Erfinder der Renaissance« / The moulding model of *St John the Baptist* by Donatello in the exhibition »Donatello. Inventor of the Renaissance« (2022/23)

six of which are by Donatello. One of the bronze statuettes, the *Putto with a Tambourine* (see fig. p. 138), has been in the Berlin Skulpturensammlung since 1902. As it proved difficult to borrow any of the other bronzes, the idea arose to exhibit the historic plaster model of the font from the Gipsformerei's collections as part of the Donatello exhibition. However, the sheer number of parts, the size of the model and its critical state of conservation made this impossible: there was not enough time, and the effects of the COVID 19 pandemic also did its part. In the end, in an unprecedented collaborative effort, the Gipsformerei and the Skulpturensammlung, with the

Kaiser-Friedrich-Museum hieß, zwischen 1911 und den frühen 1920er Jahren sämtliche Erdgeschosssäle auf der Kupfergrabenseite mit Abgüssen nach Bildwerken der italienischen Renaissance bespielt waren. Heute lagern die einstmals so bedeutenden Gipsabgüsse der Skulpturensammlung – darunter auch ein weiterer, restaurierungsbedürftiger Abguss des Taufbeckens – im Depot, während die Gipsformerei immer noch Abgüsse aus den historischen Formen fertigt. Mit dem Gipsmodell kehrt diese vergessene Sammlung symbolisch in das Bode-Museum zurück. Überdies erhält auch die Gipsformerei einen dauerhaften Auftritt auf der Museumsinsel, nachdem sie dort 2019/20 mit der Jubiläumsausstellung »Nah am Leben. 200 Jahre Gipsformerei«, die zugleich die Eröffnungsausstellung der James-Simon-Galerie war, bereits ein panoramatisches Gastspiel gegeben hatte. In dieser Sonderausstellung wurden über hundert Form- bzw. Werkstattmodelle versammelt und in neuartiger Weise als historische Sammlungsobjekte eigenen Rechts präsentiert (Abb. 2) – ein Ansatz, dem wir auch in dieser Ausstellung folgen.

Die Entscheidung, das historische Gipsmodell des Taufbeckens zu restaurieren und in ein traditionsträchtiges Berliner Museum zu stellen, und die Frage, wie dies ›materialgerecht‹ zu bewerkstelligen wäre, war mit zahlreichen Diskussionen rund um den Status des Modells verbunden, der zwischen historischem Artefakt und Werkzeug, zwischen kulturellem und technologischem, materiellem und immateriellem Erbe angesiedelt ist. Am Ende stand die Entscheidung, das Modell als Gebrauchsobjekt zu restaurieren, zugleich aber als historisches Sammlungsobjekt begreifbar zu machen, sprich: es so zu reinigen, zu restaurieren und reversibel zu ergänzen, dass es weiterhin als Formmodell fungieren bzw. funktionieren könnte, zugleich aber in seiner historischen Bedeutung erfahrbar wird. Dies bedeutete, das Modell in den Kontext seiner sichtbaren und unsichtbaren Geschichte zu stellen, die Spuren, bisweilen Wunden hinterlassen hat, welche es unseres

generous support of the Ernst von Siemens Kunststiftung, undertook a comprehensive restoration and reconstruction of the cast model. Thanks to a contribution from the Kaiser Friedrich Museumsverein and further support from Museum & Location, the display of a single work was turned into a complete exhibition, despite the difficult budgetary situation in the financial year 2024.

The historic cast model now joins Donatello's 1429 *Putto with a Tambourine* in the so-called crypt of the Bode-Museum. At first glance, the monumental plaster literally overshadows the delicate bronze, but soon the latter shines in a new light. The formal context of the historical work – which the model manages to evoke, and which allows the 36 centimetre high *Putto* to be perceived as part of a monument 5.5 metres in height – alone reveals the value that the model adds to our understanding of this remarkable statuette. With this juxtaposition, we are extending Wilhelm (von) Bode's concept of an integrated presentation of original works of art and plaster casts into our own time. We would like to remind visitors that between 1911 and the early 1920s the Bode-Museum, then the Kaiser-Friedrich-Museum, exhibited plaster casts of works from the Italian Renaissance in five rooms on the ground floor facing the Kupfergraben. Today, these once so important plaster casts from the Skulpturensammlung – including another cast of the Baptismal Font that is in need of restoration – are in storage, while the Gipsformerei continues to make new casts from its historic moulds. With the plaster model of the font from Siena, this forgotten collection returns to the Bode-Museum, albeit symbolically. At the same time, the Gipsformerei secures a permanent presence on the Museum Island. This follows the extensive guest appearance of the Gipsformerei on the island in 2019–20 with the anniversary exhibition »Near Life. The Gipsformerei: 200 Years of Casting Plaster« that was also the opening exhibition of the James-Simon-Galerie. The show presented over one

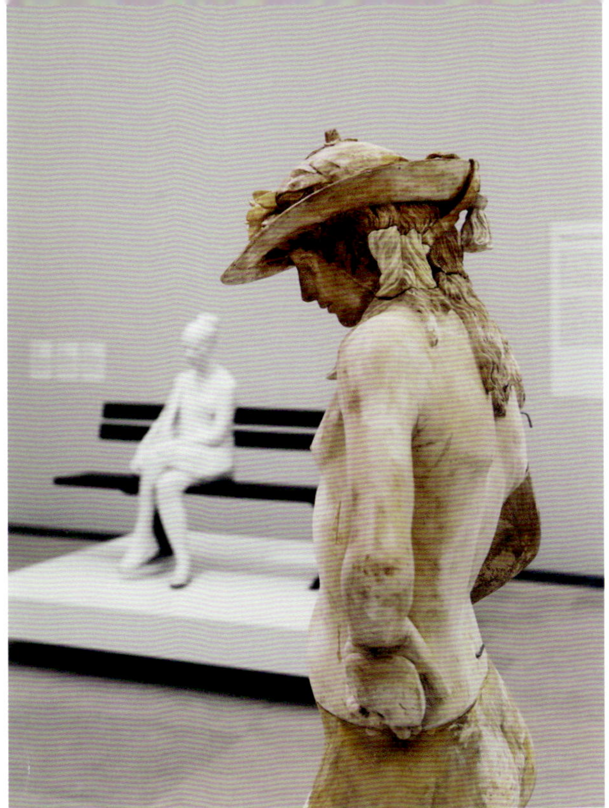

2 Das Formmodell des *David* von Donatello in der Ausstellung »Nah am Leben. 200 Jahre Gipsformerei« / The moulding model of Donatello's *David* in the exhibition »Near Life. The Gipsformerei: 200 Years of Casting Plaster« (2019/20)

Erachtens zu erhalten anstatt zu retuschieren gilt. Gemäß dieser Prämisse wurden konventionalisierte Auffassungen von Ästhetik verworfen, die bei der Restaurierung von Skulpturen etwa insofern greifen, als neu ergänzte Bereiche malerisch an die vorhandene Materialität und Farbigkeit angeglichen werden. Sämtliche Ergänzungen sind am Gipsmodell des Taufbeckens weiß und damit sichtbar belassen. Sie wirken im Sinne von Sollbruchstellen der eigenen Wahrnehmung und laden dazu ein, das Objekt in seiner ganz spezifischen Eigenart zu erfassen. An ihnen offenbart sich das Modell selbstbewusst als Reproduktion mit eigener Objektbiografie, anstatt sich hinter seinem Vorbild zu verstecken. An den weiß ergänzten Partien scheidet das Betrachter:innenauge alte von neuen Modellbestandteilen; es begreift, wie zahlreich die kleineren und größeren Schäden, wie schmerzhaft die historischen Versehrungen sind; und es versteht die Komplexität des Materials Gips, der keinesfalls immer ›nur‹ matt weiß, sondern

hundred workshop models in a completely new way, as historical collection objects in their own right (fig. 2) – an approach that has been taken again in the present exhibition.

The decision to restore the historic cast model of the Baptismal Font and display it in a Berlin museum suffused with tradition, and the question of how this could be done in a way that does justice to the material, led to extensive discussions about the status of the model, which can be seen as situated between historical artefact and tool, between cultural and technical heritage, and between tangible and intangible heritage. In the end, it was decided to restore the model as an object for use, while at the same time making it understandable as a historical collection object. This entailed cleaning and carrying out restorations and reversible reconstructions in such a way that the font could continue to function as a moulding model, while at the same time ensuring that its historical significance could be understood. The latter meant placing the model in the context of its visible and invisible history – a history that has left traces, even wounds, which we believe should be preserved rather than covered up. With this in mind, we decided to reject the conventional aesthetic demands that, in the context of the restoration of sculpture, would adapt reconstructed areas to the existing materiality and colouristic appearance by means of overpainting. To this end, all the new additions to the plaster model of the Baptismal Font were left white and thus visible. In this way, they act as a predetermined breaking point for our perception, inviting us to understand the very specific nature of the object.

It is at these points that the model deliberately presents itself as a reproduction with its own object biography, rather than hiding behind the original work after which it was cast. The white coloured reconstructions allow the viewer to separate the old and new components of the model, to understand how numerous the smaller and larger areas of damage are, and how painful the historical injuries must

im ölgetränkten Zustand auch gelblich, im schellackierten glänzend, rötlich oder bräunlich sein kann. Wir denken, dass die Funktionalität und Historizität eines solchen Gipsmodells eine eigene Ästhetik hervorbringt, die es zu konservieren und in einer Museumsausstellung zu würdigen lohnt.

Auch das vorliegende Buch ist eine Würdigung des Gipsmodells im Kontext zweier Sammlungsgeschichten. In einem fünfteiligen Fotoessay von Fabian Fröhlich wird der eindrucksvolle Prozess von der ersten Begutachtung und Bestandserfassung über die Reinigung und Restaurierung, die Rekonstruktion und Ergänzung fehlender Teile sowie den Probeaufbau in der Gipsformerei bis hin zur finalen Inszenierung des Modells im Bode-Museum anschaulich gemacht. Aurelia Badde ergänzt diesen Fotoessay durch die Beschreibung des Modells aus restauratorisch-konservatorischer Sicht. Den historischen Kontext der Originalabformung im Zuge der Abformungskampagnen der preußischen Regierung in Italien in den 1870er und 1880er Jahren liefert Ricardo Mendonça. Einblicke in die Reproduktionsgeschichte des Taufbeckens und die Geschichte der Abgüsse italienischer Renaissancebildwerke auf der Museumsinsel werden von Veronika Tocha eröffnet. Neville Rowley erzählt die Geschichte des Berliner *Putto mit Tamburin* zwischen seiner ursprünglichen Provenienz und der Bodeschen Museumspolitik. Und Eckart Marchand verbindet sämtliche in diesem Buch angesprochene Aspekte zwischen ›Original‹ und ›Kopie‹ durch eine ausblickhafte Rekapitulation des Mediums Gipsabguss im Werk von Donatello. Er besorgte außerdem sämtliche Übersetzungen und wirkte redaktionell am gesamten Manuskript mit.

Die Erfassung und Rekonstruktion des erhaltenen Formen- und Modellbestands, die Restaurierung der Modellteile, die Installation und Montage des fertigen Modells und die Konzeption und Umsetzung der Museumsausstellung waren ein Gemeinschaftsprojekt, das auf den Schultern zahlreicher engagierter Kolleg:innen getragen wurde. Paul Hofmann hat

have been. The viewer also understands the complexity of the plaster as a material, which is by no means ›just‹ a matte white, but can also be yellowy when soaked with oil, or have a reddish or brownish sheen when coated with shellac. We believe that the functionality and historicity of such a plaster model has its own aesthetic, which is worth preserving and celebrating in the context of a museum display.

This book also pays tribute to the plaster model in the context of the history of two collections. In a five-part photo essay, Fabian Fröhlich illustrates the impressive process of conservation: from the initial examination and inventory, through cleaning, restoration, the reconstruction of missing parts and the first trial assembly in the Gipsformerei, culminating in the final installation and *mise en scène* of the model in the Bode-Museum. Aurelia Badde completes this visual tour with a description of the model from a restoration and conservation point of view. Ricardo Mendonça outlines the historical context of the moulding of the Baptismal Font in Siena as part of the Italian moulding campaigns commissioned by the Prussian government in the 1870s and 1880s. Veronika Tocha looks at the wider history of casts after Italian Renaissance sculpture on the Museum Island and the history of the reproduction of the Sienese monument. Neville Rowley tells the story of the Berlin *Putto with a Tambourine*, from its provenance to Bode's museum policy. Finally, Eckart Marchand brings together the various aspects of ›original‹ and ›copy‹ addressed in this book by taking a broader look at the use of plaster casts in Donatello's work. He also provided all the translations in this volume and contributed to the editorial work on the overall manuscript.

The understanding and reconstruction of the surviving moulds and model parts for the font, the restoration of the model parts, the installation and assembly of the complete model, and the conception and execution of the museum exhibition were a collaborative effort that rested on the shoulders of

als großer Fürsprecher der Gipse dem ungewöhnlichen Exponat alle Türen des von ihm kommissarisch geleiteten Bode-Museums geöffnet. Miguel Helfrich hat das aufwändige Projekt trotz der großen Auslastung der von ihm geleiteten Gipsformerei sofort ermöglicht und in allen Etappen befördert. Alle Arbeiten am Objekt wurden von Aurelia Badde in Zusammenarbeit mit Judith Kauffeldt und den Gipskunstformer:innen der Gipsformerei durchgeführt, allen voran Thomas Schelper, der den Formenbestand aufgearbeitet hat und wesentlich an der Rekonstruktion des Modells beteiligt war, wie auch Günter Fromme und Stefan Kramer, die Lösungen für statische und montagetechnische Belange gefunden haben. Beteiligt an den Ergänzungen waren außerdem Lothar Bogdanski, Isabelle Irrgang, Daniel Meyer und Robin Schulz. Von Seiten der Skulpturensammlung wurde der Aufbau durch Boris Baradoy und Melanie Herrschaft begleitet; weitere Unterstützung kam von Babette Buller, Michaela Humborg, María López-Fanjul, Jennifer Mand und Beatrice Rosa. Andrea Müller verantwortete das Projektmanagement zwischen beiden Sammlungen. Die Gestaltung der Ausstellung im Bode-Museum entwickelten Schroeder Rauch Berlin. Das deutsche Lektorat und Publikationsmanagement für den Verlag Schnell & Steiner oblagen Isabell Schlott; Nigel Blake verantwortete das englische Lektorat; und die Grafik lag in den Händen von Thomas König. Weitere Kolleg:innen und externe Spezialist:innen, die zum Gelingen dieses Projektes beigetragen haben, sind im Impressum gelistet. Neben diesen Beteiligten danken wir Andrea Bacchi, Elizabeth Tufts Brown, Marcella Culatti, Emanuela Daffra, Paul Davies, Florentine Dietrich, Martha Dunkelman, Hans Effenberger, Gabriele Fattorini, Christina Haak, Sarah Healey-Dilkes, Sonja Hernandez, Whitney Kerr-Lewis, Christian Klose, Alasdair MacKinnon, Ekaterina Pravilova, Vasily Rastorguev, Alexander Röstel, Ulrike Papadopoulos, Miriam Szőcs, Márton Tóth, Jörg Völlnagel und Petra Winter.

many dedicated colleagues. Paul Hofmann, Acting Director of the Bode-Museum and a great supporter of plaster casts, opened wide the museum's doors for this unusual exhibit. Despite the heavy workload in the workshop, Miguel Helfrich, Head of the Gipsformerei, immediately made the project possible and supported it at all stages. The work on the object itself was carried out by Aurelia Badde in collaboration with Judith Kauffeldt and the cast-makers from the Gipsformerei, in particular Thomas Schelper, who worked on the inventory of moulds and was significantly involved in the reconstruction of the model, and Günter Fromme and Stefan Kramer, who found solutions to technical problems relating to stability and assembly. Lothar Bogdanski, Isabelle Irrgang, Daniel Meyer and Robin Schulz were also involved in the casting process. In the Skulpturensammlung, the installation was supported by Boris Baradoy and Melanie Herrschaft; further support was provided by Babette Buller, Michaela Humborg, María López-Fanjul, Jennifer Mand and Beatrice Rosa. Andrea Müller was responsible for the project management between the two collections. The exhibition design was developed by Schroeder Rauch Berlin. Isabell Schlott was responsible for the editorial processes and publication management at the publishing house Schnell & Steiner, with Nigel Blake taking care of editing the English texts and Thomas König providing the graphic-design. Other colleagues and external specialists who contributed to the project are listed in the imprint. We would also like to thank Andrea Bacchi, Elizabeth Tufts Brown, Marcella Culatti, Emanuela Daffra, Paul Davies, Martha Dunkelman, Florentine Dietrich, Hans Effenberger, Gabriele Fattorini, Christina Haak, Sarah Healey-Dilkes, Sonja Hernandez, Whitney Kerr-Lewis, Christian Klose, Alasdair MacKinnon, Ekaterina Pravilova, Vasily Rastorguev, Alexander Röstel, Ulrike Papadopoulos, Miriam Szőcs, Márton Tóth, Jörg Völlnagel and Petra Winter.

trans. E. Marchand

Fotoessay Teil I

Photo essay part I

ERFASSEN UND SORTIEREN

DOCUMENTING AND SORTING

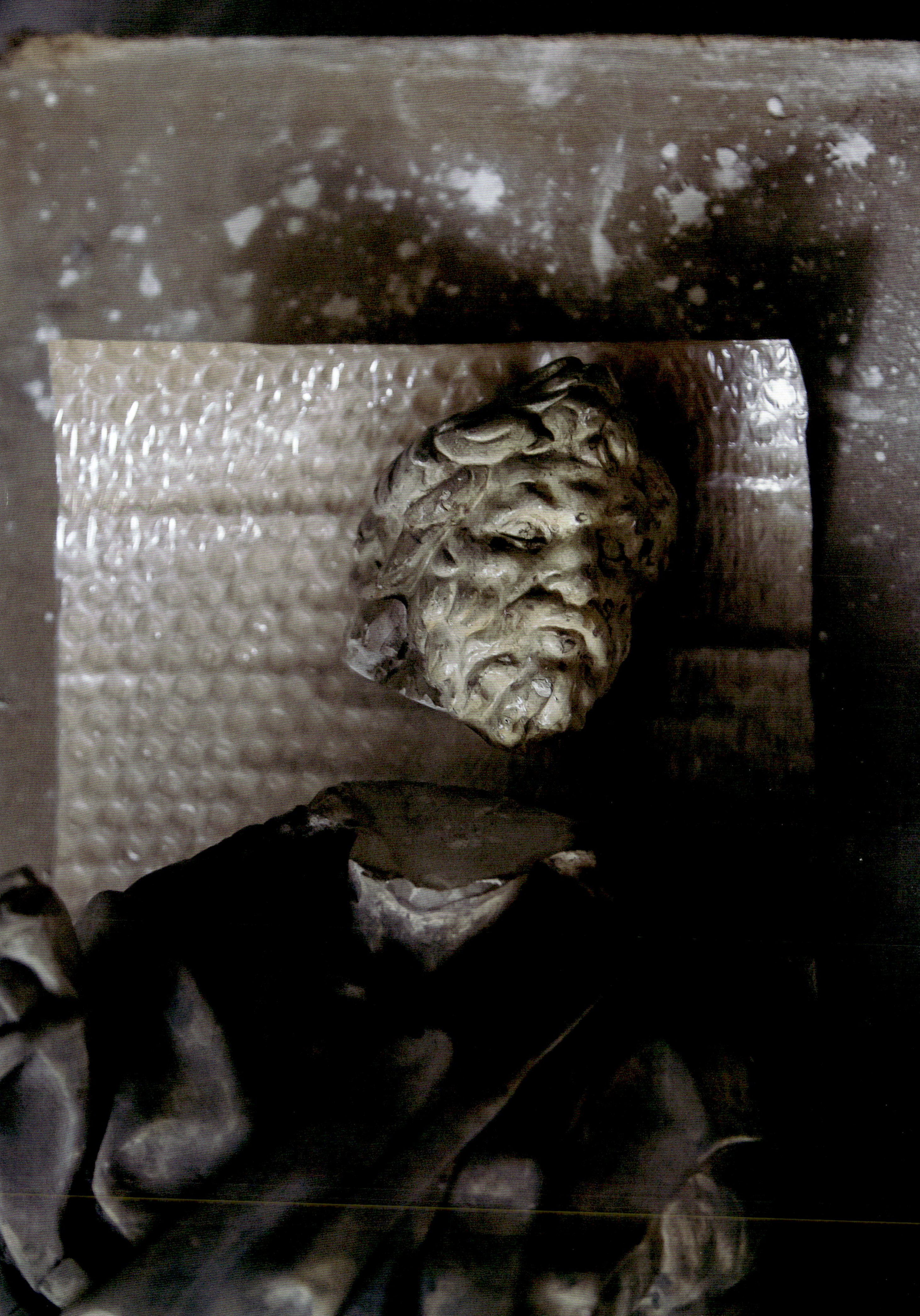

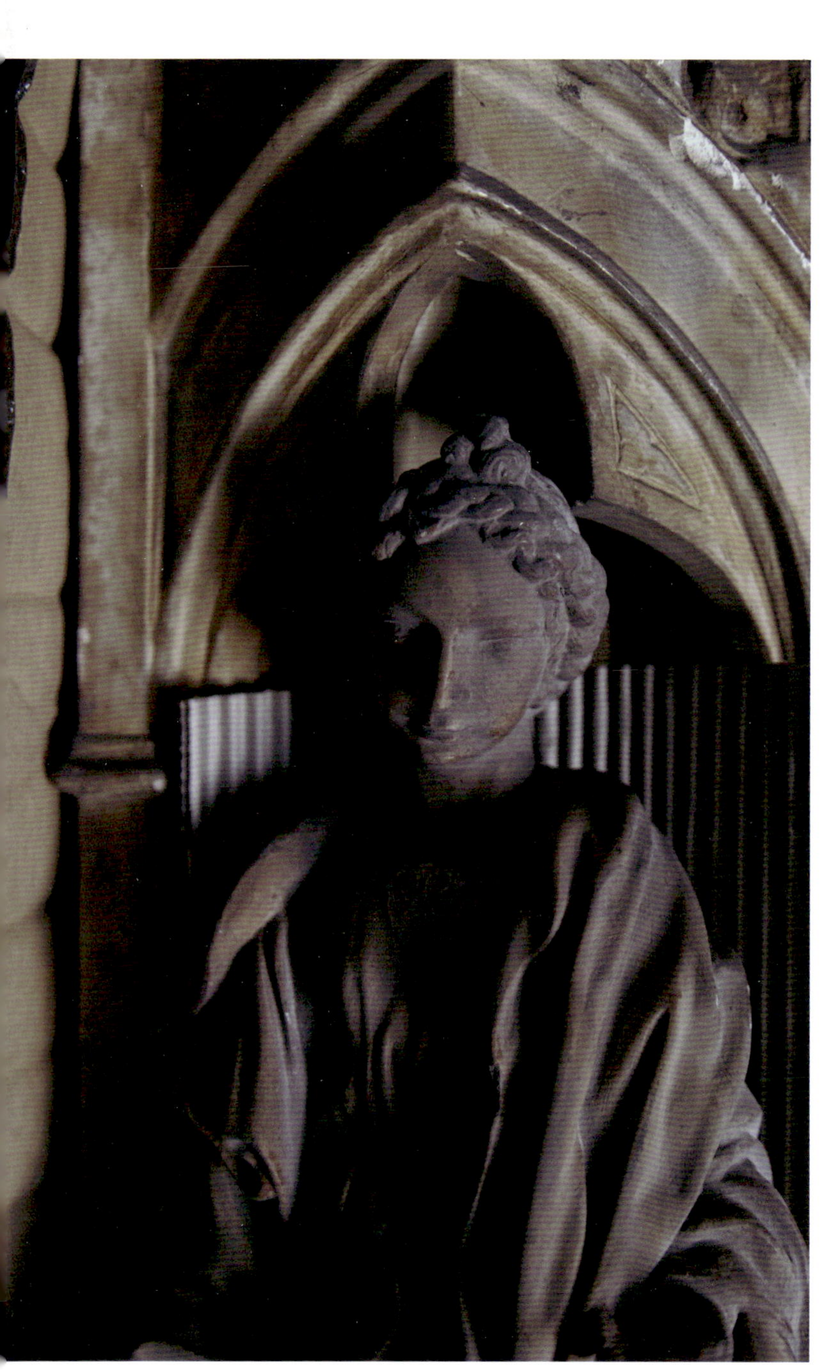

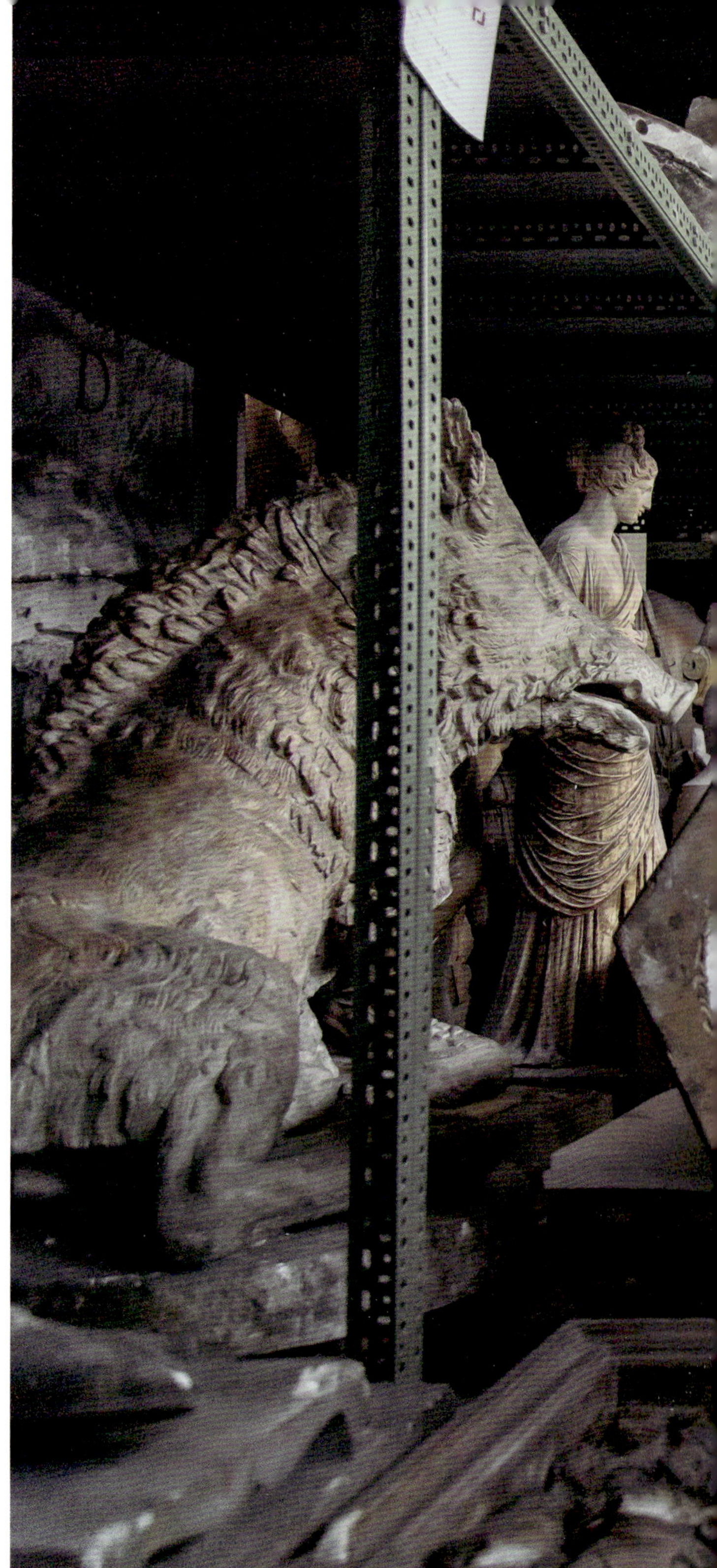

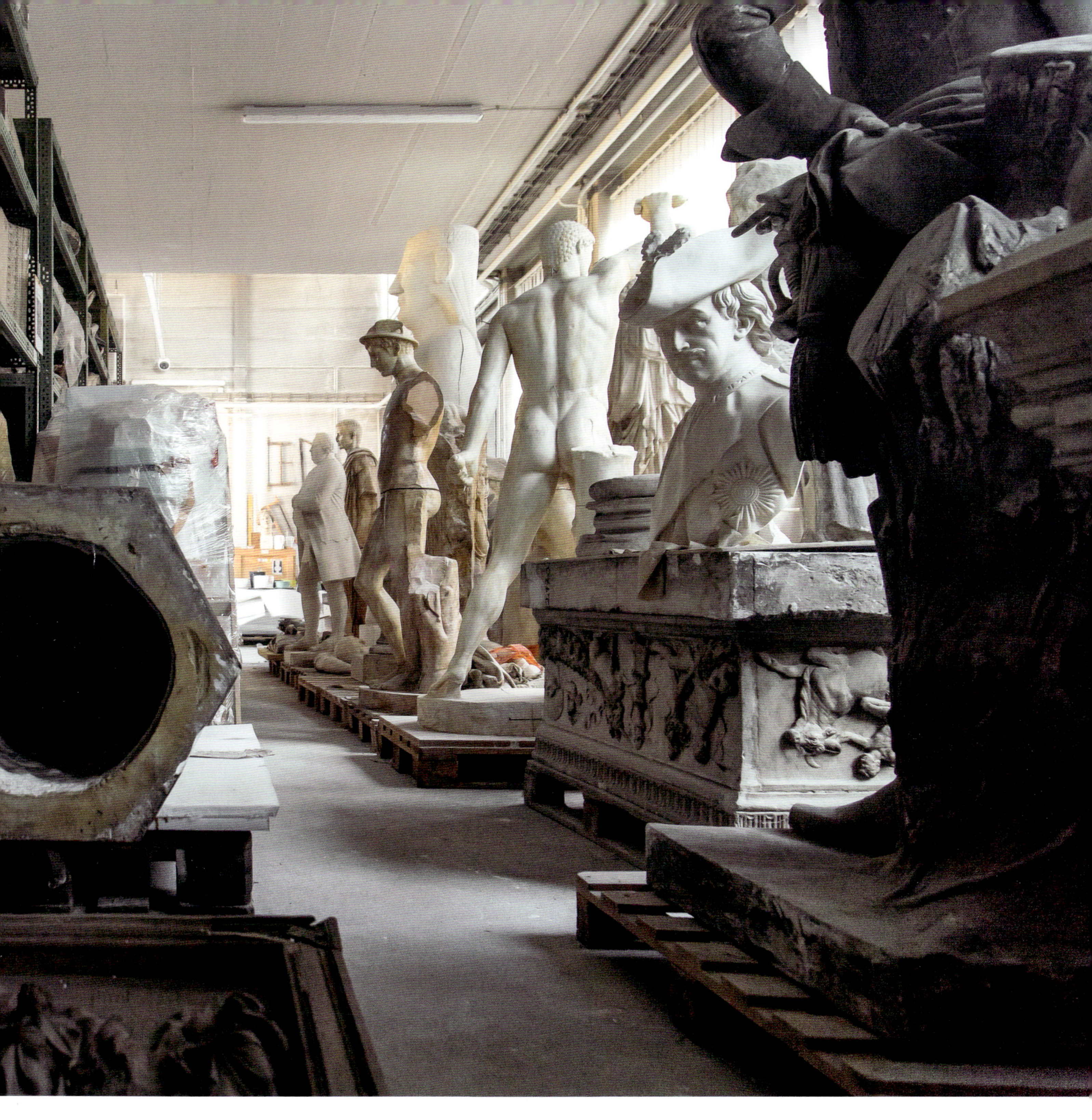

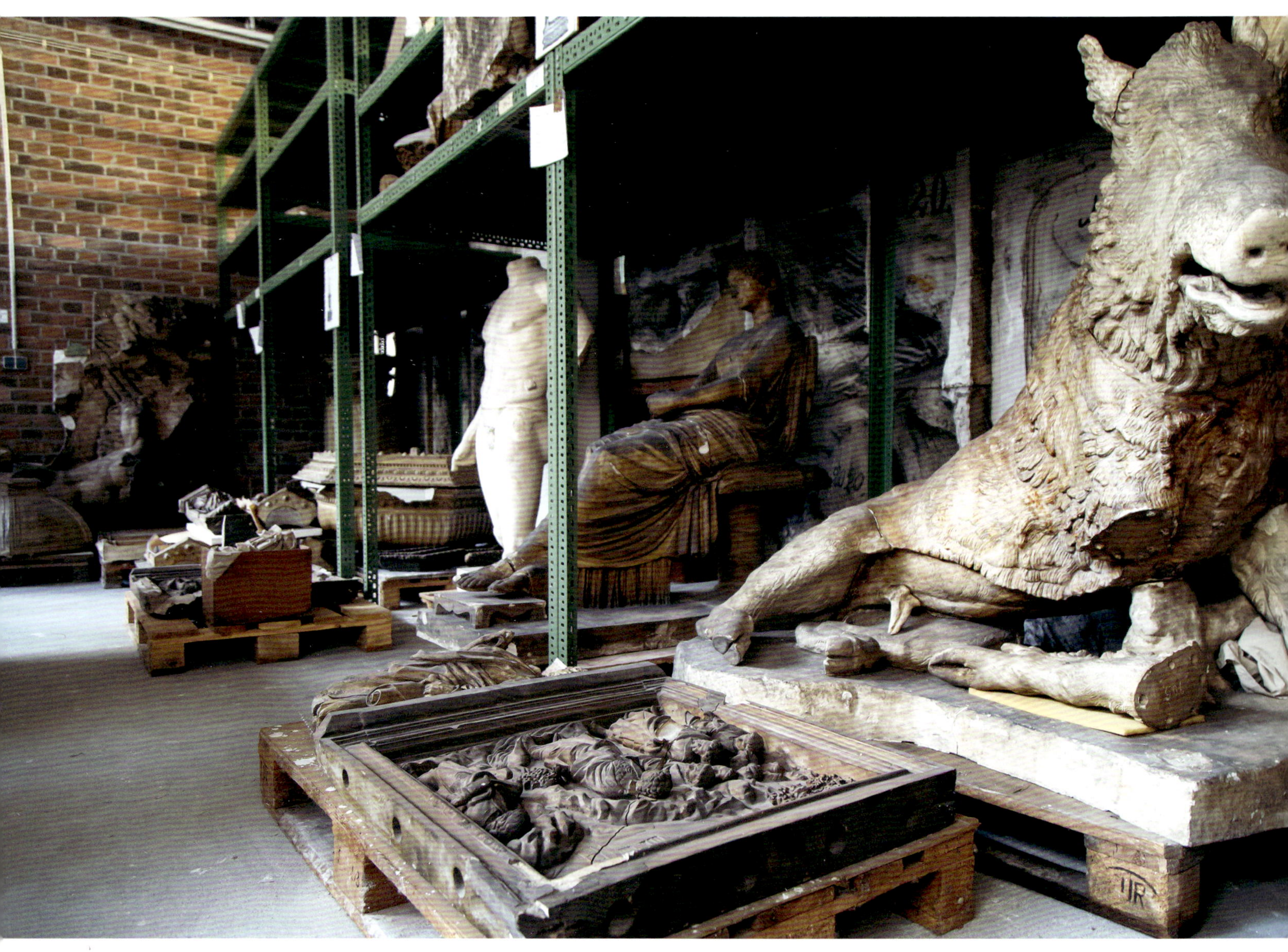

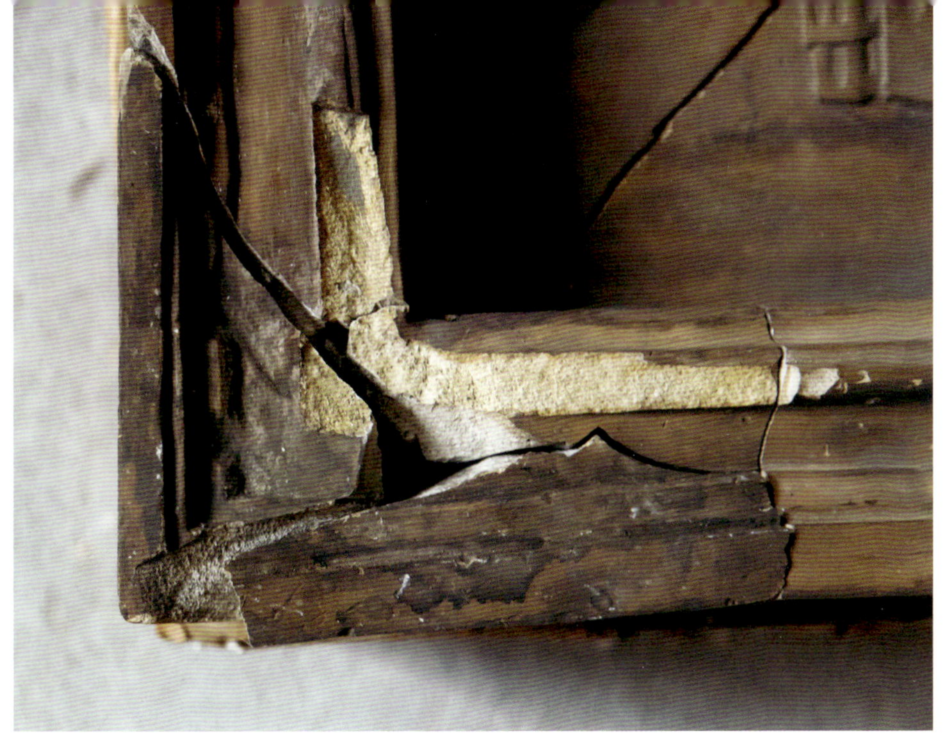

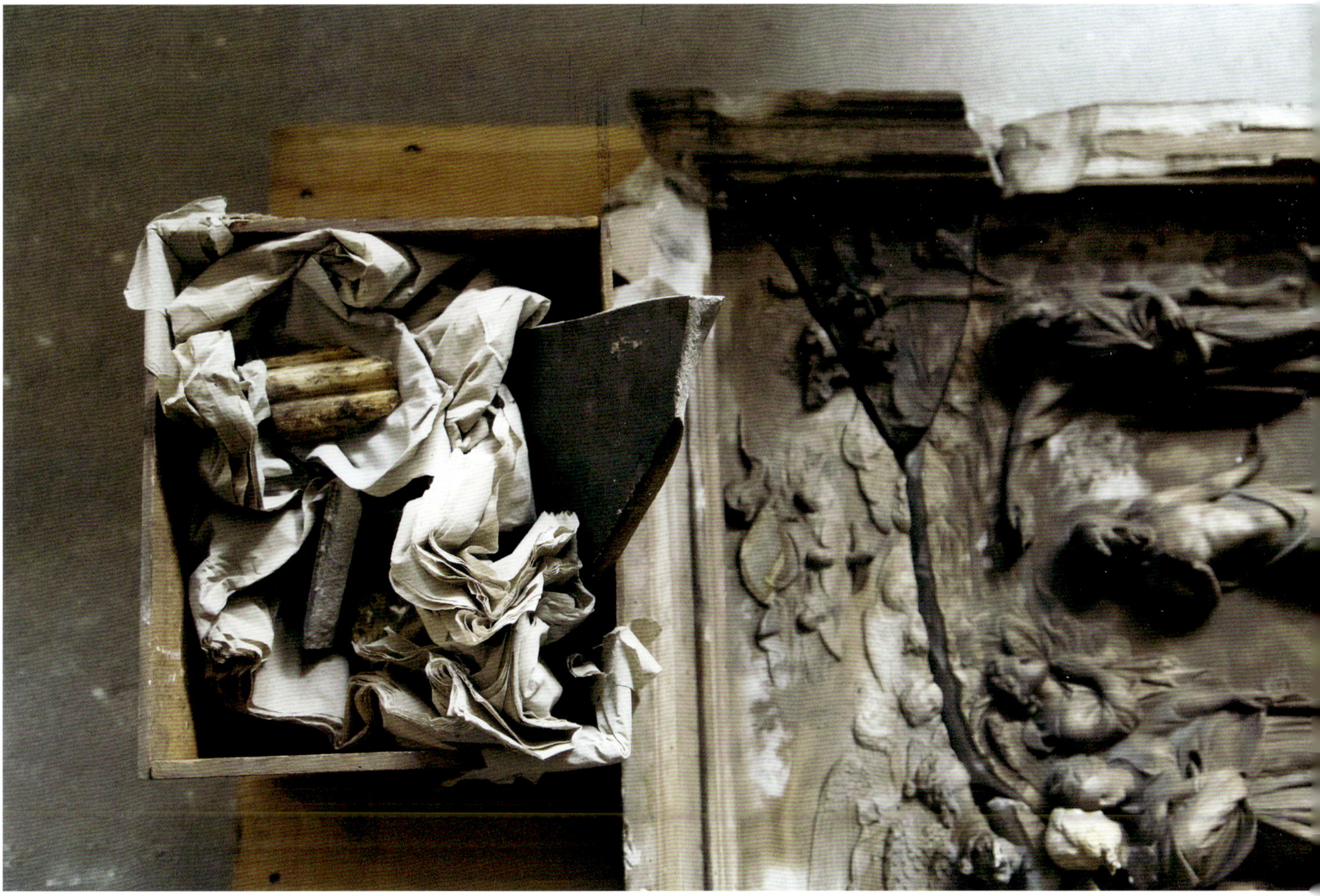

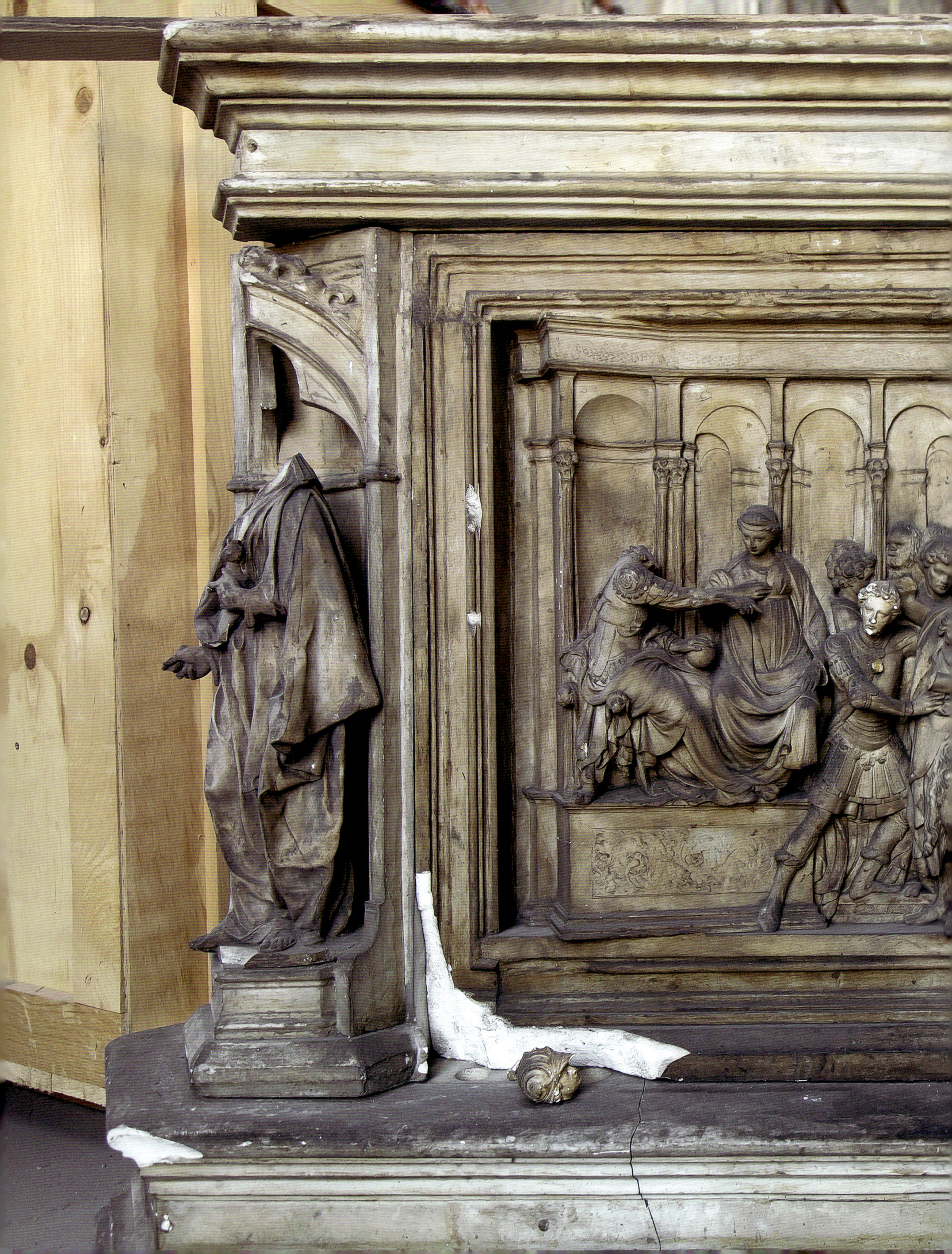

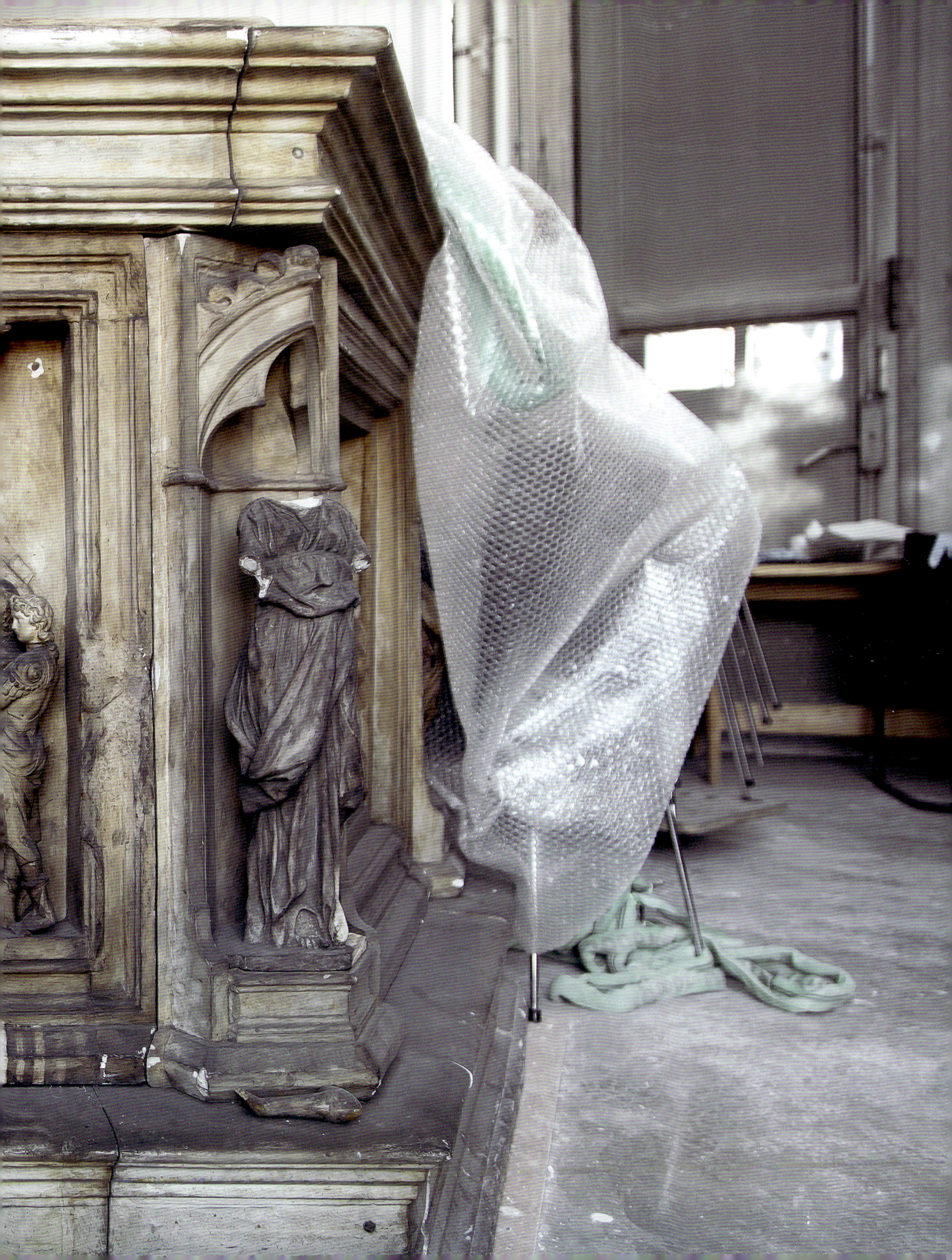

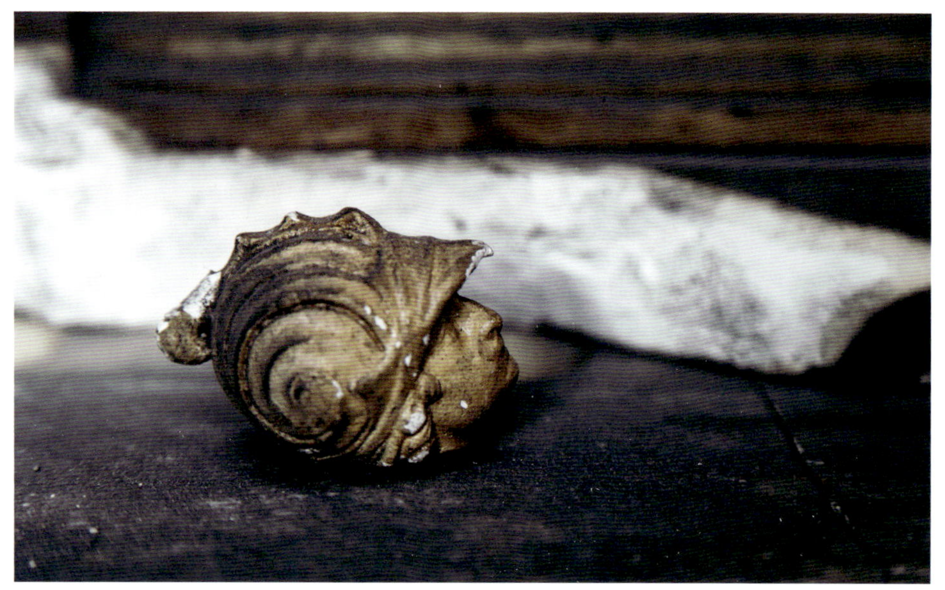

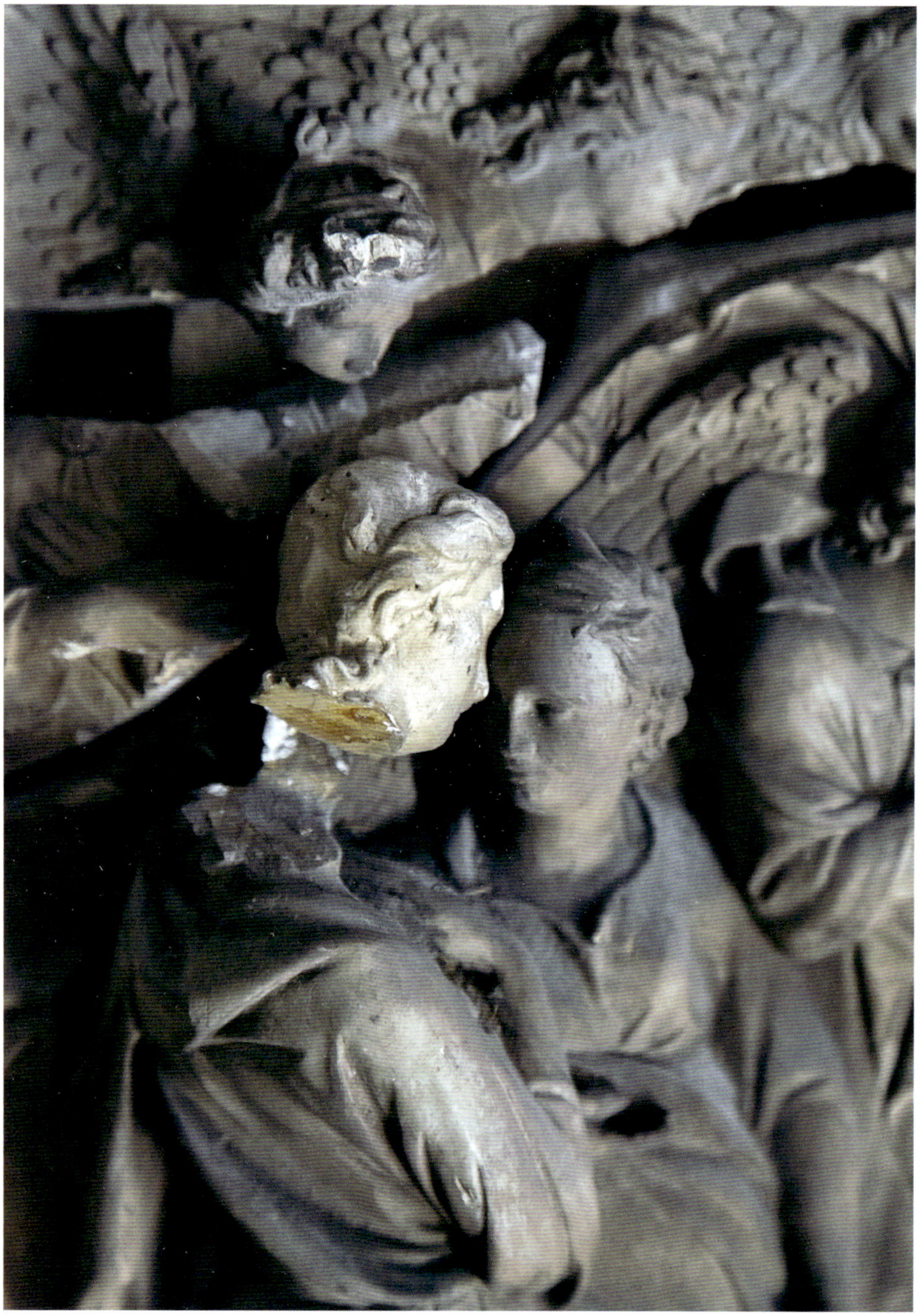

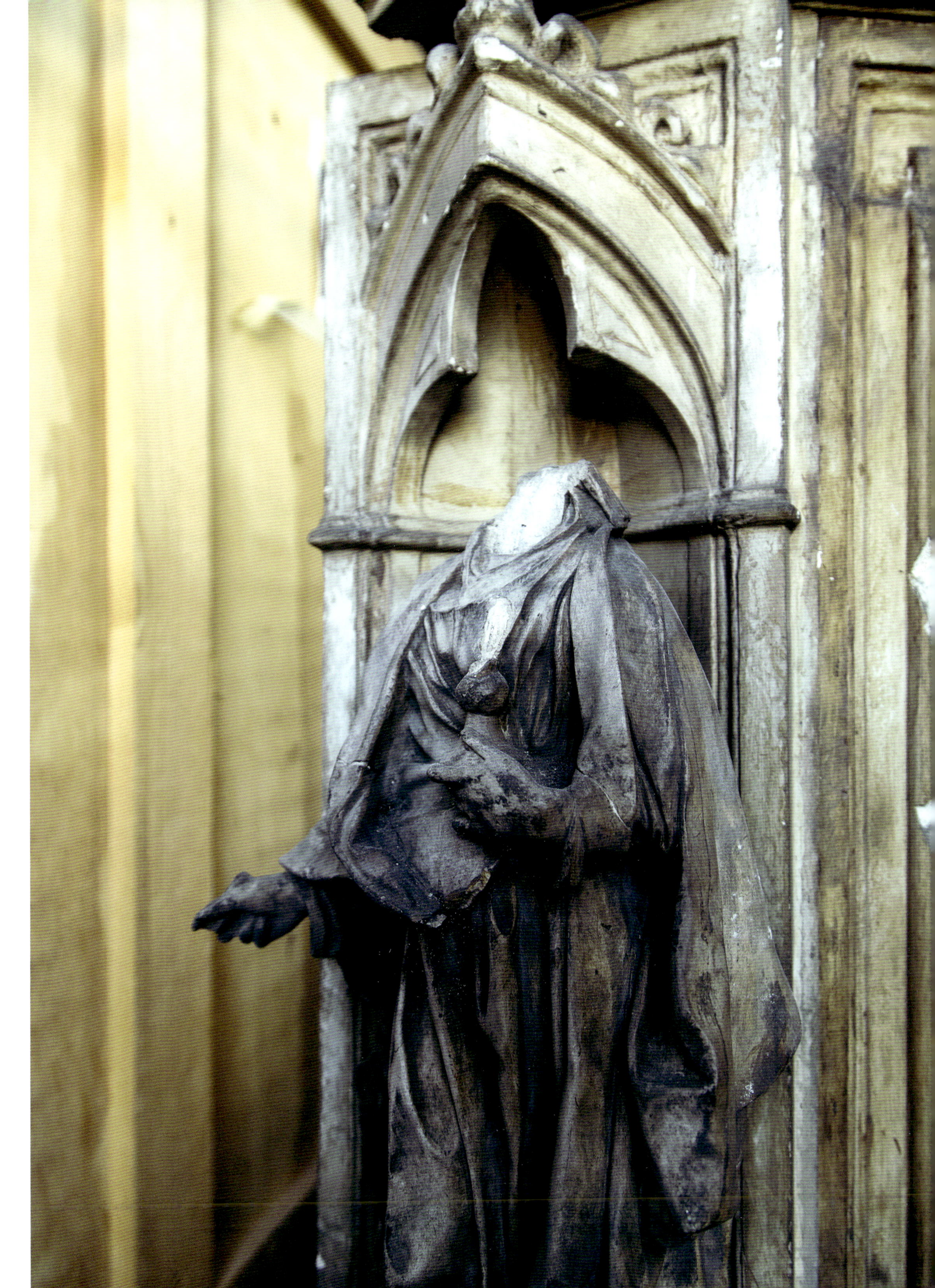

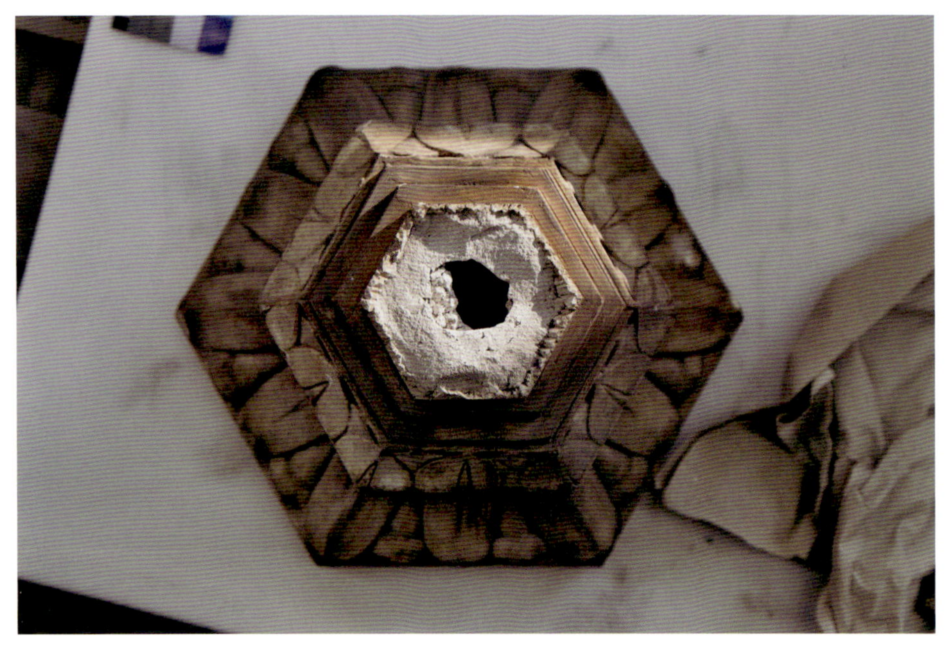

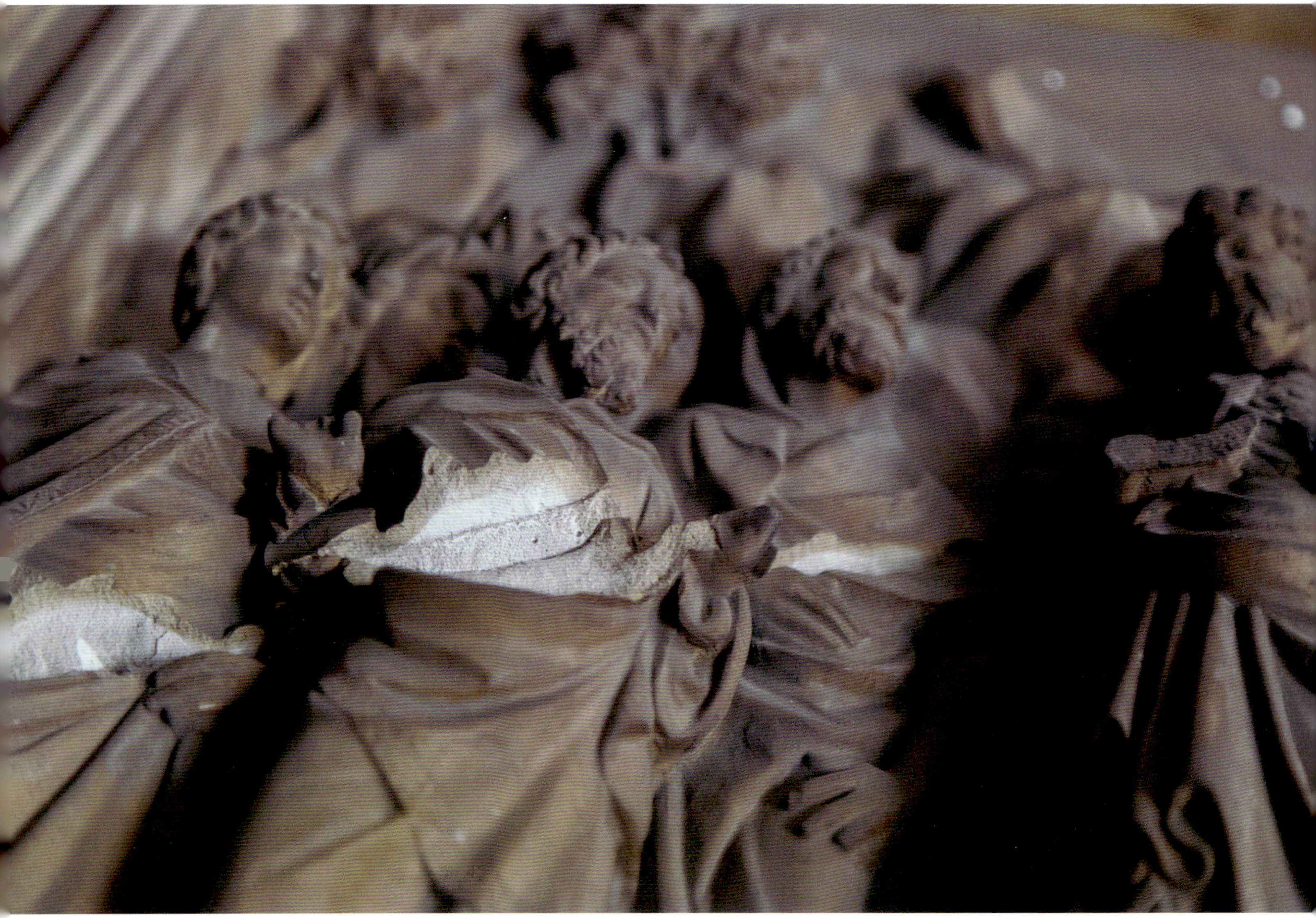

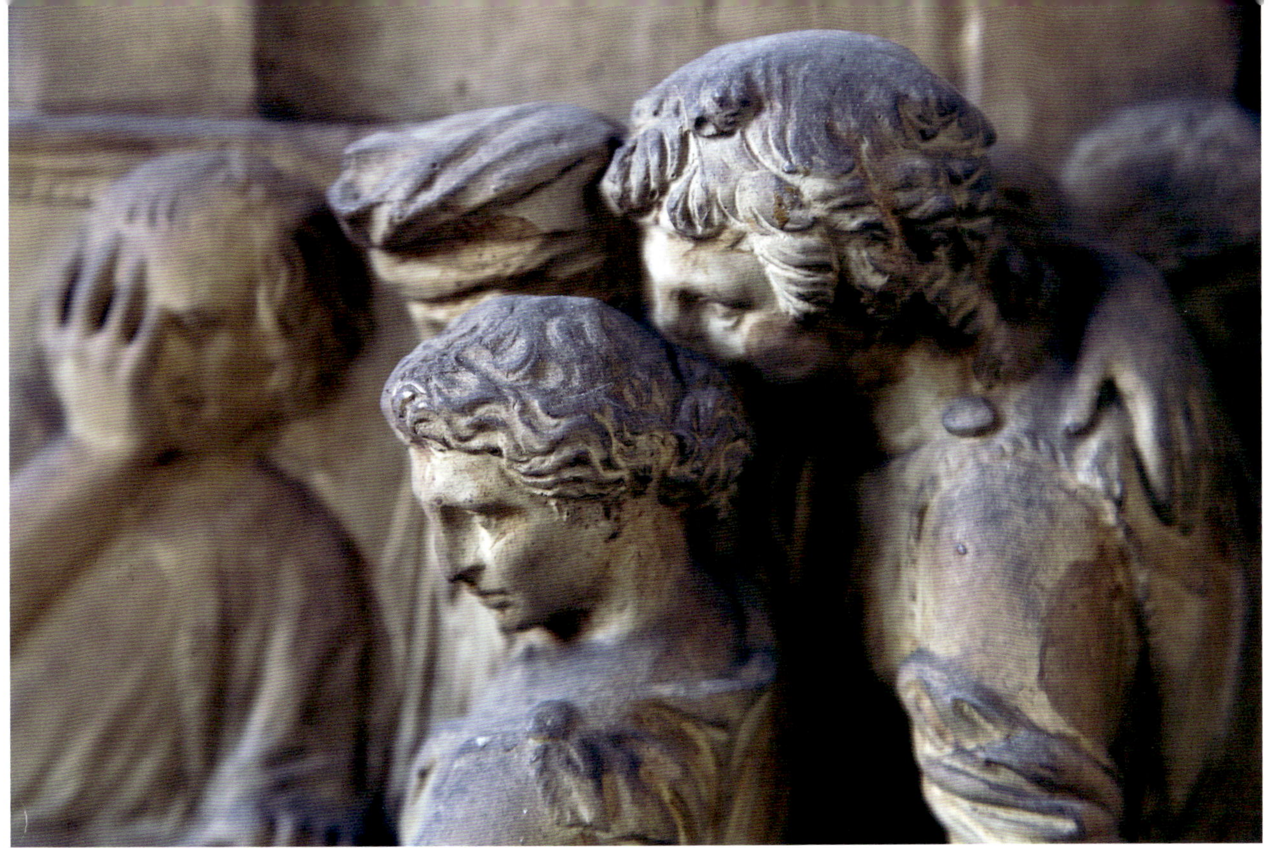

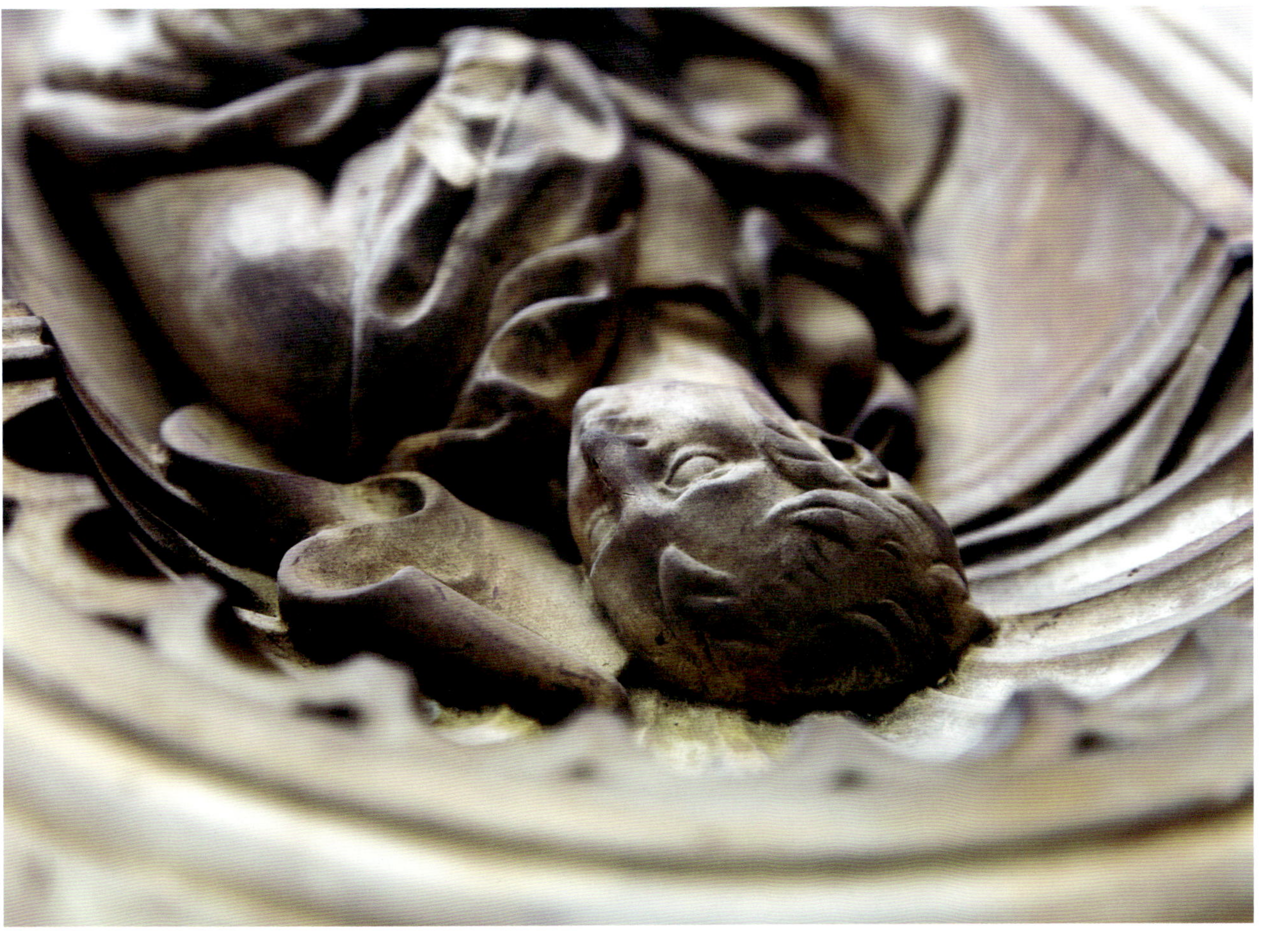

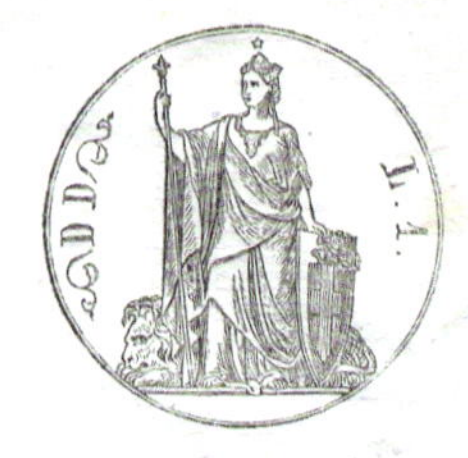

1. Il sottoscritto formatore assume l'incarico di eseguire per conto del R. Governo Prussiano la <u>forma buona</u> del Fonte battesimale esistente nella chiesa di San Giovanni in Siena.

2. La forma deve farsi in modo che i tasselli combacino esattamente. Le divisioni debbono essere più grandi che sia possibile, acciocchè il getto possa essere riunito con facilità.

3. Il materiale da adoprarsi, cioè il gesso e la cera, deve essere della migliore qualità.

4. Le madri-forme devono contenere ferri grossi ed in numero sufficiente, acciocchè non abbiano a soffrire per il lungo trasporto; (questi ferri debbono essere stagnati o impeciati)

5. I tasselli di cera non debbono usarsi se nonchè dove sono indispensabili. Inoltre le singole parti delle forme devono essere imbevute d'olio di lino cotto di buona qualità.

6. Il suddetto lavoro dovrà esser consegnato non più tardi del termine di mesi dieci a datare dal dì del presente atto.

7. Il prezzo convenuto per l'esecuzione della forma buona compreso le casse, l'imballaggio ed il trasporto alla stazione della ferrovia è di Lire italiane

49

DER ABFORMUNGS-VERTRAG

1. Der unterzeichnende Former übernimmt den Auftrag, im Namen der Königlich Preußischen Regierung die gute Form des Taufbeckens in der Kirche San Giovanni in Siena anzufertigen.

2. Die Form muss so gemacht sein, dass die Teile genau zusammenpassen. Die Teile sollen so groß wie möglich sein, damit der Abguss leicht zusammengesetzt werden kann.

3. Das zu verwendende Material, d. h. Gips und Wachs, muss von bester Qualität sein.

4. Die Formkappen müssen eine ausreichende Anzahl großer Eisen enthalten, damit sie nicht unter dem langen Transport leiden; (diese Eisen müssen verzinnt oder gepicht sein).

5. Wachsstücke dürfen nur verwendet werden, wenn sie unentbehrlich sind. Darüber hinaus müssen die einzelnen Teile der Formen mit gekochtem Leinöl von guter Qualität getränkt werden.

6. Die vorgenannten Arbeiten dürfen nicht später als zehn Monate nach dem Datum dieses Vertrags abgeliefert werden.

7. Der vereinbarte Preis für die Ausführung der guten Form einschließlich der Kisten, der Verpackung und des Transports zum Bahnhof beträgt dreitausend italienische Lire, zahlbar in vier Raten, wobei die erste Rate von sechshundert Lire zu Beginn der Arbeiten, die beiden folgenden Raten von je sechs-

THE MOULDING CONTRACT

1. The signing cast-maker accepts the commission of executing on behalf of the Royal Prussian Government the good mould of the Baptismal Font in the church of San Giovanni in Siena.

2. The mould must be executed in a way that the pieces fit together exactly. The individual parts ought to be as large as possible, so that the cast can be put together with ease.

3. The material to be used, i.e. plaster and wax, must be of the best quality.

4. The moulds must contain a sufficient number of large irons, so that they do not suffer from the long transport; (these irons must be tinned or pitched).

5. Wax pieces are not to be used except where indispensable. Furthermore, the individual parts of the forms must be soaked in good quality boiled linseed oil.

6. The aforementioned work shall be delivered no later than ten months from the date of this contract.

7. The agreed price for the execution of the good mould including the crates, packaging and transport to the railway station is three thousand Italian lire, payable in four instalments, with the first instalment of six hundred lire at the beginning of the work, the two consecutive instalments of six hun-

Tremila, pagabili in quattro rate, cioè la prima rata di Lire seicento al principio del lavoro, le due rate consecutive di Lire seicento ciascuna ogni bimestre, la quarta che forma il rimanente per metà alla consegna del lavoro, mentre l'altra metà non verrà pagata che dopo esser giunti i lavori al luogo di destinazione e dopo essersi ivi constatato, se i danni che potessero offrire siano cagionati dal materiale di cattiva qualità o dall'imballaggio difettoso o da qualsiasi altro motivo per il quale si è reso responsabile il formatore.

8. Il sottoscritto formatore è responsabile di tutti i danni che potessero verificarsi nel monumento originale dopo terminato il lavoro; esso si obbliga inoltre di aver cura che le madri-forme si guardino dalla muffa, siano bene asciutte e pulite e che vengano incassate con tutte le precauzioni e diligenze necessarie, onde non seguano dei guasti durante il viaggio.

9. Il R. Governo Prussiano dispone di un suo incaricato per la sorveglianza ai detti lavori, e sotto tutti i riguardi dipenderà solamente dal giudizio del sunnominato, se il lavoro corrisponda all'esigenza dell'arte ed ai patti sopra stabiliti e se esso sia da potersi accettare. In fede di che ecc.

Siena 28 Decembre 18 settantacinque.

Giuseppe Del Rieco
accetto quanto sopra.

hundert Lire im Abstand von zwei Monaten und die vierte Rate, die die verbleibende Hälfte bildet, bei Übergabe des Werkes zu zahlen sind, während die andere Hälfte erst dann gezahlt wird, wenn das Werk am Bestimmungsort eingetroffen ist und dort festgestellt wurde, ob potenzielle Schäden durch minderwertiges Material oder mangelhafte Verpackung oder einen anderen vom Former zu verantwortenden Grund bedingt seien.

8. Der unterzeichnende Former haftet für alle Schäden, die nach Beendigung der Arbeiten am Originaldenkmal erkennbar sein können; er verpflichtet sich auch, dafür zu sorgen, dass die Formkappen frei von Schimmel, trocken und sauber sind und mit allen notwendigen Vorsichtsmaßnahmen und Sorgfalt eingepackt werden, damit während der Reise keine Schäden auftreten.

9. Die Königlich Preußische Regierung hat einen ihrer Beauftragten mit der Aufsicht über das besagte Werk betraut und wird in jeder Hinsicht nur dem Urteil des obengenannten folgen, ob das Werk den Anforderungen des Handwerks und den oben festgestellten Vereinbarungen entspricht, und ob es angenommen werden kann. Zu Urkund dessen usw.

Siena 28. Dezember 18 Fünfundsiebzig

Giuseppe Del Ricco
nimmt das Vorstehende an

dred lire each every two months, the fourth forming the remaining half upon hand-over of the work, while the other half shall not be paid until after the work has arrived at the place of destination and it has been ascertained there whether any damage they may present is due to poor quality material or defective packaging or any other reason for which the cast-maker is to be held responsible.

8. The signing cast-maker is responsible for any damage that may occur to the original monument after the work has been completed; he also undertakes to take care that the moulds be guarded from mildew, be fully dry and clean, and that they are crated with all necessary precautions and diligence, so that no damages occur during the journey.

9. The Royal Prussian Government charges one of its representatives with the supervision of the said work and will in all respects only depend on the abovementioned appointee's judgement as to whether the work corresponds to the standards of the trade and to the agreements established above, and whether it can be accepted. In reliance whereof etc.

Siena 28 December 18 seventy-five

Giuseppe Del Ricco
accepts the above

Roma 20 Gennaio 18 settantasei.

Roberto Cauer

Incaricato del Governo prussiano

UFFICIO DEGLI ATTI CIVILI ROMA 24 GEN. 76

REG.a ROMA IL 24 GENNAJO 187SEI

AL REGISTRO 52 N. 1382 ATTI PRIVATI

RICEVUTE lire Diciotto

IL RICEVITORE

W.le L. 15 –
D. 3 –
L. 18 –
Cop. 1.50
L. 19.50

73

Rom 20. Januar 18 Sechsundsiebzig
Roberto Cauer
Beauftragter der Preußischen Regierung

Rome 20 January 18 seventy-six
Roberto Cauer
Representative of the Prussian Government

RICARDO MENDONÇA

PREUSSENS ABFORMUNGSKAMPAGNEN IM ITALIEN DER 1870ER UND 1880ER JAHRE IM KONTEXT

PRUSSIA'S MOULDING CAMPAIGNS IN ITALY IN THE 1870S AND 1880S IN CONTEXT

In der ersten Hälfte des 19. Jahrhunderts lässt sich ein zunehmendes Interesse an Gipsabgüssen italienischer Renaissanceskulptur wahrnehmen. Es erstaunt kaum, dass konkrete Maßnahmen zur Regulierung der Abformungsarbeiten zuerst in Florenz ergriffen wurden. Sie betrafen das Vorgehen und die Qualität der Abgüsse.[1] So wurden Bestellungen neuer Negativformen nur dann genehmigt, wenn nicht schon welche vorlagen. Die Abformung von Originalen wurde nur erfahrenen Gipsformern (*formatori*) zugesprochen, deren Arbeit zudem sorgfältig beaufsichtigt wurde. Die erstellten Formen mussten dann im Besitz dieser *formatori* bleiben, was darauf abzielte, dass bei weiteren Anfragen nach Abgüssen keine neuen Formen abgenommen werden mussten. Die Nachfrage nach Gipsabgüssen bot so die Gelegenheit, örtlichen Handwerkern, die von dieser Arbeit lebten, Aufträge zu sichern und ermöglichte zugleich die Versorgung der Florentiner Kunstakademien und anderer Kunstinstitutionen in der Toskana mit Gipsen.[2] All dies garantierte eine gute Praxis, die dem Schutz des Kulturerbes diente und zugleich positive Effekte auf die örtliche Produktion hatte, wodurch sie die Zustimmung von Künstler:innen, Intellektuellen, Handwerker:innen und selbst kurzzeitigen Besucher:innen erhielt. Ein weiteres Ergebnis dieser Entwicklungen war die allmähliche Ansammlung von Abgussformen in Florenz, was den Weg für die spätere Gründung der Gipsoteca des Liceo Artistico Statale di Porta Romana e Sesto Fiorentino bereitete – einer der größten italienischen

The first half of the nineteenth century saw a growing interest in plaster casts of Italian Renaissance sculpture. Not surprisingly, it was in Florence that concrete steps were taken to regulate the practice and increase the quality of mould making.[1] As a result, requests for new moulds were approved only if no moulds already existed, with the production of new moulds entrusted to experienced *formatori* (cast-makers) who were closely supervised. Furthermore, the moulds were to remain in the possession of the *formatori*, thereby ensuring that a new mould would not be made each time a cast was requested. In this way, the demand for casts not only became a way of commissioning those who made their living from this craft, but also a practical solution for equipping local academies of fine arts and other artistic institutions in the Tuscan region.[2] These procedures established a good practice that ensured the preservation of the local heritage and also had a positive effect on production, meeting with the approval of artists, intellectuals, craftsmen and even visitors. It was this historical background that allowed for the accumulation of moulds in Florence, paving the way for the later creation of the Gipsoteca at the Liceo Artistico Statale di Porta Romana e Sesto Fiorentino, which is considered one of the largest Italian cast collections. At its height, between 1927 and 1930, the Gipsoteca represented Italy in an agreement for the exchange of casts sponsored by the intergovernmental League of Nations.[3] As will be discussed in more detail shortly, the casting campaigns of the

Gipssammlungen, die zu ihren besten Zeiten zwischen 1927 und 1930 Italien in einem vom internationalen Völkerbund unterstützten Austauschsabkommen repräsentierte.[3] Wie im Weiteren ausgeführt werden soll, zeigen die Abformungskampagnen der Königlichen Museen zu Berlin in den 1870er und 1880er Jahren, wie der internationale Bedarf an Gipsen den nationalen Abgussindustrien zuspielte.

Die Wiederverwendung bestehender Formen lässt sich für die Jahrzehnte von 1830 bis 1860 anhand der Gussformen von Donatellos *Heiligem Georg*, Ghibertis sogenannten *Paradiestüren* und Michelangelos Grabmälern für die Medici-Kapelle in San Lorenzo nachweisen. Zwischen 1834 und 1840 dienten sie der Herstellung von Gipsabgüssen für das Musée des Études der École des Beaux Arts in Paris. Dieselben Formen wurden 1854 für eine Bestellung von Gipsen für die permanente Ausstellung im Londoner Crystal Palace verwendet.[4] Es überrascht daher nicht, dass auch für eine zweite Bestellung derselben englischen Institution die genannten Regeln strikt befolgt wurden. Hier wurde die Produktion neuer Abgüsse nur erlaubt, weil bereits Formen existierten, die sich im Besitz des *formatore* Luigi Stiattesi befanden.[5] Selbst die besten Formen nutzen sich aber irgendwann ab und müssen dann durch neue, wiederum am Original abgenommene ersetzt werden, es sei denn, man wollte Abgüsse nach Abgüssen und damit niedrigere Reproduktionsstandards einführen. Es war genau eine solche Neuabformung für das South Kensington Museum in London, die 1864 in ganz Italien eine Reihe neuer Beschränkungen auslöste. Ein im selben Jahr veröffentlichter Bericht des Bildhauers Clemente Papi legte offen, wie eine umfassende Formenabnahme an Ghibertis *Paradiestüren* die Vergoldung dieses Meisterwerkes beschädigt und zudem substanzielle Rückstände von Trennmitteln hinterlassen hatte, die das Werk weiter angriffen. Der Bericht führte dazu, dass das Ministerium für Bildung (Ministero della Istruzione Pubblica) des neugeborenen italienischen Staates –

Königliche Museen zu Berlin in the 1870s and 1880s demonstrate how foreign demand for casts fed the national plaster casting industry in Italy.

The practice of reusing existing moulds in Italy from the 1830s to 1850s is illustrated by the moulds from Donatello's *St George*, Ghiberti's so-called *Gates of Paradise* and Michelangelo's monuments for the Medici Chapel at San Lorenzo that were employed to make casts for the Musée des Études at the École des Beaux Arts in Paris between 1834 and 1840: these same moulds were still in use in 1854 for the making of casts for the Crystal Palace in London.[4] As might be expected, the aforementioned rules were rigorously adhered to for a second group of casts commissioned by the same English institution. The production of new casts was only authorised on the condition that moulds were already in existence and in the possession of the *formatore* Luigi Stiattesi.[5] However, even the best moulds eventually wear out at which point new ones need to be taken from the original as to avoid casts after casts and the resulting drop in reproduction standards. It was precisely such a commission for new moulds, in this case of Ghiberti's *Gates of Paradise* for the South Kensington Museum, that, in 1864, led to the introduction of a series of new restrictions throughout Italy. A report written by the sculptor Clemente Papi in that year revealed that the systematic moulding of this masterpiece resulted in the partial destruction of the gilding and had also left behind heavy traces of release agents, which further affected the art work. One year later, as a consequence of this report, the Ministry of Education (Ministero della Istruzione Pubblica) of the newly established Italian state, whose capital at that time was Florence, issued a prohibition on all forms of moulding of both bronze and marble sculptures.[6] The *Gates of Paradise*, created shortly after the Siena Baptismal Font, are a rare example of Quattrocento sculpture that has been widely admired by artists and art connoisseurs throughout modern history. They were first

Florenz war zu dieser Zeit Hauptstadt – ein Jahr später ein Gesetz erließ, das jegliche Abformung von Bronze- sowie Marmorskulpturen untersagte.[6] Die *Paradiestüren*, die nur wenige Jahre nach dem Sieneser Taufbecken geschaffen worden waren, sind in der Tat eines der wenigen Beispiele von Bildwerken des Quattrocento, die seit ihrer Entstehung kontinuierlich von Künstler:innen und Kuntliebhaber:innen bewundert worden sind. Sie wurden im späten 18. Jahrhundert erstmalig abgeformt, und Abgüsse dieses Werkes waren bereits in frühester Zeit Teil der Berliner Gipssammlung.[7]

Auch wenn Berlin traditionell nicht als eine der Kulturhauptstädte Europas galt, erwarben seine Kunstinstitutionen ab Ende des 18. Jahrhunderts und bis in die zweite Hälfte des 19. Jahrhunderts dennoch regelmäßig Gipsabgüsse in Italien und anderen Ländern.[8] Infolge der 1871 vollzogenen Gründung des Deutschen Kaiserreiches wurden in der neuen Hauptstadt substantielle Investitionen für Kunst und Wissenschaft vorgenommen, in deren Kontext auch das Interesse an Gipsabgüssen deutlich zunahm. Insbesondere suchte im Jahr 1872 der damalige Generaldirektor der Königlichen Museen zu Berlin, Guido von Usedom, das Ansehen der Sammlung von Renaissanceskulpturen durch den Erwerb von Gipsabgüssen zu steigern.[9] Zeitpunkt und Ausrichtung dieser Erwerbungen kamen nicht von ungefähr: Die Neo-Renaissance erreichte zu dieser Zeit in ganz Europa ihren Höhepunkt, und im darauffolgenden Jahr fand die offizielle Eröffnung der Cast Courts des South Kensington Museums in London statt, die binnen kurzer Zeit den Standard für Gipsmuseen setzen sollten. In Berlin war allerdings die Hauptinspirationsquelle Belgien, wo ein Kommittee zur Implementierung von Henry Coles *Convention for promoting universally Reproductions of Works of Art for the benefit of Museums of all countries* eingerichtet worden war.[10] Diese internationale Vereinbarung war 1867 von 15 Staatshäuptern unterzeichnet worden und löste in den folgenden Jahren

moulded in the late eighteenth century and were also part of the Berlin plaster cast collection from a very early stage.[7]

Although Berlin was not historically known as one of Europe's principal capitals of culture, its art institutions were nonetheless engaged in the regular acquisition of plaster casts from Italy and other countries between the late eighteenth century and later half of the nineteenth century.[8] Following the establishment of the German Empire in 1871, there was a notable surge in interest in casts, accompanied by substantial investments in the arts and sciences of the new capital. In particular, in 1872, Guido von Usedom, the then Director General of the Königliche Museen zu Berlin, sought to promote the Renaissance sculpture collection by acquiring plaster casts.[9] The timing and theme of this acquisition appear to have been carefully considered, coinciding with the height of the Neo-Renaissance movement in Europe and a year before the official inauguration of the Cast Courts at the South Kensington Museum in London, which set the tone for what a plaster cast museum should be. Berlin's principal source of inspiration appears to have been Belgium, however, which had established a special committee to implement Henry Cole's *Convention for promoting universally reproductions of works of art for the benefit of museums of all countries.* Signed in 1867 by 15 heads of state,[10] the convention triggered a variety of different responses from different countries, with Belgium taking a lead in terms of strategic focus.[11] To follow the Belgian example in Berlin and become a major player in the international exchange of reproductions, the Königliche Museen, and consequently the Gipsformerei, were required to introduce significant changes to their capabilities and make a substantial investment in the acquisition of moulds.

In 1873, Richard Schöne, who was at the time advisor for art matters in the Prussian Ministry of Culture and von Usedom's later successor, sought to capitalise on the favourable diplomatic relations with

eine Vielzahl verschiedener Reaktionen in unterschiedlichen Ländern aus, wobei Belgien durch seinen strategischen Fokus herausstach.[11] Der Entschluss, dem belgischen Vorbild zu folgen, erforderte von den Königlichen Museen – und insbesondere von der Gipsformerei – ihre Kapazitäten maßgeblich zu steigern und im großen Stil in den Erwerb von Gussformen zu investieren.

1873 bemühte sich Richard Schöne, zu dieser Zeit Referent für Kunstangelegenheiten im preußischen Kultusministerium und später von Usedoms Nachfolger als Direktor der Königlichen Museen, Kapital aus den guten diplomatischen Beziehungen mit der Regierung des neuen italienischen Nationalstaates zu schlagen. Er beauftragte einen deutschen Repräsentanten, den internationalen Kongress für Kunsthistoriker auf der Weltausstellung in Wien dazu zu nutzen, den italienischen Staat unter Druck zu setzen, das Verbot der Abformung öffentlicher Statuen und Monumente aufzuheben. Während jedoch bis zu diesem Zeitpunkt Italien die direkte oder indirekte Quelle der meisten Gipsabgüsse war, führte die weltweit wachsende Nachfrage nach Reproduktionen in anderen europäischen Ländern zur Gründung staatlicher Abguss-Werkstätten wie etwa der Gipsformerei in Berlin oder dem Atelier de Moulage in Paris, die über wesentlich mehr Mittel verfügten als die erfolgreichsten *formatori* in Italien.

Angesichts dieses neuen Status quo wurden in Italien neue Schutzmaßnahmen mit dem Ziel eingeführt, einerseits sicherzustellen, dass Italiens Interessen als Hersteller von Abgüssen gewahrt würden[12] und andererseits den potentiellen Schaden an seinen Kunstwerken unter Kontrolle zu halten. Hierbei kam insbesondere die Sorge um die Erhaltung der Florentiner Renaissanceskulptur zum Ausdruck, deren Reproduktion zu dieser Zeit besonders gefragt war.[13] Die neuen Vorschriften ähnelten auffallend denen, die zu Beginn des 19. Jahrhunderts in Florenz erlassen worden waren. So wurde entschieden, dass die Abnahme neuer Formen nur genehmigt werden

the newly established Italian government. To this end, he instructed a German representative to use the International Congress of Art Historians, which was held at the World Exhibition in Vienna, Austria, to exert pressure on the Italian state to repeal the protective law that prohibited the making of new moulds of national statues and monuments. Nevertheless, while Italy had previously been, directly or indirectly, the primary source of plaster casts, the growing global demand for reproductions also gave rise to institutionalised workshops in other European countries, such as the Gipsformerei in Berlin and the Atelier de Moulage in Paris. These facilities possessed significantly greater resources than the most successful *formatori* in Italy.

Aware of the new *status quo*, when the aforementioned law was finally repealed at the end of 1873, new safeguards were introduced with the dual objective that Italy's interests as a producer of casts were met[12] and potential damage to works of art mitigated. In this regard, a special concern was expressed regarding the preservation of Florentine Renaissance sculpture, which was particularly sought after at the time.[13] The regulations were strikingly similar to those that had been put in place in Florence at the beginning of the nineteenth century: Thus, it was decided that new moulds would only be authorised if others in good condition did not already exist. In such cases, the making of new moulds would be permitted only for certified *formatori*, approved by the Commissione Consultativa di Belle Arti, the Fine Arts Committee responsible for authorising reproductions and the methods employed. Similarly, the moulds were to remain in Italy, and a carefully selected cast was to be stored in a national plaster museum that was to be established in Rome. However, this museum never materialised.[14]

Matters took yet another turn when, in 1875, Prussia was granted permission to acquire moulds, a decision that prompted concerns from the mentioned Commissione Consultativa di Belle Arti. The

sollte, wenn nicht bereits andere in akzeptablem Erhaltungszustand existierten, und dass in einem solchen Falle das Erstellen der neuen Formen von einem zertifizierten *formatore* durchzuführen sei, das heißt von einem Gipsformer, der von der Beratungskommission für Bildende Kunst (Commissione Consultativa di Belle Arti), dem für die Genehmigung von Reproduktionen und Reproduktionsmethoden zuständigen Kommittee, anerkannt war. Des Weiteren wurde festgelegt, dass die Formen in Italien bleiben mussten und ein sorgfältig ausgewählter Abguss in dem geplanten nationalen Gips-Museum in Rom zu deponieren sei – diese Institution wurde jedoch nie verwirklicht.[14]

Die Situation änderte sich wiederum, als Preußen im Jahr 1875 die Erlaubnis erhielt, Gussformen zu erstehen. Diese Entscheidung weckte berechtigte Zweifel bei der bereits erwähnten Beratungskommission für Bildende Kunst. Die Kommission war sich dessen bewusst, dass die Genehmigung des Exports der Formen nach Berlin der Gipsformerei ermöglichte, nicht nur Kunst- und Wissenschaftsinstitutionen innerhalb Deutschlands mit Abgüssen zu beliefern, sondern auch in andere Länder zu exportieren, und dass dies die Gipsformerei in direkten Wettbewerb mit Italien setzte.[15] Obwohl man davon ausging, dass Preußen im Wesentlichen seine eigenen Institutionen versorgen wollte, und dass sich andere Länder weiterhin direkt an Italien wenden würden, scheinen sich die Florentiner Institutionen dennoch das Recht gesichert zu haben, dass einige der Formen nach toskanischen Skulpturen in Italien zu bleiben hatten.[16]

Für den Beginn der preußischen Abformungskampagnen boten die 400-Jahresfeiern zu Ehren Michelangelos im Jahr 1875 den willkommenen Anlass. Zu diesem Zeitpunkt versuchte die italienische Regierung von der 1867 formulierten Vereinbarung zum Austausch von Reproduktionen zu profitieren, um so eine Ausstellung mit Abgüssen der über mehrere Länder verstreuten Originale des Florentiner

commission was well aware that authorising the export of moulds to Berlin would enable the Gipsformerei to supply not only local scientific and artistic institutions in Germany, but also those in other countries. This would place it in direct competition with Italy itself.[15] Although it was assumed at the time that Prussia's primary objective was to equip its own institutions and that other countries would prefer to source their materials directly from Italy, Florence appears to have secured the right that some of the moulds from sculptures existing in Tuscany would remain in Italy.[16]

Prussia's inaugural moulding campaign was launched in conjunction with the 400th anniversary of Michelangelo in 1875. At that time, the Italian government sought to leverage the 1867 *Convention* for the exchange of reproductions to organise an exhibition of plaster casts of Michelangelo's original works, which were scattered across various countries.[17] Within this context, the Prussian government requested the production of a complete copy of the statue of *David* (which was never delivered to Berlin), along with around 100 other casts of works that were in existence in Florence at the time. In July 1874, an exhaustive list of all the works to be moulded in Florence was approved, stipulating that only casts (and not moulds) were to be obtained in accordance with the decree passed the previous year.[18]

Though it has been noted that several countries exerted pressure on Italy to revoke the aforementioned 1865 heritage protection law, it is likely that Prussia not only played a significant role in initiating a new agreement but also managed to negotiate exceptional terms that were beyond the reach of other nations. Despite the absence of documentary evidence, it is plausible that the foundation of this privilege can be traced back to the military alliance established between Prussia and Italy in 1866, which was directed against the Austrian Empire which at that time governed over the Veneto region. The con-

Künstlers zu organisieren.[17] In diesem Kontext erbat sich die preußische Regierung eine komplette Kopie von Michelangelos *David,* deren Lieferung jedoch nie zustandekam, zusammen mit etwa 100 weiteren Abgüssen nach Werken in Florentiner Sammlungen. Eine umfassende Liste der in Florenz abzuformenden Werke wurde im Juli 1874 genehmigt, wobei entsprechend der im Vorjahr erlassenen Verordnung vermerkt wurde, dass nur Abgüsse erworben werden durften (und keine Formen).[18]

Wenngleich die Forschung gezeigt hat, dass mehrere Länder Druck auf Italien ausgeübt hatten, das 1865 eingeführte Gesetz zum Schutze des Kulturguts zurückzuziehen, ist es wahrscheinlich, dass Preußen nicht nur eine wichtige Rolle bei der Anregung eines neuen Abkommens spielte, sondern auch in der Lage war, besondere Konditionen auszuhandeln, die für andere Nationen außer Reichweite lagen. Auch wenn bisher keine dokumentarischen Beweise gefunden werden konnten, liegt es nahe, die Wurzel dieser Privilegien in einer militärischen Allianz zu sehen, die Preußen und Italien 1866 gegen Österreich geschlossen hatten, das zu diesem Zeitpunkt das Veneto beherrschte. Die militärischen Handlungen Preußens und Italiens an zwei verschiedenen Kriegsfronten zwangen Österreich, sich aus dem umkämpften Territorium zurückzuziehen und ermöglichten Berlin, seinen politischen Einfluss innerhalb der deutschen Territorien zu konsolidieren. Die bewusste Erinnerung an diese seinerzeit nur wenige Jahre zurückliegenden Ereignisse mag auch erklären, weshalb die preußischen Abformungskampagnen in Venedig und Padua begannen und damit in zwei Städten, die bis dato unter österreichischer Herrschaft gestanden hatten. Darüber hinaus war es von symbolischer Bedeutung, die Abformungen mit zwei Reiterstandbildern zu beginnen – Kunstwerke, die bewusst an militärische Erfolge erinnern. Der Vertrag für die Abformung von Donatellos Paduaner Reiterdenkmal des Gattamelata[19] ist zugleich das einzige derartige Dokument, das von Wilhelm

current actions of Prussia and Italy on two disparate war fronts enabled Italy to push out Austria from the contested territory, while simultaneously affording Berlin the opportunity to consolidate its political influence within the German territories. This recollection may provide an explanation as to why the moulding campaigns initially began in Venice and Padua, two cities that had recently been occupied by Austria. Moreover, the decision to commence the mouldings with two equestrian statues is imbued with a certain symbolism, given that these works of art evoke memories of military achievements. Additionally, the contract for the mould taking of the equestrian statue of Gattamelata[19] by Donatello in Padua is the only one signed by Wilhelm Bode himself, who was assistant to the director of the Königliche Museen and the driving force behind the casting campaigns.[20] The significance of this document is substantiated by the fact that it is the sole contract in Berlin that explicitly stipulates that the Italian government would retain a cast of all the works to be moulded. Indeed, the moulding contract for the equestrian statue of Bartolomeo Colleoni by Verrocchio in Venice,[21] which had been signed two weeks earlier, makes no mention of any additional casts.

The simultaneous reproduction of works of sculpture throughout Italy was made possible by the presence of a group of Prussian representatives, whose role was to oversee all ongoing campaigns. The most significant of these was the archaeologist Heinrich Dressel, who subsequently worked at the Münzkabinett in Berlin. However, for practical reasons, it seems probable that the technical supervision of this campaign was conducted by the sculptor brothers Robert and Karl Cauer.[22] The Cauer family's expertise in mould making is evidenced by their establishment of a casting workshop in Bad Kreuznach in 1844, and Karl is credited with the invention of ivory gypsum, also known as »Elfenbeingips« or »Cauer-Masse«.[23] The supervisors appointed by the Italian state, on the other hand, appear to

Bode selbst unterschrieben worden ist. Bode war Direktorialassistent an der Skulpturensammlung der Königlichen Museen zu Berlin und die treibende Kraft hinter den Abformungskampagnen.[20] Die Bedeutung dieses Dokuments ist auch daran zu erkennen, dass unter den in Berlin erhaltenen Verträgen dieser der einzige ist, der explizit erwähnt, dass die italienische Regierung einen Abguss des abgeformten Werkes erhalten sollte. Der zwei Wochen zuvor unterschriebene Abformungsvertrag für Verrocchios Reiterstandbild des Bartolomeo Colleoni in Venedig erwähnt keine zusätzlichen Abgüsse.[21]

Die gleichzeitige Reproduktion von Skulpturen an verschiedenen Orten Italiens war nur aufgrund der Anwesenheit einer Gruppe preußischer Beauftragter vor Ort möglich, denen die Beaufsichtigung der verschiedenen Kampagnen zukam. Der wichtigste unter ihnen war der Archäologe Heinrich Dressel, der später am Berliner Münzkabinett arbeiten sollte. Die Aufsicht über die Sieneser Kampagne wurde aber wohl aus praktischen Gründen von den Bildhauerbrüdern Robert und Karl Cauer durchgeführt.[22] Deren Expertise in der Erstellung von Formen ist dadurch belegt, dass die Cauer-Familie schon im Jahre 1844 in Bad Kreuznach eine Gipsabguss-Werkstatt eröffnet hatte und Karl für die Erfindung eines als »Cauer-Masse« oder »Elfenbeingips« bekannten Werkstoffs verantwortlich zeichnete.[23] Die vom italienischen Staat beauftragten Aufseher hingegen waren hochrangige Künstler oder Akademiker, die eine etablierte Position in der jeweiligen Region innehatten, wie zum Beispiel die Bildhauer Tito Sarrocchi und Luigi Ceccon oder der Historiker Niccolò Barozzi, der 1875 Direktor des Museo Correr in Venedig war.

Schriftliche Quellen bezeugen, dass die Abformungskampagnen im Mai 1875[24] begannen und bis mindestens 1883 durchgeführt wurden.[25] Diese Initiative führte zum Erwerb von mehr als 150 Reproduktionen aus Venedig (1875), Padua (1875), Mailand (1875), Rom (1875/1876), Siena (1876), dem Vatikan

have been distinguished practitioners or academics with an established regional artistic reputation. This is evidenced by the involvement of notable figures such as Tito Sarrocchi and Luigi Ceccon, both sculptors, and Niccolò Barozzi, a historian who served as director of the Correr Museum in Venice in 1875.

Documentary sources indicate that the moulding campaigns commenced in May 1875[24] and continued until at least 1883[25]. This initiative resulted in the acquisition of more than 150 reproductions from various Italian cities, including Venice (1875), Padua (1875), Milan (1875), Rome (1875–76), Siena (1876), the Vatican (1876–78), Florence (1876–83) and Pistoia (1882).[26] The selection of the *formatori* was largely contingent upon the geographical location of the works to be reproduced.

While the majority of the works reproduced originates from the Quattrocento, there are also examples of earlier sculptures, such as the Siena Cathedral pulpit by Nicola Pisano, and later works associated with Mannerism, including the *Dying Adonis* by Vincenzo de' Rossi from 1565. In conclusion, it can be stated that this campaign encompasses the Renaissance in a broader sense. Furthermore, there is evidence of a fascination with Donatello, which resulted in the reproduction of approximately 16 sculptures attributed to him. This figure far exceeds the number of reproductions of works by Michelangelo, for instance.

The contracts also demonstrate a progression in understanding and expectations. While the initial contracts were relatively vague in terms of general instructions and even technical requirements, the contract for the Siena Baptismal Font represents a significant turning point, as it is the first to outline highly restrictive obligations for both parties. The mould for the Baptismal Font was created in 1876, and all the available evidence indicates that this was the inaugural commission for Giuseppe Del Ricco.[27] The contract was duly signed by the *formatore* on 28 December 1875. However, as the Prussian com-

(1876–1878), Florenz (1876–1883) und Pistoia (1882).[26] Die Wahl der *formatori* hing dabei im Wesentlichen vom Standort der abgeformten Werke ab.

Während die meisten der abgeformten Skulpturen Werke des Quattrocento waren, befanden sich auch ältere, wie zum Beispiel Nicola Pisanos Kanzel aus der Kathedrale in Siena, sowie jüngere, manieristische Werke, wie Vincenzo de' Rossis *Sterbender Adonis* von 1565, darunter. Die preußischen Abformungskampagnen dieser Jahre erfassten insofern die Renaissance im weitesten Sinne. Insbesondere lässt sich ein ausgeprägtes Interesse an Donatello erkennen: 16 der abgeformten Skulpturen waren ihm zugeschrieben – eine wesentlich höhere Anzahl als für Michelangelo.

Die Verträge deuten auch auf einen Erfahrungszuwachs: Während die ersten recht vage gehalten sind, was allgemeine Anweisungen und technische Anforderungen betrifft, so ist der Vertrag für das Sieneser Taufbecken insofern ein Meilenstein, als hier zum ersten Mal höchst restriktive Auflagen für beide Parteien festgehalten sind. Das Taufbecken wurde 1876 abgeformt und alles deutet darauf hin, dass es der erste Auftrag für Giuseppe Del Ricco war.[27] Der Vertrag wurde vom *formatore* am 28. Dezember 1875 unterschrieben, aber da der preußische Beauftragte Robert Cauer zu diesem Zeitpunkt nicht in Siena war, musste das Dokument nach Rom geschickt werden, wo Cauer es am 24. Januar 1876 abzeichnete. Ein Bericht über den Erhaltungszustand des Monuments, der alle vor Beginn der Arbeiten am Werk festgestellten Schäden und Unregelmäßigkeiten festhielt, war am 22. Januar 1876 unterschrieben worden.[28] Neben Del Ricco und Robert Cauer agierte Heinrich Dressel im Fall des Taufbeckens zusätzlich als Vertreter der preußischen Regierung, während der Bildhauer Tito Sarrocchi[29] die italienische Regierung für alle in Siena ausgeführten Abformungen vertrat. Dies bezieht sich auch auf die Haftbarkeitsklausel in Sektion acht des Vertrags, die festlegt, dass der *formatore* für jegliche Schäden am

missioner Robert Cauer was not in the city at the time, it had to be sent to Rome, where Cauer could sign it on 24 January 1876. On 22 January, the report on the condition of the sculpture had been signed, detailing all the anomalies and issues that had been identified prior to the commencement of work.[28] In the specific case of the Baptismal Font, in addition to Del Ricco and Robert Cauer, Heinrich Dressel acted as the representative of the Prussian government, while the sculptor Tito Sarrocchi[29] acted as the representative of the Italian government in all the mouldings executed in the city of Siena. This is also connected to the liability clause in point eight of the contract, which states that the *formatore* was solely responsible for any damage that may occur to the original monument. It seems unlikely that new licences were ever granted to mould this monument again.

The agreement specified an overall price of 3,000 Italian lire, encompassing the expenses associated with materials, crates, packaging, and transport to the local railway station. The initial payment was to be allocated towards the procurement of materials, with subsequent bi-monthly disbursements of 600 lire scheduled to follow. Although Robert Cauer was the individual who signed the contract, subsequent payments and supervision were authorised by either him, his brother Karl, Heinrich Dressel or Tito Sarrocchi.[30] Despite the initial delays, the first payments were made at the agreed rate. However, written sources suggest that minor inconveniences may have occurred in July[31], which could explain the unscheduled splitting of the fourth instalment in September. The additional work commissioned from Del Ricco in Siena Cathedral on 8 August 1876[32] could also explain the postponement of the completion of the Baptismal Font to December 1876, when the archaeologist Heinrich Dressel paid the penultimate instalment of 300 lire. This indicates that a period of approximately one year elapsed between the date of the initial signature and the completion

Monument alleinig verantwortlich zeichnet. Es ist unwahrscheinlich, dass seither eine weitere Genehmigung zur Abformung dieses Monuments erteilt wurde.

Der Vertrag setzte einen Preis von 3.000 italienischen Lire fest, einschließlich der Kosten für Material, Verpackung und Transport zum örtlichen Bahnhof. Die erste Zahlung zu Beginn der Arbeiten diente der Deckung von Materialkosten, in zweimonatigen Abständen sollten weitere Zahlungen von jeweils 600 Lire folgen. Wenngleich Robert Cauer den Vertrag unterzeichnet hatte, wurden die folgenden Zahlungen und die Aufsicht über die Arbeiten sowohl von ihm als auch von seinem Bruder Karl, Heinrich Dressel und Tito Sarrocchi autorisiert.[30]

Trotz der anfänglichen Verzögerung wurden die ersten Zahlungen wie vereinbart geleistet, die Quellen zeigen jedoch, dass es im Juli kleinere Probleme gab,[31] was eine unvorhergesehene Zweiteilung der vierten Zahlung im September erklären mag. Auch die zusätzlichen Arbeiten in der Kathedrale in Siena, die bei Del Ricco am 8. August 1876[32] in Auftrag gegeben wurden, mögen die Verzögerungen bei der Abformung des Taufbeckens erklären. Diese gelangte erst im Dezember 1876 zum Ende, dem Monat, in dem der Archäologe Heinrich Dressel die vorletzte Teilzahlung von 300 Lire anwies. Hieraus ergibt sich, dass ein ganzes Jahr zwischen Vertragsunterzeichnung und Fertigstellung der Form lag. Es scheint jedoch auch möglich, dass die Probleme von dem von Del Ricco unterzeichneten Vertrag ausgelöst wurden. So zeigt sich, dass Del Riccos Einbindung in die preußischen Aktivitäten mit dieser Kampagne endete und die folgenden zwei Aufträge in Siena im Jahr 1877 an den *formatore* Giulio Garosi gingen. Diese Entwicklung könnte durch einen Vertrauensbruch zwischen Del Ricco und der preußischen Regierung aufgrund unautorisierter Verkäufe von Abgüssen an andere lokale und ausländische Kunden zu erklären sein.[33] Es sollte jedoch bedacht werden, dass dieses Ergebnis in gewisser Weise den

of the mould. It is, however, possible that the issue originated from contractual problems involving Del Ricco. In fact, Del Ricco's involvement ceased after this campaign and the subsequent two assignments in Siena, in 1877, were awarded to a different *formatore*, Giulio Garosi. This could be explained by a breach of trust between Del Ricco and the Prussian authorities, connected with the unauthorised sale of casts by Del Ricco to other local and foreign clients.[33] It is worth considering, however, that in some ways this outcome may have reflected the original wishes of the Italian government in 1873, ensuring that a local *formatore* would continue to produce casts of the font whenever new demand arose in Italy after the moulds had been shipped to Berlin.

It is surprising then that, two years later, in 1878, another *formatore,* named Angelo Giannini, who was also active in Siena, commenced the sale of both the bas-reliefs and the six Virtues to the Scuola Professionale di Arti Decorative ed Industriali in Florence.[34] Due to a lack of financial resources, this purchase was not feasible at the time. However, in 1886, Oronzio Lelli commenced the production of casts of this work in Florence. Subsequently, plaster casts of the reliefs and statuettes from the Baptismal Font were exhibited on the occasion of Donatello's 500th anniversary in 1887. Following this, they were acquired by the Museo Nazionale del Bargello, from where they were subsequently transferred to the Gipsoteca of the Instituto Statale in Florence.[35] This indicates that there must have been casts that remained in Italy and were employed as models for secondary moulds subsequent to the dispatch of the original mould to Germany.

The Italian government's decision to leave the management of moulds and casts in the hands of private *formatori* in Italy had significant consequences. Due to financial and political limitations, these *formatori* were unable to compete with large museum workshops, such as those in Paris or Berlin. The lack of personal connections and influence meant that

ursprünglichen Wünschen der italienischen Regierung von 1873 entsprach, schließlich wollte diese sicherstellen, dass ein lokaler *formatore* die Abgüsse des Taufbeckens herstellen würde, falls es in Italien zu einer neuen Nachfrage kommen sollte, nachdem die Formen nach Berlin verschifft worden waren.

Vor diesem Hintergrund ist es erstaunlich, dass im Jahr 1878 ein ebenfalls in Siena tätiger *formatore* namens Angelo Giannini der Scuola Professionale die Arti Decorative ed Industriali in Florenz Abgüsse der Flachreliefs und der sechs Tugenden zum Kauf anbot.[34] Während fehlende Mittel diesen Ankauf verhinderten, begann Oronzio Lelli 1886 in Florenz ebenfalls Abgüsse nach Teilen des Taufbeckens zu produzieren. Gipsabgüsse der Reliefs und Statuetten wurden 1887 anlässlich der 500-Jahresfeiern zu Ehren Donatellos ausgestellt, wonach sie in die Sammlung des Museo Nazionale del Bargello aufgenommen wurden, um später von dort aus in die Gipsoteca des Istituto Statale in Florenz transferiert zu werden.[35] Hieraus lässt sich schließen, dass es Gipse aus den originalen, nach Deutschland geschickten Formen gegeben haben muss, die in Italien verblieben und als Modelle für Formen zweiter Generation verwendet wurden.

Die Entscheidung der italienischen Regierung, die Verwaltung der Formen und Abgüsse in den Händen privater *formatori* zu belassen, hatte erhebliche Konsequenzen, da aus finanziellen und politischen Gründen diese *formatori* nicht mit den großen Museumswerkstätten in Paris oder Berlin konkurrieren konnten. Private *formatori* hatten nicht die persönlichen Verbindungen und den Einfluss, Genehmigungen für die Abformung von Originalen zu erhalten, und sie konnten es sich auch nicht leisten, großformatige Skulpturen zu gießen, weswegen sie sich auf die Produktion leichter zu vermarktender kleiner Gipse konzentrierten. Die Reproduktion von Teilen des Sieneser Taufbeckens in den Werkstätten der italienischen *formatori* scheint diese Theorie zu stützen.

private *formatori* were unable to gain approval to mould originals. Furthermore, they lacked the financial resources to cast large-scale sculptures, and thus concentrated on the production of more marketable small-scale casts. The replication of partial casts of the Baptismal Font by Italian *formatori* appears to substantiate this hypothesis.

In light of the aforementioned circumstances, the Königliche Museen's casting campaigns in the 1870s and 1880s can be understood as a strategic move to acquire moulds. This decision was driven not only by the financial benefits of cast sales, but also by the anticipation that the exchange of reproductions would facilitate significant growth for the museums with minimal investment. In comparison to other workshops, the Gipsformerei is likely to have achieved a greater degree of success as a result of its programme, which at the time included high-quality casts of canonised originals. Furthermore, evidence indicates that, subsequent to these campaigns, the Gipsformerei became a principal supplier of Renaissance casts on a global scale. Indeed, the moulding campaigns of the period were pivotal in enabling the Gipsformerei to transition from a regional to an international supplier of large plaster casts.

Another innovative trend of the period that was powerfully embraced by the Berlin mouldings, and is strikingly exemplified by the Sienese model, was the incorporation of architectural elements. Practiced increasingly at world exhibitions and major institutions, such as the South Kensington Museum, it enabled the appreciation of sculptures in their original contexts. A significant proportion of the large-scale casts subsequently sold by the Gipsformerei were in fact intended for academic institutions and museums, and unlikely to be of interest to private collectors. This distinguished the Gipsformerei as an institutionalised workshop from other small and medium-sized local plaster casting workshops, which sought to sell smaller pieces in larger quantities and not necessarily of the same quality.

Vor diesem Hintergrund können die Abformungskampagnen der Königlichen Museen in den 1870er und 1880er Jahren als strategischer Schachzug zum Erwerb der Formen verstanden werden, nicht nur weil der Verkauf der Abgüsse eine bedeutende Finanzquelle war, sondern auch, weil man erwartete, dass der Austausch von Reproduktionen den Museen erlauben würde, ihre Bestände mit geringem Aufwand deutlich zu erweitern. Im Vergleich mit anderen Werkstätten bestand der Erfolg, den die Gipsformerei schließlich erlangen sollte, wahrscheinlich in diesem Programm italienischer Abformungen, das seinerzeit viele hochwertige Kopien nach kanonischen Originalwerken umfasste. So lässt sich erkennen, dass die Gipsformerei nach diesen Kampagnen weltweit einer der wichtigsten Lieferanten für Gipse von Werken der Renaissance wurde. Die Gipskampagnen der hier behandelten Zeit waren entscheidend für den Aufstieg der Gipsformerei von einem regionalen zu einem internationen Lieferanten großformatiger Gipsabgüsse.

Ein anderer von den Berliner Kampagnen aufgegriffener und vom Sieneser Abguss verdeutlichter neuer Trend in der behandelten Epoche war der Einbezug architektonischer Elemente. Dieses Vorgehen, das auf den Weltausstellungen, aber auch in Institutionen wie dem South Kensington Museum praktiziert wurde, ermöglichte das Studium von Skulpturen in ihren originalen Kontexten. Viele der großformatigen Abgüsse, die später von der Gipsformerei verkauft wurden, waren für Universitäten und Museen gedacht und von geringem Interesse für private Sammler. Hierin unterschied sich die Gipsformerei als Werkstatt in öffentlicher Hand von anderen kleinen oder mittelgroßen Gipsabguss-Werkstätten, die versuchten, kleinere Stücke in größeren Mengen und nicht unbedingt der gleichen Qualität zu verkaufen.

Das wachsende Interesse an großformatigen Reproduktionen ist seit den 1860er Jahren augenfällig, wobei die Pariser Weltausstellung von 1867 be-

The growing interest in large-scale reproductions was particularly noticeable since the 1860s, especially at the 1867 Paris World Fair, where France first displayed its colossal plaster casts of the Temple of Angkor Wat in Cambodia. These were later juxtaposed with portals from French Gothic churches at the Musée de Sculpture Comparée in Paris.[36] The English response followed in 1868, when the South Kensington Museum in London commissioned a cast of the Sanchi Gate in India. The ingenuity involved in making large-scale reproductions did not cease with the aforementioned examples, as evidenced by the arrival of the Pórtico de la Glória from Santiago de Compostela and the erection of Trajan's Column from Rome using the same moulds that had been used to rebuild the Vendôme column in Paris. The unprecedented scale of this cast made it the ›pièce de résistance‹ of the Cast Courts, which were opened in 1873 and dedicated exclusively to the representation of works of sculpture of particular iconic value. It is evident that large-scale plaster casts became emblematic of a form of rivalry between the major European powers, which displayed casts as symbols of their political influence as well as their technical and material superiority. In the case of Prussia (which by then had become part of the German Empire established in 1871), this achievement was accomplished through the implementation of one of the most extensive plaster casting campaigns in history, which resulted in the assembly of what was to become the world's largest collection of plaster casts at the Neues Museum in Berlin.

sonders heraussticht. Hier präsentierte Frankreich zum ersten Mal seine kolossalen Gipsabgüsse des Tempels von Angkor Wat in Kambodscha, die später neben Portalen französischer gotischer Kirchen im Musée de Sculpture Comparée in Paris ausgestellt wurden.[36] Die englische Antwort folgte 1868, als das South Kensington Museum in London einen Gips des Sanchi-Tores in Indien in Auftrag gab. Der Erfindungsreichtum bei der Herstellung großformatiger Reproduktionen beschränkte sich nicht auf die genannten Beispiele; kurze Zeit später kam der Pórtico de la Glória aus Santiago de Compostela, und ebenfalls in London wurde die Trajanssäule aufgebaut, wobei dieselben am Original in Rom erstellten Formen verwendet wurden, die für den Bau der entsprechenden Säule auf der Place Vendôme in Paris verwendet worden waren. Die seinerzeit beispiellose Größe dieses Abgusses machte ihn zum ›pièce de résistance‹ der 1873 eröffneten Cast Courts, die ausschließlich der Repräsentation visuell eindrucksvoller Meisterwerke diente. Hier zeigt sich, dass großformatige Gipsabgüsse Symbole der Rivalität zwischen den europäischen Großmächten wurden, die Gipsabgüsse als Zeichen ihres politischen Einflusses sowie ihrer technischen und materiellen Überlegenheit zur Schau stellten. Im Fall von Preußen, das 1871 Teil des soeben gegründeten Deutschen Kaiserreichs geworden war, wurde dies durch eine der umfangreichsten Abgusskampagnen der Geschichte und durch die Zusammenstellung einer Sammlung im Neuen Museum in Berlin erreicht, die die größte Gipssammlung der Welt werden sollte.

Übers. E. Marchand

ANMERKUNGEN

1 Rizzo 2023, S. 101.
2 Rizzo 2023, S. 296.
3 Société des Nations 1928, S. 4.
4 Rizzo 2023, S. 299.
5 Giusti 1990, S. 23.
6 Firenze 1985a, S. 192, 259.
7 In jüngerer Zeit wurden neue Forschungsergebnisse zu den von dem Maler Anton Raphael Mengs im Jahr 1771 bestellten Formen publiziert. Siehe Roettgen 2010, S. 69; Negrete Plano 2009, S. 407–422.
8 Sedlarz 2012, S. 29.
9 Bode 1887, S. 12; Platz-Horster 2012, S. 65.
10 Gallipoli 2021, S. 343–44.
11 Pallat 1959, S. 119.
12 Giusti 1990, S. 23.
13 Firenze 1985a, S. 263; Giusti 1990, S. 23.
14 Firenze 1985a, S. 259, 264.
15 Firenze 1985a, S. 267.
16 Firenze 1985a, S. 49, 54.
17 Caputo Calloud 1991, S. XVII.
18 Firenze 1985a, S. 265.
19 Staatliche Museen zu Berlin, Zentralarchiv (SMB-ZA), I/SKS 94, 1875, Blatt 1.
20 Zur Rolle Bodes siehe den Beitrag von Veronika Tocha in diesem Band, insbesondere S. 68–69.
21 SMB-ZA, I/SKS 94, 1875, Blatt 53.
22 Noack 1927, S. 614.
23 Freckmann, Nestler-Zapp 2000, S. 40.
24 SMB-ZA, I/SKS 94, 1875, Blatt 1.
25 1883 wurde bei Oronzio Lelli ein Abguss von Desiderio da Settignanos Tabernakel angefragt, SMB-ZA, I/ SKS 94, 1883, 26.
26 Die Abgusskampagnen konzentrierten sich nicht ausschließlich auf die Renaissance, sondern dienten auch der Ergänzung und Vervollständigung der großen Sammlung von Abgüssen antiker Skulptur im Neuen Museum.
27 SMB-ZA, I/SKS 94, 1876, Blatt 49.
28 Firenze 1985a, S. 16, 263.
29 Firenze 1985a, S. 16, 232.
30 SMB-ZA, I/SKS 94, 1876, Blatt 124.
31 Firenze 1985a, S. 232, 265.
32 SMB-ZA, I/SKS 94, 1876, Blatt. 22.
33 Vgl. den Beitrag von Veronika Tocha in diesem Band, insbesondere S. 85–86.
34 Firenze 1985a, S. 16, 197, 232.
35 Firenze 1985a, S. 188. Außerdem bot Altero Del Ricco, ein Nachkomme von Giuseppe Del Ricco, dem Instituto Statale 1939 die Überlassung von Abgüssen des Taufbeckens an. Aufgrund fehlender finanzieller Mittel fand diese Übernahme jedoch nicht statt.
36 Falser 2013, S. 4.

NOTES

1 Rizzo 2023, p. 101.
2 Rizzo 2023, p. 296.
3 Société des Nations 1928, p. 4.
4 Rizzo 2023, p. 299.
5 Giusti 1990, 23.
6 Firenze 1985a, pp. 192, 259.
7 In recent times, a number of scholars have presented substantial evidence concerning the moulds that were commissioned by the painter Anton Raphael Mengs. See Roettgen 2010, p. 69; Negrete Plano 2009, p. 407–422.
8 Sedlarz 2012, p. 29.
9 Bode 1887, p. 12; Platz-Horster 2012, p. 65.
10 Gallipoli 2021, pp. 343–44.
11 Pallat 1959, p. 119.
12 Giusti 1990, p. 23.
13 Firenze 1985a, p. 263; Giusti 1990, p. 23.
14 Firenze 1985a, pp. 259, 264.
15 Firenze 1985a, p. 267.
16 Firenze 1985a, p. 49, 54.
17 Caputo Calloud 1991, p. XVII.
18 Firenze 1985a, p. 265.
19 Staatliche Museen zu Berlin, Zentralarchiv (SMB-ZA), I/SKS 94, 1875, fol. 1.
20 On the role of Bode, see also the contribution by Veronika Tocha in this volume, especially p. 68–70.
21 SMB-ZA, I/SKS 94, 1875, fol. 53.
22 Noack 1927, p. 614.
23 Freckmann, Nestler-Zapp 2000, p. 40.
24 SMB-ZA, I/SKS 94, 1875, fol. 1.
25 In 1883, a request was made to purchase a cast of Desiderio da Settignano's Tabernacle in San Lorenzo in Florence from Oronzio Lelli, SMB-ZA, I/SKS 94, 1883, fol. 26.
26 In addition to their focus on the Renaissance, the moulding campaigns also served to supplement and, in some cases, complete the extensive collection of plaster casts of classical sculpture at the Neues Museum.
27 SMB-ZA, I/SKS 94, 1876, fol. 49.
28 Firenze 1985a, p. 16, 263
29 Firenze 1985a, p. 16, 232
30 SMB-ZA, I/SKS 94, 1876, fol. 124
31 Firenze 1985a, p. 232, 265
32 SMB-ZA, I/SKS 94, 1876, fol. 22.
33 On this, see also the contribution by Veronika Tocha in this volume, especially p. 85–86
34 Firenze 1985a, p. 16, 197, 232.
35 Firenze 1985a, p. 188. Additionally, in 1939, Altero Del Ricco, a descendant of Giuseppe Del Ricco, proposed the donation of casts of the Baptismal Font to the Instituto Statale. However, these were not accepted due to a lack of financial resources.
36 Falser 2013, p. 4.

Fotoessay Teil II

Photo essay part II

REINIGEN UND KONSERVIEREN
CLEANING AND CONSERVATION

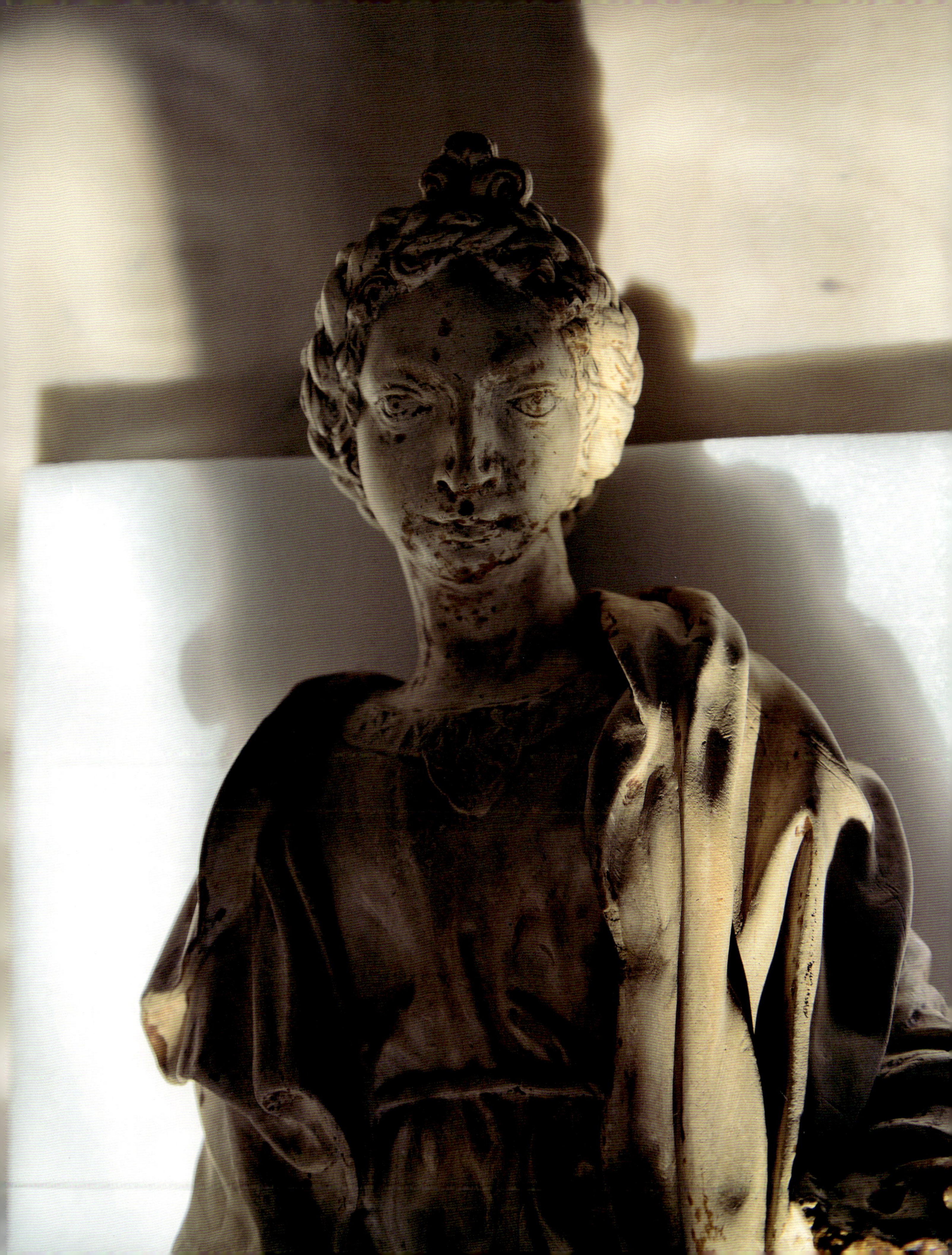

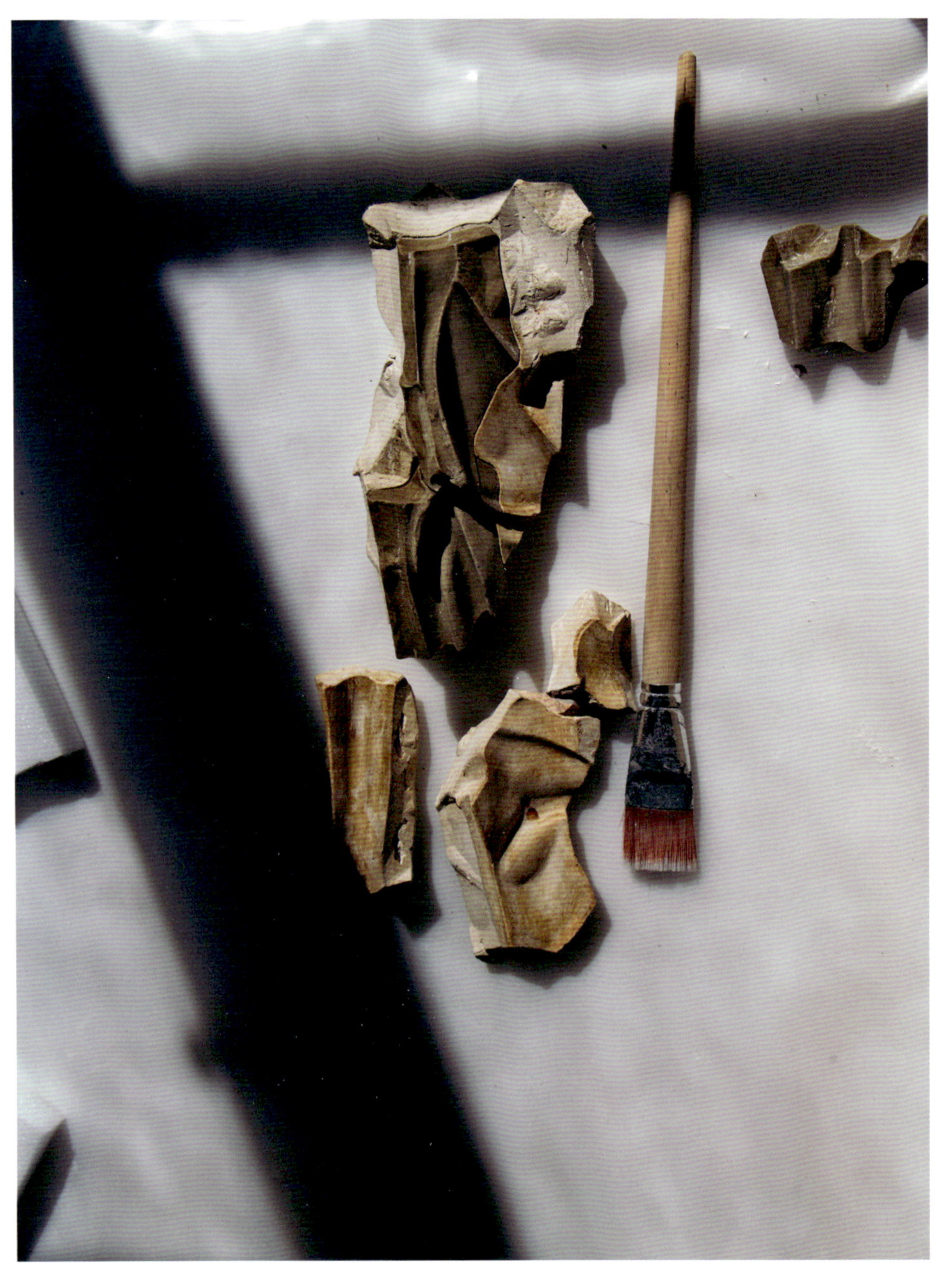

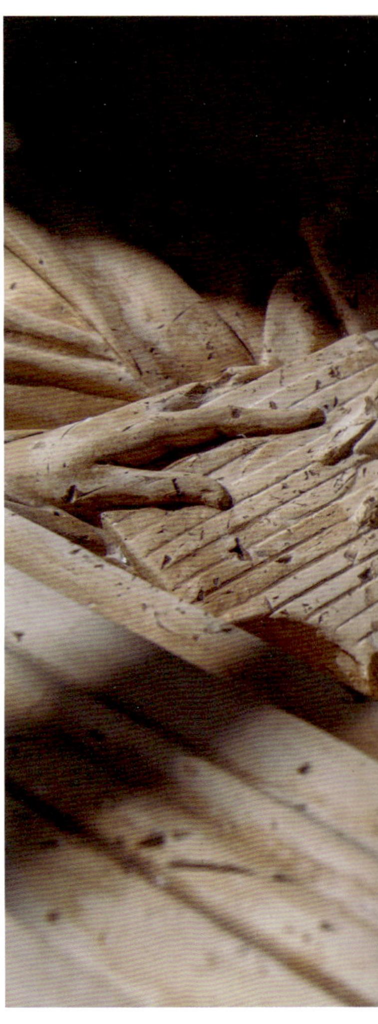

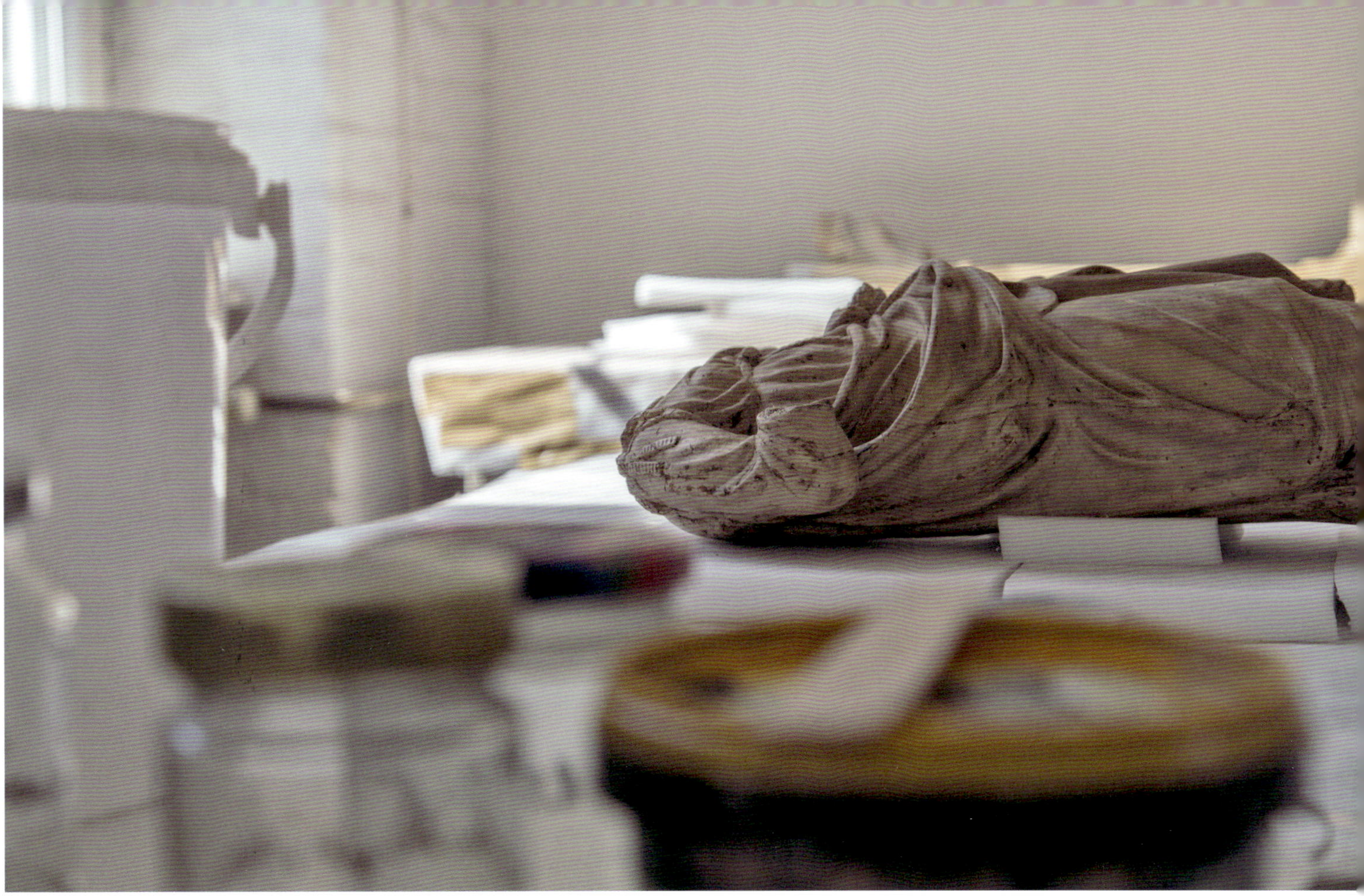

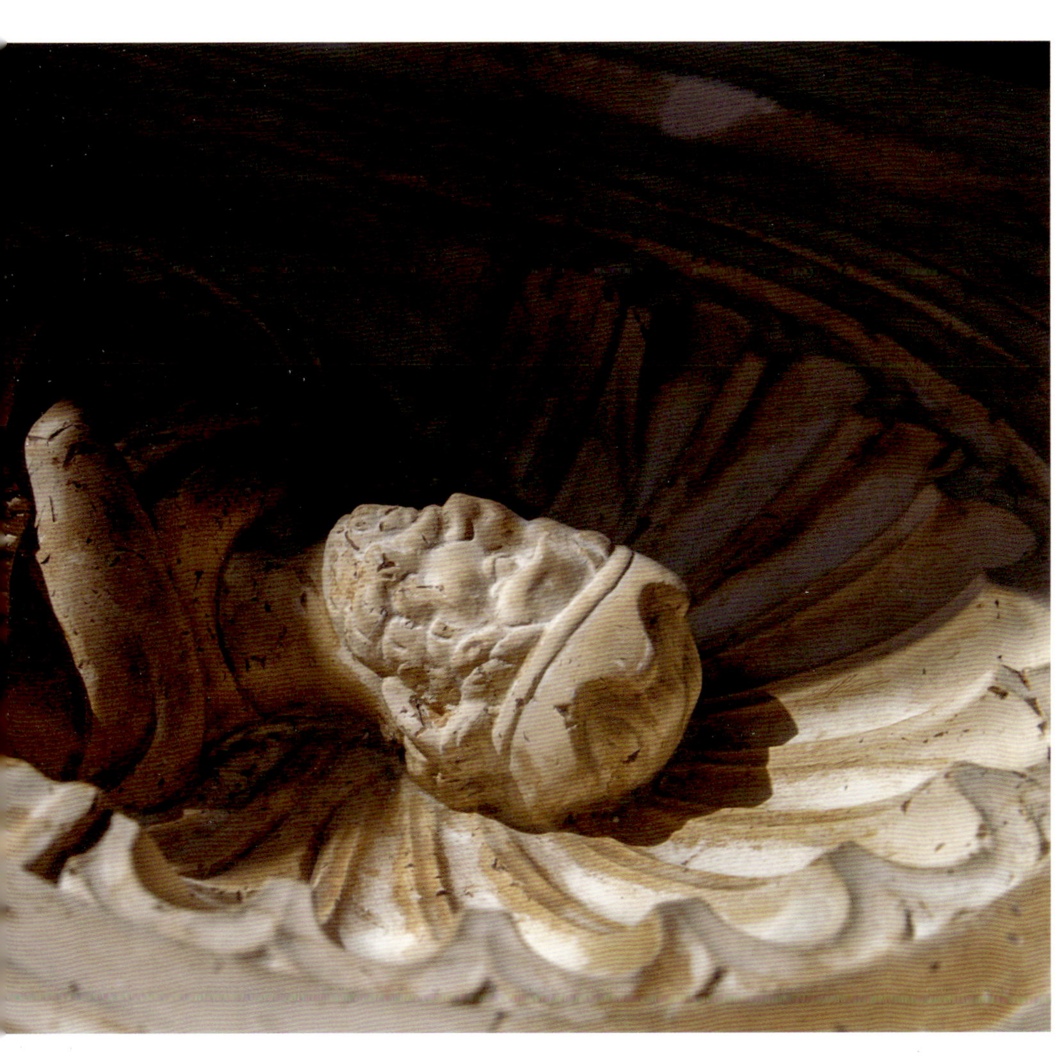

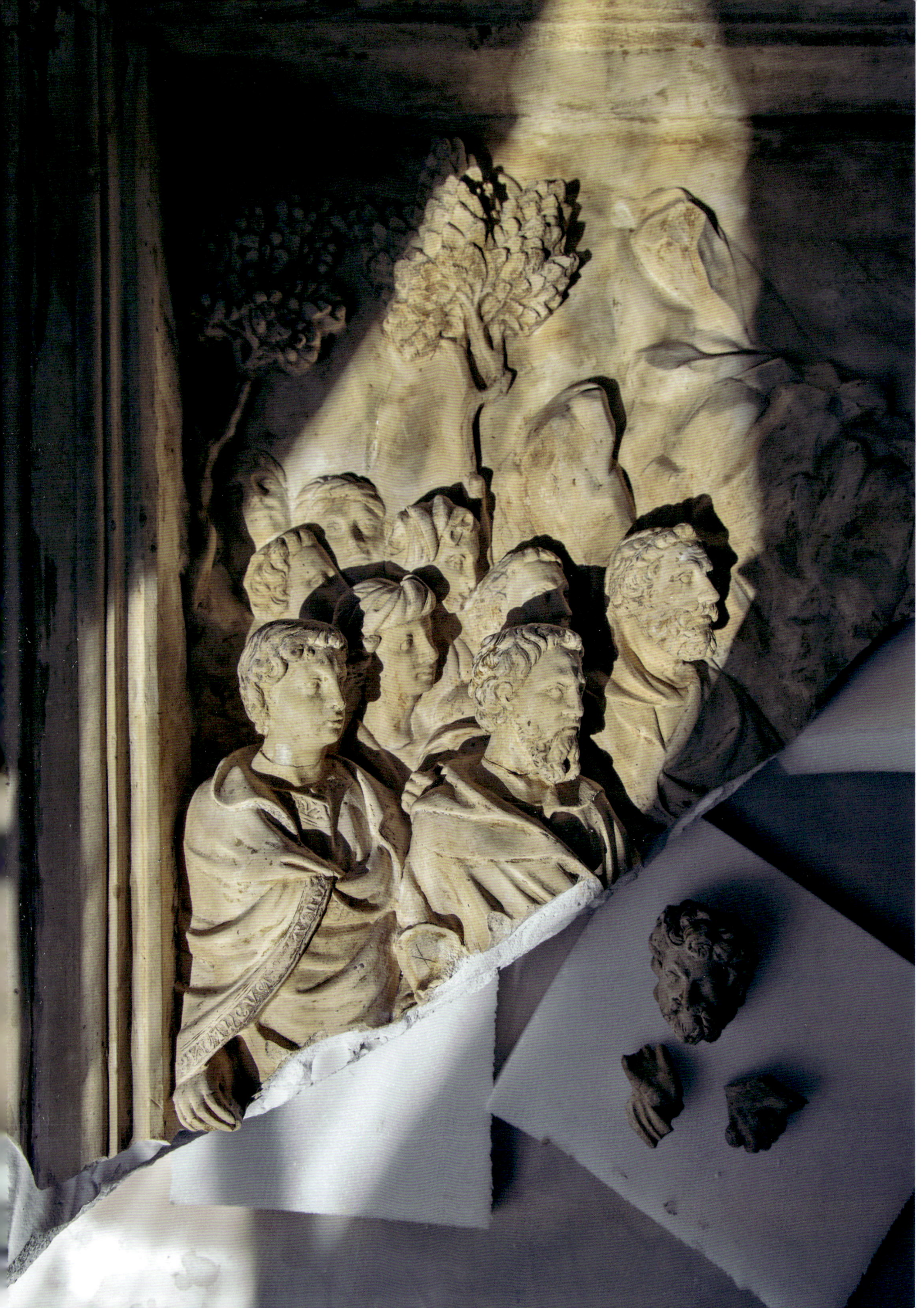

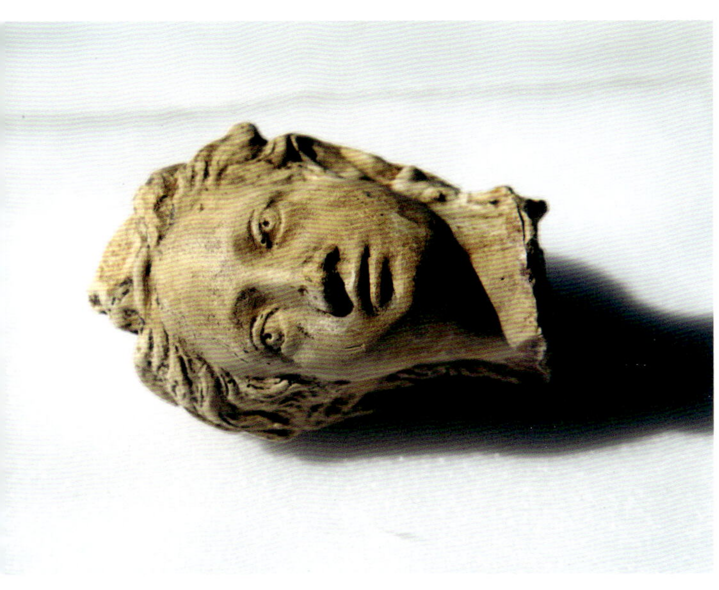

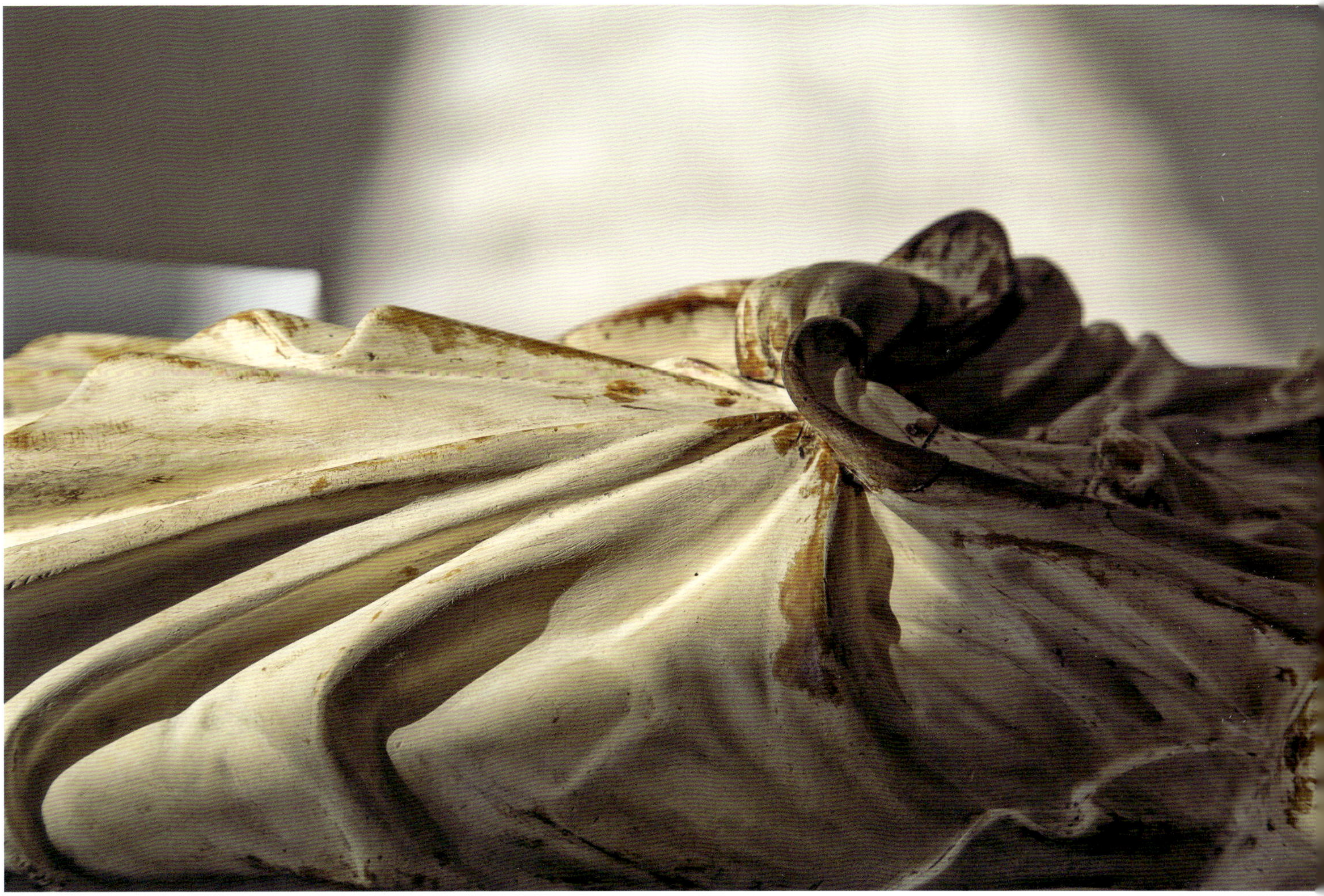

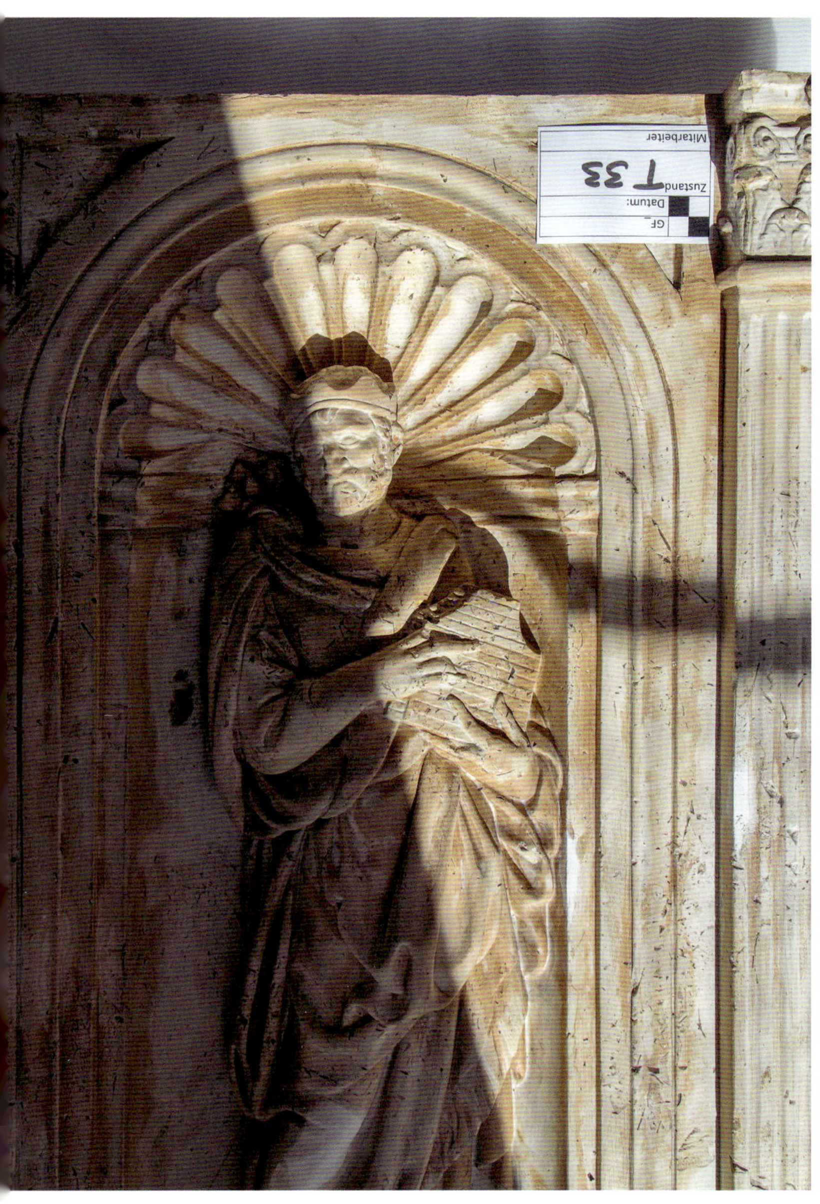
GF_
Datum:
Zustand T 33
Mitarbeiter

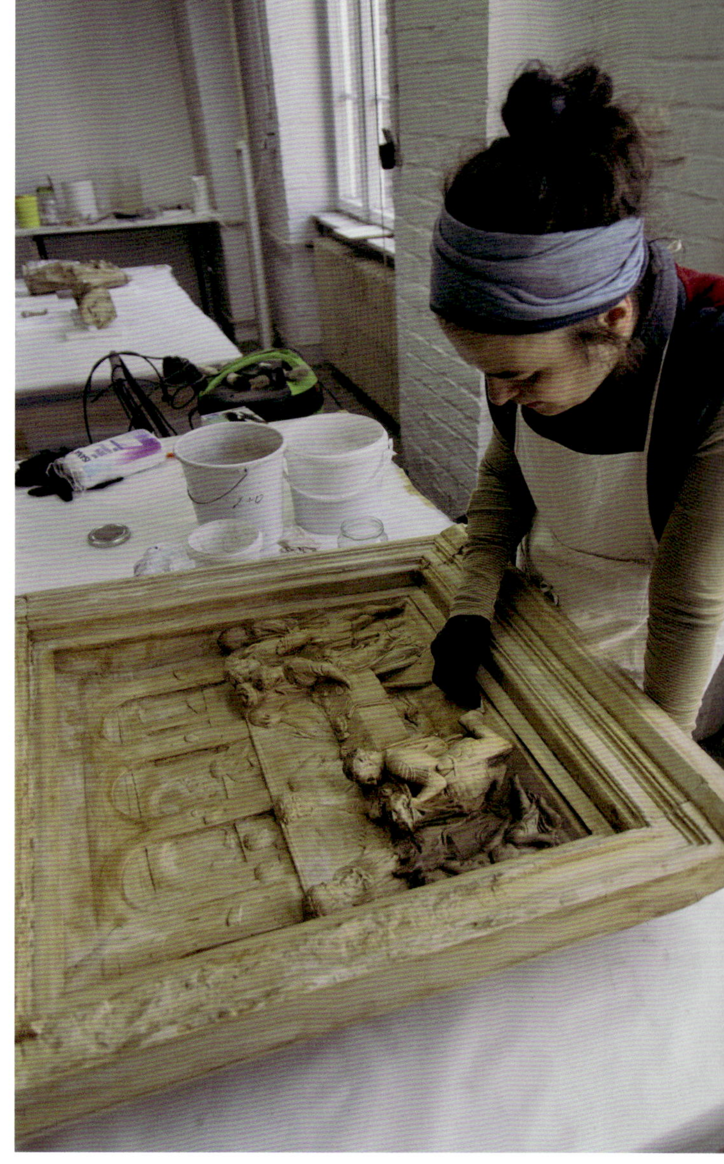

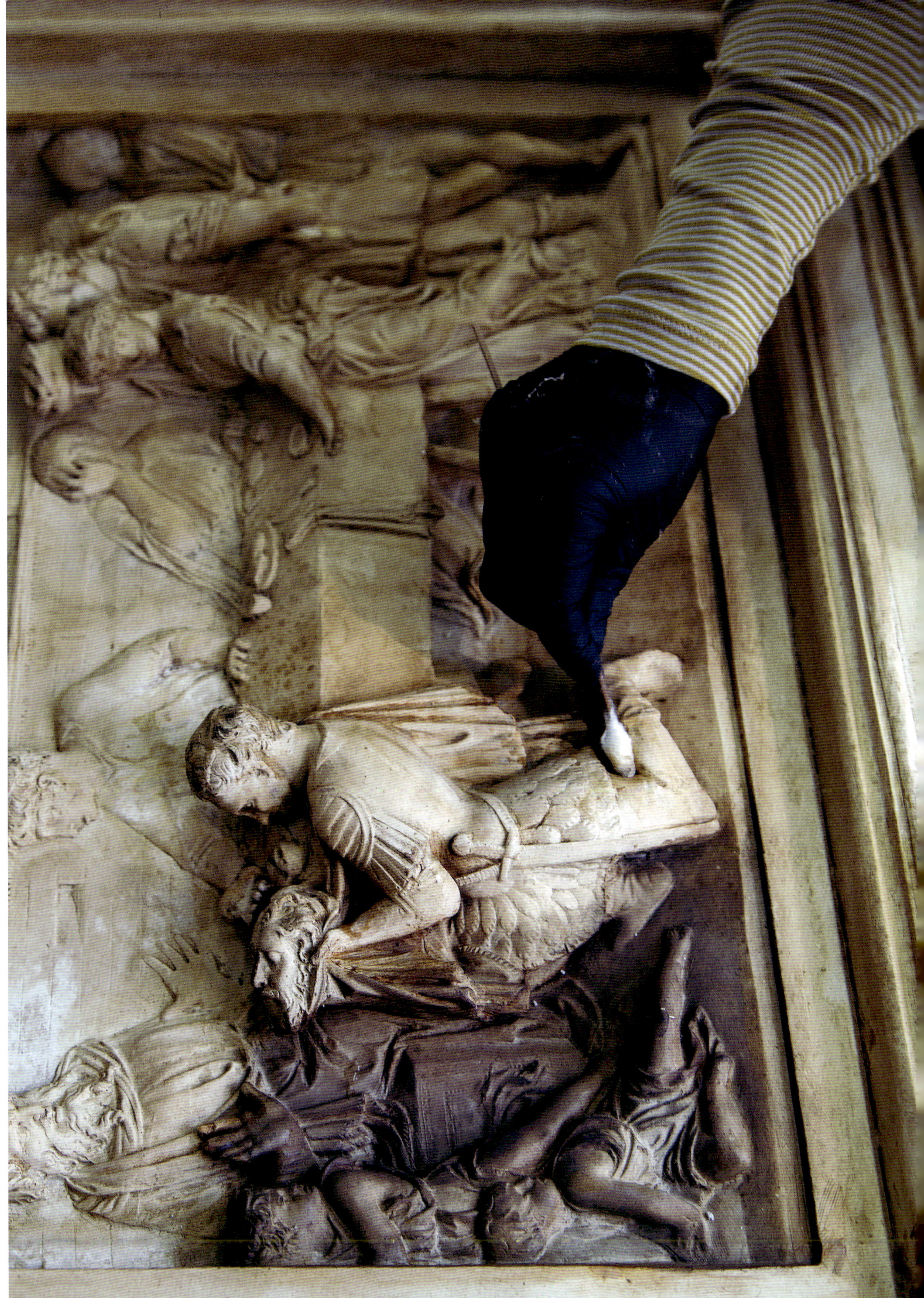

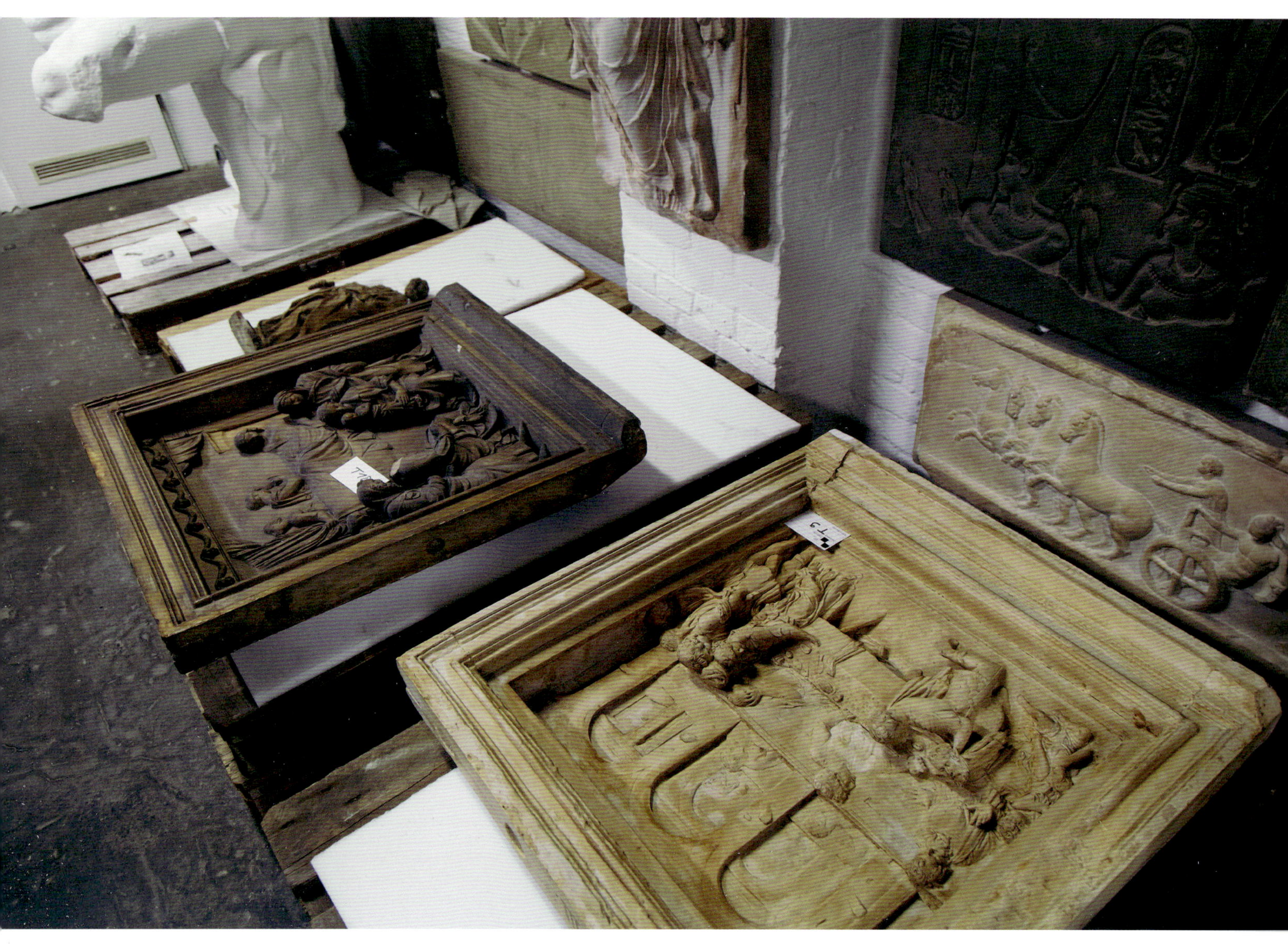

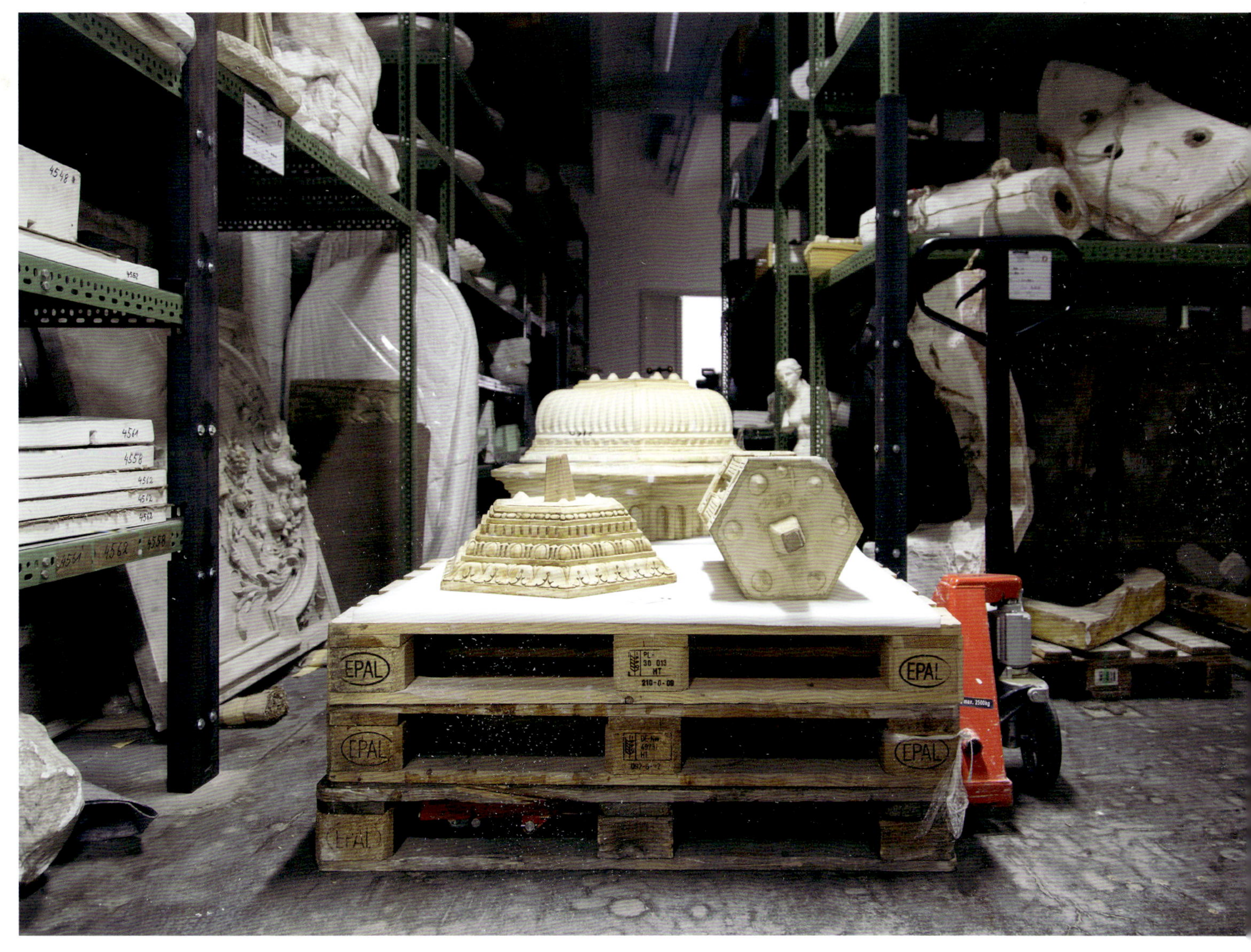
EPAL
EPAL
EPAL
EPAL

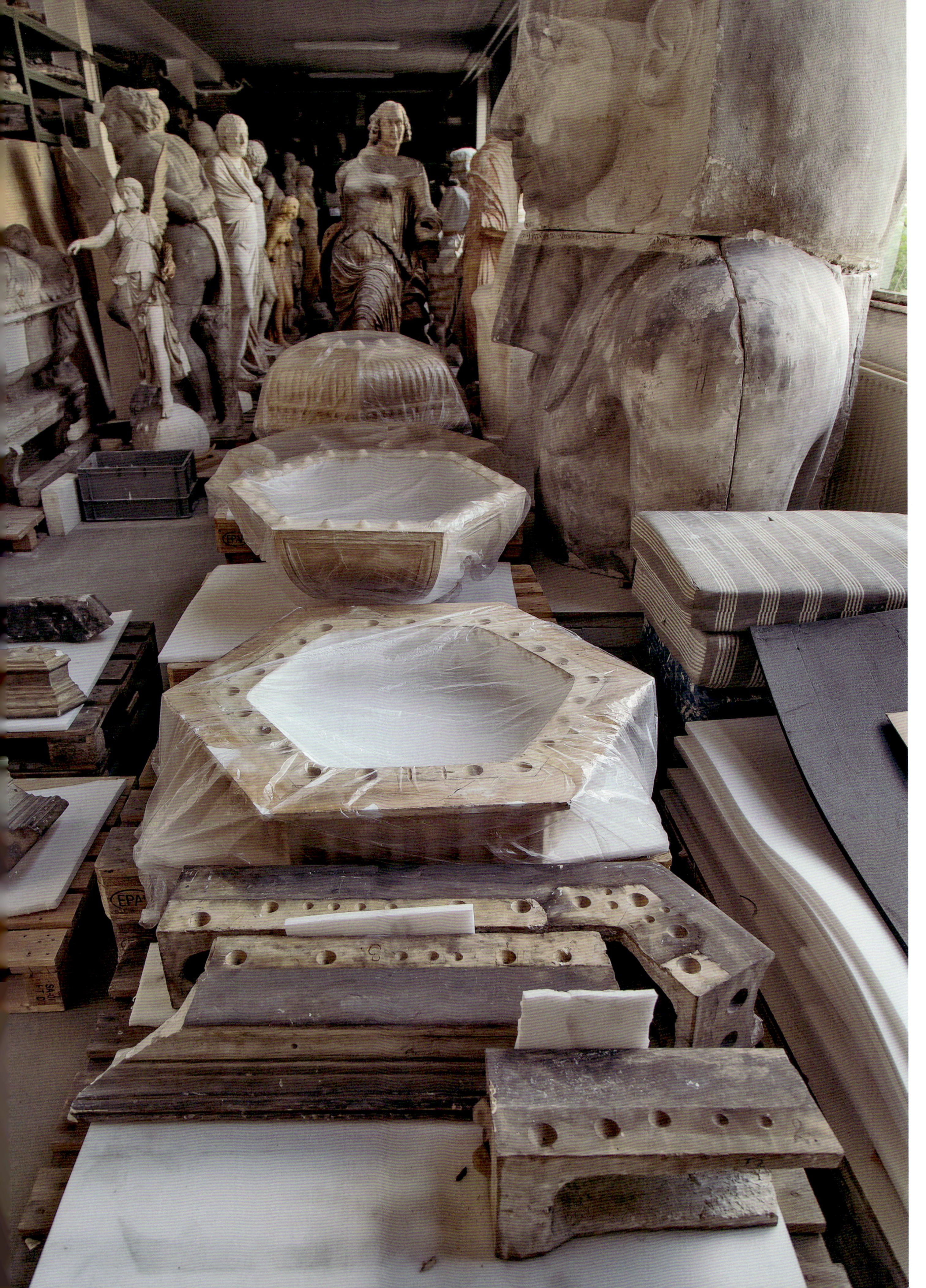

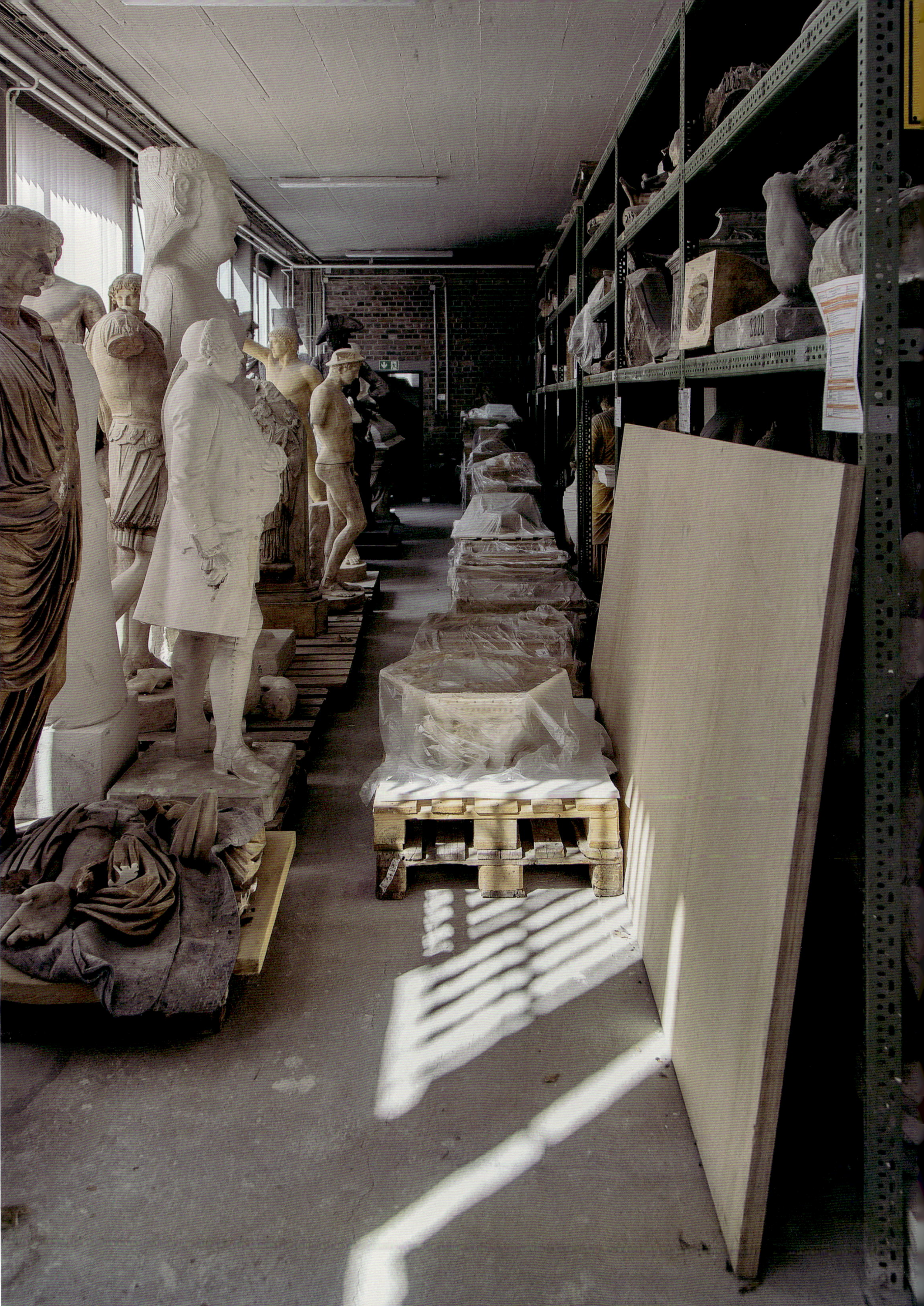

VERONIKA TOCHA

MULTIPLIZIERTE OBJEKTBIOGRAFIE

Abgüsse des Taufbeckens von Siena in Berlin, Dresden, London, Pittsburgh und Budapest

Ende 1875 unterzeichnete der Sieneser Gipsformer Giuseppe Del Ricco in Siena einen Vertrag mit der Königlich Preußischen Regierung, der ihn dazu verpflichtete, innerhalb von zehn Monaten für insgesamt 3.000 italienische Lire das über fünf Meter hohe Taufbecken im Baptisterium des Domes von Siena abzuformen und die gewonnenen Gipsstückformen sicher nach Berlin zu transportieren.[1] Die Unternehmung war Teil einer großen Kampagne, die entlang einer hochkarätigen Werkauswahl Wilhelm Bodes sowohl Gipsabgüsse als auch Formen von Bildwerken der italienischen Renaissance an die Königlichen Museen zu Berlin bringen sollte, deren Abguss- und Formensammlung bis dato vorrangig auf die klassische Antike fokussiert war. Rund 150 Jahre später ist der für die Skulpturensammlung der Königlichen, heute Staatlichen Museen zu Berlin gegossene Gipsabguss am Depotstandort Hohenschönhausen magaziniert. Das historische Werkstattmodell der Gipsformerei hingegen steht frisch restauriert im Bode-Museum: als Originalmodell aus den Formen von 1876, als Prototyp aller nachfolgenden Abgüsse, als Mahnmal einer vergessenen Teilsammlung und als Protagonist zweier Institutionen- und Sammlungsgeschichten, die über das Medium Gips eng miteinander verwoben sind.

Im Folgenden sollen die Objektbiografien dieser beiden Objekte und vier weiterer Abgüsse des Taufbeckens von Siena umrissen werden, die im letzten Viertel des 19. bzw. im ersten Jahrzehnt des 20. Jahrhunderts von der Berliner Gipsformerei an museale

MULTIPLIED OBJECT BIOGRAPHY

Casts after the Baptismal Font from Siena in Berlin, Dresden, London, Pittsburgh and Budapest

At the end of 1875, the Sienese cast-maker Giuseppe Del Ricco signed a contract in his home-town with the Royal Prussian Government, in which he was commissioned to take moulds from the over five-metre-high font in the Baptistery of Siena cathedral and to transport them safely to Berlin within 10 months. For this he was to be paid 3,000 Italian lire.[1] The commission was part of a major campaign to supply plaster casts and moulds of works from the Italian Renaissance to the Königliche Museen zu Berlin, now Staatliche Museen zu Berlin. Their collections of casts and moulds had hitherto focused primarily on works from classical Antiquity, and it was Wilhelm Bode who in the 1870s made the ambitious selection of works to be reproduced in Italy. Some 150 years later, the cast of the font made for the Skulpturensammlung is kept at the museum's store in Hohenschönhausen. In contrast, the historic workshop model from the Gipsformerei stands freshly restored in the Bode-Museum. It is at once the original model based on the 1876 moulds, the prototype of all later casts, a reminder of a lost collection, and the protagonist of the histories of two institutions and their collections, histories that are closely interwoven through the medium of plaster.

The object biographies of these two casts, and of four others from the Siena Baptismal Font that, in the last quarter of the nineteenth and first decade of the twentieth century, were sold by the Berlin Gipsformerei to cast collections at museums in Germany and abroad, are outlined below. The first part

Abgusssammlungen im In- und Ausland verkauft wurden. Im ersten Teil stehen die Taufbecken von Berlin im Zentrum: das Modell im Bestand der Gipsformerei sowie der historische Abguss in der Skulpturensammlung. Neben der Rekonstruktion einiger Eckdaten der Originalabformung in Siena geht es hier um die wechselhafte, bisher kaum erforschte Geschichte der Abgüsse italienischer Renaissancebildwerke auf der Museumsinsel.[2] Im zweiten Teil werden die Taufbecken von Dresden, London, Pittsburgh und Budapest und damit Abgüsse der Staatlichen Kunstsammlungen Dresden, des Victoria & Albert Museum in London, des Carnegie Museum of Art in Pittsburgh und des Szépművészeti Múzeum in Budapest untersucht. Der exemplarische Blick auf vier bedeutende Abgusssammlungen weltweit offenbart konzeptuelle Gemeinsamkeiten und Unterschiede, erlaubt Rückschlüsse auf die Berliner Museen und schärft im Umkehrschluss auch den Blick auf das Taufbeckenmodell der Gipsformerei, das abschließend als historisches Sammlungsobjekt eigenen Rechts vor Augen rückt.

Teil 1. Outside-in: Die Taufbecken von Berlin

Die Biografien aller sechs Objekte beginnen mit dem am 28. Dezember 1875 zwischen Giuseppe Del Ricco und Robert Cauer geschlossenen Abformungsvertrag (Abb. S. 34–39). Insgesamt 20 solcher Verträge, die zwischen 1875 und 1883 zwischen einer Reihe italienischer Gipsformer und Vertretern der preußischen Regierung geschlossen worden waren und die Abformung von über 150 Bildwerken beinhalteten, sind im Zentralarchiv der Staatlichen Museen zu Berlin überliefert.[3] Sie legen Zeugnis davon ab, dass die Königlichen Museen innerhalb von acht Jahren systematisch Abformungen in Florenz, Rom, Mailand, Padua, Siena, Venedig und andernorts vornehmen ließen, um auf diese Weise Abgüsse von einigen der bedeutendsten italienischen Renaissancebildwerken für die Hauptstadt des Deutschen Kaiserreiches zu gewinnen. Im selben Zuge erfolgte ein Zuwachs

focuses on the two Berlin fonts: the model at the Gipsformerei and the cast at the Skulpturensammlung. In addition to establishing the key dates of the mould taking in Siena, the changing and hitherto little-studied history of casts after Italian Renaissance sculpture on the Museum Island in Berlin will also be considered.[2] The second part examines the fonts in Dresden, London, Pittsburgh and Budapest. These casts are held by the Staatliche Kunstsammlungen Dresden, the Victoria & Albert Museum, London, the Carnegie Museum of Art, Pittsburgh, and the Szépművészeti Múzeum, Budapest. The examination of four important museum cast collections as case studies from Europe and the USA reveals conceptual similarities as well as differences, provides new insights into the Berlin museums, and sharpens our understanding of the plaster cast model at the Gipsformerei, which is presented in the discussion as a historical work in its own right.

Part 1: Outside-in: The fonts in Berlin

The biographies of all six objects begin on 28 December 1875 with the contract between Giuseppe Del Ricco and Robert Cauer (fig. p. 34–39). The Zentralarchiv of the Staatliche Museen zu Berlin holds a total of 20 such contracts between a number of Italian cast-makers and representatives of the Prussian government, in which moulds from over 150 works of art were commissioned between 1875 and 1883.[3] They document how, over a period of eight years, the Königliche Museen systematically commissioned moulds in Florence, Rome, Milan, Padua, Siena, Venice and elsewhere, with the aim of collecting casts of some of the most important works of the Italian Renaissance for the capital of the German Empire. At the same time, a collection of moulds was built up, making the Berlin Gipsformerei one of the world's leading suppliers of plaster casts of Renaissance sculpture. Together with the influx of casts from important archaeological excavations in places such as Olympia or Pergamon in the 1870s and 1880s,

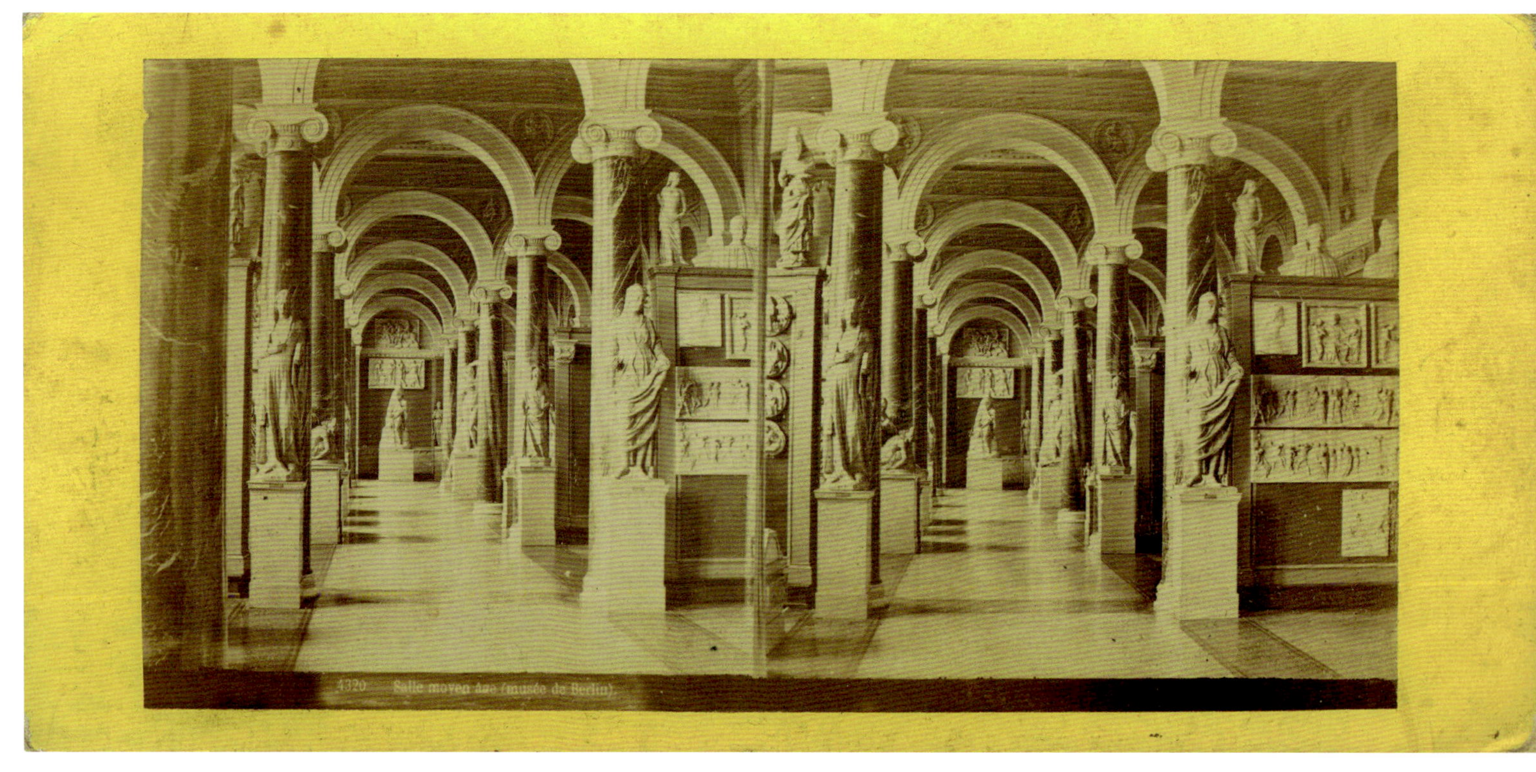

1 Moderner Saal / Hall of Modernity, Berlin, Neues Museum, vor / before 1864 (Raubdruck nach einer Stereoskopie / Pirated print after stereography, Ferrier & Soulier Paris)

an Formen, welcher die Gipsformerei zu einem der bedeutendsten Produzenten von Abgüssen renaissancezeitlicher Werke weltweit machte. Im Zusammenspiel mit den ebenfalls in den 1870er und 1880er Jahren erfolgten großen Grabungskampagnen etwa in Olympia oder Pergamon erbrachte diese (zweite) Hochphase der Gipse im letzten Viertel des 19. Jahrhunderts eine bisher ungekannte Quantität neuer Sammlungsbestände.

Für die Gipsabgüsse nach Skulpturen, Grab- und Baudenkmälern der italienischen Renaissance sind die 1870er Jahre und die Person Wilhelm Bodes von entscheidender Bedeutung. Bereits in den 1860er Jahren waren im Modernen Saal des Neuen Museums einige Abgüsse renaissancezeitlicher Werke präsent (Abb. 1 und 2).[4] Die Erweiterung der Sammlung stagnierte jedoch mit dem Abformungsverbot,

this (second) heyday of plaster casts led to an unprecedented growth of the collection in the last quarter of the nineteenth century.

For plaster casts of Italian Renaissance sculptures and monuments, the 1870s, and in particular the figure of Wilhelm Bode, are of the greatest importance. In the Moderner Saal of the Neues Museum in Berlin, there were already a few casts of Renaissance works in the 1860s (figs. 1 and 2).[4] However, the expansion of the collection was halted when, in 1865, the Italian government, in order to protect its national heritage, issued a decree banning the making of moulds.[5] In 1873, Richard Schoene, then head of artistic affairs at the Prussian Ministry of Culture and later director of the Königliche Museen, had this order lifted, although from then on the taking of moulds was strictly regulated.[6] Nevertheless, the way was now clear for Bode, who, as assistant to the director of the Königliche Museen, had been responsible since 1872 not only for expanding the collection of early modern sculpture, but also for

das die italienische Regierung 1865 zum Schutz des nationalen Kulturguts verhängte.[5] 1873 erwirkte der seinerzeitige Referent für Kunstangelegenheiten im preußischen Kultusministerium und spätere Direktor der Königlichen Museen Richard Schöne die Aufhebung dieses Verbotes, allerdings waren die Abformungen von nun an stark reglementiert.[6] Der Weg war frei für Bode, der ab 1872 als Direktorialassistent der Antiken- und Skulpturensammlung nicht nur für den Ausbau der Bestände neuzeitlicher Originalskulpturen, sondern auch entsprechender Gipsabgüsse zuständig war. Noch im Jahr 1873 unternahm Bode eine Italienreise, auf der er die abzuformenden Bildwerke ins Auge fasste.[7] Im Anschluss richtete die preußische Regierung mehrere schriftliche Abformungsgesuche an die italienische Regierung. Die eigentlichen Abformungskampagnen begannen dann 1875 – und zwar mit solch spektakulären Werken wie Donatellos Reiterstandbild des *Gattamelata* in Padua oder Verrocchios Reiterstandbild des *Colleoni* in Venedig.[8]

Es ist davon auszugehen, dass die von Del Ricco gefertigten Originalformen des Taufbeckens Ende 1876 oder Anfang 1877 in Berlin eintrafen und auch unmittelbar ausgegossen wurden. Die Gipsformerei befand sich damals in der Münzstraße 10–12 in Berlin Mitte, ein angesichts der aus Italien erwarteten Formen bewilligter Erweiterungsbau befand sich im Bau.[9] Der erste Abguss des Taufbeckens dürfte das hier im Zentrum stehende Gipsmodell gewesen sein. In der gewohnten Weise wurde also der Erstabguss zum Werkstattmodell, das die Gipsformerei zusätzlich zur Form als ›Backup‹ vorzuhalten pflegt, für den Bau neuer und die Ausbesserung beschädigter Formen heranzieht und als Referenz bei der Anfertigung der Abgüsse nutzt. Zu Präsentations- und Verkaufszwecken, aber auch aus Platzgründen werden Modelle häufig in aufgebautem Zustand aufbewahrt.

Das insgesamt 59-teilige Modell verfügt damit über eine ganz eigene Herstellungs-, Nutzungs-, Aufstellungs- und Sammlungsgeschichte. Von sei-

acquiring the corresponding plaster casts. As early as 1873, Bode travelled to Italy to select works for mould taking.[7] The Prussian government then sent several written requests for moulds to their Italian counterparts. The actual moulding campaigns began in 1875 – including such spectacular works as

2 Abguss von Michelangelos *Grabmal des Giuliano de' Medici* / Cast of Michelangelo's *Tomb of Giuliano de' Medici*, Berlin, Neues Museum, ca. 1867 (Carte de visite, Julius Moser Senior, Berlin)

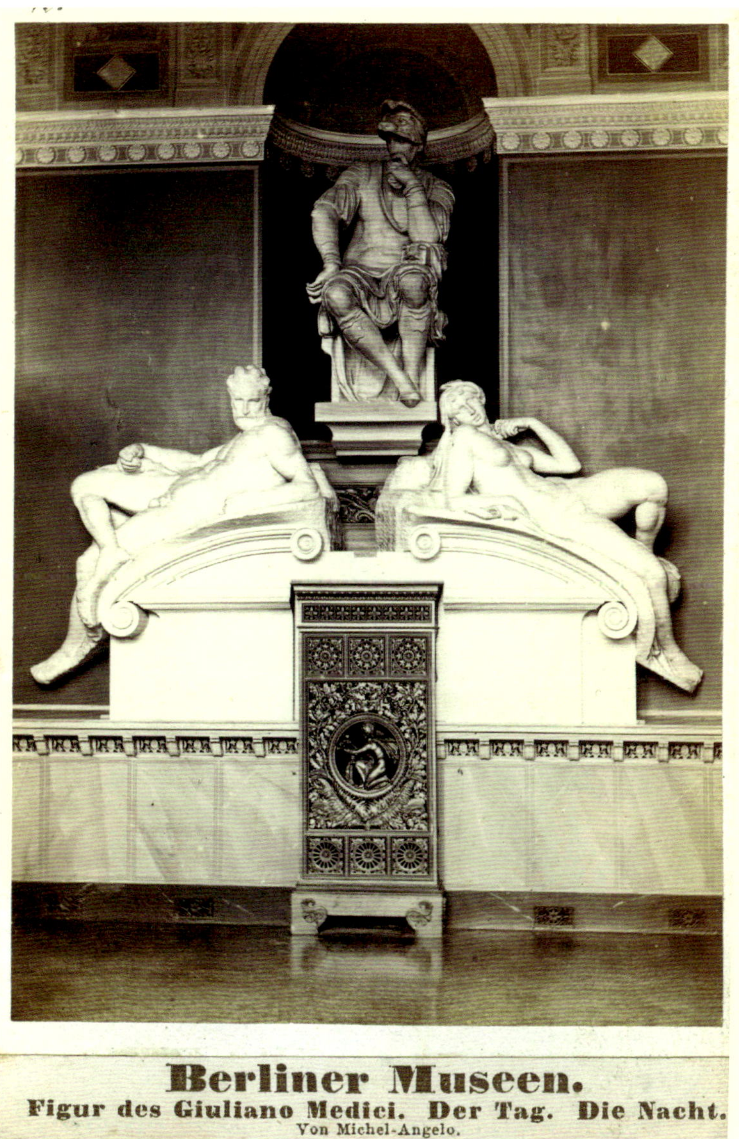

nen vielen Charakteristika, die in den Fotografien von Fabian Fröhlich und im Textbeitrag von Aurelia Badde gewürdigt werden, sei an dieser Stelle allein auf einen Aspekt verwiesen: die eingetragenen Glassplitter und Kerben an der gesamten Vorderseite (Abb. S. 117). Dieses Schadensbild steht vermutlich mit den Luftangriffen im September 1943 in Verbindung, im Zuge derer sämtliche Fenster im Hauptgebäude der Gipsformerei in Berlin Charlottenburg barsten.[10] Es liegt nahe, dass das Formmodell nach dem Umzug der Gipsformerei in die Sophie-Charlotten-Straße 17–18 im Jahr 1891 zur Aufstellung gelangte, nach dem Zweiten Weltkrieg hingegen wieder abgebaut und zwischengelagert wurde, bevor es in den 1960er Jahren in Einzelteilen in den Schwerlastregalen der neu errichteten Modellhalle im Hof der Gipsformerei untergebracht wurde, wo es sich dann auch bis zur aktuellen Restaurierung und Wiederaufstellung im Bode-Museum befand.

Der zweite Abguss aus den Formen ist derjenige für die Skulpturensammlung. Die Rekonstruktion seiner Aufstellungsgeschichte ist komplex und speist sich aus einer Vielzahl schriftlicher Quellen. Zum Zeitpunkt der Fertigstellung des Abgusses war die Raumsituation im Neuen Museum bereits äußerst prekär. So beklagt Wilhelm Bode in der *Festschrift der Königlichen Museen* aus dem Jahr 1880, dass »doch jetzt schon die Abgüsse eng an- und übereinandergeschachtelt« waren, »eine Reihe der großen Hauptwerke in der Formerei verbleiben« mussten und »ganze Abtheilungen der Sammlung, die nach Tausenden Stücken zählen, bis auf Weiteres in das Magazin verwiesen« wurden.[11] Die insgesamt über 150 auf Bodes Initiative hin in Italien abgeformten Bildwerke dürften damit erst in den späten 1880er Jahren im Neuen Museum aufgestellt worden sein, nachdem 1883 unter dem Direktorat Bodes die Abteilung der Bildwerke der christlichen Epochen begründet und in den Folgejahren in den Abgusssälen des Neuen Museums italienische Renaissance und deutsches Mittelalter räumlich voneinander

Donatello's equestrian monument in Padua, known as the *Gattamelata,* and Verrocchio's *Colleoni* in Venice.[8]

As for the original moulds made by Del Ricco after the Baptismal Font, it is likely they arrived in Berlin in late 1876 or early 1877 and were immediately put to use. At that time the Gipsformerei was located in the centre of Berlin, at Münzstrasse 10–12, where an extension was under construction in anticipation of the arrival of the new moulds from Italy.[9] The model at the centre of this dicussion is in all likelihood the first cast taken from the newly arrived moulds. According to an established and still practised pattern such a workshop model was kept by the Gipsformerei alongside the mould as a back-up, and used to make new moulds or to repair old ones. It equally served as a reference for the subsequent production of casts for sale. For presentation and advertising purposes, but also for reasons of space, such models are often stored fully assembled in the Gipsformerei.

The 59-piece model thus has its own history of production, use, collecting and presentation. Among its many peculiarities, which are addressed in this publication through Fabian Fröhlich's photographs and Aurelia Badde's article, only one shall be mentioned here: the penetration of glass splinters and the presence of surface cuts, both of which can be found on the entire front of the model (figs. p. 117). This damage must have occurred during the air raids of September 1943, when all the windows in the main building of the Gipsformerei in Berlin Charlottenburg were shattered.[10] It is therefore highly probable that the model had been set-up after the Gipsformerei moved to Sophie-Charlotten-Straße 17–18 in 1891, and that it was dismantled after the Second World War and put into temporary storage on site until its individual components were transferred to the heavy-duty shelves of the newly built model store in the Gipsformerei's courtyard in the 1960s. This is where they remained until the recent

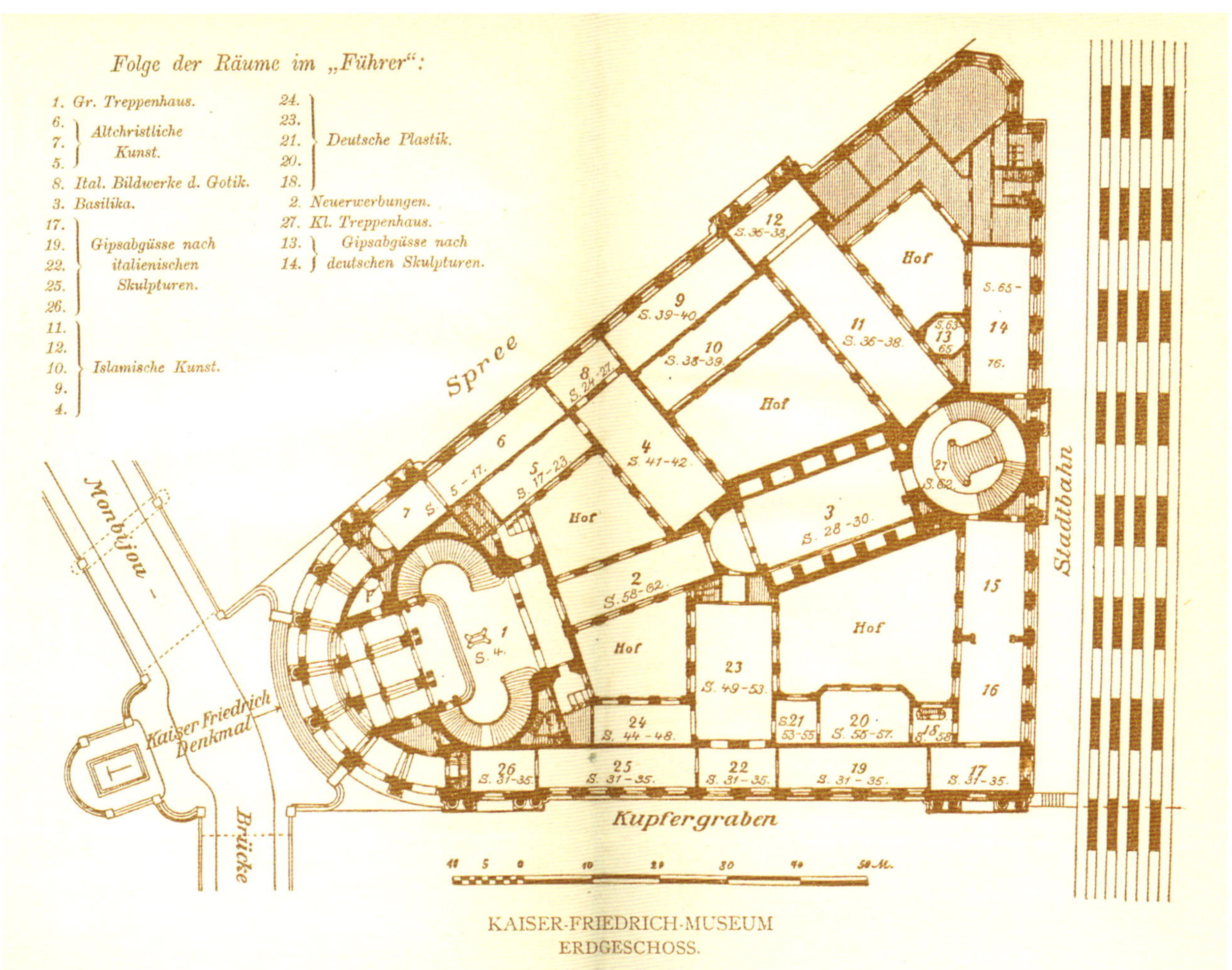

3 Raumplan Kaiser-Friedrich-Museum, Erdgeschoss mit sieben Abgusssälen / Room plan Kaiser-Friedrich-Museum, ground floor with seven rooms dedicated to plaster casts (*Führer durch das Kaiser-Friedrich-Museum*, Berlin 1914)

getrennt worden waren.[12] Der Taufbeckenabguss könnte also zu jenen großen Hauptwerken gehört haben, die bis zu diesem Zeitpunkt in der Gipsformerei verbleiben mussten. Seit 1886 ist er im Führer durch das Alte und das Neue Museum verzeichnet, und zwar in der Mitte der II. Abteilung in Saal XII, also dem bereits erwähnten Modernen Saal. Leider sind von dieser Aufstellung bis dato keinerlei Abbildungen bekannt.[13]

Neue Chancen und mehr Platz versprach das 1904 eröffnete Kaiser-Friedrich-Museum, doch wurde die Aufstellung der Gipsabgüsse in den Anfangsjahren in vielerlei Hinsicht durch logistische Herausforderungen torpediert. 1905 wurden die Abgüsse aus dem Neuen Museum in das Untergeschoss des

restoration and reassembly of the model in the Bode-Museum.

The second cast from the moulds was the one intended for the Berlin Skulpturensammlung. Reconstructing the history of its successive installations is a complex matter, drawing on a variety of sources. At the time of the cast's completion, the situation regarding exhibition space in the Neues Museum was already extremely precarious. In the 1880 *Festschrift der Königlichen Museen*, Wilhelm

benachbarten Neubaus transferiert;[14] allein der eingemauerte Abguss von Ghibertis sogenannten *Paradiestüren* verblieb als einsame Reminiszenz an den vergangenen Glanz der Abgusssammlung im Neuen Museum. Bode schreibt, dass die Abgüsse »eigentlich [...] von Anfang an« im Erdgeschoss ihren »Platz finden sollten«, was aber nicht geschah, »weil kurz vor der Eröffnung des neuen Museums unerwartet für die Fassade von Mschatta und die islamischen Kunstwerke Raum geschafft werden musste«.[15] Durch interne Neuordnungen wurde schließlich 1911 das Erdgeschoss an der Kupfergrabenseite frei. Die fünf aufeinanderfolgenden Säle 17, 19, 22, 25 und 26 waren fortan mit den Abgüssen der italienischen Werke bespielt, der Taufbeckenabguss befand sich dabei in Saal 17 (Abb. 3).[16] Auch von dieser Aufstellung konnten bislang keine Fotos gefunden werden.

Erschwert wurde die Neupräsentation dadurch, dass die Abgüsse durch die Jahrzehnte ihrer Ein- und Umlagerung verschmutzt bzw. vergraut waren, so dass »der Anstrich als allein möglicher Ausweg blieb«[17]. Abgüsse von Marmoren wurden hell, solche von Bronzen dunkel und diejenigen von Terrakotten rötlich gefasst und die »verständige Bemalung« dezidiert auf das Konto der Gipsformerei verbucht.[18] Bode empfand die neue Aufstellung nicht nur als »ebenso nützlich für den Unterricht wie genussreich für das Betrachterauge«, sondern auch als »vorbildlich für ähnliche Sammlungen«.[19] In der Rückschau kam er dann allerdings zu einem anderen Urteil, es überwog der Überdruss: Ein kurzes Kapitel in seinen Memoiren betitelte er »Der leidige Gipsabguss«, und sein Resümee fiel entsprechend düster aus: »Die Unterbringung der Abgüsse in den ungeeignetsten, engsten Räumen und die Kontrolle über die Abformungen in Italien verschaffte mir alles andere als Genuss und Befriedigung.«[20]

Der Niedergang der Gipse im 20. Jahrhundert ist gut bekannt[21], und so wurden in den 1920er Jahren sukzessive auch die für die Abgüsse genutzten Ausstellungsäle im Kaiser-Friedrich-Museum

Bode complained: »The casts are already crammed in and on top of each other, a number of the great masterpieces have to remain in the workshop, whole sections of the collection, thousands of works, are sent to storage until further notice.«[11] For the 150 or so casts of Italian works that had been made on Bode's initiative, this meant in all probability that they would not be exhibited in the Neues Museum until the late 1880s. It was under Bode's directorship from 1883 that the Abteilung der Bildwerke der christlichen Epochen (Department of Sculpture of the Christian Epochs) was established. Three years later, the casts of works from the Italian Renaissance and the German Middle Ages were exhibited in separate rooms in the Neues Museum.[12] The cast of the Baptismal Font may therefore have been one of the great masterpieces that had to remain in the Gipsformerei until then. Since 1886, however, the cast has been listed in the guides to the Neues Museum as being in the middle of Section II in Room XII, the aforementioned Moderner Saal.[13] Unfortunately, no pictures of this display are currently known.

The opening of the Kaiser-Friedrich-Museum in 1904 promised new opportunities and more space, but in the early years the display of plaster casts was torpedoed by logistical challenges. The casts from the Neues Museum were moved to the basement of the neighbouring new building in 1905,[14] and only the cast of Ghiberti's so-called *Gates of Paradise*, which was built into the structure of the Neues Museum, remained as a lonely reminder of the former glory of the plaster cast collection in the Neues Museum. Bode writes that the casts were »originally intended to find their place on the ground floor«, but that this did not happen »because, shortly before the opening of the new museum, space had to be made unexpectedly for the Mschatta façade and other Islamic works of art.«[15] An internal reorganisation finally freed up the ground floor on the Kupfergraben side of the building. From then on, the five consecutive rooms 17, 19, 22, 25 and 26 housed plaster casts of

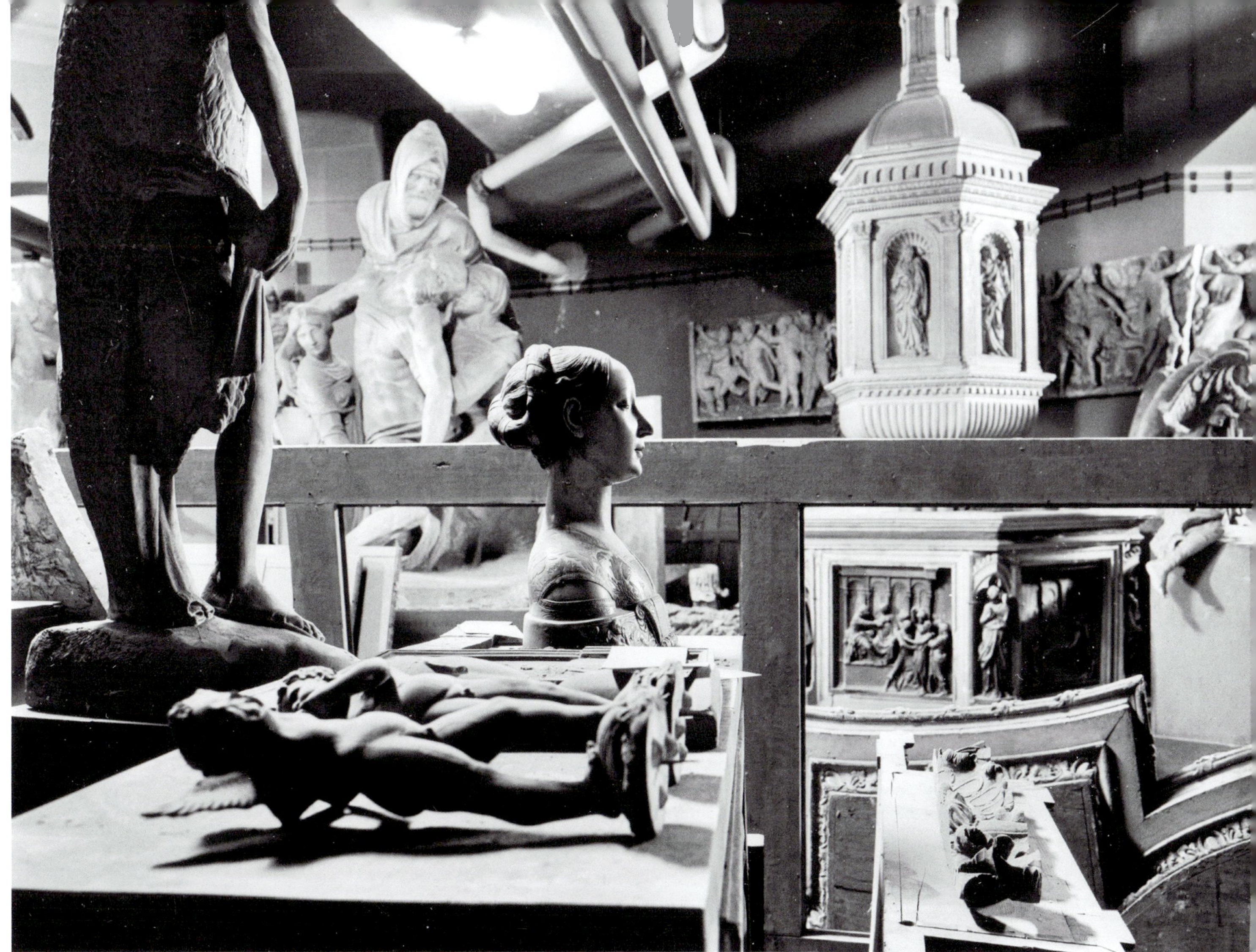

geräumt[22], bis dann Anfang der 1930er Jahre sämtliche Abgüsse wieder im Keller verschwunden waren, »ließ es sich doch nicht mehr verantworten, dass sie in den schönsten, am besten beleuchteten Sälen des Erdgeschosses verblieb[en]«[23]. Wie Frank Matthias Kammel darlegt, erlangten die Abgüsse dadurch neue Bedeutung, dass im bzw. nach dem Zweiten Weltkrieg zahlreiche Originale zerstört, beschädigt oder nach Russland verlagert worden waren. In den 1960er Jahren kam es so zu einer Neupräsentation im unteren Ausstellungsgeschoss des 1956 nach Wilhelm von Bode benannten Museums, bei der interessanterweise jener »hallenartige Kellerraum unter der Kleinen Kuppel [...] das Ausstellungslokal ab[gab]«[24], der ab Herbst 2024 wieder im Zeichen des Gipses steht. Der Ausbau des Kellerraumes unter der Basilika gelang in den Folgejahren, und 1964

4 Demontierter Abguss des Taufbeckens / Dismantled cast of the Baptismal Font, Berlin, Bode-Museum, Dachgeschoss / Attic, 1980er / 1980s

Italian works of art, with the cast of the Baptismal Font in room 17 (fig. 3).[16] No photographs have yet been found of this display.

This time, the new exhibition was hampered by the fact that, after decades of storage and moves, the casts had become soiled and grey, and »painting them was the only way out«.[17] Casts of works in marble were painted in a light shade, those of bronze originals in a dark shade and those of terracotta in red. The Gipsformerei was expressly praised for its »thoughtful painting«.[18] Bode considered the new display not only »useful for teaching as well as pleasing to the eye of the beholder«, but also »exemplary

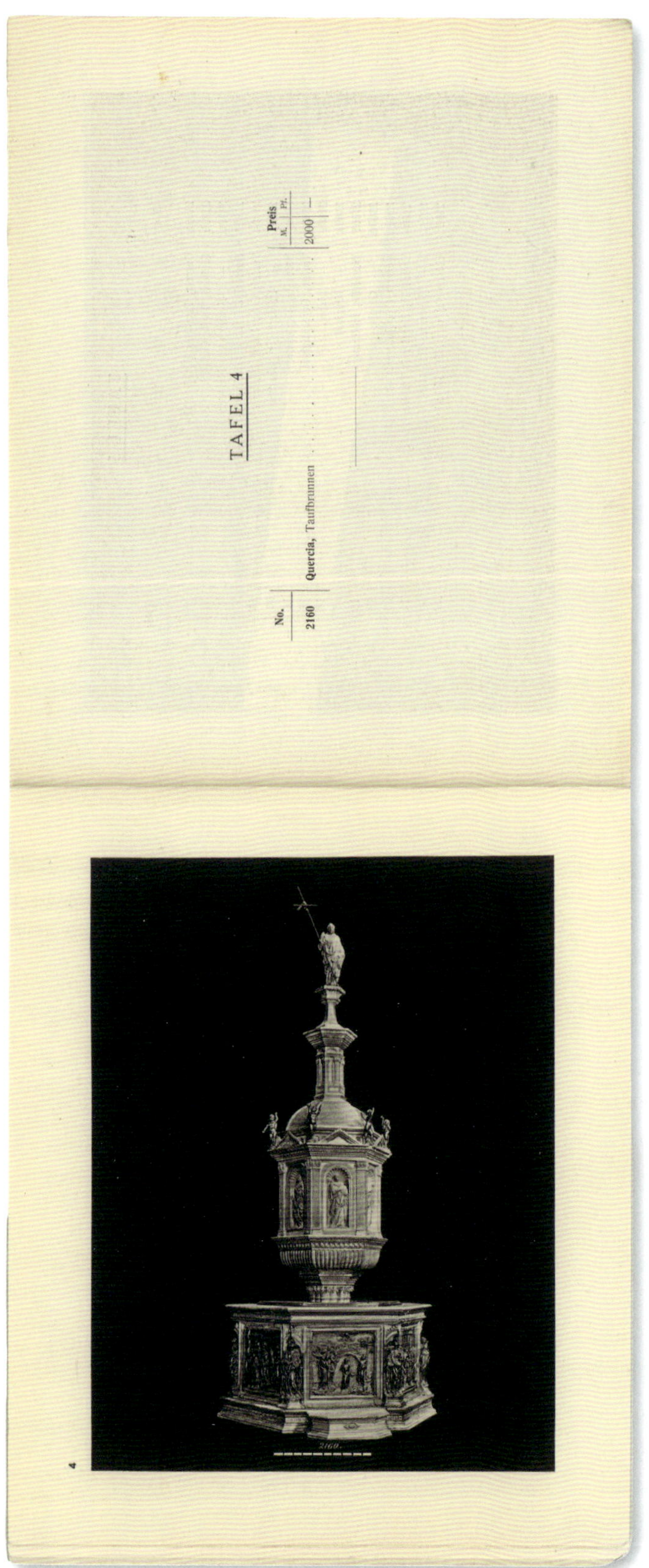
TAFEL 4

No.		Preis M. Pf.
2160	Quercia, Taufbrunnen	2000 —

2160

for similar collections.«[19] In retrospect, however, he arrived at a different judgement where his weariness prevailed: »The troublesome plaster cast« is the title of a short chapter in his memoirs, and his résumé is correspondingly bleak, recounting that »Placing the casts in the most inappropriate and cramped spaces and having to supervise the moulding process in Italy gave me anything but pleasure and satisfaction.«[20]

The decline of plaster casts in the twentieth century is a well-known phenomenon,[21] and in the 1920s the exhibition rooms of the Kaiser-Friedrich-Museum that had previously been used to display casts were gradually emptied,[22] until by the beginning of the 1930s all the casts had disappeared into the basement »because it was no longer responsible to leave them in the most beautiful and best-illuminated rooms on the ground floor.«[23] As Frank Matthias Kammel argues, the casts took on a new significance when many original works were destroyed or damaged during the Second World War or were taken to Russia in its aftermath. In the 1960s this led to a new exhibition on the lower floor of the museum, which in 1956 was named after Wilhelm von Bode. Curiously, the »hall-like cellar room under the small dome [...] now functioned as an exhibition space«,[24] that is, the very room that has again been dedicated to plaster casts since autumn 2024. Over subsequent years, the basement of the Basilica was developed and in 1964 a study gallery was inaugurated. This remained open until the early 1980s, when once again the »permanent lack of storage space« necessitated a change.[25] This was followed by a move to the attic in 1988 (fig. 4) and the final removal of the casts from the museum to the storage facility in Hohenschön-

5–6
Abguss des Taufbeckens im Verkaufskatalog / Cast of the Baptismal Font in the sales catalogue (*Abbildungen der in der Gipsformerei der Staatlichen Museen zu Berlin käuflichen Gipsabgüsse*, Heft / Issue 3, Berlin 1926, Tafeln / plates 4–5)

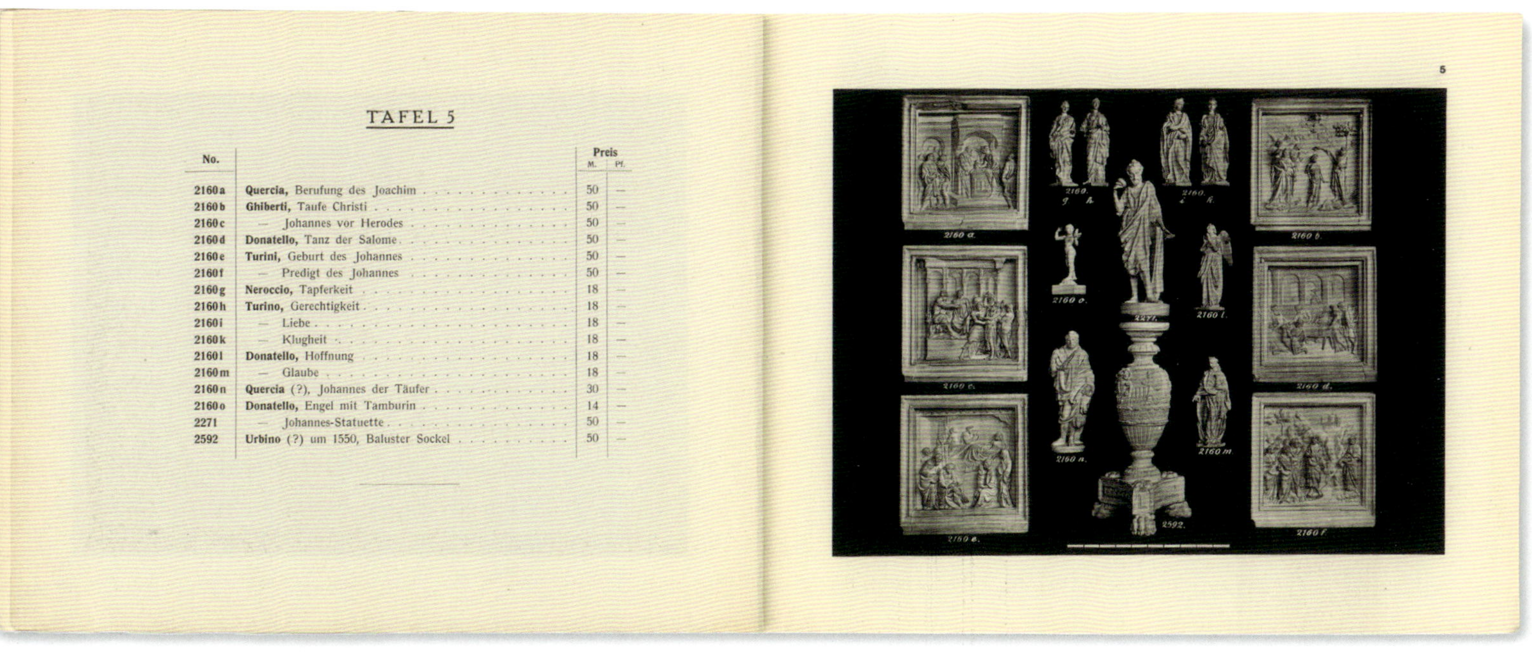

TAFEL 5

No.		Preis M.	Pf.
2160a	**Quercia,** Berufung des Joachim	50	—
2160b	**Ghiberti,** Taufe Christi	50	—
2160c	— Johannes vor Herodes	50	—
2160d	**Donatello,** Tanz der Salome	50	—
2160e	**Turini,** Geburt des Johannes	50	—
2160f	— Predigt des Johannes	50	—
2160g	**Neroccio,** Tapferkeit	18	—
2160h	**Turino,** Gerechtigkeit	18	—
2160i	— Liebe	18	—
2160k	— Klugheit	18	—
2160l	**Donatello,** Hoffnung	18	—
2160m	— Glaube	18	—
2160n	**Quercia** (?), Johannes der Täufer	30	—
2160o	**Donatello,** Engel mit Tamburin	14	—
2271	— Johannes-Statuette	50	—
2592	**Urbino** (?) um 1550, Baluster Sockel	50	—

eröffnete dort eine Studiengalerie. Diese war bis in die frühen 1980er Jahre geöffnet, bevor auch dann wieder »der permanente Mangel an Depot- und Lagerraum« eine Änderung erzwang.[25] 1988 erfolgte die Umlagerung ins Dachgeschoss (Abb. 4), Ende der 1990er Jahre die endgültige Auslagerung der Abgüsse aus dem Museum an den Depotstandort Hohenschönhausen. Hier wird der in Einzelteile zerlegte Abguss des Taufbeckens zusammen mit vielen anderen Abgüssen des 19. Jahrhunderts bewahrt, die heute zunehmend in Vergessenheit geraten. Eine Wiederaufstellung dieser restaurierungsbedürftigen Gipse ist damit erst einmal in weite Ferne gerückt.

Teil 2. Inside-out: Die Taufbecken von Dresden, London, Pittsburgh und Budapest

Das Taufbecken von Siena wurde erstmals im *Verzeichnis der in der Formerei der Königlichen Museen käuflichen Gipsabgüsse* aus dem Jahr 1879 zum Verkauf angeboten, und zwar zum Preis von 1.500 Mark, was heute inflationsbereinigt etwa der Kaufkraft von 13.200 Euro entspräche. Auch heute noch kann das

hausen in the late 1990s. Dismantled into its various parts, the cast of the Baptismal Font is stored there with many other nineteenth century casts that are increasingly fading from memory. A return to the exhibition of these casts, many of which are in need of restoration, seems distant for the time being.

Part 2: Inside-out: The fonts in Dresden, London, Pittsburgh and Budapest

Casts of the Siena Baptismal Font were first offered for sale in the 1879 *Verzeichnis der in der Formerei der Königlichen Museen käuflichen Gipsabgüsse* (List of Plaster Casts for Sale in the Plaster Casting Workshop of the Royal Museums). It was listed at a price of 1,500 marks, which equates to about 13,200 euros today. Like thousands of other works, casts of the font are still available for sale, now via the online catalogue.[26] In addition to the complete monument (fig. 5), casts of individual reliefs, statuettes of the Virtues and the crowning statue of *St John the Baptist* have been offered from the outset. After Wilhelm Bode acquired the *Putto with a Tambourine* for the Skulpturensammlung in 1901, moulds were made and

Taufbecken neben mehreren tausend Bildwerken als Abguss erworben werden, mittlerweile über einen Online-Katalog.[26] Neben dem Gesamtmonument (Abb. 5) wurden von Anfang an auch die Reliefs und Statuetten der Tugenden sowie die krönende Statuette des Johannes als Teilabgüsse angeboten. Nachdem Wilhelm Bode 1901 den *Putto mit dem Tamburin* für die Skulpturensammlung erworben hatte, wurde auch dieser abgeformt und ab 1906 offiziell zum Verkauf angeboten (Abb. 6). Seit jener Zeit ist er auch Teil des gesamten Taufbeckenabgusses. Die anderen Putti, zu denen auch der im Florentiner Museo Nazionale del Bargello aufbewahrte, früher als Teil des Taufbeckens interpretierte *Tanzende Putto* gehört[27], fanden keinen Eingang in das Verkaufsverzeichnis, wurden nachweislich jedoch seit den 1950er Jahren ebenfalls einzeln verkauft. In diesem Zusammenhang ist es interessant, dass Teilabgüsse der Reliefs und der Tugenden sowie des Johannes zwischen 1902 und den frühen 1950er Jahren (nur) zwischen drei und 16 Mal verkauft wurden, der *Putto mit dem Tamburin* hingegen ganze 167 Mal.[28] Dies deutet darauf hin, dass Bodes Erwerbung der bis dato verschollen geglaubten Statuette zu einer Popularisierung geführt hat, die ökonomisch ertragreich und möglicherweise auch für die beiden Bestellungen des gesamten Taufbeckenabgusses in den Jahren 1905 und 1907 verantwortlich war.

Anhand umfangreicher Recherchen konnten bis dato insgesamt vier Abgüsse des gesamten Taufbeckenprogramms in Sammlungen außerhalb Berlins nachgewiesen werden. Die Skulpturensammlung der Königlichen Sammlungen für Kunst und Wissenschaft zu Dresden (heute Staatliche Kunstsammlungen) erwarb den Taufbeckenabguss 1879, das South Kensington Museum (heute Victoria & Albert Museum) in London 1886, das Carnegie Museum of Art in Pittsburgh 1905, und das Szépművészeti Múzeum (Museum der Schönen Künste) in Budapest 1907.[29] In Dresden findet sich dabei ein mit Berlin vergleichbares Beispiel eines sorgfältig durchkonzi-

casts were officially offered for sale from 1906 (fig. 6). Since then, a cast of the *Putto* has been included in the cast of the whole monument. The other putti, including the *Dancing Putto* in the Museo Nazionale del Bargello in Florence, which was previously interpreted as part of the font,[27] did not make it onto the sales list. However, there is evidence that they have been sold separately since the 1950s. It is interesting to note that between 1902 and the early 1950s the casts of the reliefs and Virtues and of *St John the Baptist* sold only between three and 16 times each, while those after the *Putto with a Tambourine* sold 167 times.[28] This suggests that Bode's acquisition of the statuette, previously thought to be lost, led to an economically productive popularisation, which may even have been responsible for the two orders for the complete font in 1905 and 1907.

After extensive research, four casts of the complete Baptismal Font have been identified in collections outside Berlin. The Skulpturensammlung at the Königliche Sammlungen für Kunst und Wissenschaft zu Dresden, now the Staatliche Kunstsammlungen (Dresden State Art Collections), acquired a copy in 1879, followed by the South Kensington Museum (now the Victoria & Albert Museum) in London in 1886, the Carnegie Museum of Art in Pittsburgh in 1905 and the Szépművészeti Múzeum (Museum of Fine Arts) in Budapest in 1907.[29] Dresden is a case comparable to Berlin in that it was a carefully conceived, chronologically organised museum of casts that no longer exists in terms of its spatial *mise en scène*, but survives as a collection. London and Pittsburgh, on the other hand, are examples of curated museum spaces that survive more or less as originally conceived. In contrast to Berlin and Dresden, they concentrate on only a few rooms, have a stronger architectural dimension, and break up the chronological sequence in favour of loose stylistic and/or purely aesthetic arrangements. In addition, Pittsburgh illustrates how European trends, albeit with a time lag, asserted themselves in

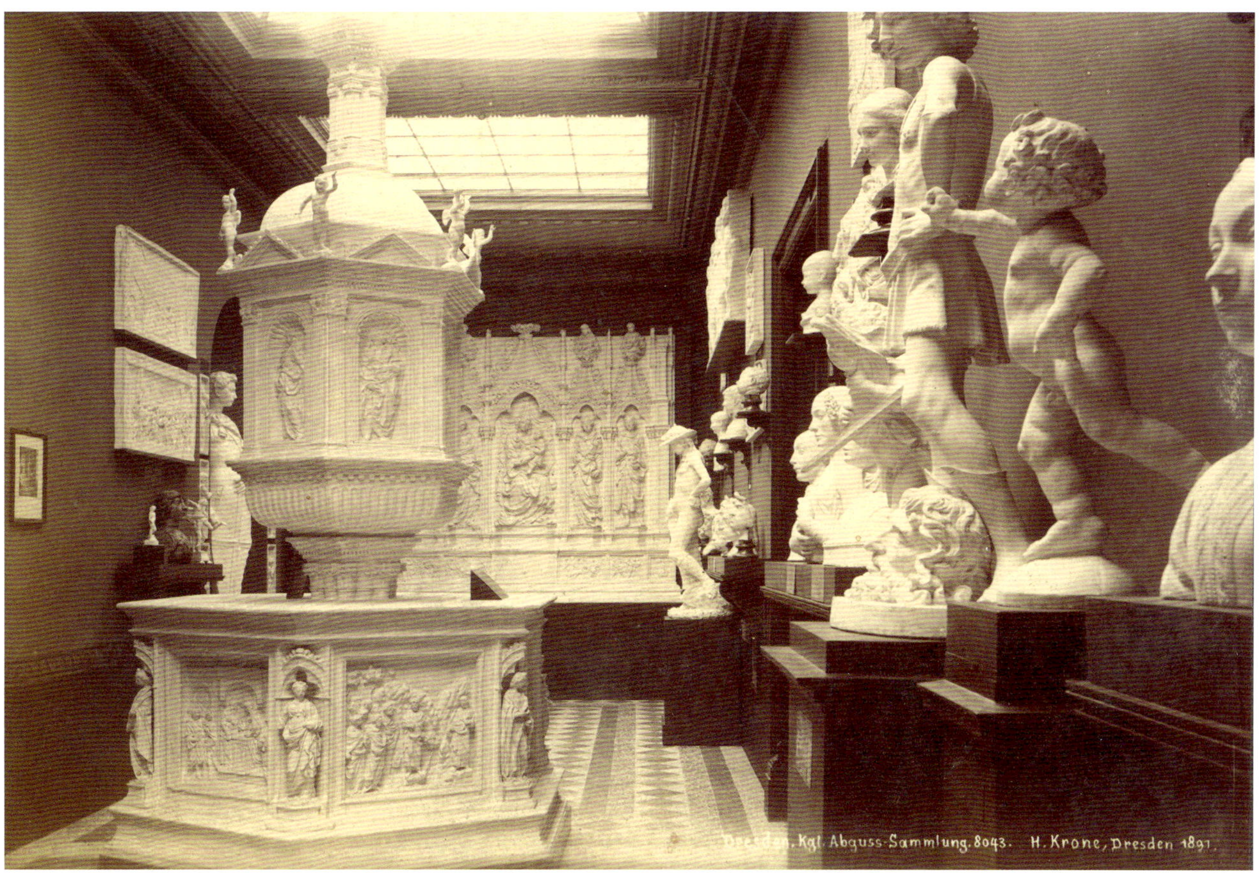

7 Abguss des Taufbeckens / Cast of the Baptismal Font, Dresden, Albertinum, Donatello-Zimmer / Donatello Room, 1891

pierten, chronologisch organisierten Gipsmuseums, das als räumliche Inszenierung verloren gegangen, als Sammlung jedoch erhalten ist. London und Pittsburgh hingegen liefern Beispiele für kuratierte Museumshallen, die in ihrer ursprünglichen Konzeption mehr oder weniger ›originalgetreu‹ erhalten sind und sich im Unterschied zu Berlin oder Dresden auf wenige Säle konzentrieren, stärker architektonisch ausgerichtet sind und die chronologische Folge zugunsten loser stilistischer wie auch rein ästhetischer Arrangements aufbrechen; dabei zeigt Pittsburgh, inwiefern sich europäische Trends zeitversetzt in die USA übertragen haben. Budapest ist ein Beispiel für eine ebenfalls später begründete Abgusssammlung, die sich konzeptionell deutlich an Berlin und Dresden anlehnte und durch die Integration extra abgeformter ungarischer Skulpturen und Architekturen ihren eigenen nationalen Fokus

the United States. Budapest is another example of a cast collection founded at a comparatively late point in history. Conceptually, it explicitly followed in the footsteps of Berlin and Dresden, while the inclusion of specially commissioned casts of Hungarian sculpture and architecture gave it its own national focus. Typical of the period, this collection also experienced a sharp decline in the twentieth century, only to be »reborn«[30] in a completely new location in 2021. The casts of the Baptismal Font are protagonists in the history of these four museums and their collections, and will be examined under the following spotlight.

The object biography of the Dresden cast can be divided into two phases. The first, characterised

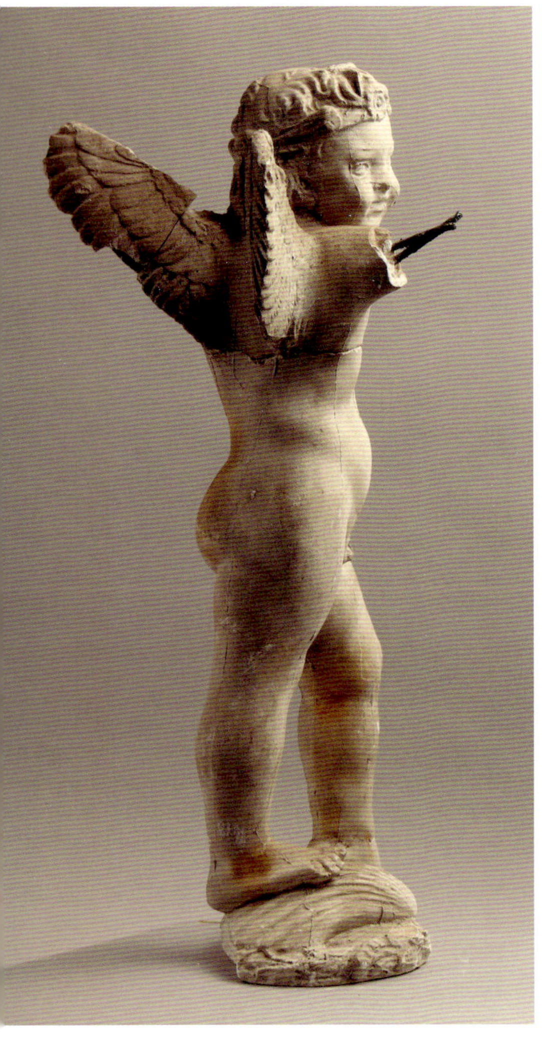
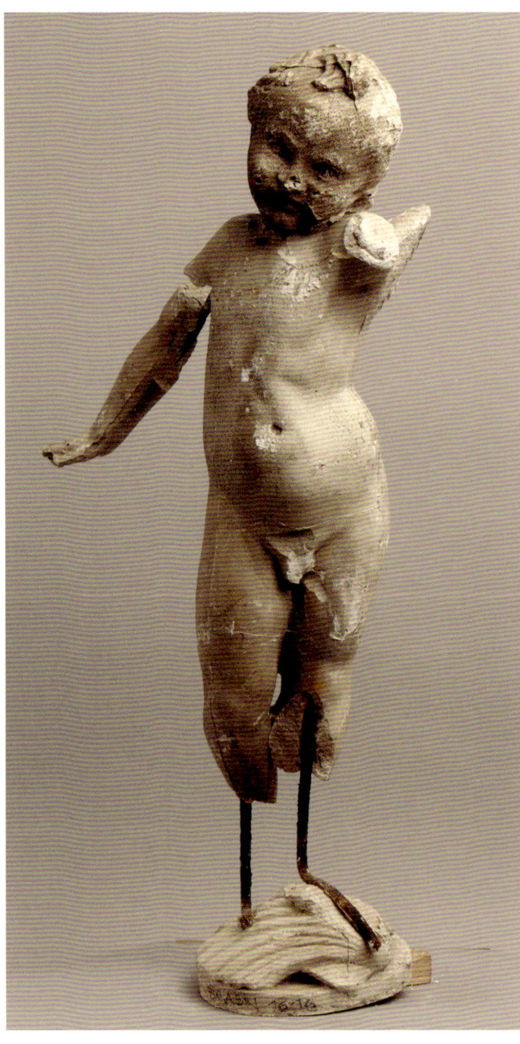
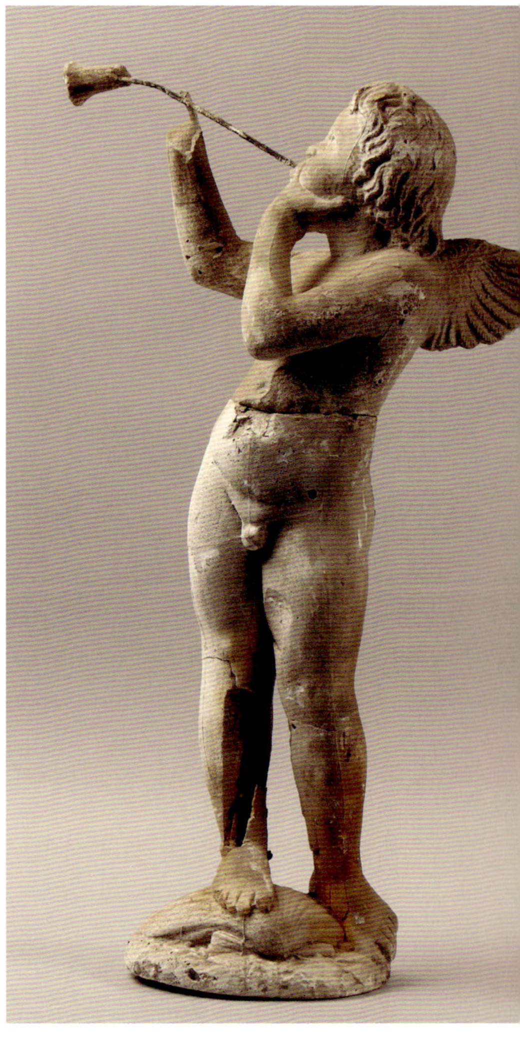

8–10 Teilabgüsse dreier Putti vom Dresdner Abguss des Taufbeckens, heutiger Zustand / Partial casts of three putti from the Dresden cast of the Baptismal Font, present condition

betonte, und die außerdem im 20. Jahrhundert den zeittypischen Niedergang erlebte, um dann 2021 an einem gänzlich neuen Ort »wiedergeboren«[30] zu werden. Die Taufbeckenabgüsse sind Protagonisten dieser vier Museums- und Sammlungsgeschichten und sollen im Folgenden schlaglichtartig beleuchtet werden.

Die Objektbiografie des Dresdner Abgusses ist insgesamt zweigeteilt: Auf eine erste Phase der

by its prominent presentation in the Zwinger and Albertinum, was followed by its removal to storage and neglect after the Second World War. More recently, there have been attempts at rehabilitation. In January 1879, the then director of the Dresden Antikensammlung (Antiquities Collection) and Museum der Gipsabgüsse (Museum of Plaster Casts), Herrmann Hettner, ordered from the Berlin Gipsformerei casts of recent acquisitions from archaeological excavations in Olympia and moulding campaigns in Italy.[31] At a later stage, the *Putto with a Tambourine* was also ordered. Hettner had set up a special section for casts of medieval and Renaissance works in the north-west wing of the Zwinger, and

prominenten Inszenierung im Zwinger und Albertinum folgte nach dem Zweiten Weltkrieg die Einlagerung und das Vergessen, dem man in jüngerer Zeit mit Rehabilitierungstendenzen begegnete. Im Januar 1879 bestellte Hermann Hettner, seinerzeit Direktor der Dresdner Antikensammlung und des Museums der Gipsabgüsse, bei der Berliner Gipsformerei die aktuellen Neuzugänge aus den jüngsten Grabungs- bzw. Abformungskampagnen in Olympia und Italien.[31] Der Abguss des *Putto mit Tamburin* wurde später nachbestellt und ist heute verschollen. Für die Abgüsse des Mittelalters und der Renaissance hatte Hettner im nordwestlichen Zwingerbau eine eigene Abteilung eingerichtet, in der auch der Abguss des Taufbeckens stand.[32] 1891 zogen die Abgüsse unter Hettners Nachfolger Georg Treu in das erste Obergeschoss des zum Albertinum umgebauten Zeughauses um. Teil der chronologischen Folge der 34 Säle war auch das schmale Donatello-Zimmer, das als Aufführungsort von Abgüssen einiger Hauptwerke Donatellos bzw. dessen Umfelds fungierte und auch den Taufbeckenabguss beheimatete (Abb. 7). Die weitere Dresdner Sammlungsgeschichte verzeichnet die Einlagerung der Abgüsse nach dem Zweiten Weltkrieg, ein zwischen 1998 und 2002 durchgeführtes, groß angelegtes Inventarisierungs- und Restaurierungsprojekt der Gipsabgusssammlung von Anton Raphael Mengs aus dem 18. Jahrhundert, dem prominenten Nukleus der Dresdner Gipssammlung, und eine Teilpräsentation der Abgüsse in einem Schaudepot in den Kellergewölben des Albertinums ab 2000, die sich seither immer wieder verändert hat.[33] Der demontierte Abguss des Taufbeckens befindet sich heute – gut dokumentiert, aber in einem restaurierungsbedürftigen Zustand – im Depot (Abb. 8 bis 10).

Das Gegenbeispiel einer seit ihrer Gründung 1852 stets öffentlich zugänglichen und nahezu unversehrten Abgusssammlung liefert das Londoner South Kensington Museum. 1873 wurden die Architectural Courts (heute The Cast Courts) eröffnet,

it was here that the cast of the Baptismal Font was placed.[32] Under Hettner's successor, Georg Treu, the casts were moved in 1889 to the upper floor of the Albertinum, Dresden's recently renovated former arsenal. The chronological sequence of 34 rooms included the narrow Donatello Room, dedicated to the casts of some of the major works of Donatello and his circle. This room also housed the cast of the Baptismal Font (fig. 7). The subsequent history of the Dresden collection includes the transfer of the casts to storage after the Second World War and, between 1998 and 2002, an ambitious cataloguing and restoration programme of the eighteenth century cast collection of Anton Raphael Mengs, which forms the core of the Dresden cast collection. Since 2000, there has also been a constantly evolving partial exhibition in an open storeroom in the basement of the Albertinum.[33] The dismantled cast of the Siena font is now in storage, and though well documented, is in need of restoration (figs. 8 to 10).

A counterexample, i.e. a cast collection that has always been accessible since its foundation in 1852 and has survived more or less intact, is the South Kensington Museum in London. The Architectural Courts (now the Cast Courts) opened in 1873, and between 1884 and 1910 the collection of casts was expanded through intensive commercial exchanges, particularly with Germany and Italy.[34] The cast of the Baptismal Font, including the then five putti, was acquired from the Berlin Gipsformerei in 1886. Unlike all other known casts of this monument, this one was painted to look exactly like the original, although it is not currently known whether the painting took place in London or at the Gipsformerei. The cast was placed at the south end of the East Court (now the Weston Cast Court), where it formed part of a collection of the most impressive casts of Italian Renaissance masterpieces (fig. 11). The Victoria & Albert Museum has maintained its Cast Courts as material witnesses to the Victorian era, and the Courts are among the most popular halls in the mu-

und zwischen 1884 und 1910 wuchs die Sammlung von Gipsabgüssen mittels intensiver Tauschgeschäfte vor allem mit Deutschland und Italien.[34] Der Abguss des Taufbeckens wurde im Jahr 1886 inklusive der damals vorhandenen fünf Putti von der Berliner Gipsformerei erworben. Im Gegensatz zu allen anderen Taufbeckenabgüssen wurde dieser Abguss originalgetreu bemalt, allerdings ist unklar, ob die Bemalung in der Gipsformerei oder in London vorgenommen wurde. Zur Aufstellung kam er

11 Abguss des Taufbeckens / Cast of the Baptismal Font, London, South Kensington Museum, East Court (heute / today: Victoria & Albert Museum, Weston Cast Court), spätes 19. Jahrhundert / late nineteenth century

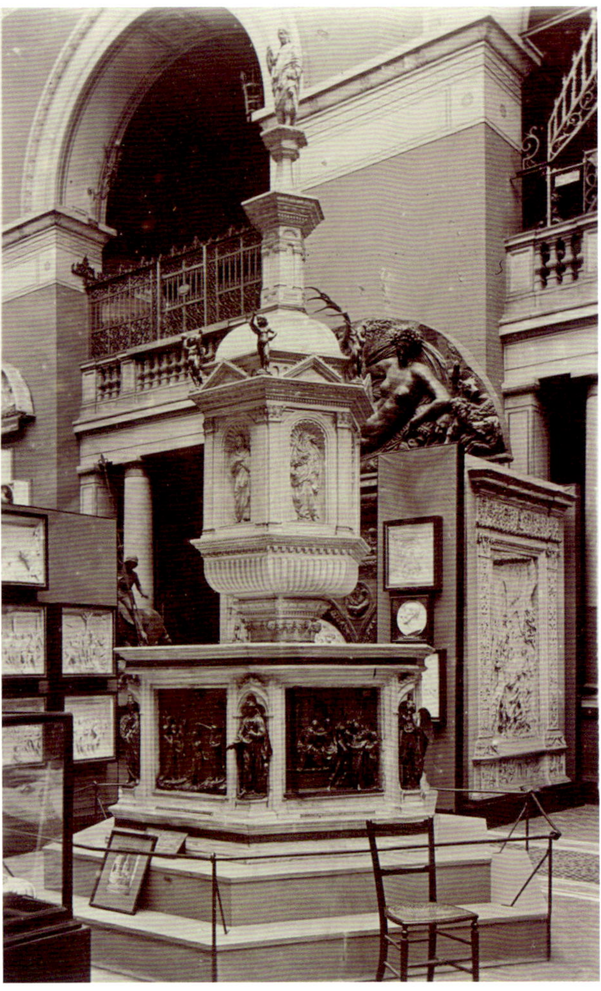

seum. However, there have been regular changes to the display, including the cast of the Baptismal Font. It now stands at the north end of the Court in front of another monument by Jacopo della Quercia, the portal of the Basilica of San Petronio in Bologna (fig. 12).

Founded in 1896, the Carnegie Museum of Art in Pittsburgh is another venue for a cast of the Siena font. Inspired by the 1893 Chicago World's Fair, industrialist Andrew Carnegie built a collection of plaster casts and bronze copies to create a visitor experience that would bring the European »Grand Tour« home to Pittsburgh.[35] Carnegie purchased the cast from the Gipsformerei for $450 in 1905.[36] The Hall of Architecture, in which it sits, opened in 1907 to provide a tour of plaster monuments from Ancient Egypt to the Italian Renaissance. Then as now, the large hall contains casts of the *Lion Gate of Mycenae* (obtained from the Gipsformerei), the *Porch of the Caryatids* of the Erechtheion on the Athens Acropolis, as well as casts of ancient statues and the furnishings of famous churches. A photograph from after 1908 shows the cast of the Baptismal Font in front of a pastiche of late Gothic and Romanesque façades, with Ghiberti's Florentine *Gates of Paradise* in the centre (fig. 13). Today the cast stands in the north-east corner of the hall, and therefore in a new context (fig. 14). As in London, the casts in Pittsburgh have survived the changing appreciation of the medium in the twentieth century and have recently been honoured by events such as the anniversary exhibition »On a Grand Scale: The Hall of Architecture at 100« in 2007.

The plaster cast collection of the Szépművészeti Múzeum in Budapest was opened in 1906, ten years after the founding of the museum itself. Georg Treu from Dresden and Wilhelm Bode from Berlin both had a major influence on its conception as a universal collection.[37] Casts of ancient, medieval and Renaissance large-scale sculptures and architectural decorations from Hungary and abroad

an der Nordseite des East Courts (heute Weston Cast Court), einem eindrucksvollen ›Best-of‹ italienischer Renaissancegipse (Abb. 11). Bis heute hat das Victoria & Albert Museum seine Cast Courts als materielle Zeugen des viktorianischen Zeitalters bewahrt. Sie gehören zu den beliebtesten Sälen des Museums. Veränderungen in der Aufstellung wurden hingegen immer wieder durchgeführt und betrafen auch den Taufbeckenabguss, der sich heute an der Südseite des Courts vor einem weiteren Monument Jacopo della Quercias erhebt – dem Portal der Basilika San Petronio in Bologna (Abb. 12).

Einen nochmals anderen Aufstellungskontext liefert das 1896 gegründete Carnegie Museum of Art in Pittsburgh. Inspiriert von der Weltausstellung in Chicago im Jahr 1893 legte der Industrielle Andrew Carnegie eine Sammlung von Abgüssen und Bronzekopien an, welche die europäische »Grand Tour« als Publikumserlebnis nach Pittsburgh holen sollte.[35] Den Taufbeckenabguss erwarb er 1905 bei der Gipsformerei zu einem damaligen Preis von 450 Dollar – diesmal mit allen sechs Putti.[36] Im Jahr 1907 wurde die Hall of Architecture eröffnet, die einen Rundgang durch gipserne Architekturen vom Alten Ägypten bis zur italienischen Renaissance versprach. In der großen Halle waren und sind Abgüsse des Löwentors von Mykene (ebenfalls aus der Berliner Gipsformerei) oder der *Korenhalle* vom Erechtheion auf der Athener Akropolis, aber auch solche von Ausstattungsgegenständen berühmter Kirchen und antiker Statuen versammelt. Ein Foto von nach 1908 zeigt den Taufbeckenabguss vor einer Art Pasticcio hochgotischer und romanischer Fassadenarchitekturen mit Ghibertis *Paradiestüren* aus Florenz in der Mitte (Abb. 13). Heute steht der Abguss in der nordöstlichen Ecke der Halle und damit auch in einer neuen Objektkonstellation (Abb. 14). Ähnlich wie in London haben auch in Pittsburgh die Abgüsse die veränderte Wertschätzung des 20. Jahrhunderts an Ort und Stelle überdauert und wurden in jüngerer Zeit etwa mit der Jubiläumsausstellung »On

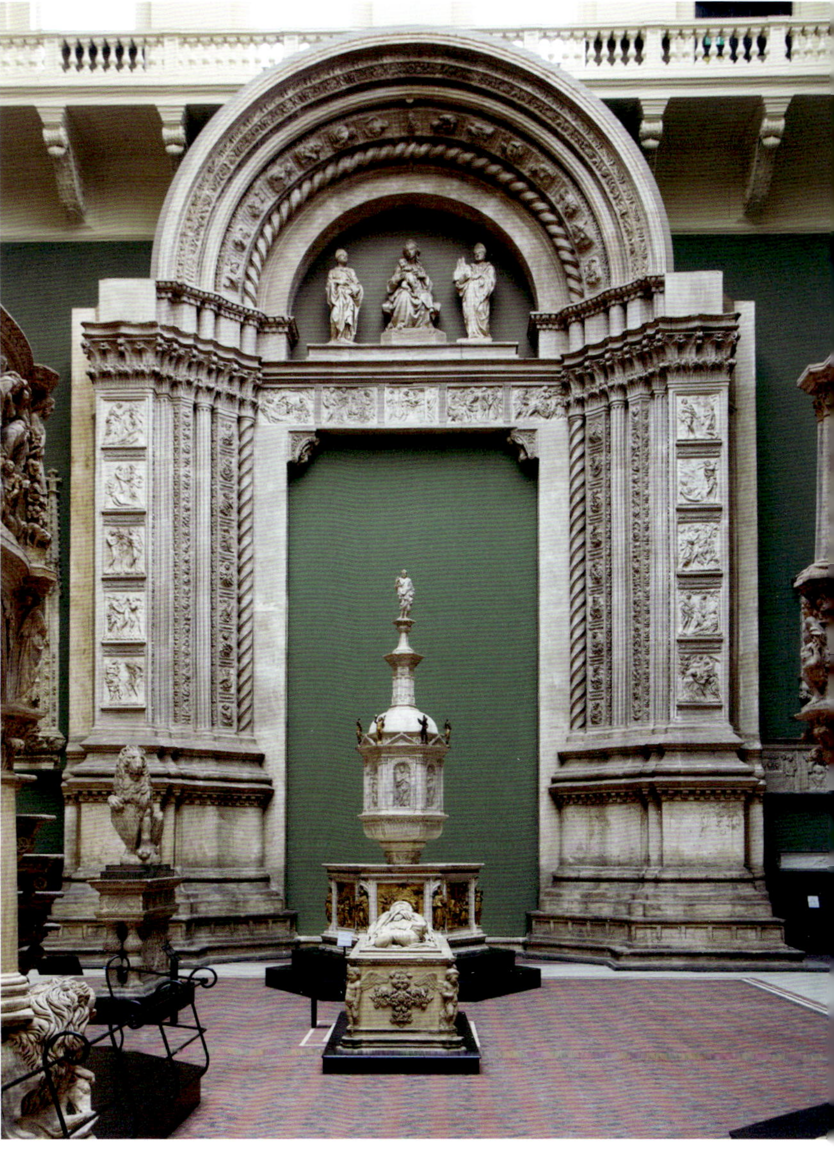

12 Abguss des Taufbeckens / Cast of the Baptismal Font, London, 2014

were collected in Budapest. The cast of the Baptismal Font arrived in 1907 as the second part of a large order from Berlin, which also included casts of the Athena and Zeus groups from the Pergamon Altar. A consignment note[38] listing the parts of the cast, including all six putti, stated that the casts had been »well packed and handed over to the Hertling company in Charlottenburg for transport

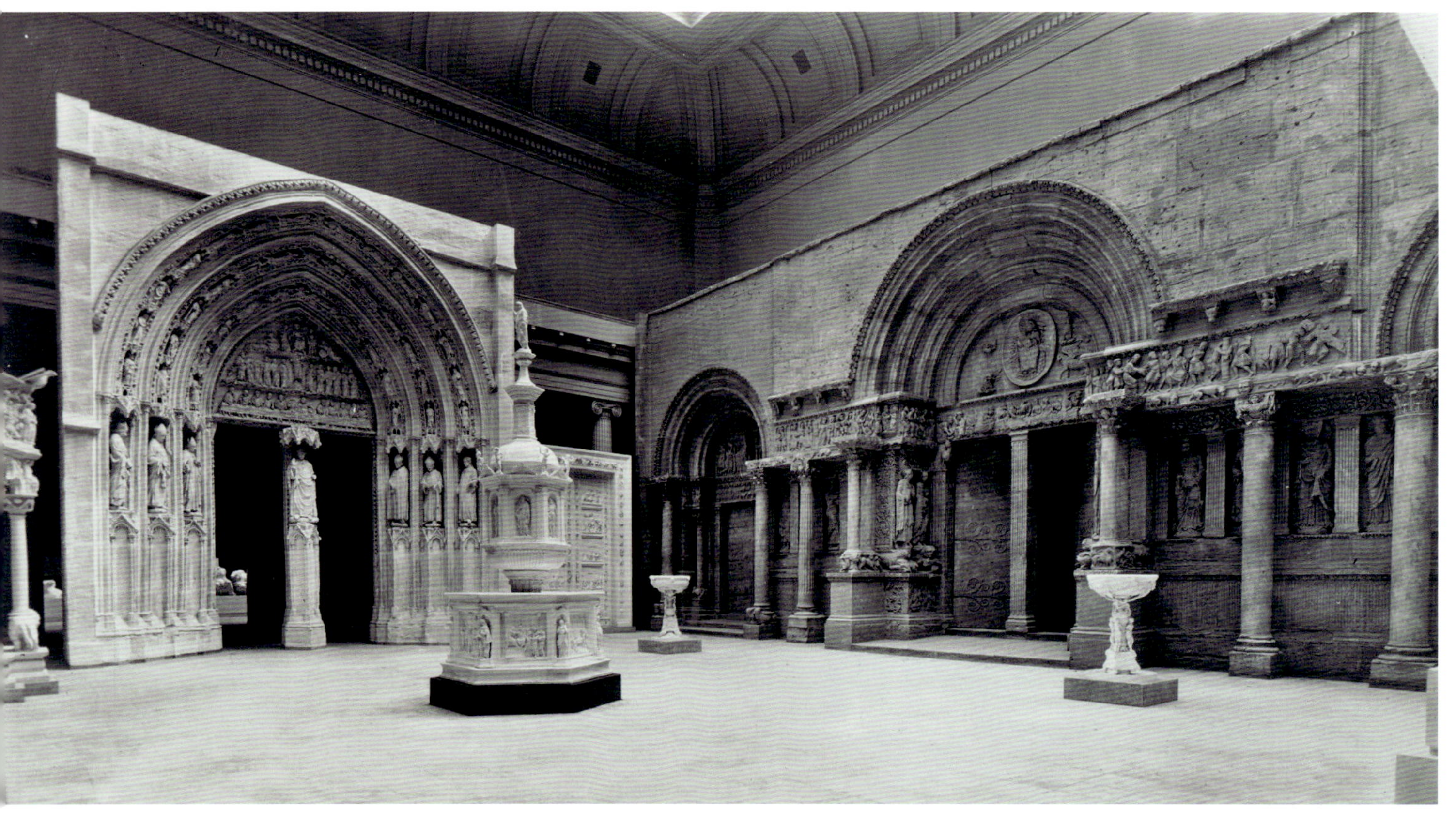

13 Abguss des Taufbeckens / Cast of the Baptismal Font, Pittsburgh, Carnegie Museum of Art, Hall of Architecture, nach / after 1908

a Grand Scale: The Hall of Architecture at 100« im Jahr 2007 geehrt.

Maßgeblichen Einfluss auf die universalistische Konzeption der 1906 eröffneten Abgusssammlung des 10 Jahre zuvor gegründeten Szépművészeti Múzeum in Budapest hatten Georg Treu aus Dresden und Wilhelm Bode aus Berlin.[37] In Budapest wurden Abgüsse antiker, mittelalterlicher und renaissancezeitlicher Groß- und Bauplastiken aus dem In- und Ausland versammelt. Der Abguss des Taufbeckens traf 1907 als zweiter Teil einer großen Bestellung aus Berlin ein, die auch die Abgüsse der Athena- und Zeusgruppen vom Pergamonaltar umfasste. In einem Frachtbrief[38], der sämtliche Teilabgüsse – darunter auch die sechs Putti – listet, wird erwähnt, dass die

to the Museum of Fine Arts in Budapest«, the same transport company that still operates in the immediate vicinity of the Berlin Gipsformerei. The newly acquired casts were displayed in the exhibition halls on the ground floor, where they survived the twentieth century. After the Second World War, they were stored in the Romanesque Hall (fig. 15)[39] for 70 years, until the cast collection was revived in the Star Fortress near the Hungarian town of Komárom, which opened in 2021. Here, the cast of the Baptismal Font is now displayed in the so-called Colleoni Hall (fig. 16).[40] The new display of casts after Renaissance works not only creates an impressive juxtaposition of important Italian sculpture from the thirteenth to the sixteenth centuries, but is also a gathering of the most important European cast-makers and cast-making workshops of the late nineteenth and early twentieth centuries, who are duly mentioned in the labels.

Abgüsse »wohlverpackt, dem Spediteur Hertling in Charlottenburg zur Veranlassung ihrer Beförderung an das Museum der schönen Künste in Budapest übergeben« worden seien, das heißt dem Transportunternehmen, das bis heute in der unmittelbaren Nachbarschaft der Berliner Gipsformerei angesiedelt ist. Die neu erworbenen Abgüsse wurden in den Ausstellungshallen im Erdgeschoss präsentiert. Dort überlebten sie das 20. Jahrhundert mehr schlecht als recht. Nach dem Zweiten Weltkrieg wurden sie für 70 Jahre eher notdürftig in der Romanischen Halle zwischengelagert (Abb. 15)[39], bis die Abgusssammlung in der 2021 eröffneten Sternfestung der ungarischen Kleinstadt Komárom ein Revival erlebte, wo der Taufbeckenabguss in der sogenannten Colleoni-Halle präsentiert wird (Abb. 16).[40] Die Neuaufstellung der Renaissanceabgüsse ist nicht nur eine eindrucksvolle Gegenüberstellung zentraler italienischer Bildwerke des 13. bis 16. Jahrhunderts, sondern auch ein Stelldichein einiger der wichtigsten europäischen Former bzw. Formerwerkstätten des späten 19. und frühen 20. Jahrhunderts, die in der Objektbeschriftung auch entsprechend ausgewiesen sind.

In der Zusammenschau der vier musealen Abgusssammlungen wird deutlich, dass die untersuchten Abgüsse jeweils Teile eines größeren Ganzen waren und sich so in den Dienst kuratierter Inszenierungen stellten bzw. immer noch stellen. Im Spiegel der angerissenen Sammlungsgeschichten zeigt sich außerdem, dass Abgüsse unter anderem auch der Repräsentation politischer Macht dienten, die sich in der schieren Größe und einer die räumlichen Kapazitäten bisweilen sprengenden Quantität von Einzelstücken ausdrückte. Dass es im Wettstreit der internationalen Akteure nicht um inhaltliches Verständnis und absolute Originaltreue ging, offenbart sich dabei insbesondere an einem Punkt: Die beiden Reliefs *Geburt des Johannes* und *Verkündi-*

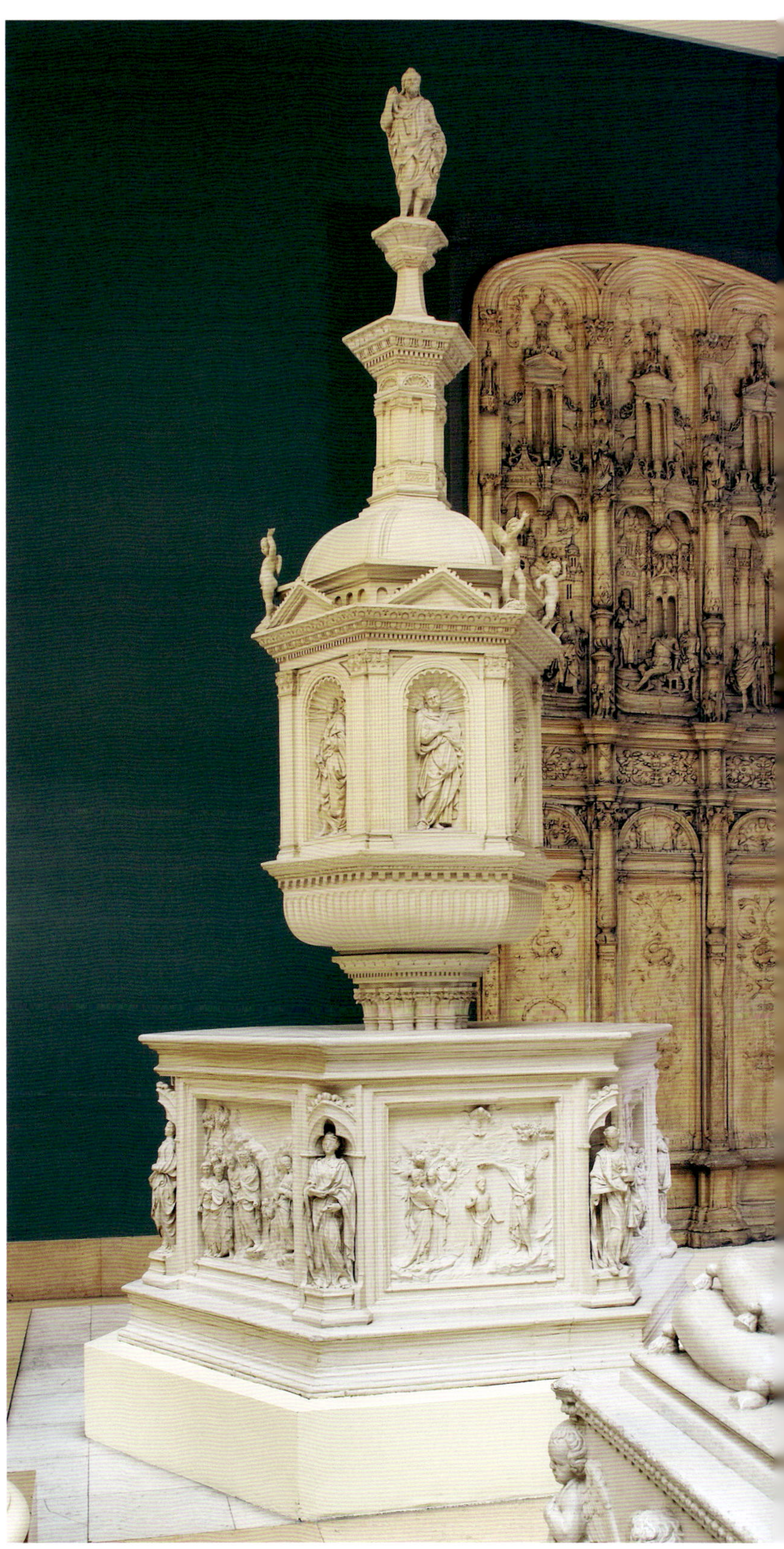

14 Abguss des Taufbeckens / Cast of the Baptismal Font, Pittsburgh, 2007

gung an Zacharias sind sowohl im Berliner Gipsmodell als auch in allen anderen Taufbeckenabgüssen vertauscht; die biblische Geschichte zum Leben des Johannes beginnt an der falschen Stelle, die Etappen der Bilderzählung sind gleichermaßen durcheinander gebracht. Dieser Übertragungsfehler muss bei der Aufbereitung der Formen in der Berliner Gipsformerei unterlaufen sein. Er wurde systematisch weiter ›reproduziert‹, so dass sich die Reproduktionsgeschichte des Taufbeckens hier gleichsam selbst zum Thema macht.

15 Abguss des Taufbeckens / Cast of the Baptismal Font, Budapest, Szépművészeti Múzeum, Romanische Halle / Romanesque Hall, 1981

Seeing these four museum cast collections together, it becomes clear that in each case the casts under consideration were part of a larger whole within which they played their part in carefully curated settings. In the light of these collection histories, it also becomes clear that casts were also used to represent political power, expressed through the sheer size and quantity of the pieces on display, sometimes challenging the capacity of the space. A curious detail highlights the fact that, in this competition between international players, understanding and faithful representation of the original work was not a major objective: in the Berlin model, as in all the following casts, the order of the reliefs of the *Birth of the Baptist* and the *Annunciation to Zacharias* has been

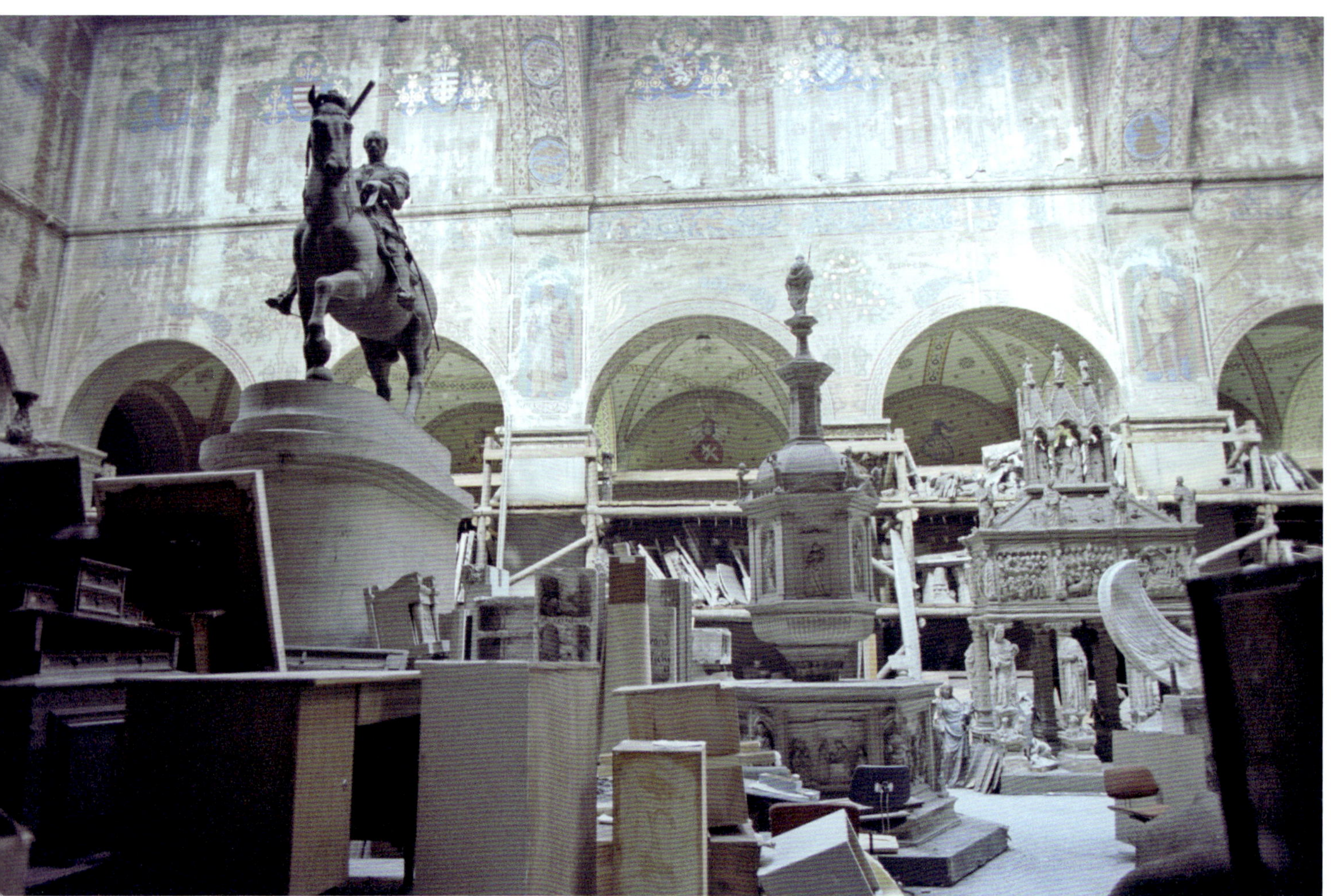

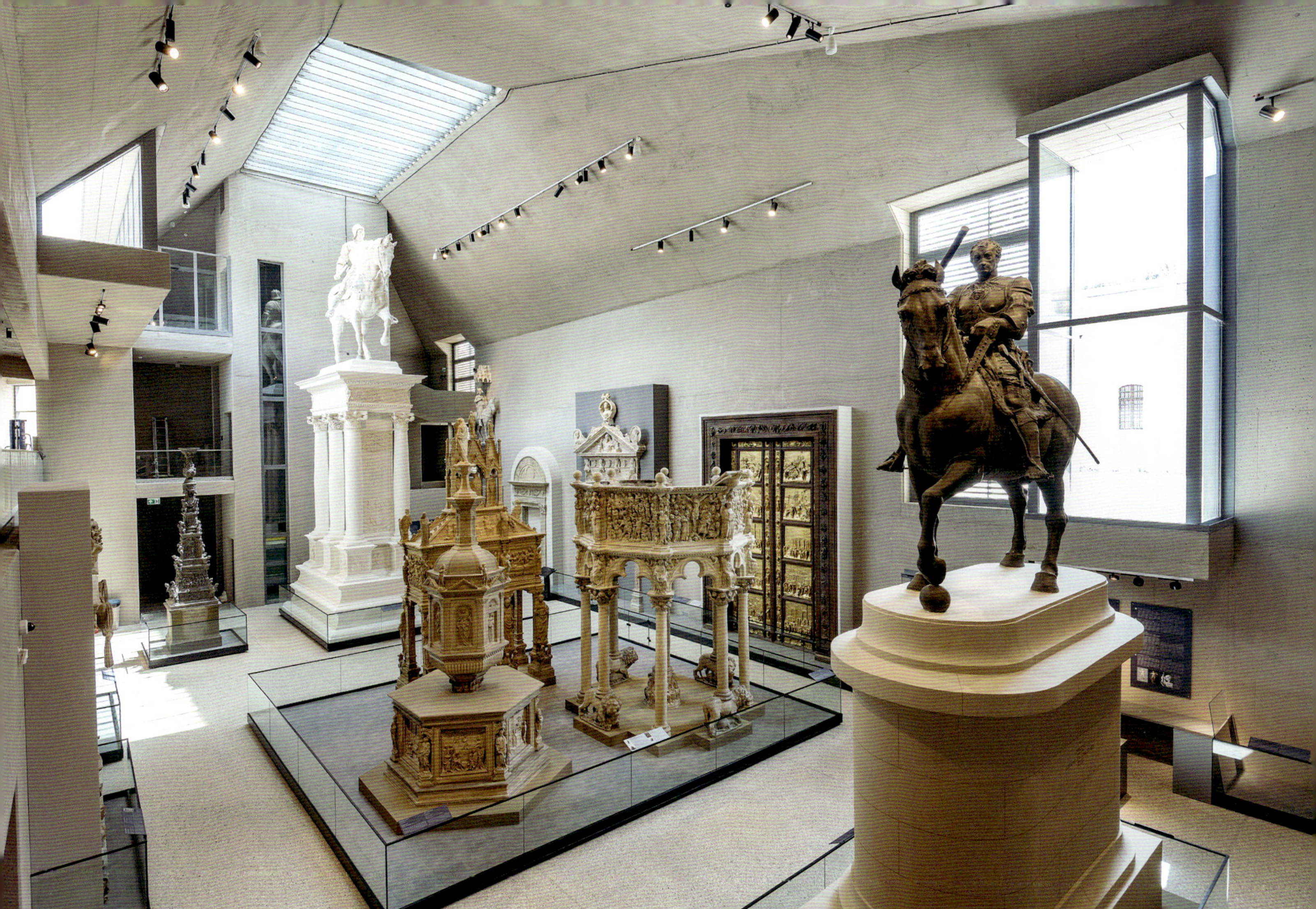

16 Abguss des Taufbeckens / Cast of the Baptismal Font, Komárom, Sternfestung / Star Fortress, Colleoni-Saal / Colleoni Hall, 2021

Schlussbemerkungen

Anfang des 20. Jahrhundert entschied sich Iwan Zwetajew, der Direktor des nach dem Vorbild des Dresdner Albertinums konzipierten[41] und 1912 eröffneten Staatlichen Museums für Bildende Künste A. S. Puschkin in Moskau, aus Platz- wie auch aus Geschmacksgründen gegen die Erwerbung des vollständigen Taufbeckenabgusses und für die Bestellung von Teilabgüssen[42], was uns abschließend zum Anfang dieses Textbeitrages zurückbringt. Denn Zwetajew bestellte die Abgüsse der fünf Reliefs, drei Putti und zwei Allegorien (Abb. 17) nicht in Berlin, sondern bei Giuseppe Del Ricco, den er 1903 kennengelernt hatte: Der Sieneser Former hatte von den figürlichen Teilen des Taufbeckens, offenbar Abgüsse für sich behalten, um sie im Nachgang eigenständig zu reproduzieren – vielleicht ein Sinnbild des

reversed, so that the biblical story of the life of the Baptist begins in the wrong place and the stages of the pictorial narrative are out of order. This error must have occurred when the Italian moulds were arranged in the Berlin workshop. It was systematically ›reproduced‹ each time, with the result that the history of the reproduction of the Baptismal Font has become a subject in itself.

Conclusion

At the beginning of the twentieth century, Ivan Tsvetaev, director of the State Museum of Fine Arts A. S. Puschkin in Moscow, a museum designed on

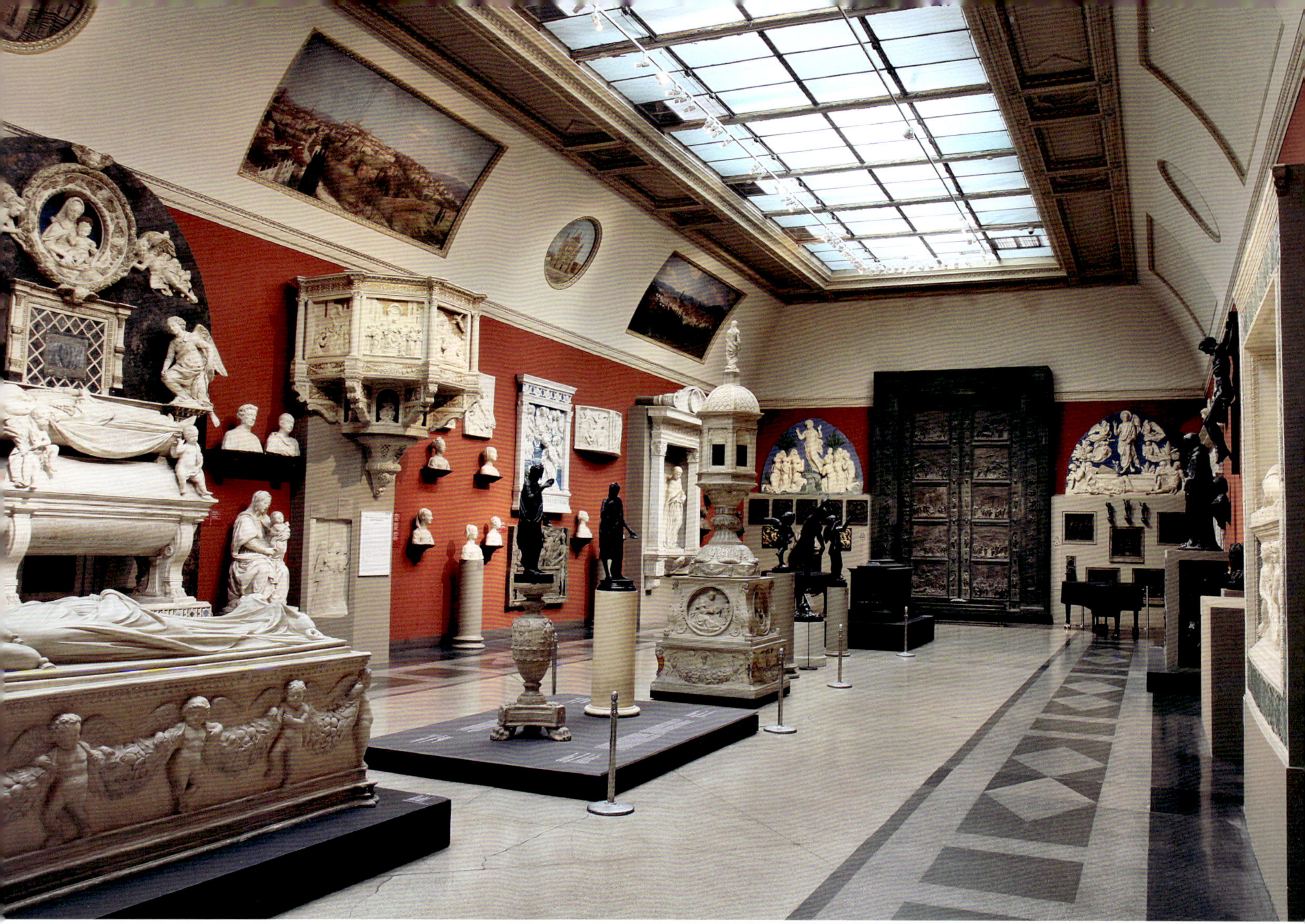

17 Teilabgüsse des Taufbeckens (hinten rechts) / Partial casts of the Baptismal Font (rear right), Staatliches Museum für Bildende Künste A. S. Puschkin, Moskau / A. S. Pushkin State Museum of Fine Arts, Moscow, Renaissance-Halle / Renaissance Hall, 2019

gewissermaßen unkontrollierbaren Geschäftes mit dem Gipsabguss, der alsbald auch als billiges Massenmedium verunglimpft werden sollte, obwohl die Herstellung von Gipsabgüssen seit jeher ein aufwändiges Unterfangen ist.

Noch im selben Jahr und damit rund 25 Jahre nach der Originalabformung des Taufbeckens hatte Zwetajew das Schicksal zahlreicher Abgusssammlungen im 20. Jahrhundert bereits deutlich vor Augen: »Die Abgüsse werden früher oder später zerstört, und eine der kommenden Generationen wird dazu gezwungen sein, alles wie alten und un-

the model of the Dresden Albertinum[41] and opened in 1912, decided against acquiring the complete cast of the font for reasons of space and taste. Instead, he ordered casts of parts of the monument.[42] This brings us back to the beginning of this text. Tsvetaev ordered casts of five reliefs, three putti and two allegories (fig. 17), not in Berlin, but from Giuseppe Del Ricco, whom he had met in 1903. The Sienese cast-maker had apparently withheld casts of the figurative elements of the Baptismal Font in order to reproduce them himself. This action seems almost symbolic of the uncontrollable business in plaster casts, which, although the production of casts has always been a costly enterprise, was soon to be denigrated as a cheap mass medium.

In the same year, some 25 years after the original mould of the Baptismal Font was made, Tsvetaev

tauglichen Trödel wegzuwerfen, alles, was jetzt mit solchen Mühen und Kosten erworben wird […].«[43] Nachdem Gipsabgüsse tatsächlich lange »wie alter Trödel« behandelt worden sind, erhalten sie seit einigen Jahrzehnten neue Wertschätzung. Diese neue Wertschätzung ist jedoch anders geartet, interessieren uns Abgüsse heute doch weniger als Kopien berühmter Bildwerke, sondern vorrangig als Akteure auf dem Feld von Sammlungs-, Institutionen- und Museumsgeschichte(n). Zunehmend begreifen wir Abgüsse auch als künstlerisch-handwerkliche Artefakte und Objekte eigenen Rechts, die gerade in ihrem Zwitterstatus zwischen Reproduktion und Produktion eine ganz eigene Aura entfalten.

Im Spiegel des im Bode-Museum aufgebauten Gipsmodells des Taufbeckens wird dieses neue Verständnis – oder diese neue Vision – besonders gut anschaulich, da das Modell seine Historizität, seine Materialität, Technizität und Autorschaft(en), aber auch seine verschiedenen Funktionen zwischen Werkstattmodell und Sammlungsobjekt unmittelbar zur Schau stellt.

formulated a clear vision of the fate of many twentieth century cast collections: »Sooner or later the casts will be destroyed, and one of the future generations will be forced to throw everything away like useless rubbish, all that which is now being acquired with such effort and expense […]«.[43] Having been treated for a long time as »old junk«, casts now attract our interest not so much as copies of famous sculptures, but as actors in the history of collections, institutions and museums. We increasingly understand plaster casts as artistic and/or artisanal artefacts and objects in their own right, objects that in their intermediate status between reproduction and production unfold an aura of their own.

This new understanding – or new vision – becomes particularly clear when we see it reflected in the cast model of the Baptismal Font now installed in the Bode-Museum. Here, the model clearly demonstrates its historicity, materiality, technical character and various authorships, as well as its different functions between workshop model and collection object.

transl. E. Marchand

ANMERKUNGEN

1 Staatliche Museen zu Berlin, Zentralarchiv (SMB-ZA), I/SKS 94, Blatt 72–73.
2 Seit dem bereits vor über 25 Jahren erschienenen, für dieses Thema immer noch maßgeblichen Beitrag Frank Matthias Kammels sind keine größeren Forschungsergebnisse mehr vorgelegt worden. Vgl. Kammel 1996. Ein ausführlicherer Beitrag der Autorin ist in Arbeit und erscheint voraussichtlich 2025 im *Jahrbuch der Berliner Museen*.
3 SMB-ZA, I/SKS 94.
4 Vgl. Kammel 1996, S. 44.
5 Vgl. Circolare n. 177 und 179, Calchi sulle opere di bronzo, und Calche sulle opere di marmo, Archivo Gallerie Uffizi, Florenz, Affari dell'anno 1865, Filza B, pos. 4, n. 56, abgedruckt in Firenze 1985a, S. 159 und 160–162.
6 Regolamento sui calchi delle opere d'arte, 7. Dezember 1873, abgedruckt in Bernardini et al. 1985, S. 263–264. Vgl. dazu auch den Beitrag von Ricardo Mendonça in diesem Band, insbesondere S. 43–44.
7 Vgl. Kammel 1996, S. 47.
8 Vgl. dazu auch den Beitrag von Ricardo Mendonça in diesem Band, insbesondere S. 45–46.
9 Vgl. Papadopolous 2025.
10 Vgl. Bericht über Fliegerschäden in der Gipsformerei, 15.09.1943, SMB-ZA, I/SKS 17, Blatt 149, 150.
11 Festschrift 1880, auch zit. in Kammel 1996, S. 48.
12 Vgl. Einholz 1996, S. 28.
13 Vgl. z. B. Generalverwaltung 1896, S. 164.
14 Generalverwaltung 1914, S. 31.
15 Bode 1911, S. 20.
16 Generalverwaltung 1914, S. 32.
17 Bode 1911, S. 210.
18 Daun 1915, S. 193, zit. aus Kammel 1996, S. 51.
19 Bode 1911, 210–211.
20 Bode (1929) 1997, 1, S. 128–129.
21 Vgl. weiterführend Alexandridis, Winkler-Horaček 2022.
22 Vgl. Generalverwaltung 1920. Laut dem Museumsführer waren von fünf nur noch drei Säle mit Abgüssen italienischer Bildwerke bespielt.
23 Demmler 1933, S. 68, auch zit. in Kammel 1996, S. 57.
24 Kammel 1996, S. 59.
25 Ebd., S. 60.
26 Vgl. den Eintrag zum Taufbecken im Online-Katalog der Gipsformerei, https://www.gipsformerei-katalog.de/sammlungsgebiete/byzanz-und-renaissance/1484/taufbrunnen.
27 Vgl. dazu auch den Beitrag von Neville Rowley in diesem Band, insbesondere S. 156.
28 Vgl. das unveröffentlichte Verkaufsbuch der Gipsformerei.
29 Auch im Kontext der Donatello-Ausstellung im Museo Nazionale del Bargello 1887 waren im ersten Obergeschoss nachweislich Gipsabgüsse des Taufbeckens ausgestellt. Vgl. Firenze 1985b, S. XLVII. Vermutlich handelte es aber nur um Teilabgüsse der Reliefs und Statuetten.
30 Vgl. Szőcs 2021a.

NOTES

1 Staatliche Museen zu Berlin, Zentralarchiv (SMB-ZA), I/SKS 94, fols. 72–73.
2 No more substantial research has been carried out on this subject since the publication of Frank Matthias Kammel's still authoritative contribution more than 25 years ago; cf. Kammel 1996. An extensive discussion by the present author is in progress and will be published in the *Jahrbuch der Berliner Museen*, forthcoming 2025.
3 SMB-ZA, I/SKS 94.
4 Cf. Kammel 1996, p. 44.
5 Cf. Circolare n. 177 and 179, Calchi sulle opere di bronzo, and Calche sulle opere di marmo, Archivo Gallerie Uffizi, Florenz, Affari dell'anno 1865, Filza B, pos. 4, n. 56, reproduced in Firenze 1985a, pp. 159, 160–162.
6 Regolamento sui calchi delle opere d'arte, 7 December 1873, reproduced in Firenze 1985a, pp. 263–264. Also see the contribution by Ricardo Mendonça in this volume, esp. p. 43.
7 Cf. Kammel 1996, p. 47.
8 See the contribution by Ricardo Mendonça in this volume, esp. p. 45.
9 Cf. Papadopolous 2025.
10 Cf. Report about the air raid damage in the Gipsformerei, 15.09.1943, SMB-ZA, I/SKS 17, fols. 149, 150.
11 Festschrift 1880, cited also in Kammel 1996, p. 48.
12 Cf. Einholz 1996, p. 28.
13 Generalverwaltung 1886, p. 204.
14 Generalverwaltung 1914, p. 31.
15 Bode 1911, p. 20.
16 Generalverwaltung 1914, p. 32.
17 Bode 1911, p. 210.
18 Daun 1915, p. 193, cited after Kammel 1996, p. 51.
19 Bode 1911, pp. 210–211.
20 Bode (1929) 1997, 1, pp. 128–129.
21 For further discussion on this topic, see Alexandridis, Winkler-Horaček 2022.
22 Cf. Generalverwaltung 1920, according to this publication only three of the originally five rooms still contained casts after Italian sculpture.
23 Demmler 1933, p. 68, cited also in Kammel 1996, p. 57.
24 Kammel 1996, p. 59.
25 Ibid., p. 60.
26 Cf. the entry on the Baptismal Font in the Gipsformerei online catalogue, https://www.gipsformerei-katalog.de/gf-en/collection-areas/byzantium-and-renaissance/1484/baptismal-font.
27 See the contribution by Neville Rowley in this volume, esp. pp. 156.
28 Cf. the unpublished sales book of the Gipsformerei.
29 During the 1887 exhibition on Donatello at the Museo Nazionale del Bargello, plaster casts of the Baptismal Font were displayed on the first floor. See Firenze 1985b, p. XLVII. It is probable that these were only partial casts of the reliefs and statuettes.

31 Entwurf für ein Schreiben Hermann Hettners an Julius Dielitz vom 13.01.1879. Archiv der Staatlichen Kunstsammlungen Dresden, SKD 01/SKS 83, Blatt 9. Für den Zugriff auf die Akten, zahlreiche Informationen und den Austausch danke ich Christian Klose.

32 Hettner 1881, S. IV. Der Abguss des Taufbeckens ist auf S. 157–158 geführt.

33 Vgl. Kiderlen 2006.

34 Vgl. Kerr-Lewis 2022, S. 111.

35 Vgl. Giovannini 2007, S. 67.

36 The Carnegie Museum of Art archives, Acquisition No. 128, angelegt am 1. Juni 1928. Für die Bereitstellung archivalischer Dokumente und historischer Fotografien danke ich Elizabeth Tufts Brown.

37 Rózsavölgyi 2021, S. 137–138.

38 Archiv des Szépművészeti Múzeum Budapest, 1227/1907. Für die Bereitstellung archivalischer Dokumente und historischer Fotografien danke ich László Nagy, Miriam Szőcs und Márton Tóth.

39 Vgl. Szőcs 2021b, S. 181.

40 Vgl. auch die Ausstellungsrezension von Eckart Marchand, Marchand 2022.

41 Vgl. Hexelschneider, Baranov und Burg 2006.

42 Persönliche Email von Vasily Rastorguev vom 01.08.2023 mit Verweis auf die veröffentlichte Korrespondenz Zsvetaev – Yu. S. Nechaev-Maltsov 1897–1912 und Aksenenko, Baranov 2008–2011, Band 2, S. 97, 191–192, 195–196.

43 Zwetajew in einem Brief an Roman Klein, 1903, zit. aus Akimova 2006, S. 60.

30 Cf. Szőcs 2021a.

31 Draft of a letter by Hermann Hettners to Julius Dielitz dated 13.01.1879, Archive of the Staatliche Kunstsammlungen, SKD 01/SKS 83, fol. 9. I am grateful to Christian Klose for providing access to the archival documents, extensive information and scholarly exchange.

32 Hettner 1881, p. IV. The cast of the Baptismal Font is mentioned on pp. 157–158.

33 Cf. Kiderlen 2006.

34 Cf. Kerr-Lewis 2022, p. 111.

35 Giovannini 2007, p. 67.

36 The Carnegie Museum of Art archives, card index »Acquisitions«, Acquisition No. 128, created 1 June 1928. I am grateful to Elizabeth Tufts Brown for access to archival documents and historical photographs.

37 Rózsavölgyi 2021, pp. 137–138.

38 Archive of the Szépművészeti Múzeum Budapest, 1227/1907.

39 Szőcs 2021b, p. 181.

40 Cf. the exhibition review by Eckart Marchand, Marchand 2022.

41 Cf. Hexelschneider, Baranov and Burg 2006.

42 Personal email from Vasily Rastorguev to the author, 01.08.2023 with reference to the published correspondence Zsvetaev – Nechaev-Maltsov 1897–1912 and Aksenenko, Baranov 2008–2011, vol. 2, pp. 97, 191–192, 195–196.

43 Zwetajew writing to Roman Klein in 1903, quoted according to Akimova 2006, p. 60.

Fotoessay Teil III

Photo essay part III

NACHGIESSEN UND ERGÄNZEN
RE-CASTING AND RECONSTRUCTION

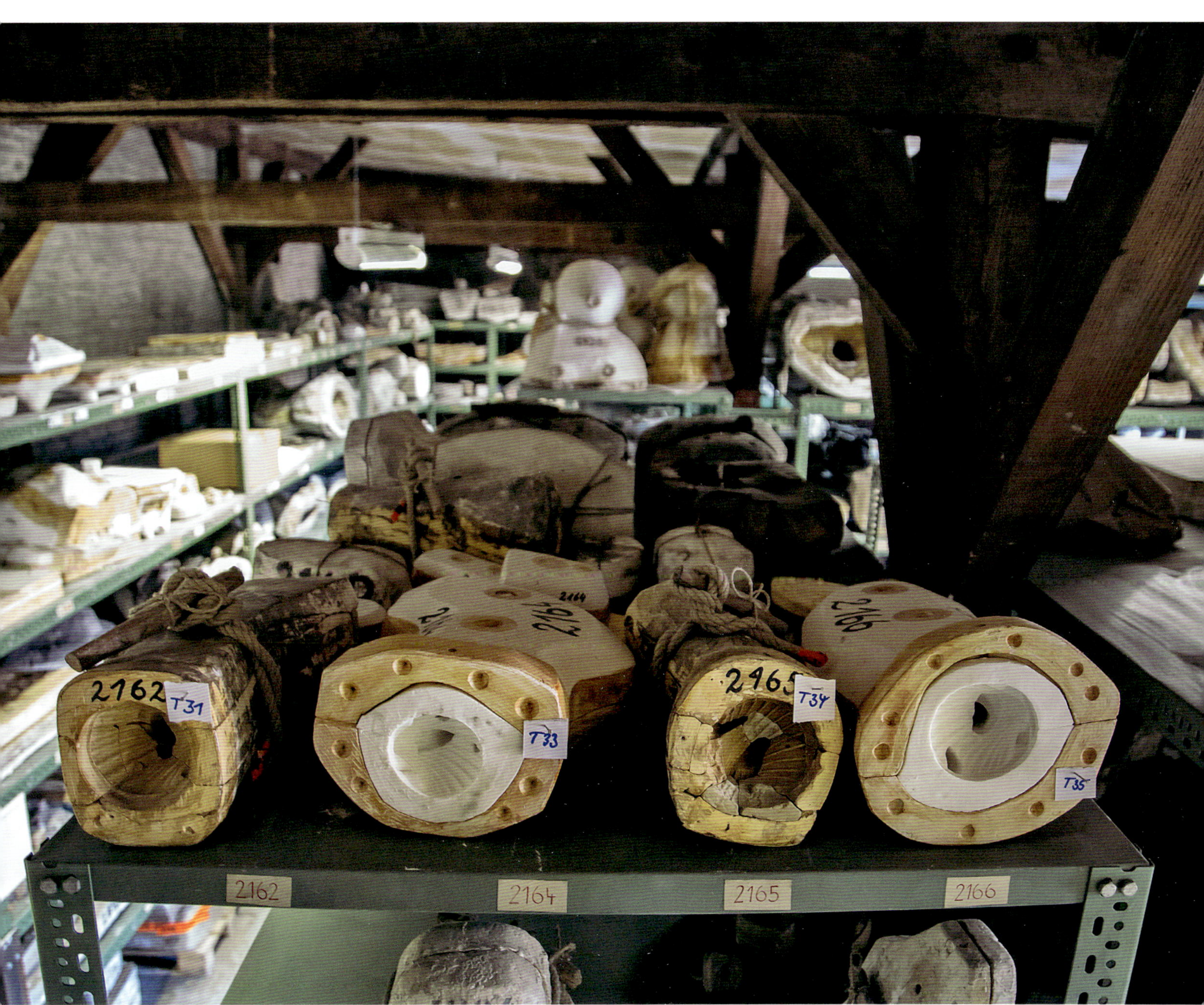
2162
T31
T33
2164
2165
T34
2166
T35
2162
2164
2165
2166

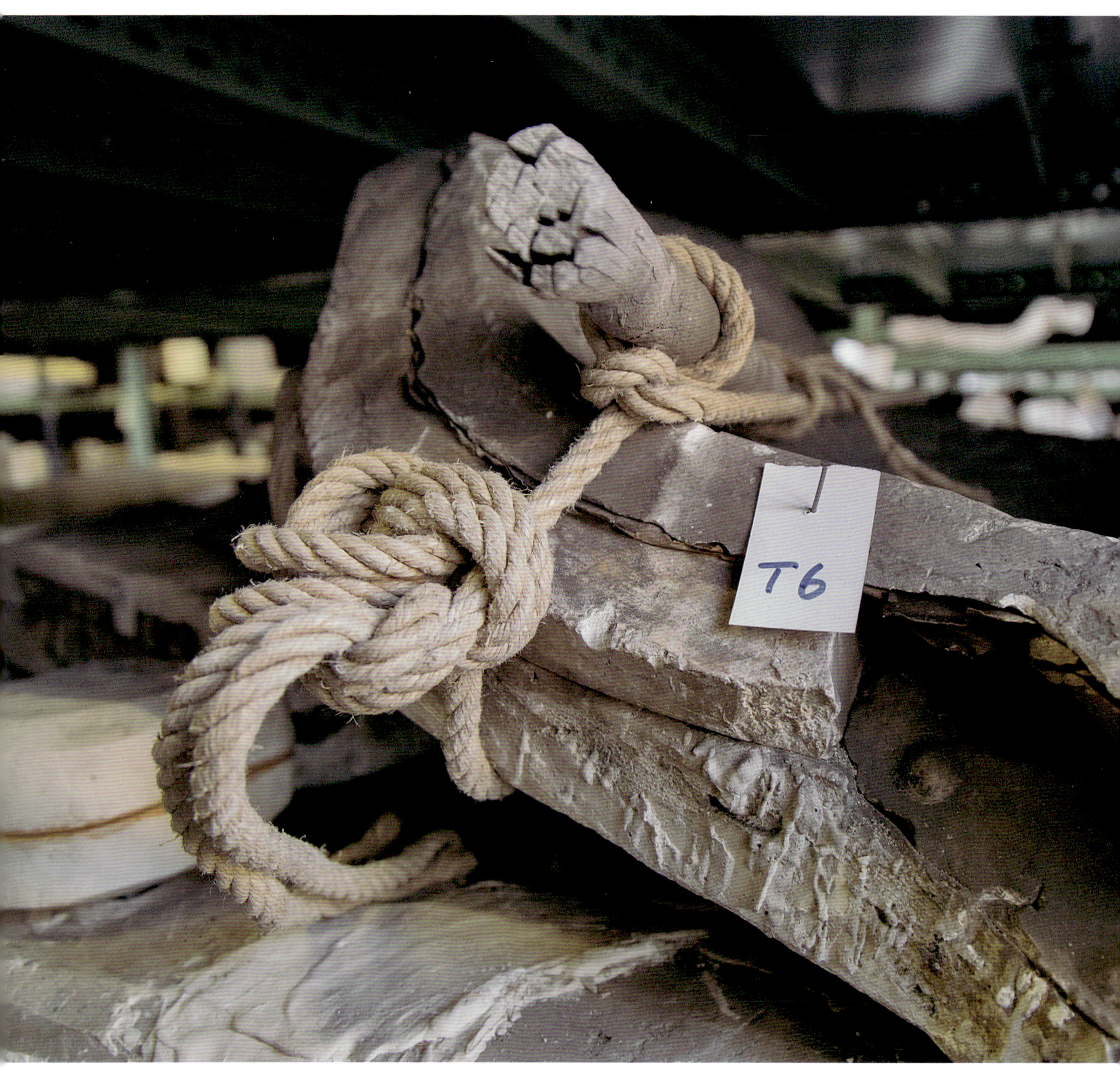
T6

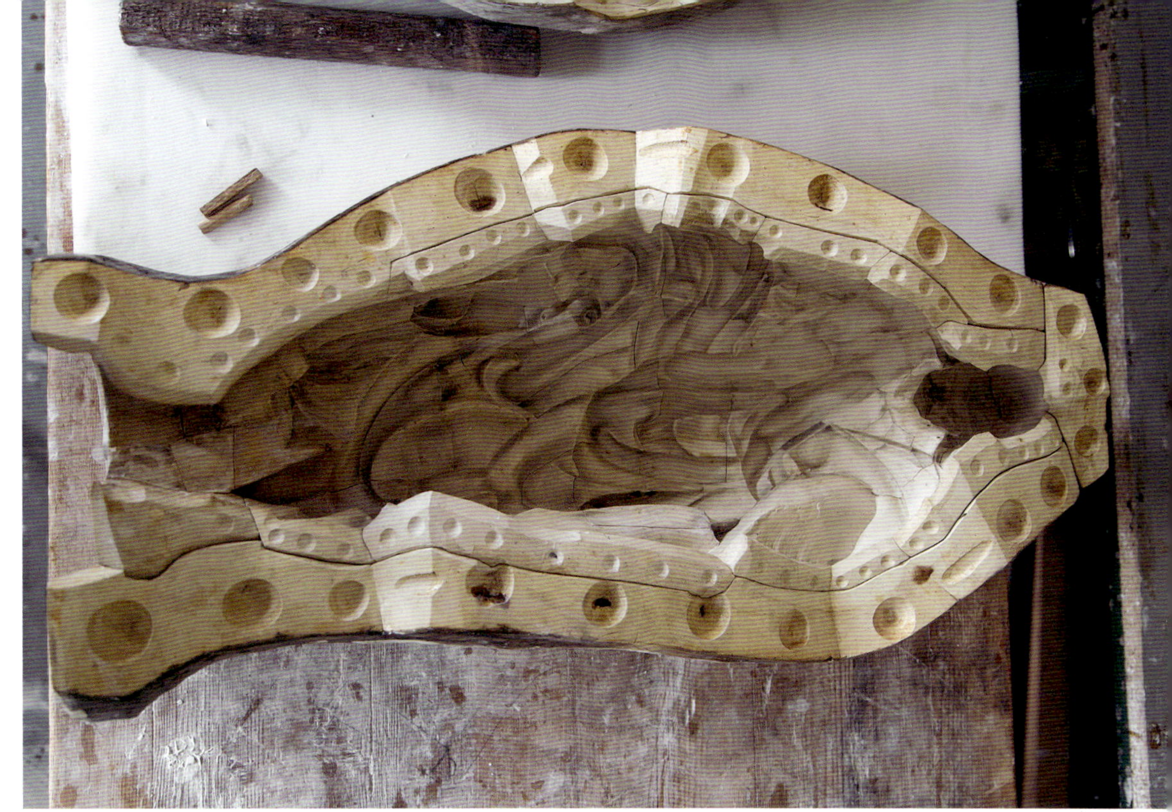

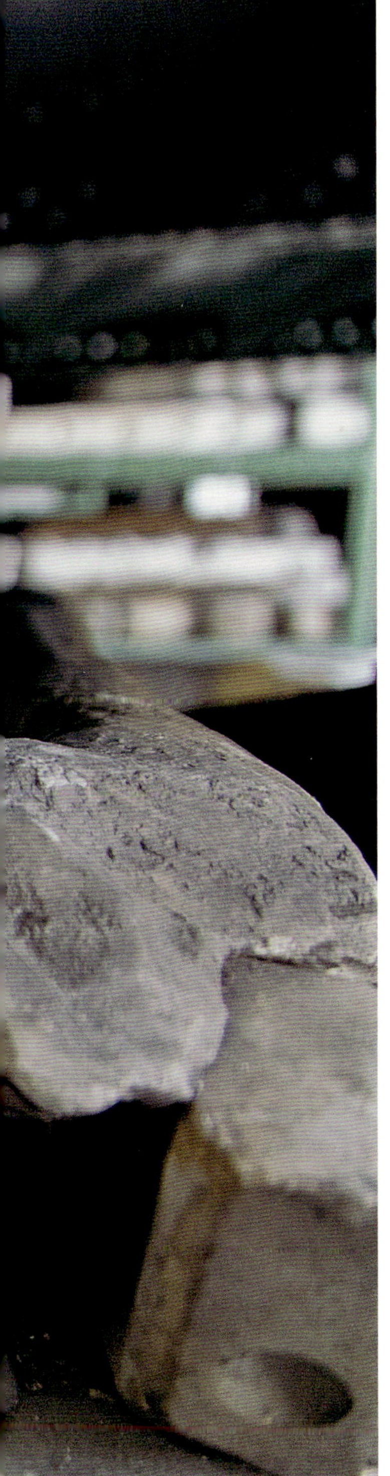

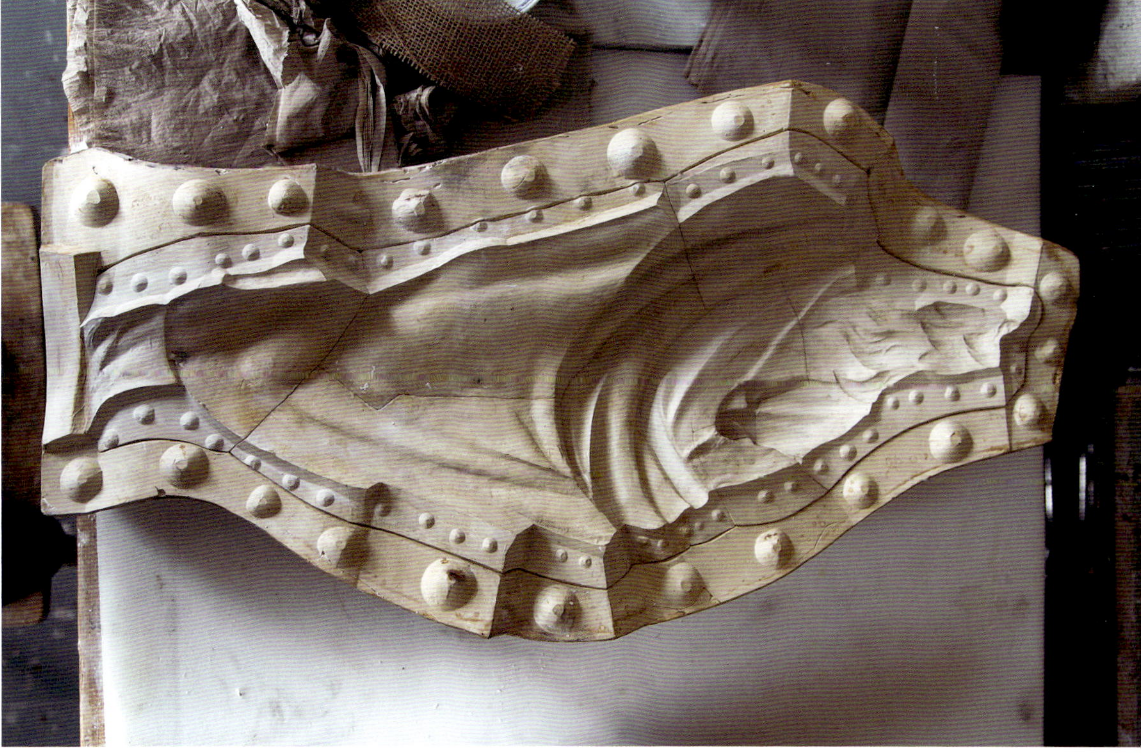

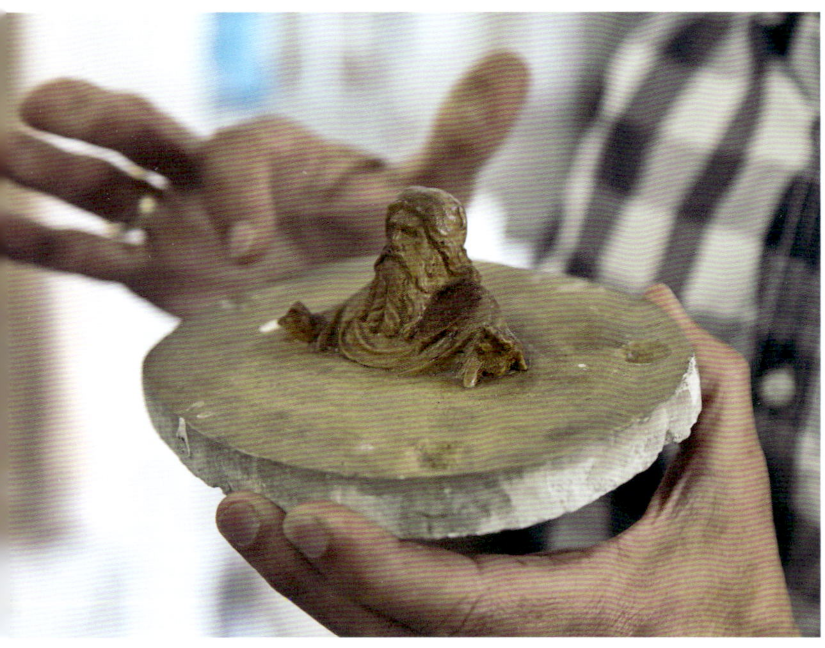

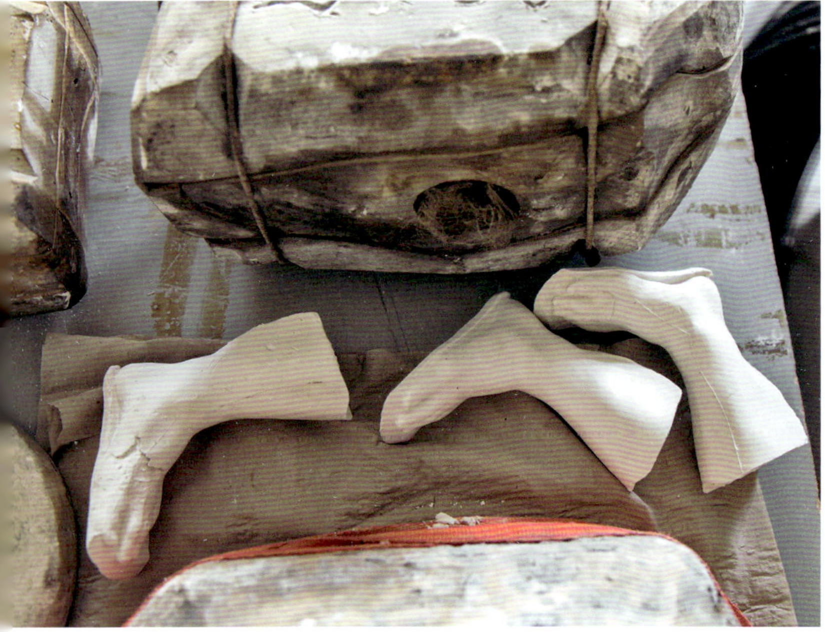

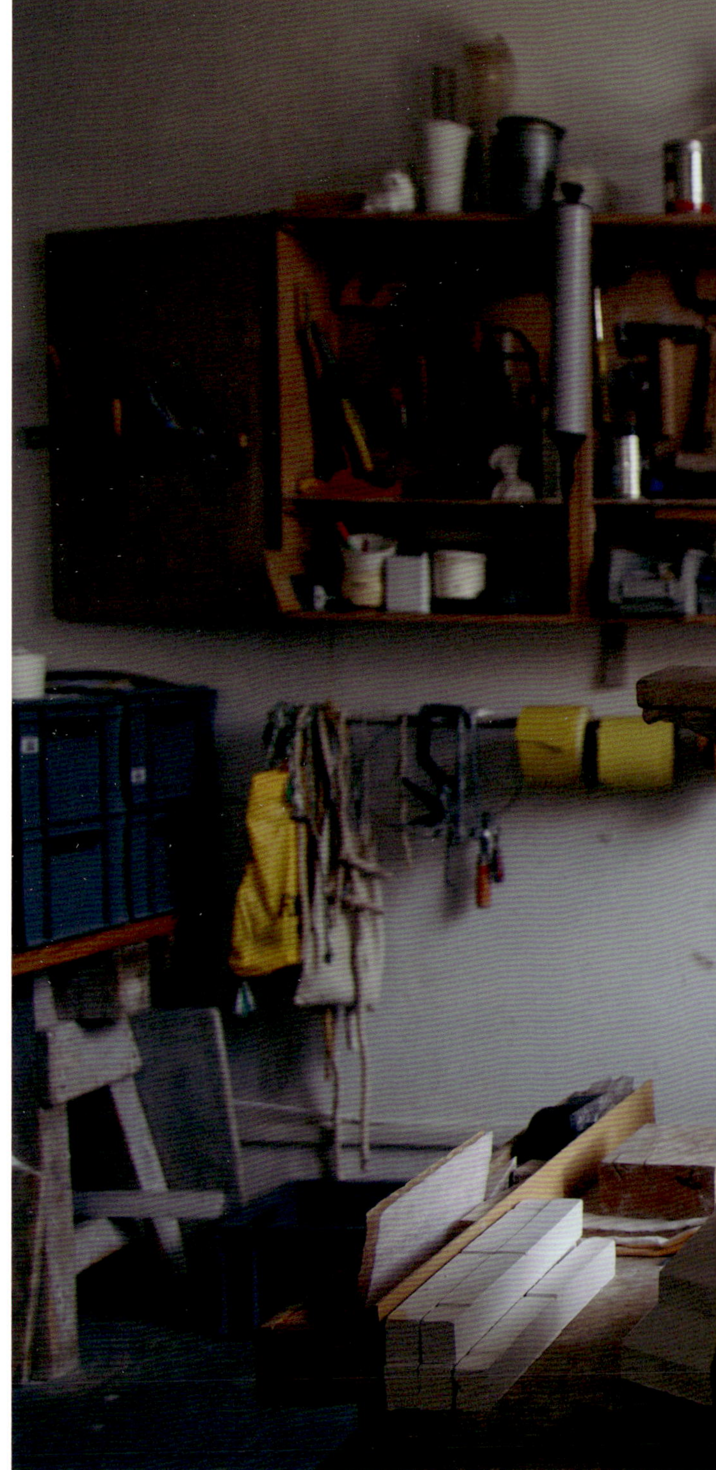

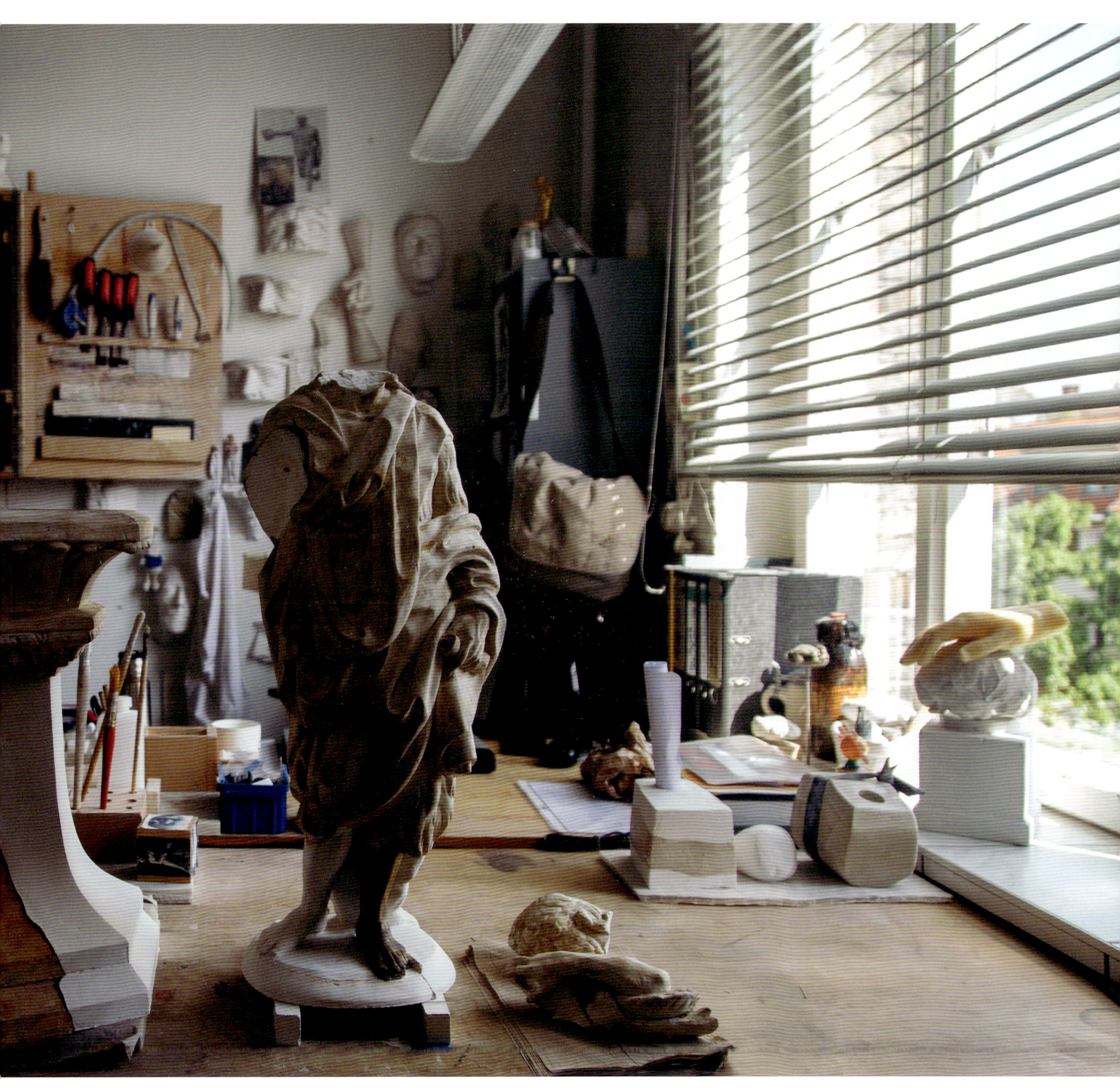

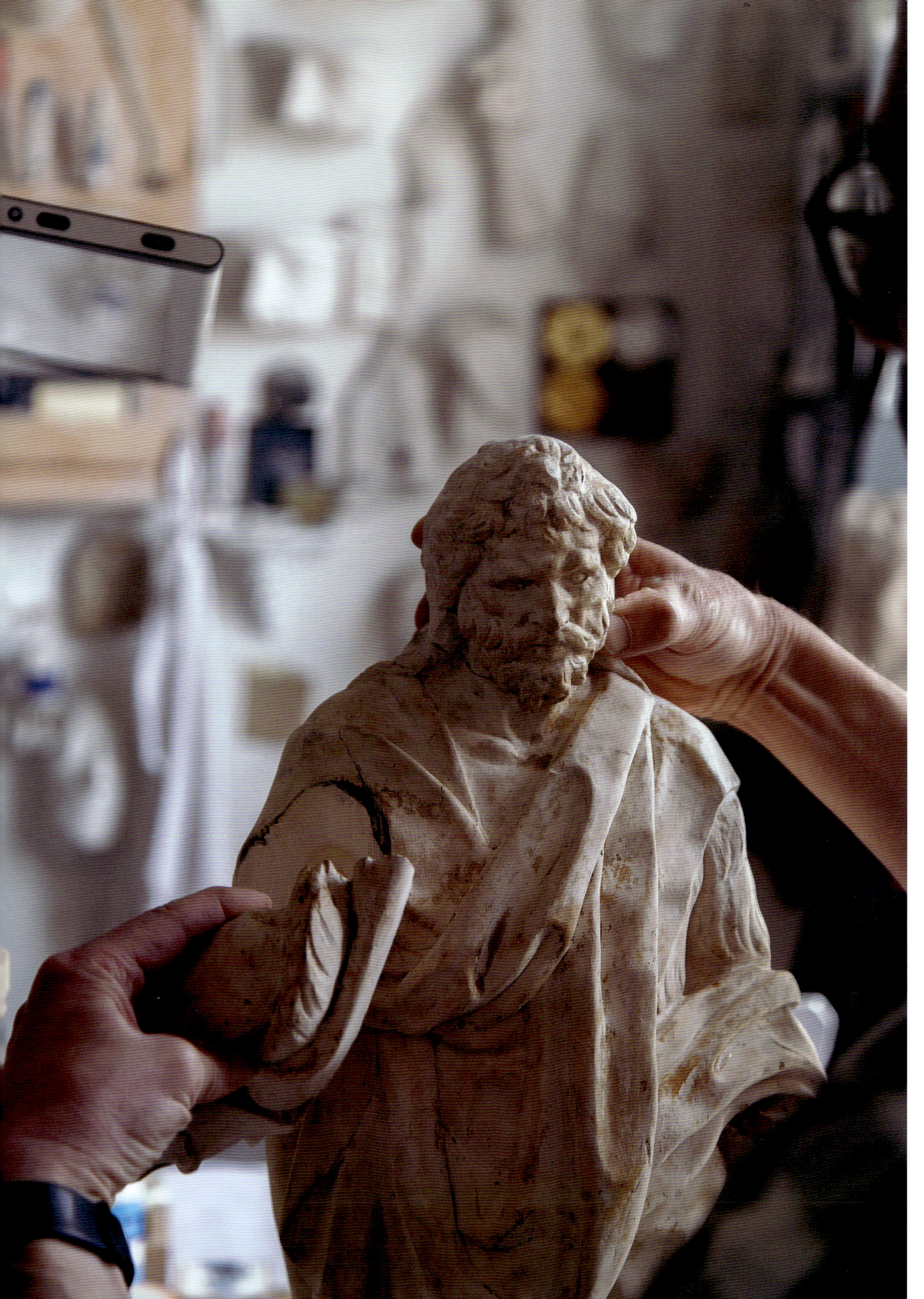

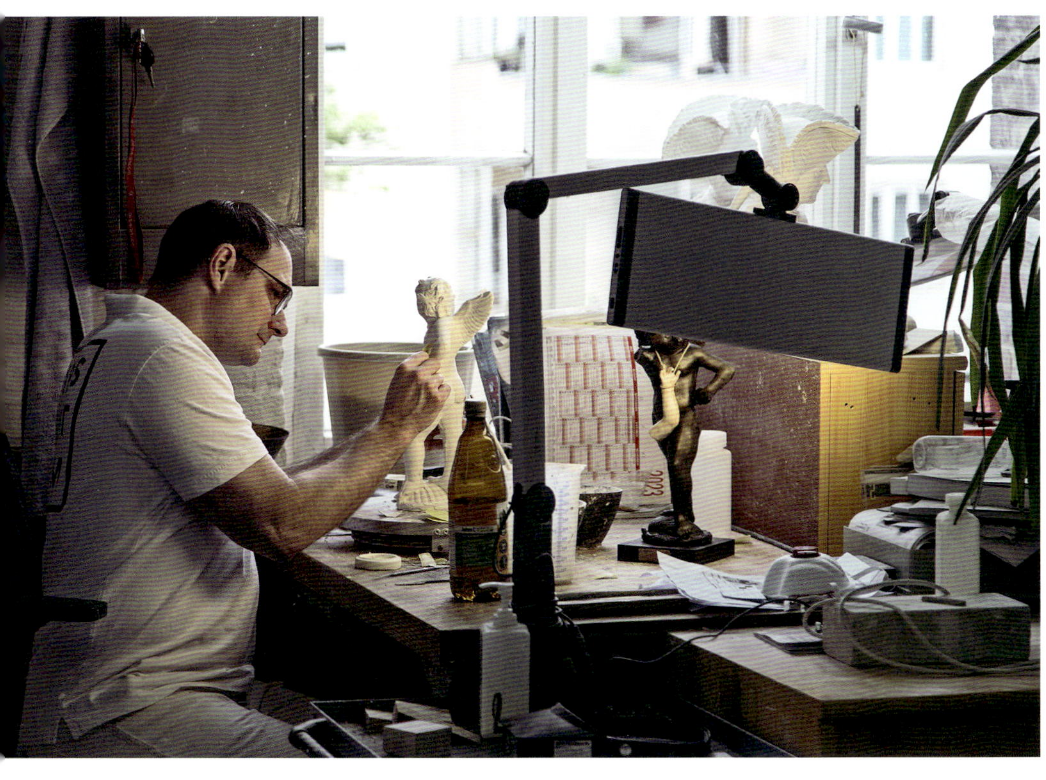

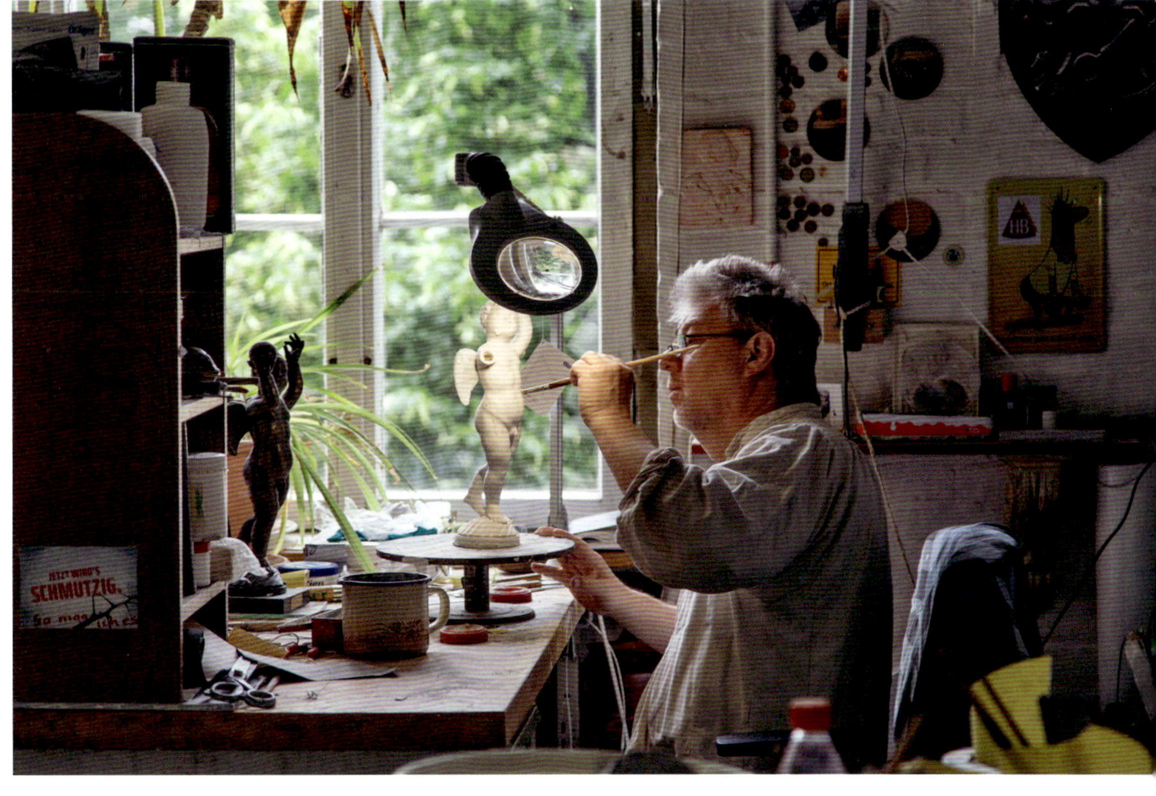
JETZT WIRD'S
SCHMUTZIG.
HB

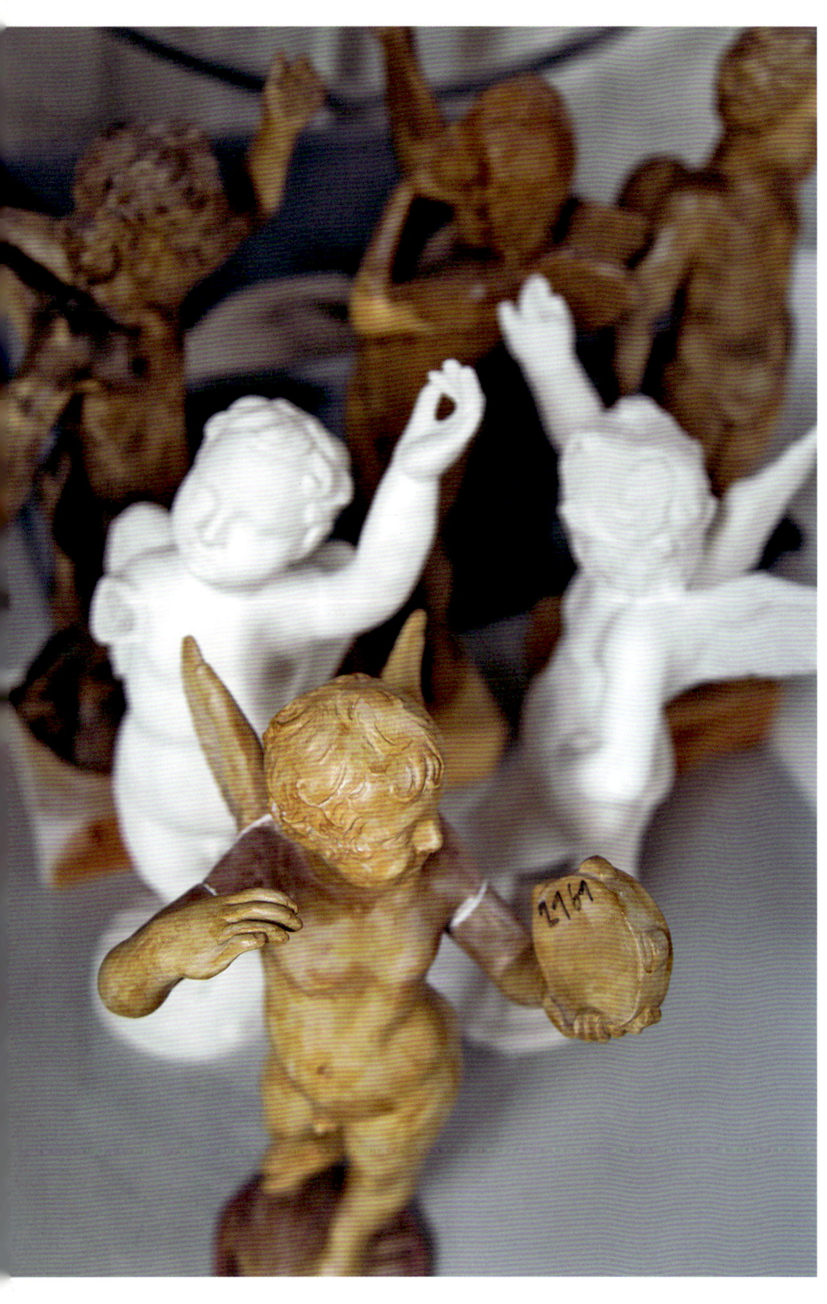

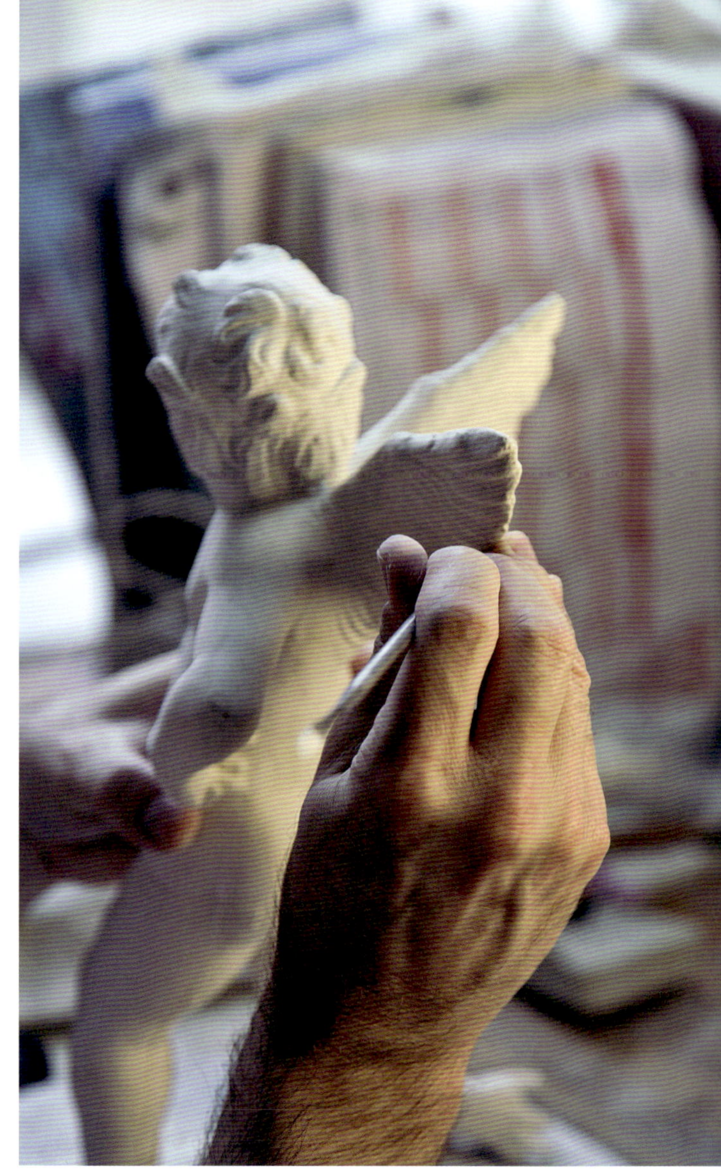

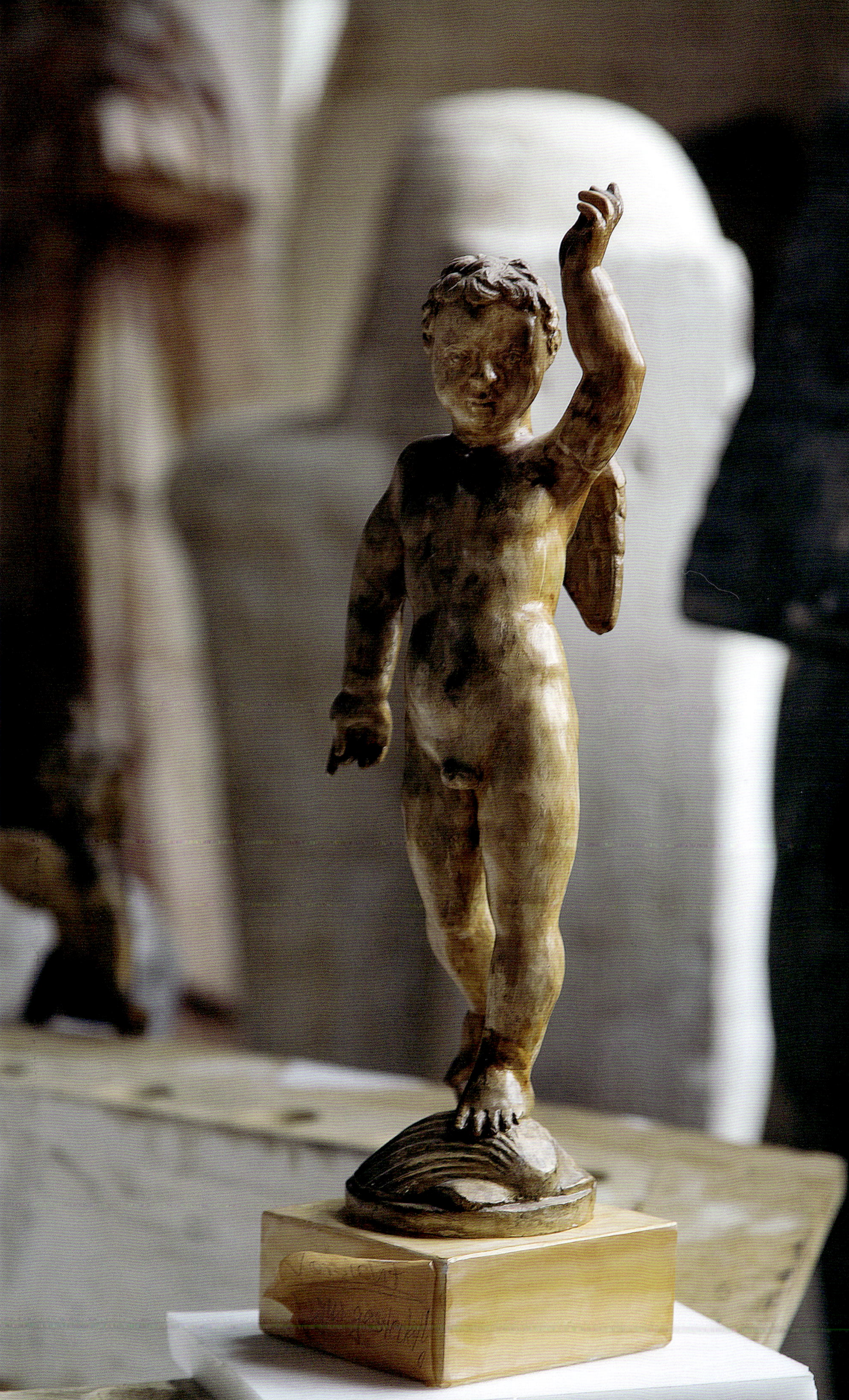

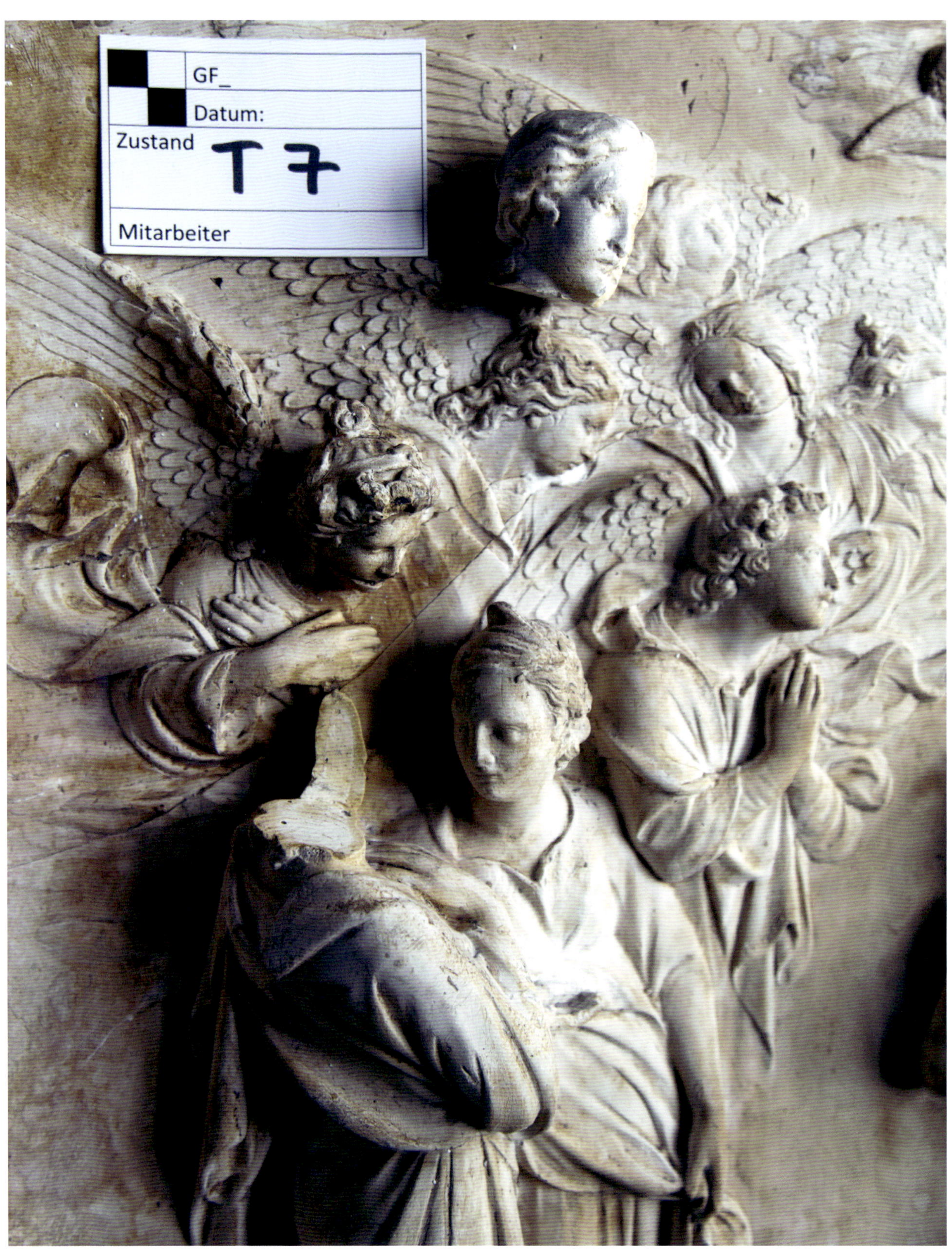
GF_
Datum:
Zustand
T 7
Mitarbeiter

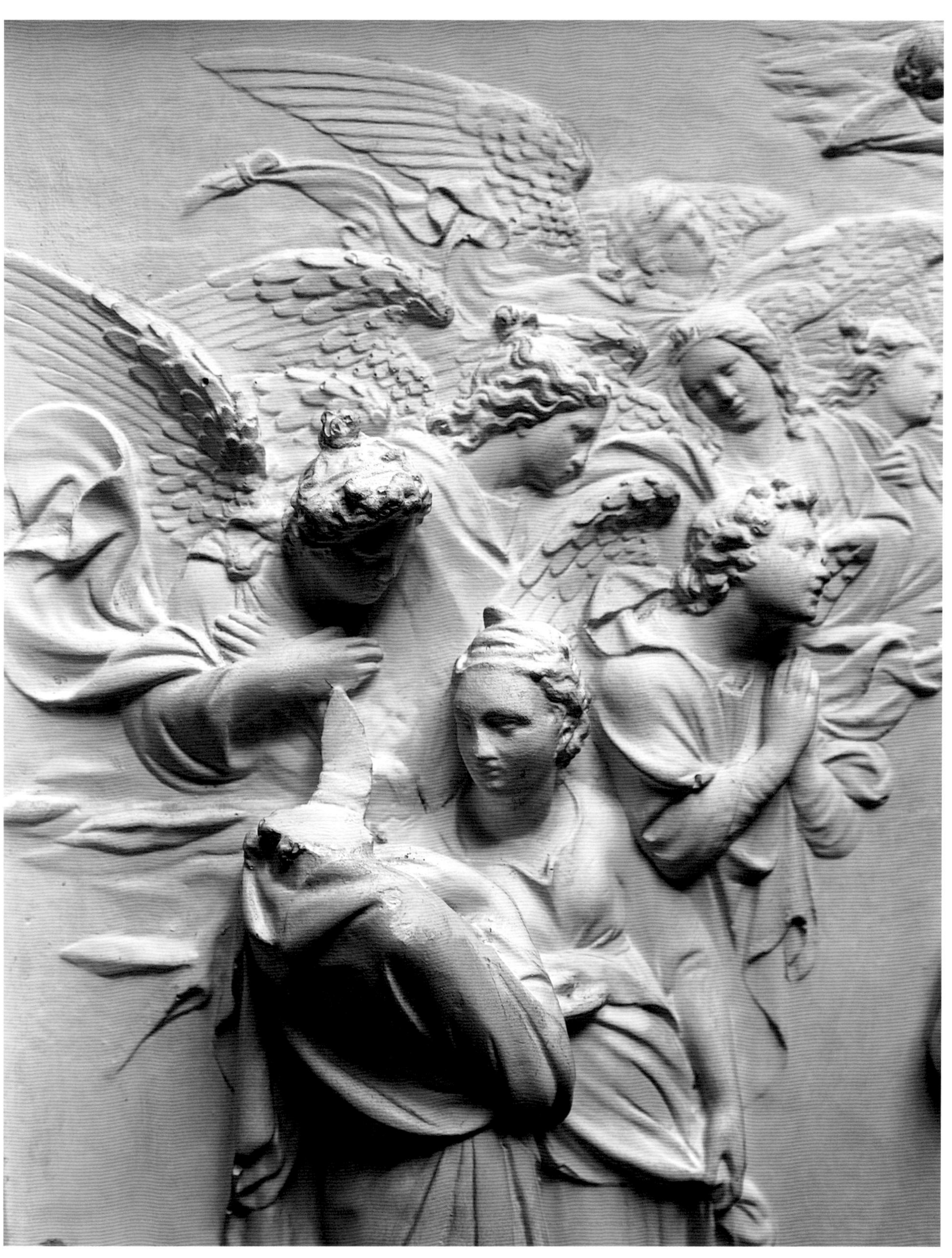

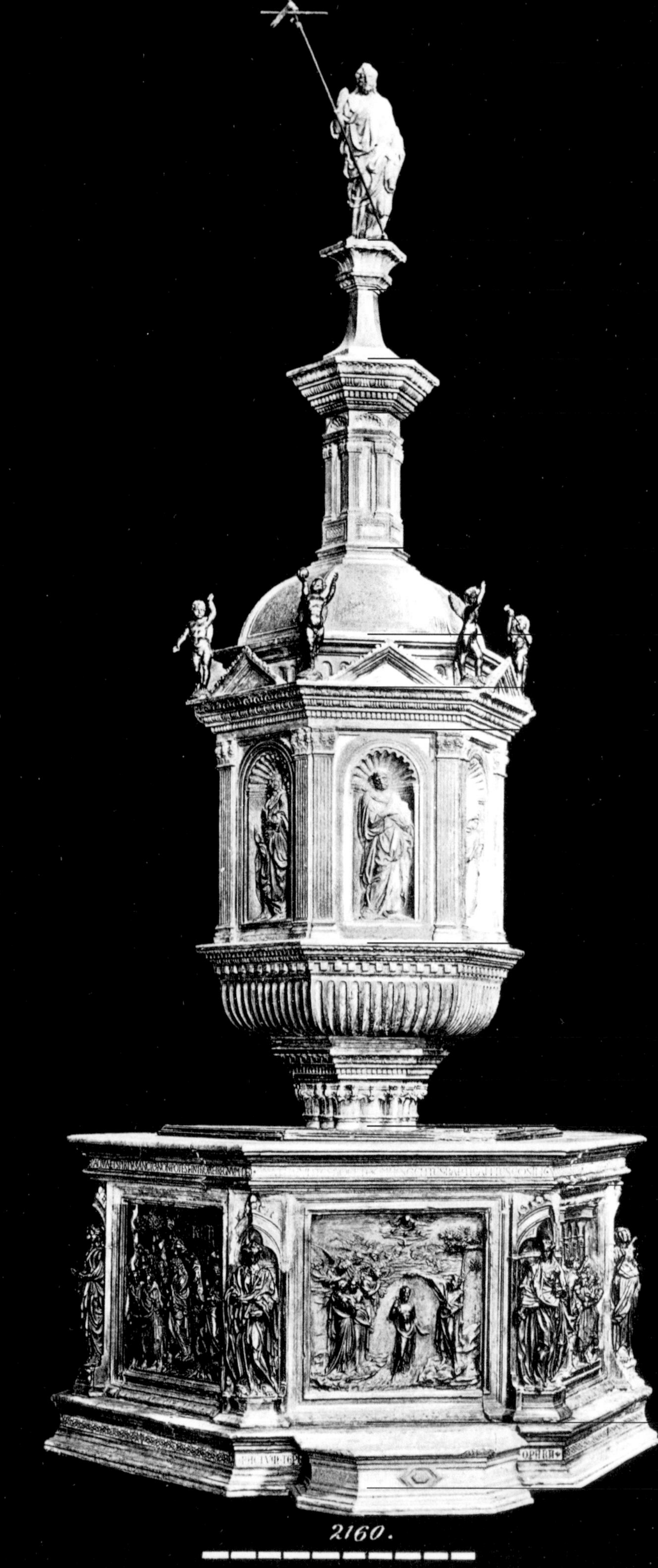

2160.

DAS TAUFBECKEN VON SIENA: SCHEMA DER EINZELTEILE

1. Bekrönungsfigur (*hl. Johannes der Täufer*)
2. Oberes Gesims
3. Piedestal
4. Laternen-Gesims
5. Laterne
6. Kuppel
7. Tambour, davor Giebel und Putti
8. Tabernakel-Gesims
9. Tabernakel-Korpus mit Reliefs (*Propheten*), Tabernakeltür / *sportello* (*Madonna*) und Pilastern
10. Tabernakel-Unterbau
11. Unteres Gesims
12. Mittelpfeiler in Form eines Säulenbündels mit Kapitellen
13. Becken-Gesims / oberer Beckenrand
14. Becken mit Reliefs (Szenen aus dem Leben des hl. Johannes der Täufer), Nischen und Nischenfiguren (*Tugenden*)
15. Sockel

THE SIENA BAPTISMAL FONT: DIAGRAM OF ITS COMPONENTS

1. Crowning figure (*St John the Baptist*)
2. Upper cornice
3. Pedestal
4. Lantern cornice
5. Lantern
6. Dome
7. Drum, in front of it pediments and putti
8. Tabernacle cornice
9. Body of tabernacle, with reliefs (*Prophets*), tabernacle door / *sportello* (*Madonna*) and pilasters
10. Tabernacle support
11. Lower cornice
12. Central pillar, formed of bundled shafts with capitals
13. Font cornice / upper edge of the font
14. Basin with reliefs (scenes from the life of St John the Baptist), niches and niche figures (*Virtues*)
15. Socle

AURELIA BADDE

ZWISCHEN ORIGINAL-, MONTAGE- UND FORMMODELL

Zur Restaurierung des Taufbeckenmodells

Jedes Restaurierungsprojekt ist eine Spurenfindung und Entdeckungsreise. Am 59-teiligen Gipsmodell des Taufbeckens von Siena begann diese mit der Bestandssicherung. Der als Machbarkeitsstudie zur Konzeptfindung durchgeführte Probeaufbau der einen, besser erhaltenen Beckenhälfte ließ die inhärente Logik der Konstruktion erkennen. Die materialtechnologische Aufnahme erschloss Merkmale der Entstehungs-, Herstellungs- und Nutzungsgeschichte. Die Funktionsermittlung identifizierte das Taufbeckenmodell als Original- und Montagemodell sowie in Teilen auch als Formmodell. Die konservatorische Aufnahme las am Erhaltungszustand das Schadensbild ab, lieferte damit weitere Rückschlüsse auf die Objektgeschichte und bereitete schließlich zusammen mit der Wertermittlung die Grundlage für die Maßnahmenkonzeption zur Restaurierung (Abb. 1 bis 4).

Objektbeschreibung

Das 59-teilige Gipsmodell lässt sich in 30 Teilmodelle des eigentlichen Beckens und 29 Teilmodelle des Tabernakelaufbaus unterteilen. Das Becken setzt sich aus je sechs Sockelteilen, Reliefs mit Szenen aus dem Leben des Johannes, Nischen, Statuetten der Kardinaltugenden und Gesimsteilen zusammen. Der Tabernakelaufbau besteht aus dem unteren Teil des Mittelpfeilers, dem oberen Teil des Mittelpfeilers in Form eines Säulenbündels mit Kapitellen und unterem Gesims, dem Tabernakel-Unterbau, den sechs Reliefs mit den Darstellungen von fünf Propheten

BETWEEN ORIGINAL, ASSEMBLY AND MOULDING MODEL

On the conservation of the Baptismal Font model

Every conservation project is a process of detection and discovery. For the plaster model of the Siena Baptismal Font, this began with the identification of its 59 constituent parts. A trial assembly of the better conserved half of the font, conducted as a feasibility study within concept development, laid bare the inherent logic of the construction. The material and technological study revealed characteristics of the origin, manufacture and use of the model. The functional evaluation identified the Baptismal Font model as an original and assembly model, and in parts also as a moulding model. The conservation survey deduced a damage pattern from the state of preservation, providing further clues to the history of the object. Together with the value assessment, it formed the basis for planning the intervention measures (figs. 1 to 4).

Description of the object

Of the 59 parts of the plaster model, 30 make up the basin and 29 make up the tabernacle. The basin consists of six each of the following: a section of the socle, a relief with a scene from the life of the Baptist, a niche, a statuette of a Cardinal Virtue and a section of the covering cornice.

The tabernacle is made up of the lower section of the central pillar, the upper section of the central pillar in the form of a bundle of columns with capitals and a lower cornice, the tabernacle support, six reliefs with representations of five prophets and the Madonna and Child, the tabernacle cornice, the six

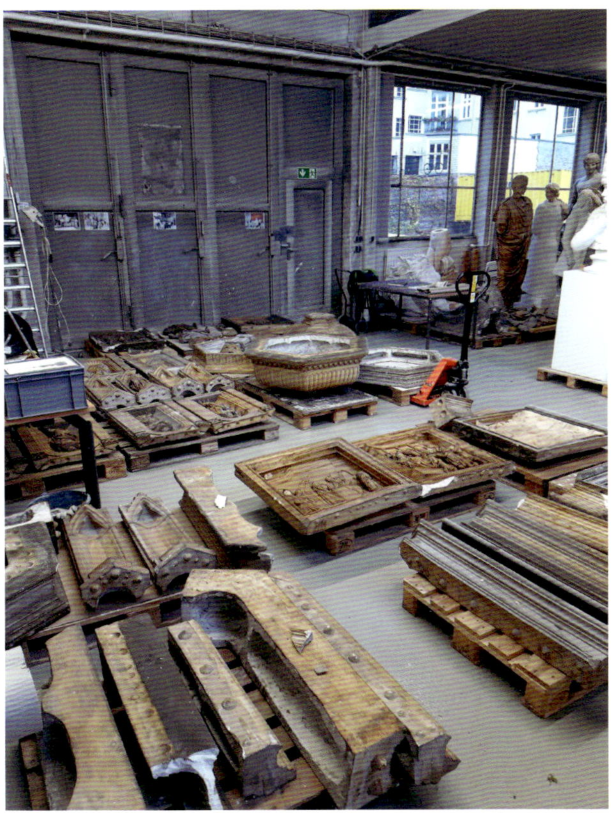

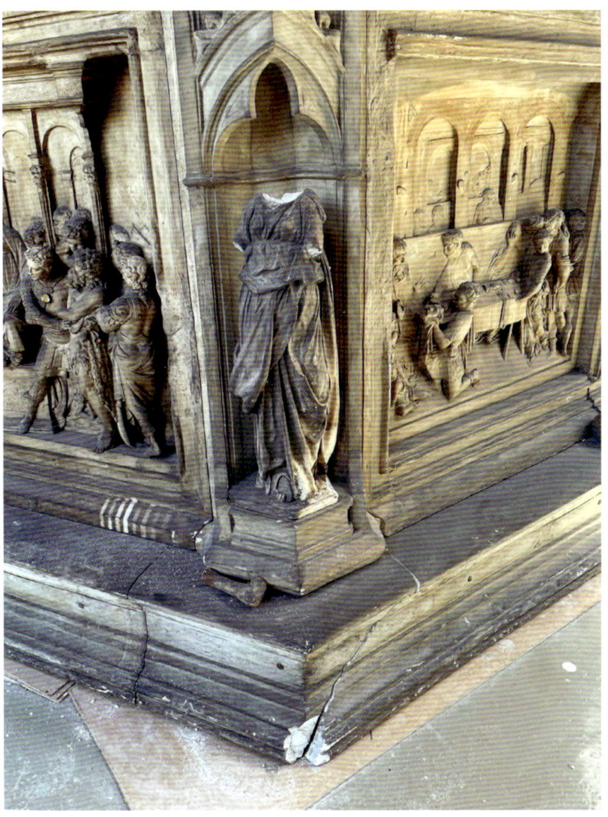

1 Zustand der Teilmodelle während der Bestandssicherung und der ersten Trockenreinigung / Condition of the model parts during identification and first dry cleaning

2 Probeaufbau der besser erhaltenen Beckenhälfte (Figur der *Hoffnung* zwischen den Reliefs *Gefangennahme des Johannes* und *Festmahl des Herodes*) / Trial assembly of the better-conserved half of the basin (figure of *Hope* between the reliefs *Arrest of the Baptist* and *Feast of Herod*)

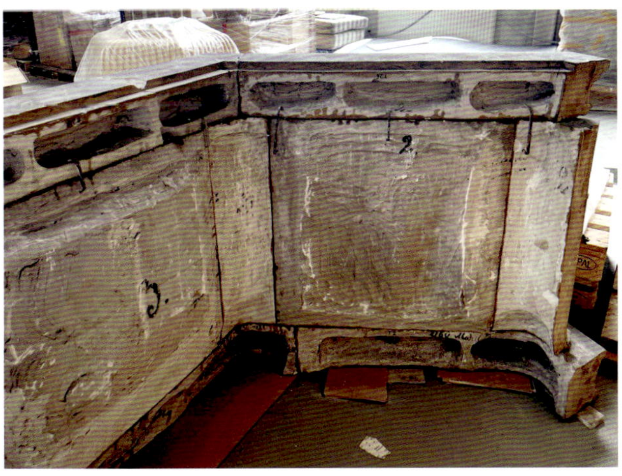

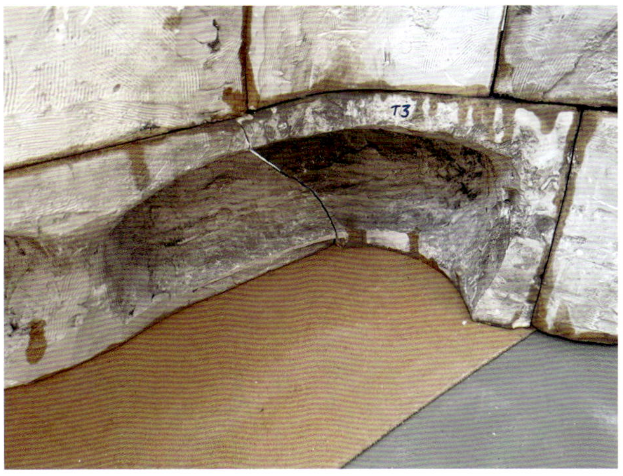

3 Auf- bzw. ineinandergesteckte und mittels Klammern fixierte Teilmodellrückseiten / Rear sides of model parts fitted onto or into each other and fixed with clamps

4 Rückseite eines gebrochenen Teilmodells vom Beckensockel, Detail / The rear of a broken model part of the basin socle, detail

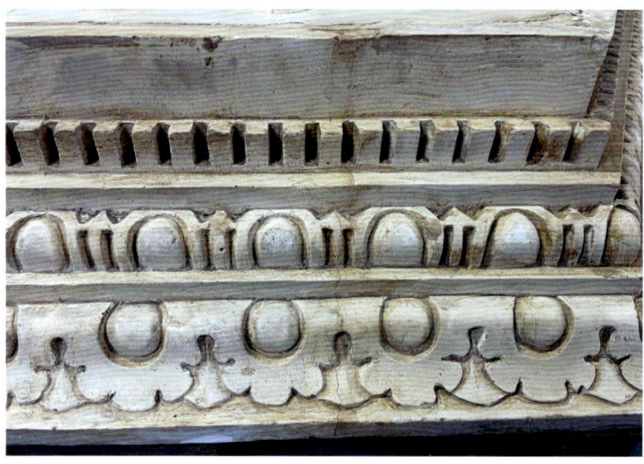

5 Angerissene, verspachtelte Fuge am Tabernakel-Gesims / Fissured, filled join in the tabernacle cornice

und der Madonna mit Christuskind, dem Tabernakel-Gesims, den jeweils sechs Giebeln und Putti, dem Tambour, der Kuppel, der Laterne, dem Laternen-Gesims, der aus Piedestal und oberem Gesims zusammengefügten Spitze und der Figur des Johannes (s. auch Abb. S. 6–7 und S. 102–103).

Die Teilmodelle wurden wohl unmittelbar nach Ankunft der im Jahr 1876 am Original in Siena entstandenen Gips- und Wachsstückformen in der Gipsformerei der damals Königlichen Museen zu Berlin aus ebendiesen Formen gegossen und sind somit Originalmodelle. Alle Statuetten, der obere Teil des Mittelpfeilers, die Giebel, die Laterne und die zweiteilige Spitze sind als Hohlgüsse in rundplastisch angelegten Stückformen entstanden. An diese Teilmodelle wurden jeweils Stellflächen (unten) bzw. Setzflächen (oben) angearbeitet bzw. aufgequetscht.[1] Die Stellflächen der Putti wurden zudem mit Stahlzapfen versehen, die diese auf der unteren Bekrönung fixieren.

An allen anderen Teilmodellen ist anhand der verschiedenen Anarbeitungen bzw. Aufquetschungen von Stell-, Setz- und Seitenflächen, den sogenannten Seifkanten, sowie an den verstärkten Rückseiten und auch im Abgleich mit den Formen

pediments and putti, the drum, the dome and the lantern, the lantern cornice, the top formed of a pedestal and the upper cornice, and the figure of St John the Baptist (also see figs. p. 6–7 and p. 102–103).

The model parts will almost certainly have been cast in the Gipsformerei of the then Königliche Museen zu Berlin in 1876, immediately after the arrival of the plaster and wax piece moulds that had been made on the fifteenth century monument in Siena. They are therefore original models. All the statuettes, the tabernacle cornice, pediments, lantern, lantern cornice, and the two-part top are hollow casts from original piece moulds that were moulded in the round. Adjoining horizontal surfaces were then added or »squeezed« onto these model parts to secure them in position.[1] The bases of the putti were additionally fitted with steel pins to anchor them onto the tabernacle cornice.

A comparison of the moulds of all the other model parts to the various squeezed-on and finished bedding (bottom), setting (top) and lateral (side) surfaces – the so-called »soap edges« of the models – as well as their reinforced rear surfaces, reveals that only the front surfaces were moulded from the original. A comparison of the moulds with the joins in the tabernacle base, the tabernacle cornice, the drum and the dome reveals that in each case, only one-sixth of the front surface of the original was moulded. Subsequently, six casts were produced from each of these partial moulds in Berlin, which were then joined together to form a full hexagon and reinforced at their rear and interior surfaces (figs. 5 to 7).

No mould survives for the lower section of the central pillar. The Berlin model differs formally from the Siena marble pedestal in that the latter extends from the bottom of the basin as a continuous bundle of columns right up to the lower cornice, whereas the six sides of the corresponding model part are rendered flat and extend from floor level. It is likely that the lower section of the central pillar was made in the Gipsformerei according to pre-

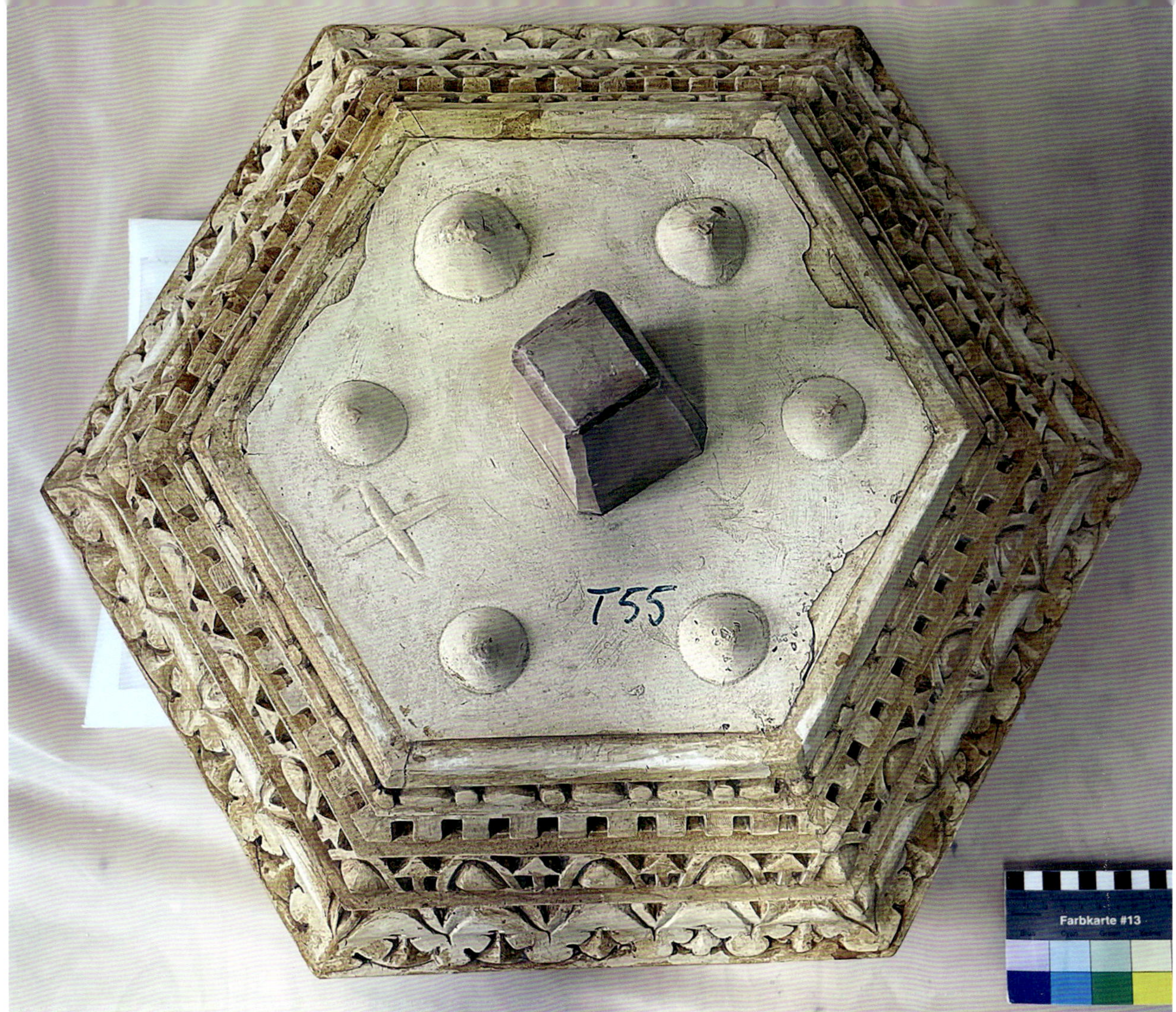

6 Das aus drei Abgüssen zusammengesetzte Laternen-Gesims / The lantern cornice assembled from three casts

ersichtlich, dass der Formenbau jeweils nur an der Objektvorderseite, also den Sichtflächen des Originals, erfolgt war. Anhand der Fugen am Tabernakel-Unterbau, am Tabernakel-Gesims, am Tambour und an der Kuppel und im Abgleich mit den Formen ist außerdem nachvollziehbar, dass hier jeweils nur ein Sechstel der Sichtfläche abgeformt worden war. Aus diesen Teilformen wurden dann in Berlin je sechs Abgüsse gegossen, die im Anschluss zum Hexagon zusammengefügt und dabei rück- bzw. innenseitig verstärkt wurden (Abb. 5 bis 7).

Zum unteren Teil des Mittelpfeilers hat sich keine Form erhalten. Das Teilmodell in Berlin unterscheidet sich formal von seinem Pendant in Siena, das gemäß dem oberen Teil des Mittelpfeilers als durchgehendes Säulenbündel profiliert ist und nur bis zum Beckengrund reicht, während am Modell die sechs Seitenflächen bis zum Boden

scribed measurements or (lost) sketches. As with all the other model parts, keys were worked into its top surface to ensure the flush connection and interlocking of the model parts in the lock-and-key principle. In this case, there are ten negative keys, which were transferred into positive relief when the base of the adjoining upper section of the central pillar was squeezed on, thus ensuring its secure fitting on the setting surface of the lower section of the central pillar. The components of a two-part steel locking pin were fitted into each of these adjoining horizontal surfaces in order to firmly anchor the load of the model parts that make up the 5.24 metre tall structure of the tabernacle. Similarly, steel-

reichen und glatt ausgearbeitet sind. Vermutlich wurde der untere Teil des Mittelpfeilers in der Gipsformerei frei gearbeitet, wahrscheinlich nach festen Maßangaben bzw. (nicht erhaltenen) Skizzen. Wie bei allen anderen Teilmodellen wurden hier in die obere Fläche Marken eingearbeitet, um den bündigen Zusammenschluss und die Verzahnung der Teilmodelle im Schlüssel-Schloss-Prinzip zu gewährleisten. Hier sind es zehn vertieft ausgeformte Schließmarken, die beim Aufquetschen der Stellfläche des anschließenden oberen Teils des Mittelpfeilers erhaben übertragen wurden und somit dessen Einpassung in die Setzfläche des unteren Teils sicherstellen. Ein zweiteiliger, stählerner Schließzapfen wurde jeweils in die Setz- und Stellfläche eingelassen, um die sich auf bis zu 5,24 Meter Höhe auftürmende Last der Teilmodelle des Tabernakelaufbaus fest zu verankern. Auch an den Teilmodellen Laterne und Laternen-Gesims wurden an die Stellflächen konisch geformte, mit Stahl armierte Gipszapfen angearbeitet. Diese passen jeweils in die Setzfläche des unteren Gegenstücks und verstreben somit das Laternen-Gesims mit der Laterne und diese mit der Kuppel.

Das in der Setzfläche des unteren Teils des Mittelpfeilers vertieft eingearbeitete bzw. an der Stellfläche des oberen Teils des Mittelpfeilers erhaben übertragene Kreuz (+) dient der korrekten Verortung der Teilmodelle und weist die Vorderseite des Monumentes aus, die mit der Hauptansicht der bekrönenden Figur des Johannes korreliert. Solche die Vorderseite bzw. die vordere Achse kennzeichnenden Kreuze sind außerdem – manchmal auch paarweise (++) – in die Setzflächen der Teilmodelle des Tabernakel-Gesimses, des Tambours, der Kuppel, der Laterne und des Laternen-Gesimses eingearbeitet und jeweils auf die Stellfläche des Gegenstücks übertragen (Abb. 8). Nur an dem auf das Laternen-Gesims anschließenden Teilmodell des Piedestals sind sie wegen Verlustes, sprich einer größeren Fehlstelle, nicht mehr nachvollziehbar. An dem oberen Gesims

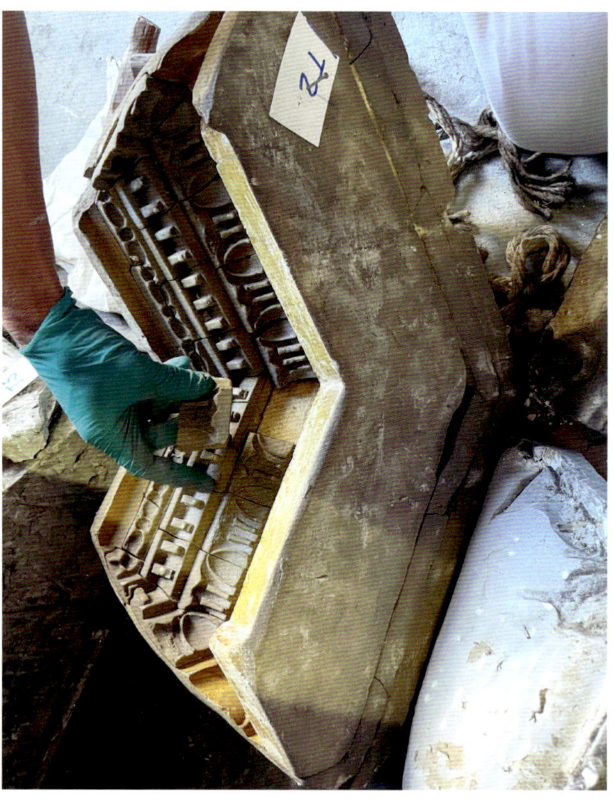

7 Die Originalform zum Laternen-Gesims, die nur zwei von sechs Seiten abbildet / The original mould for the lantern cornice, which only reproduces two of six sides

reinforced conical plaster studs were fitted onto the bedding surfaces of the model parts representing the lantern and lantern cornice to fit into corresponding recesses in the setting surface of the adjoining part below. These braced the lantern cornice to the lantern and the latter to the dome.

The cross (+) that is carved into the setting surface of the lower section of the central pillar and positively transferred onto the bedding surface of the adjoining upper section of the central pillar ensures the correct positioning of the model parts and indicates the front of the monument, which correlates with the main view of the crowning figure of St John. Marking the front or frontal axis, such crosses – sometimes in pairs (++) – are carved into the setting surfaces of the model parts of the

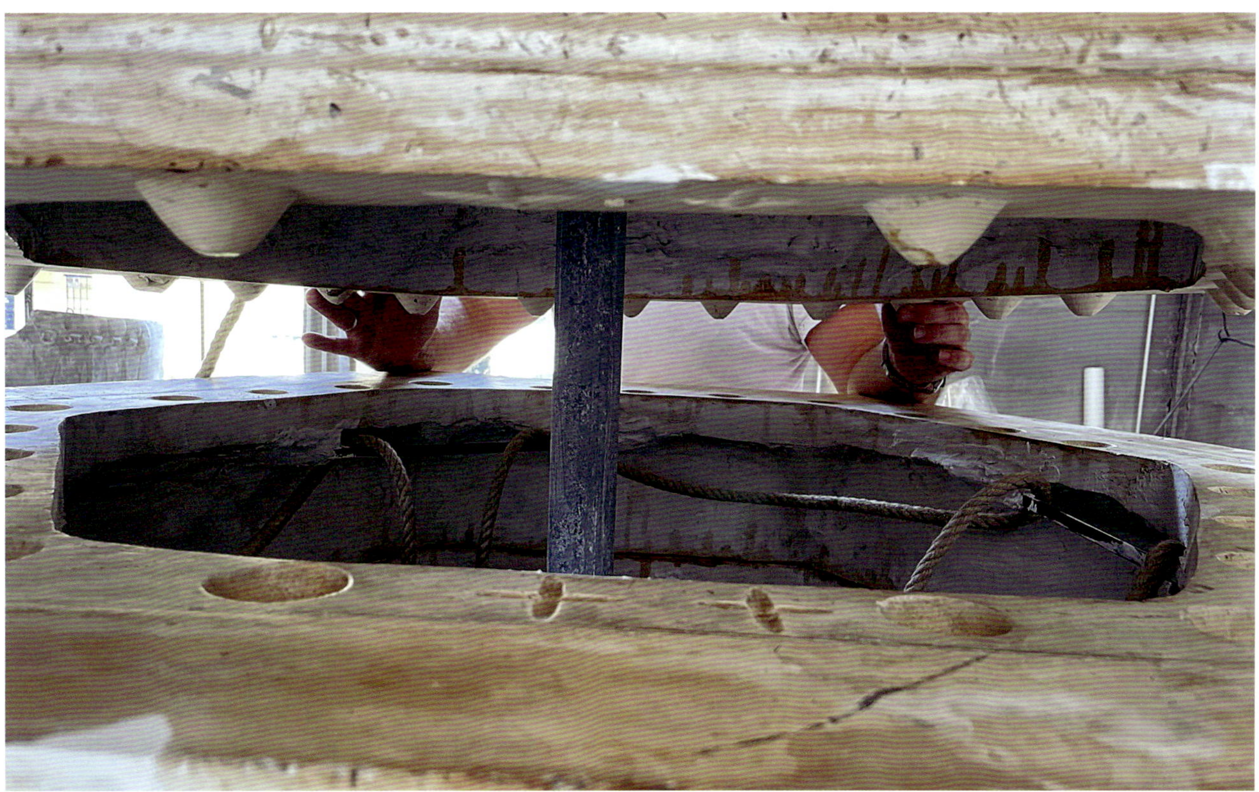

schließlich ist die Vorderseite mit einem schwarz aufgemalten Strich markiert.

Zur Achsenkennung, das heißt zur korrekten Verortung der Teilmodelle hinsichtlich der sechs Schauseiten des Monumentes, wurden außerdem in alle Setzflächen römische, teilweise auch arabische Zahlen eingearbeitet und somit auch in die jeweils darüber anschließenden Stellflächen durch Aufquetschung übertragen. So sind die Teilmodelle der Frontachse mit der Zahl »I.« bzw. »1.« versehen, die der links anschließenden Achse (für die Betrachter:innen rechts) mit der Zahl »II.« bzw. »2.« und die nachfolgenden vier Achsen im umgekehrten Uhrzeigersinn mit den Zahlen »III.« bis »VI.« bzw. »3.« bis »6.« (Abb. 9). In die auf der Setzfläche mit den arabischen Ziffern »1.« bis »6.« gekennzeichneten sechs Teilmodelle des Beckensockels wurden zudem je nach Achsenkennung ein bis sechs kleinere Verortungsmarken eingearbeitet. Die größeren Schließmarken sind in die darüberliegenden Teilmodelle der Reliefs übertragen,

8 Markierung der Frontachse und Schließmarken an Tambour und Kuppel / Marking of the front axis and interlocking keys on the tambour and dome

tabernacle cornice, drum, dome, lantern and lantern cornice and in each case transferred to the bedding surface of the adjoining counterpart above (fig. 8). Due to a large area of loss, these crosses are no longer traceable on the pedestal that sits on top of the lantern cornice. Finally, on the upper cornice, the front is marked by a black line drawn onto the plaster.

In order to identify the axes, that is, to position the parts of the model correctly in relation to the six sides of the monument, Roman and, in some cases, Arabic numerals were carved into all the setting surfaces and subsequently squeezed onto the adjoining bedding surfaces. Thus the model parts of the frontal axis are marked »I.« or »1.«, those of the next axis to the left (the beholder's right) bear the numbers »II.« or »2.«, and the following four

während die Nischen an ihren Stellflächen die kleineren Verortungsmarken übernehmen (Abb. 10). In den Setzflächen der Nischen sind für die je zugehörigen Tugenden Marken und analog ihrer Verortung die Zahlen »I.« bis »VI.« eingearbeitet. Diese Zahlen wiederum sind in die Stellflächen der Figuren übertragen und sichern die Abfolge der Tugenden: *Liebe, Klugheit, Gerechtigkeit, Glaube, Hoffnung* und *Tapferkeit*. Eine Kuriosität und Abweichung vom Original stellt die Vertauschung der Reliefs *Geburt des Johannes* und *Verkündigung an Zacharias* dar. Gemäß der Abfolge in Siena wäre die korrekte Anordnung nach der Lebensgeschichte des Täufers *Verkündigung an Zacharias, Geburt des Johannes, Predigt des Täufers, Taufe Christi, Gefangennahme des Täufers, Festmahl des Herodes*.

Zugehörig, aber nicht mehr erhalten sind sechs in der Gipsformerei erstellte sogenannte Deckplatten, die an der Innenseite des Beckengesimses und am oberen Abschluss des unteren Teils des Mittelpfeilers auflagen. Diese Deckplatten sind heute noch an den Abgüssen in London und Pittsburgh erhalten. Neben der Abdeckung des Beckens war ihre wichtigere Funktion, den gesamten Unterbau des Taufbeckens auf der Ebene des genannten Schließzapfens zu stabilisieren, und zwar bereits vor der Montage der Teilmodelle des Tabernakelaufbaus, wie die Montageempfehlung im Frachtbrief zum Budapester Abguss vom 11.11.1907 nachweist: »Beim Taufbrunnen 2160 muss, so störend es ist, erst der Unterbau montiert werden, weil die Mittelsäule durch die Deckplatten mit ihm verbunden ist.«[2]

Funktionsermittlung: Originalmodell, Montagemodell, Formmodell

Die Einordnung des Taufbeckenmodells als Originalmodell erschließt sich aus seiner Entstehung in den Originalformen, also den Formen erster Generation. Dies kann anhand der beschriebenen Über- und Anarbeitungen und auch der verschiedentlich verbliebenen bzw. sichtbar überarbeiteten Gussnähte

axes are marked »III.« to »VI.« or »3.« to »6.« respectively (fig. 9). In addition to the Arabic numbers »1.«to »6.«, there are one to six smaller location keys inserted in the setting surfaces of the six sections of the socle. The larger locking keys were transferred onto the model parts above, which reproduce the narrative reliefs, while the smaller positioning keys interlock with the niches (fig. 10). Keys were also inserted into the setting surfaces of the niches holding the relevant figures of the Virtues as are, depending on their position, the numbers »I.« to »VI.«. These numbers, in turn, were transferred to the bedding surfaces of the figures to ensure the correct order of the Virtues: *Charity, Prudence, Justice, Faith, Hope* and *Fortitude*. A curiosity and deviation from the original is the confusion of the reliefs of the *Birth of the Baptist* and the *Annunciation to Zacharias*, which have been swapped. Following the order of the reliefs in Siena and the chronology of the life of the Baptist, the correct order would be *Annunciation to Zacharias, Birth of the Baptist, Sermon of the Baptist, Baptism of Christ, Arrest of the Baptist* and the *Feast of Herod*.

9 Nummerierung an der Innenkante des Tabernakel-Unterbaus zur Verortung des hier anschließenden Reliefs der Madonna / Numbering on the inner edge of the tabernacle support to locate the adjoining relief of the Madonna

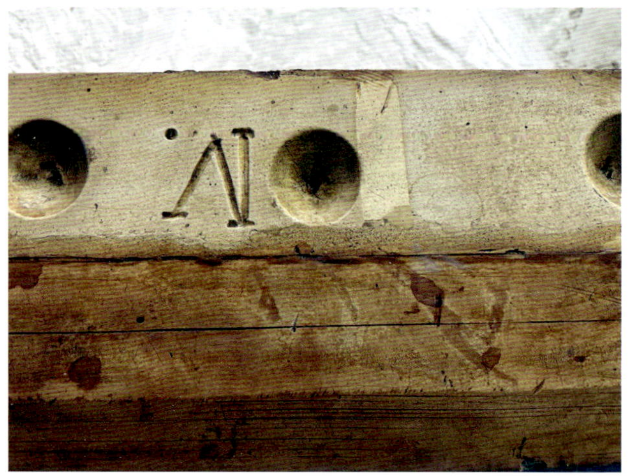

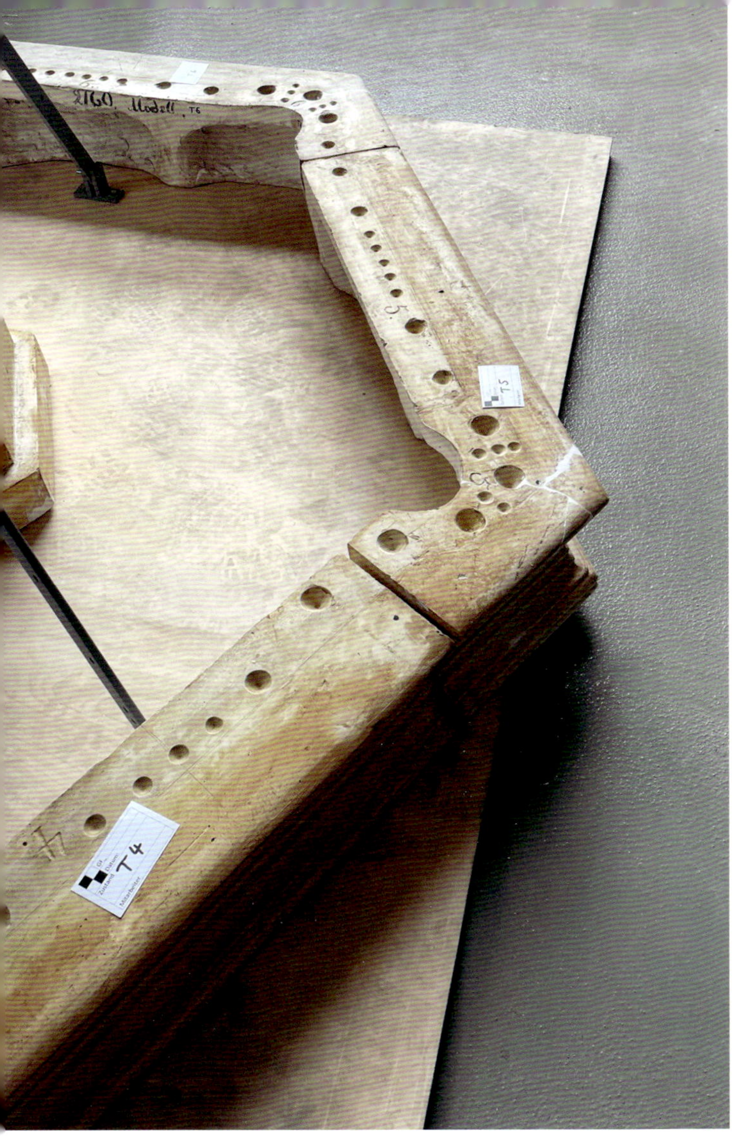

10 Schließmarken, Verortungsmarken und Nummerierungen an den Teilmodellen des Beckensockels / Locking keys, positioning keys and numbering on the model parts of the basin's socle

nachvollzogen werden (Abb. 11). Sämtliche beschriebene Anarbeitungen und Achsennummerierungen weisen das Modell darüber hinaus als Montage- oder Konstruktionsmodell aus, welches mit allen Nummerierungen als Vorlage für die Installationen der an das Kaiser-Friedrich-Museum in Berlin und nach Dresden, London, Pittsburgh und Budapest gelieferten Abgüsse genutzt wurde (Abb. 12 und 13).

Der Funktionswert Formmodell ist zunächst an den Segmentierungen von hinterschnittenen figürlichen Teilmodellen ablesbar. Bei diesen abgesägten Teilmodellen handelt es sich um Köpfe, Arme,

Once part of the model, but now lost, were six horizontal cover panels which rested on the inner side of the cornice of the basin and abutted the lower section of the central pillar. Such cover panels survive on the London and Pittsburgh casts. In addition to covering the basin, the panels served the more important purpose of stabilising the entire lower part of the structure at the level of the aforementioned locking pin. Importantly, they had to be installed prior to the installation of the upper model parts of the tabernacle, according to the installation instructions in the consignment note for the Budapest cast, dated 11 November 1907: »As far as the Baptismal Font 2160 is concerned, however inconvenient it may be, the lower structure must be erected first, as the central column is connected to it by means of the cover panels.«[2]

Determining the function: Original model, assembly model, moulding model

The classification of the Baptismal Font model as an original model is based on the fact that it was cast from the original moulds, that is, the first generation moulds. This can be deduced from the extent of the reworking and additions, as described above, and by comparing the casting seams, which in some cases remain and in others have been visibly retouched (fig. 11). All the material additions and the numbering of the axes further identify the model as an assembly and construction model which, with all its markings, was used as a template for the installation of the casts delivered to the Kaiser-Friedrich-Museum in Berlin and to Dresden, London, Pittsburgh and Budapest (figs. 12 and 13).

The functional value of the moulding model is apparent in the segmentation of the undercut figurative model parts. These sawn-off model parts are usually heads, arms, hands, legs and even entire figures, such as that of God the Father looking down from the clouds in the *Baptism of Christ* relief

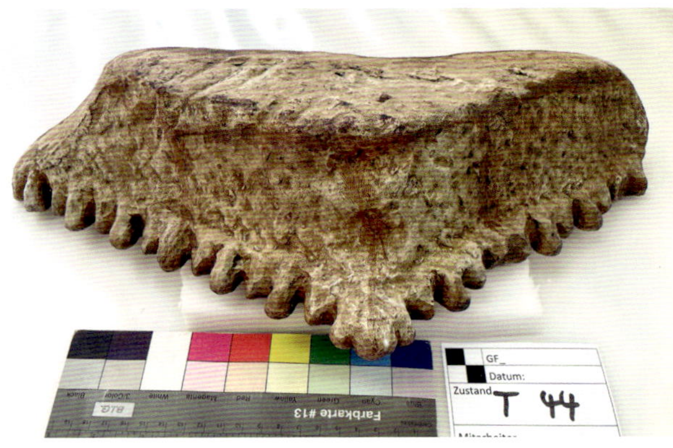

11 Giebelrückseite mit übertragener, grob bossierter Marmoroberfläche sowie Raspelspuren, welche die Gussnahtverläufe anzeigen / Pediment's rear with transferred, roughly bossed marble surface as well as rasp marks indicating the casting seams

Hände, Beine und sogar ganze Figuren wie etwa den aus den Wolken herabschauenden Gott-Vater im Relief *Taufe Christi* (Abb. 14). Die Oberflächenbeschaffenheiten weisen die Nutzungen als Formmodelle am eindeutigsten nach. Sämtliche Sicht- und Stoßflächen wurden nach erfolgten Segmentierungen und den seitlichen und rückseitigen Anarbeitungen geölt, das heißt mit Leinöl imprägniert, ein im Formenbau tradiertes Verfahren zur Härtung und Hydrophobierung des Gipses. An den dann zusätzlich mit Schellack beschichteten Teilmodellen der Statuetten und Reliefs und an allen segmentierten Teilmodellen wurden (Leim-)Teilformen für die weitere Reproduktion gebaut.

Die Schellackbeschichtung ist an vielen Teilmodellen abgewaschen bzw. nur in geringen Resten nachweisbar. Anhand verstärkt anhaftender Schellack- und Trennmittelreste sowie Mehrfachbeschichtungen können Teilmodelle identifiziert werden, die wohl wiederholt als Leimmodelle zum Einsatz kamen. Zu nennen sind die Figuren des Johannes, der Putti und Tugenden und auch die Reliefs. Da sie als Teilabgüsse einzeln angeboten, gefertigt und verkauft wurden, weisen sie individuelle Nutzungsmuster auf. So wurde an der Figur des Johannes

(fig. 14). The use of individual model parts as models for further moulding is most obviously indicated by their surface finishes. After segmentation and material additions to the sides or rears, all the front and connecting surfaces were oiled, that is, impregnated with linseed oil, a traditional procedure in mould-making for hardening and hydrophobising plaster. The statuettes, reliefs and all segmented model parts were additionally coated with shellac so that glue (gelatine) moulds could be made over them for further reproduction.

On many of the model parts, the shellac coating has been washed off or is only traceable in small quantities. Larger residues of shellac and release agents may indicate the repeated use of model parts as glue models. These include the figures of St John the Baptist, the putti, Virtues, and the reliefs. Given these were also produced and offered for sale as independent objects in their own right, they show individual patterns of use. For the figure of St John, for example, a piece mould was made, as can be deduced from the incisions in its surface, which correspond to the shapes of the individual pieces of the mould.

12 Probeeinpassung der Nische »1.« / Trial fitting of niche »1.«

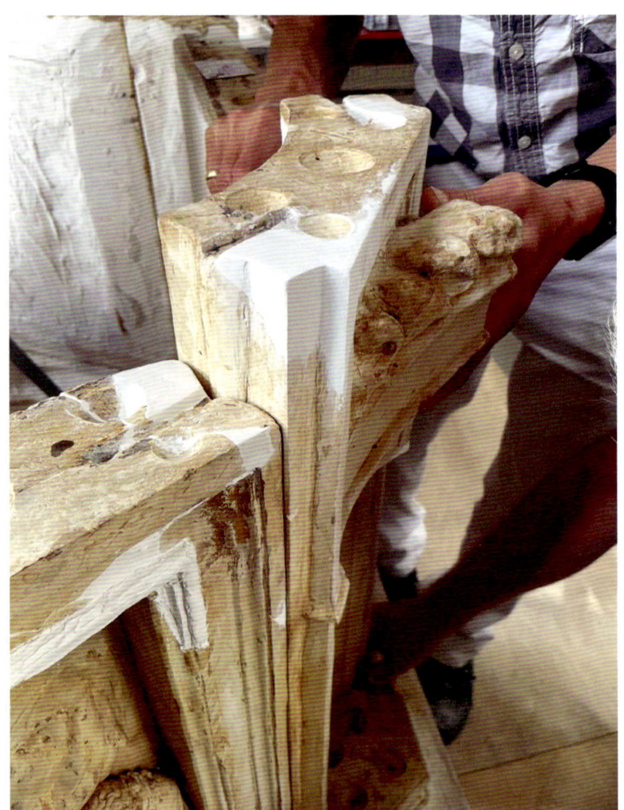

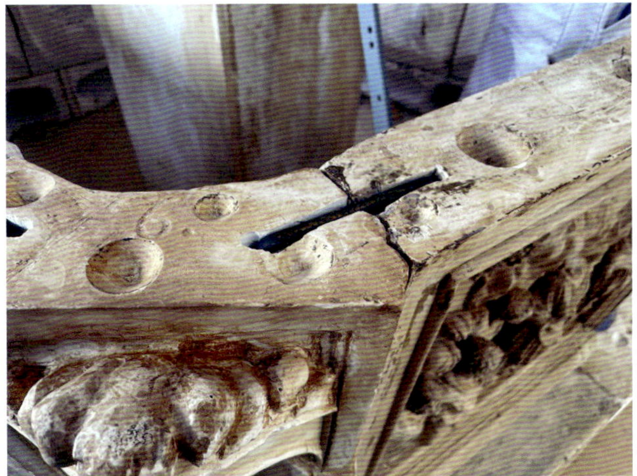

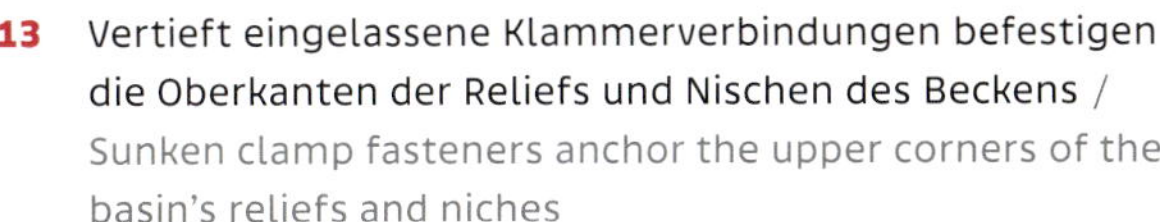

13 Vertieft eingelassene Klammerverbindungen befestigen die Oberkanten der Reliefs und Nischen des Beckens / Sunken clamp fasteners anchor the upper corners of the basin's reliefs and niches

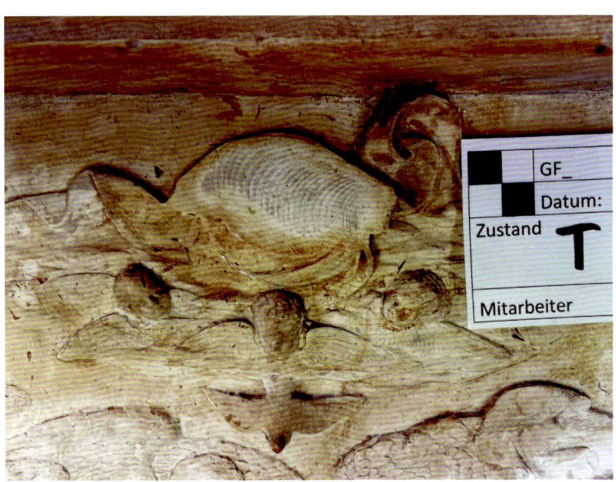

14 Relief *Taufe Christi*, Sägefläche zum Teilmodell des Gott-Vater / Relief *Baptism of Christ*, sawed surface for the segmented model part of God the Father

eine Stückform gebaut, wie anhand der mit den Teilstücken der Form korrelierenden Formenbauschnitte in der Modelloberfläche nachvollziehbar ist. An einem der Formstücke findet sich vertieft die Signatur »B. 3/16«, die wohl auf den Former Carl Beger zurückgeht. Demnach ersetzte diese im März 1916 hergestellte Stückform die Originalform sowie die Leimform des Johannes und ist – bisher ungenutzt – in dritter Generation erhalten.

Ein weiteres Indiz für die Nutzung des Modells als Formmodell sind die vielen verschiedenen Aufschriften, die sich gehäuft an den Rückseiten und Stellflächen finden lassen. Besonders gut sichtbar sind die großen Beschriftungen in schwarzer Tusche, das heißt in mit Schellack gebundenem Schwarzpigment, mit der jeweils die Formnummer »2160.«, manchmal der Zusatz »Modell.« oder auch die Achsenkennung »1.« bis »6.« aufgemalt sind. An den Tugenden sind die rückseitigen Bezeichnungen »Liebe«, »Gerechtigkeit« und »Klugheit« vertauscht, also falsch, wobei die Verortung dieser Figuren anhand der eingearbeiteten Zählung trotzdem korrekt ist, also dem Original entspricht. An den Nischen stimmt

One of these pieces is inscribed with »B. 3/16«, probably the signature of the mould maker Carl Beger. This suggests that this piece mould replaced both the original mould and the gelatine mould in March 1916. So far unused, it survives as the third-generation mould for this figure.

Further indications of the model's use as a moulding model are the frequent and varied inscriptions that appear on the rear and bedding surfaces. Particularly legible is a series of large inscriptions in black ink, that is, black pigments bound with shellac, marking the model as number »2160«, sometimes with the addition of »Modell.« and identifying axes »1.« to »6.« The inscriptions »Liebe« (*Charity*), »Gerechtigkeit« (*Justice*) and »Klugheit« (*Prudence*) are misapplied on the back of the Virtues, though the location of these figures, as indicated by the worked-in numbering, is nevertheless correct and corresponds to the original in Siena. On the niches, the alphabetical order of the painted letters »i«, »m«, »l«, »g«, »k«, »h« does not logically correspond to the incised axis markings »I.« to »VI.«, but it does correlate with the letters with which the Virtues are labelled and the

die aufgemalte Buchstabenabfolge »i«, »m«, »l«, »g«, »k«, »h« in ihrer alphabetischen Sequenz logisch nicht mit den hier jeweils eingearbeiteten Achsenkennungen »I.« bis »VI.« überein, dennoch korreliert sie mit den Buchstaben, mit denen die Tugenden beschriftet sind und deren Aufschlüsselung im Verkaufsbuch nachvollziehbar ist. Verschiedene weitere Aufschriften in blauem Wachsstift und rotem Buntstift und auch Einritzungen sind zeitlich wohl früher als die schwarzen Tuschebeschriftungen einzuordnen, weichen aber in ihrem Informationsgehalt selten von letzteren ab. Ausnahmen finden sich auf den Reliefs *Taufe Christi, Festmahl des Herodes, Geburt des Johannes* und *Verkündigung an Zacharias*, deren Bildseiten mit »bmg«, »d«, »e« und »a« mit blauem Wachsstift beschriftet sind (Abb. 15). Die Tugend *Gerechtigkeit* ist mit einer alten Formnummer »08a I.« in rotem Buntstift beschriftet, welche auf das vor 1880 gültige Inventarnummernsystem verweist, das sich für das Taufbeckenmodell in Ermangelung weiterer Beschriftungen, aber auch angesichts fehlender schriftlicher Unterlagen nicht weiterführend rekonstruieren lässt. Andere ältere Beschriftungen haben sich vermutlich im Zuge der Formmodellnutzungen abgewaschen.

Der Vollständigkeit halber sind hier noch die während der Bestandsaufnahme im Jahr 2023 in blauem Filzstift aufgebrachten Beschriftungen der Teilmodelle mit den Kennungen »T1« bis »T57« zu nennen. Da der untere Teil mit dem oberen Teil des Mittelpfeilers sowie die aus Piedestal und oberem Gesims bestehende Spitze jeweils als Formeinheiten zusammengefasst wurden, kommen hier nur 57 statt 59 Teilmodelle zusammen.

Erhaltungszustand und Schadensbild

Im Vorzustand zur Restaurierung lagen die 59 Teilmodelle in 97 Fragmenten vor. Hinzu kamen 13 separat verwahrte, segmentierte Teilmodelle. Zehn weitere segmentierte Teilmodelle waren in den Reliefbildern mit Klebstoff an ihren Sägeflächen befestigt. Manche dieser segmentierten Teilmodelle

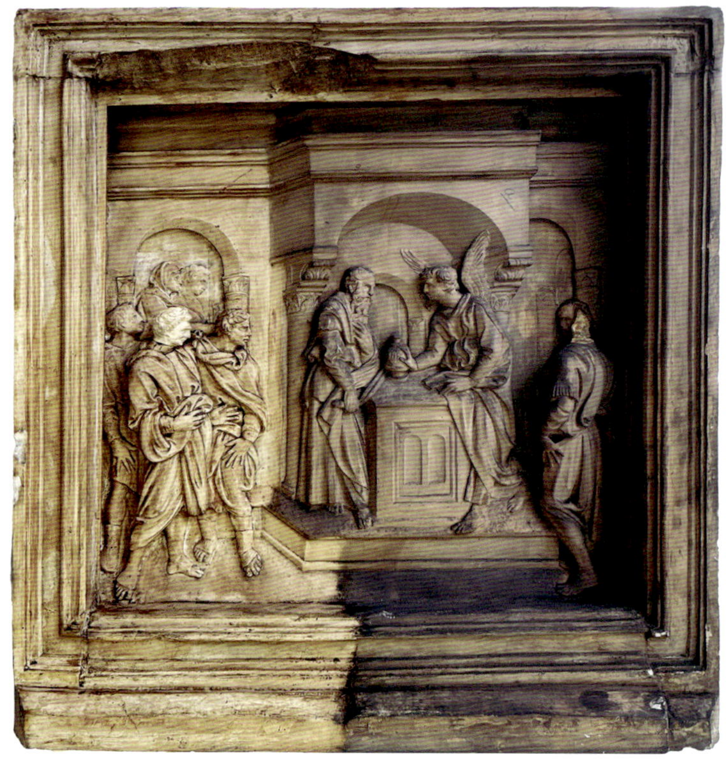

15 Relief *Verkündigung an Zacharias* während der Reinigung / Relief *Annunciation to Zacharias* during cleaning intervention

itemisation of which can be traced in the sales book. Several other inscriptions in blue wax crayon and red crayon, as well as incisions, appear to predate the black ink labels, but rarely differ from the latter in terms of the information they convey. Exceptions can be found on the reliefs of the *Baptism of Christ*, the *Feast of Herod*, the *Birth of the Baptist* and the *Annunciation to Zacharias*, where the fronts bear inscriptions of »bmg«, »d«, »e« and »a« in blue wax crayon (fig. 15). The *Virtue Justice* bears an old mould number »08a I.« in red crayon, which relates to the inventory numbers used before 1880. Due to the lack of other inscriptions and the absence of any written documentation for the Baptismal Font model, this cannot be further reconstructed. Other earlier inscriptions must have washed off in the course of the moulding model's use.

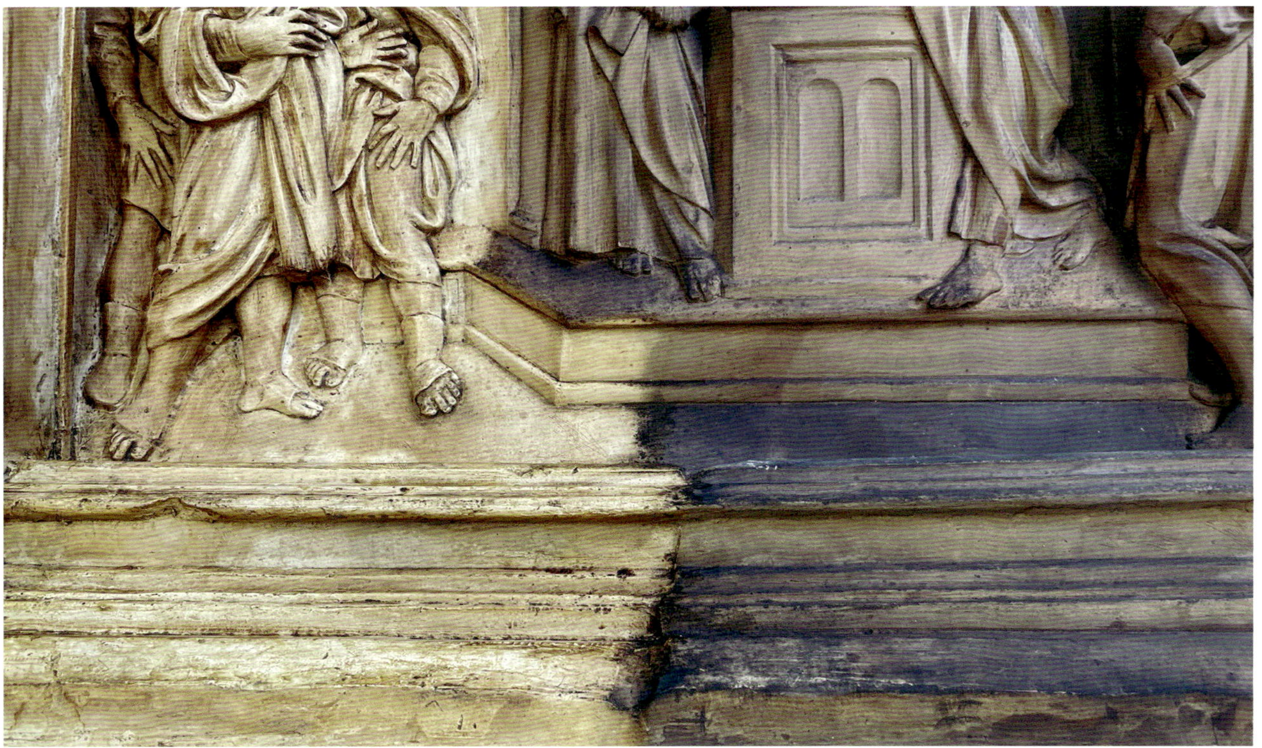

16 Relief *Verkündigung an Zacharias*, Detail des Verschmutzungsgrades / Relief *Annunciation to Zacharias*, detail of the degree of soiling

konnten anhand ihrer abweichenden Oberflächenbehandlung (Schellack auf Gips ohne vorherige Öl-Imprägnierung) der zweiten oder dritten Generation zugeordnet werden (Abb. 17), während sieben weitere segmentierte Teilmodelle gänzlich fehlten.

Die große Menge an vorliegenden Brüchen sowie angerissenen Bereichen, aber auch abgegangenen Fragmenten und Fehlstellen zeichnete einen schweren Schadensfall aus. An fast allen Teilmodellen lagen Fehlstellen vor, wovon die größeren in Bruchverläufen und an Kanten erfolgt waren. Zudem war erkennbar, dass zahlreiche kleinere Fehlstellen durch Glassplittereintrag verursacht worden waren, zumal an vielen Stellen noch Glasscherben im Gips steckten (Abb. 19 und 20). Das Schadensbild, das Glassplittereinträge, Bruchverläufe und Fehlstellen innerhalb der Bruchverläufe umfasst, konzentriert sich auf

For the sake of completeness, the blue felt-tip labels »T1« to »T57« should also be mentioned. These were applied during the initial identification in 2023, when the upper and lower sections of the central pillar were treated as a single unit, as was the top made up of the pedestal and upper cornice, which explains why there are only 57 model parts in this count and not 59.

State of conservation and damage assessment

Prior to intervention, the 59 sections existed as 97 fragments, with an additional 13 segmented parts kept separately. A further ten segmented model parts from the reliefs had been reattached to their original locations with glue. Some of these segmented model parts present a different surface treatment (shellac applied directly onto plaster without prior oil impregnation). This allows them to be identified as belonging to a second or third generation of models (fig. 17). A further seven segmented model parts were missing entirely.

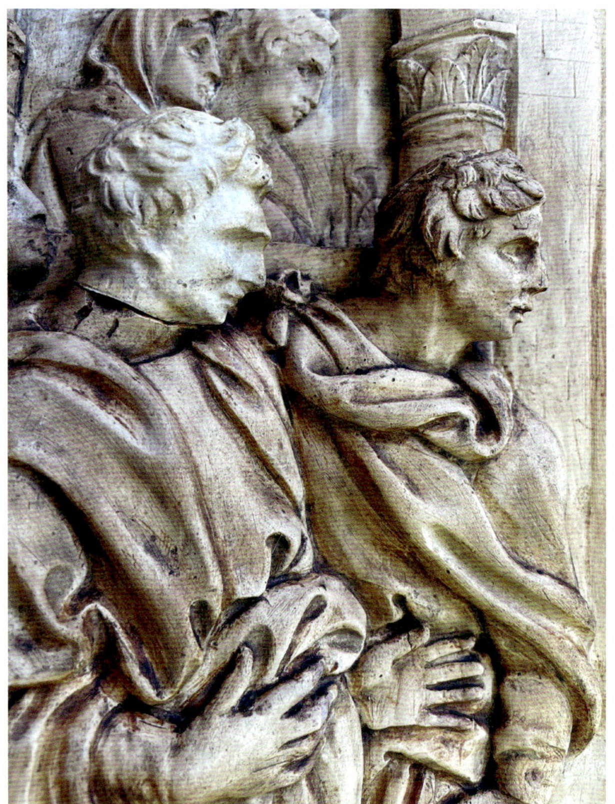

17 Relief *Verkündigung an Zacharias*, segmentiertes Teilmodell eines Kopfes zweiter oder dritter Generation / Relief *Annunciation to Zacharias*, segmented model part of a head of second or third generation

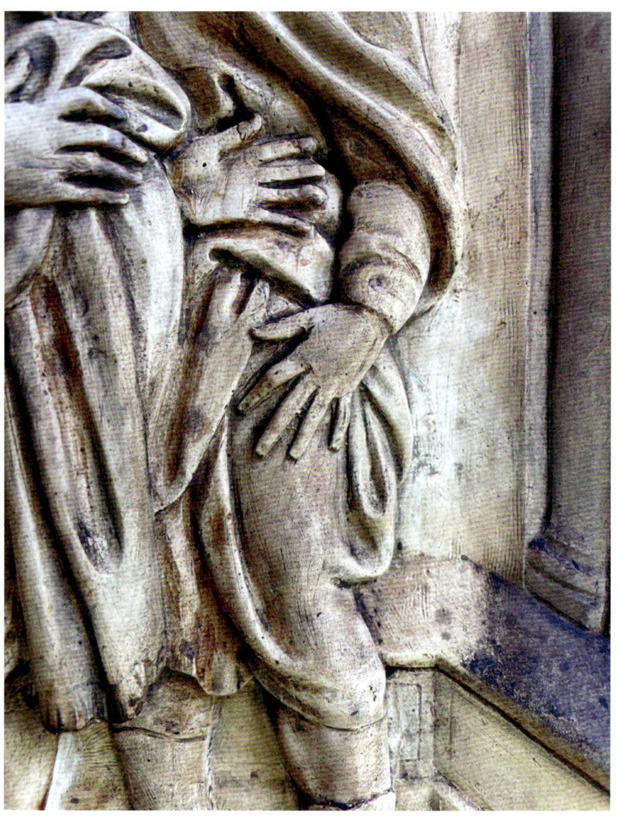

18 Relief *Verkündigung an Zacharias*, angeklebtes Fragment und verschiedene kleine Kittungen in harziger Kittmasse an den Fingern / Relief *Annunciation to Zacharias*, glued fragment and various small resinous putty fills on the fingers

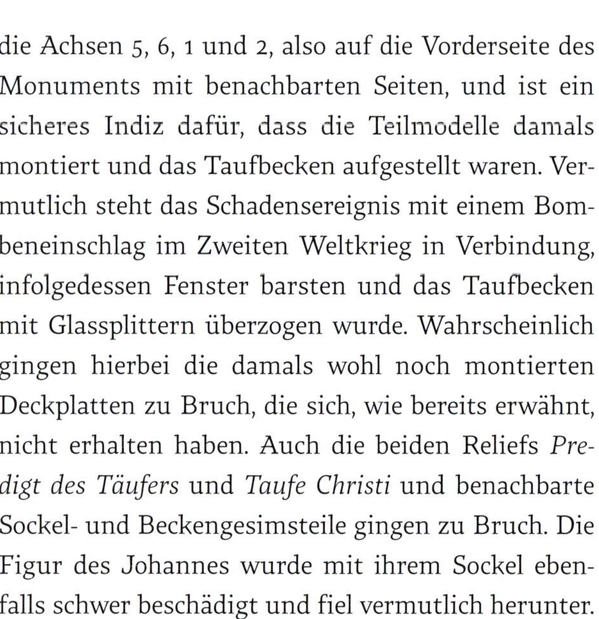

die Achsen 5, 6, 1 und 2, also auf die Vorderseite des Monuments mit benachbarten Seiten, und ist ein sicheres Indiz dafür, dass die Teilmodelle damals montiert und das Taufbecken aufgestellt waren. Vermutlich steht das Schadensereignis mit einem Bombeneinschlag im Zweiten Weltkrieg in Verbindung, infolgedessen Fenster barsten und das Taufbecken mit Glassplittern überzogen wurde. Wahrscheinlich gingen hierbei die damals wohl noch montierten Deckplatten zu Bruch, die sich, wie bereits erwähnt, nicht erhalten haben. Auch die beiden Reliefs *Predigt des Täufers* und *Taufe Christi* und benachbarte Sockel- und Beckengesimsteile gingen zu Bruch. Die Figur des Johannes wurde mit ihrem Sockel ebenfalls schwer beschädigt und fiel vermutlich herunter.

The large number of existing fractures and cracks, as well as detached fragments and areas of loss, were clear signs of a severe damage event. Almost all of the model parts had losses, the larger of which were found along the fractures and edges. It was also evident that numerous smaller losses had been caused by glass splinters, and in many places glass fragments were still stuck in the plaster (figs. 19 and 20). The damage, which includes glass splinter penetration, fracture patterns and areas of loss within the fracture patterns, is concentrated on axes 5, 6, 1 and 2 – the front of the monument and its adjacent sides – and is a clear indication that the model parts were mounted and the Baptismal Font fully installed at the time. In all likelihood, the damage was

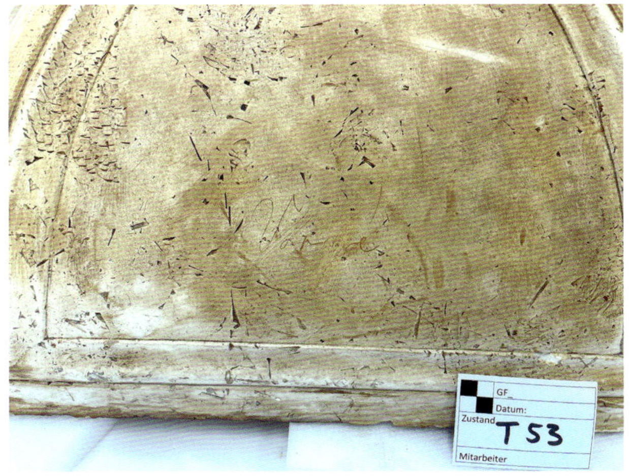

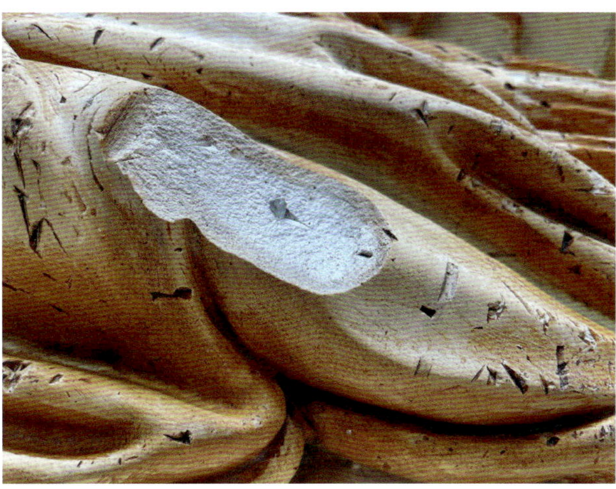

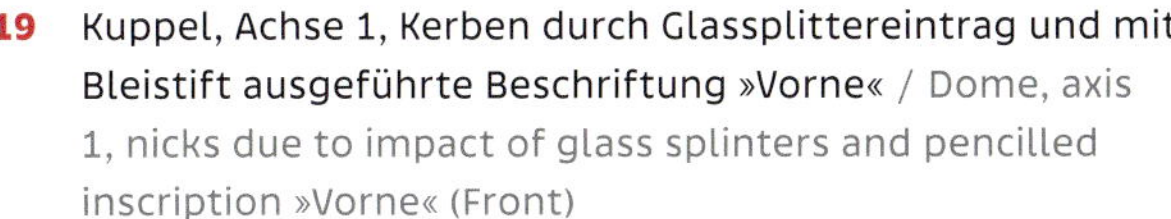

19 Kuppel, Achse 1, Kerben durch Glassplittereintrag und mit Bleistift ausgeführte Beschriftung »Vorne« / Dome, axis 1, nicks due to impact of glass splinters and pencilled inscription »Vorne« (Front)

20 Prophet, Achse 1, Kerben und festsitzender Glassplitter im Knie / Prophet, axis 1, nicks and a glass splinter stuck in the knee

Der untere Bereich der Figur mit Faltenwürfen, rechtem Fuß und Plinthe fehlten. Der linke Fuß war als segmentiertes Teilmodell zwar beschädigt, aber separat erhalten. Vom Teilmodell des Piedestals aus der zweiteiligen Spitze ist nur ein Fragment erhalten.

Andere kleinere Fehlstellen waren offenbar durch Bestoßungen während der Bewegung bzw. dem Handling der Objekte im Werkstattbetrieb erfolgt und werden als Verschleiß eingeordnet.

Eine weitere Kategorie von Fehlstellen sind nutzungsbedingte Materialabgänge, die besonders an klein und dünn ausgegossenen Bereichen erfolgt sind, wie etwa an Fingern und Gewandfalten. An diesen sind auch vergleichsweise viele Altrestaurierungen in Form von Klebungen und Kittungen festzustellen (Abb. 18 und 21). Mit Ausnahme der Tugend *Gerechtigkeit*, bei der die Ergänzungen von fehlenden Faltenverläufen großflächig in harziger Kittmasse ausgeführt worden waren, liegen größere Altkittungen und -verfugungen in weiß belassenem Gips vor.

Schließlich sind noch einige Fehlstellen zu nennen, die aufgrund der Oberflächenbeschichtung ein-

caused by an air raid during the Second World War, which must have shattered nearby windows and sprayed the Baptismal Font with shards of glass. This probably also led to the destruction of the covering panels, which presumably were still in place at the time and, as already mentioned, have not survived. The two reliefs of the *Sermon of the Baptist* and the *Baptism of Christ* suffered breakage together with adjacent sections of the socle and upper edge of the basin. The figure of the Baptist with its socle was also badly damaged, suggesting that it may have fallen. The lower part of the figure with folds of drapery, the right foot and plinth were missing. The left foot survived separately as a damaged, segmented model part. The model part that formed the pedestal in the two-part top survived as only one small fragment.

Other smaller areas of loss appear to have been caused by physical impact when the objects were moved or handled during workshop activities and can be categorised as wear and tear.

A further category of flaws are material losses due to use, which are particularly prevalent in finely and thinly cast areas, such as fingers or garment

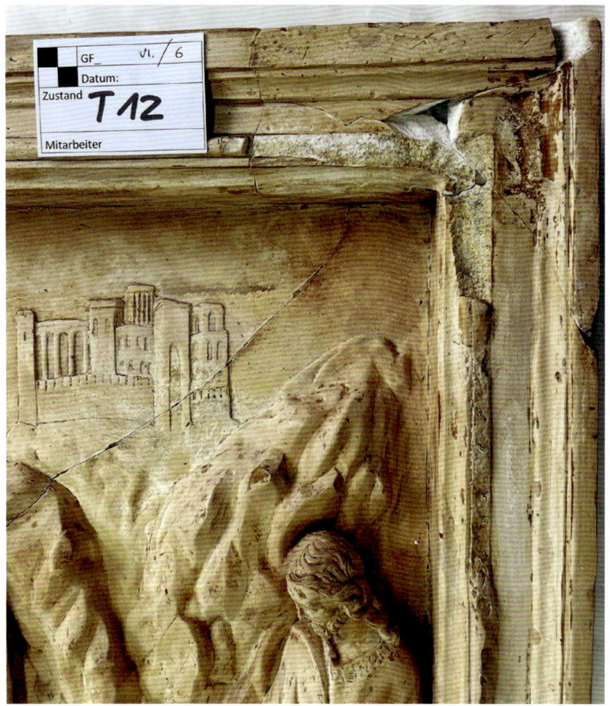

21 Abgegangenes Fragment als Fehlstelle, Altrestaurierung am Relief *Predigt des Täufers* nach Zusammenfügung / Missing fragment as area of loss, old restoration on the relief *Sermon of the Baptist* after reassembly

deutig vom Original übertragen wurden, so zum Beispiel an den am Original in Marmor ausgeführten Reliefeinrahmungen (Abb. 15).

Sämtliche Teilmodelle waren sehr stark verschmutzt. Im aufliegenden grau-schwarzen Staubteppich war eine außerordentliche Menge an Glassplittern enthalten. Darunter hatte sich eine schwarze Schmutzkruste vornehmlich an Oberseiten und hervorkragenden Profilen fest mit der Oberfläche verbunden. Aufgrund der klebrigen Trennmittelbeschichtungen – also Öl-, Wachs- und Seifenmischungen, die die Formabnahme gewährleisten – haftete die Schmutzkruste großflächig an Figuren- und Reliefoberflächen an. Stockflecken zeigten zudem einen zurückliegenden Schimmelbefall an (Abb. 16).

Selbst das Verschmutzungsschema kann also als Informationsträger zur Objektgeschichte herange-

folds. Here, too, a relatively large number of earlier restorations in the form of gluings or fills can be observed (figs. 18 and 21). With the exception of the figure of *Justice*, where extensive reconstructions of missing folds were made in what appears to be resinous putty, all the larger old fills were made in white, untreated gypsum.

Finally, mention should be made of a few areas of loss that have been reproduced from the original monument. These can be clearly identified by the surface coating of the relevant model parts. Such losses can, for example, be found on the frames of the reliefs, which in the original are designed in marble (fig. 15).

All the model parts were heavily soiled. The grey-black surface layer of dust contained an extraordinary number of glass splinters. Beneath this, and particularly on the upper surfaces and protruding profiles, a black crust of dirt adhered firmly. Due to the sticky coatings of release agents – that is, the mixtures of oil, wax and soap that ensure mould removal – the dirt crust was particularly pronounced on the surfaces of the statuettes and reliefs. In addition, black spots indicated earlier mould infestation (fig. 16).

Even the pattern of soiling can therefore provide information about the history of the object, which often corresponds to the pattern of darkening of the impregnation. Horizontal surface areas that remained relatively light in colour had been protected from the effects of soiling and light by other closely abutting model parts, indicating that the Baptismal Font model remained fully assembled over a long period of time. On the other hand, the setting surfaces for the Virtues suggest that only two, *Charity* and *Prudence*, remained integrated in the relevant niches of the assembled Baptismal Font model over a longer period of time, and that the other four must have been stored separately. It can also be deduced from the setting surface of the tabernacle cornice that the putti with inscribed numbers »I.«, »II.« and »IV.«

zogen werden und entspricht oftmals dem Schema des Nachdunkelns der Imprägnierung. Vergleichsweise hell gebliebene horizontale Oberflächenbereiche waren durch darüber montierte Teilmodelle vor Schmutz- und Lichteinwirkung geschützt und belegen ihrerseits, dass das Taufbeckenmodell für längere Zeit montiert bzw. aufgestellt war. Auf den Setzflächen der Tugenden kann indes nachvollzogen werden, dass nur zwei, *Liebe* und *Klugheit,* längerfristig in den zugehörigen Nischen am aufgebauten Taufbeckenmodell integriert waren und die übrigen vier separat gelagert worden sein müssen. Genauso nachvollziehbar ist auf der Setzfläche des Tabernakel-Gesimses, dass hier die Putti mit den eingearbeiteten Nummerierungen »I.«, »II.« und »IV.« über einen längeren Zeitraum gestanden haben dürften (Abb. 22 und 23).

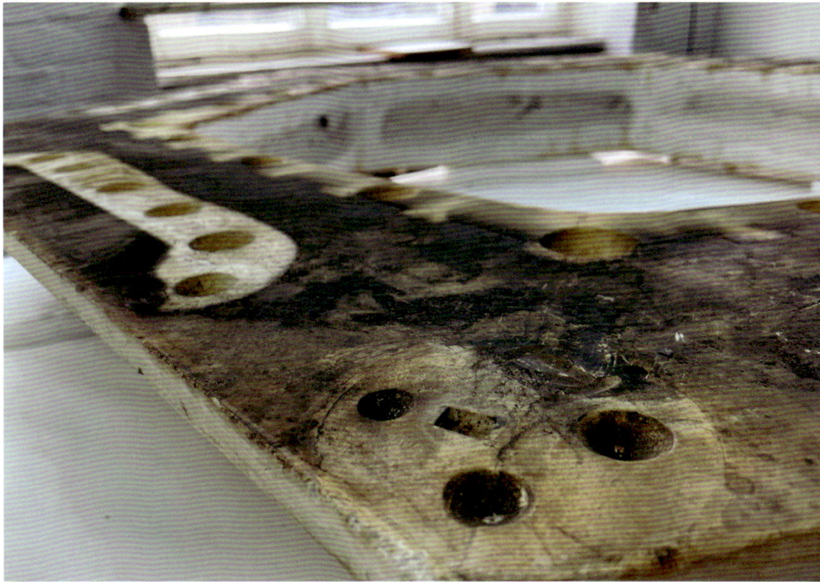

22 Schmutzschema am Tabernakel-Gesims / Soiling pattern on the tabernacle cornice

Über die Maßnahmenkonzeption

Die Zielstellung der Restaurierung sah zunächst grob die Herstellung der Präsentationsfähigkeit des Modells unter grundsätzlicher Wahrung seiner Funktionalität vor. Die detaillierte Konzepterstellung erfolgte dann sukzessive im Zuge der Einzelaufnahmen zum Erhaltungszustand wie auch der Reinigungsarbeiten. Einzelfallentscheidungen zur Intervention wurden durch die Wertermittlung unterstützt, die den historischen Wert berücksichtigte, der auf der Bedeutung des Modells, seiner Entstehung und seinen Verwendungen basiert. Da es sich hier, wie aufgezeigt, gleichsam um technisches Kulturgut handelt, hatte der funktionale Wert des Modells große Auswirkungen auf die Entscheidungen über Reinigungen, Ergänzungen und Rekonstruktionen. Die Lesbarkeit der historischen Nutzung sollte genauso gewahrt werden wie die Nutzbarkeit der einzelnen Teilmodelle als Formmodelle. Der Grad der Reinigung wurde entsprechend angepasst, sodass nur aufliegende und anhaftende Verschmutzungen entfernt wurden, nicht aber Reste von Trennmitteln. Bei Klebungen von gebrochenen Teilen und bei Kittungen von Klebefugenverläufen

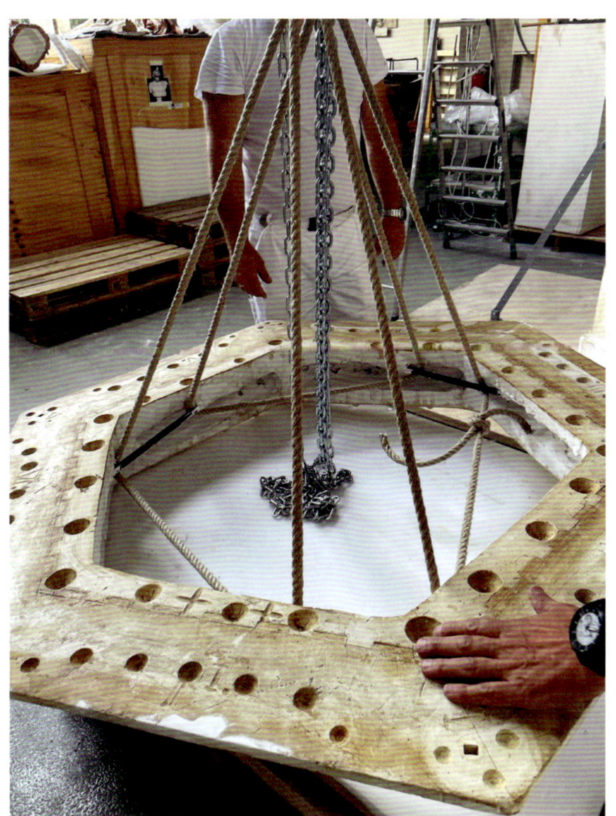

23 Tabernakel-Gesims während des Probeaufbaus / Tabernacle cornice during the trial assembly

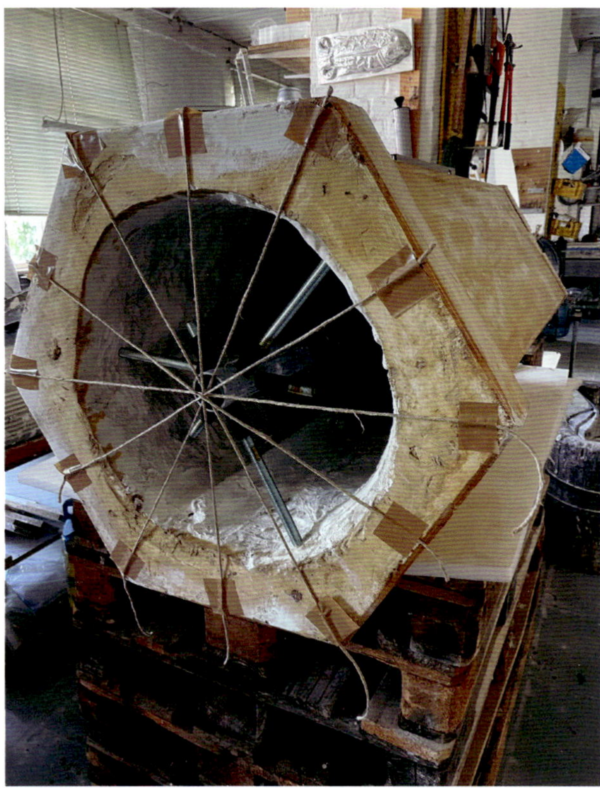

24 Ausrichtung der Stange im Mittelpfeiler / Aligning the pole in the centre pillar

bzw. bei Rekonstruktionen von Fehlstellen und Teilverlusten war ihre Kenntlichkeit und Reversibilität ebenso maßgebend wie die Wiederherstellung der strukturellen und formalen Integrität des Modells.

Allerdings wurden zur Gewährleistung der Statik am Aufstellungsort im Bode-Museum zusätzliche Maßnahmen ergriffen, die der Sicherung der Teilmodelle des Tabernakelaufbaus mittels einer intern befestigten Stange und einer zusätzlichen Diagonalverstrebung des unteren Teils des Mittelpfeilers auf dem Holzsockel dienten. Dafür wurden die genannten Zapfenverbindungen von den Teilmodellen entfernt und der Mittelpfeiler innenseitig verstärkt (Abb. 24 und 25). Die Entscheidung, die Deckplatten nicht zu rekonstruieren und somit den Blick auf den Mittelpfeiler und die Beckenrückseiten mitsamt der

must have remained there for a similarly long period of time (figs. 22 and 23).

Planning the conservation intervention

The initial general aim of the conservation intervention was to restore the model's presentability while maintaining its basic functionality. The detailed concept was then successively developed in the course of individual assessments of the state of conservation and cleaning. Case-by-case decisions on interventions were supported by a value assessment, which took into account the historical value based on the significance of the model, its creation and its uses. Since, as has been shown, this is a cultural asset of a technical nature, the functional value of the model had a major influence on decisions regarding cleaning, fills and reconstructions. The legibility of its historical uses was to be preserved, as well as the functionality of the individual models as moulding models. The degree of cleaning was adjusted accordingly, so that only soiling was removed and not the remains of release agents. The recognisability and reversibility of reattached fragments, of fills and reconstructions were as important as the restoration of the structural and formal integrity of the model.

However, additional measures were taken to ensure stability at the installation site in the Bode-Museum. These were designed to support the tabernacle structure and included an internally fixed pole with additional diagonal bracing between the lower section of the central pillar and the wooden base. To this end, the aforementioned pin and stud connections were removed from the model parts and the lower section of the central pillar was internally reinforced (figs. 24 and 25). The decision not to reconstruct the cover panels, thus allowing a view of the lower section of the central pillar and the rear sides of the basin, including the diagonal braces and all brackets, was reached after the trial assembly had been completed and structural stability was assured.

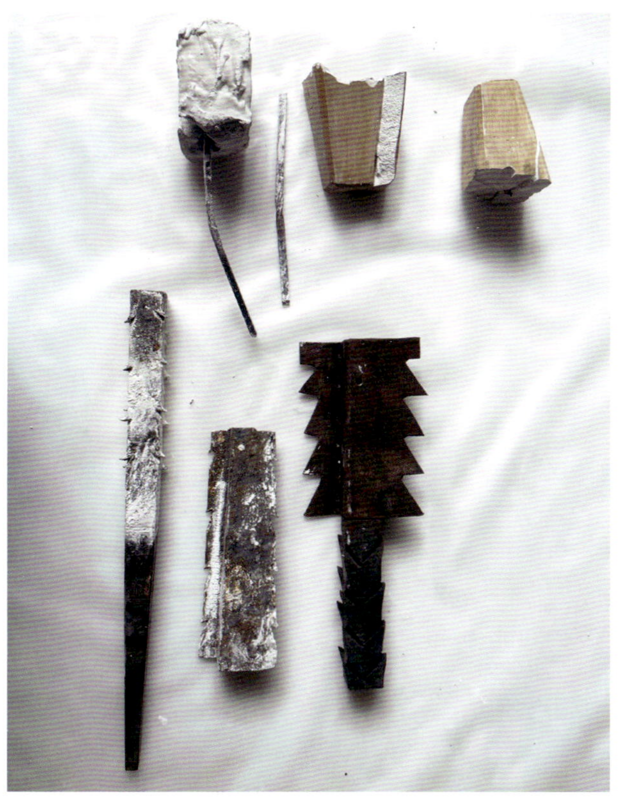

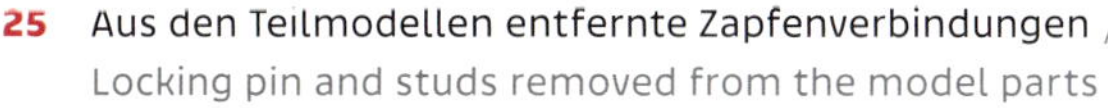

25 Aus den Teilmodellen entfernte Zapfenverbindungen / Locking pin and studs removed from the model parts

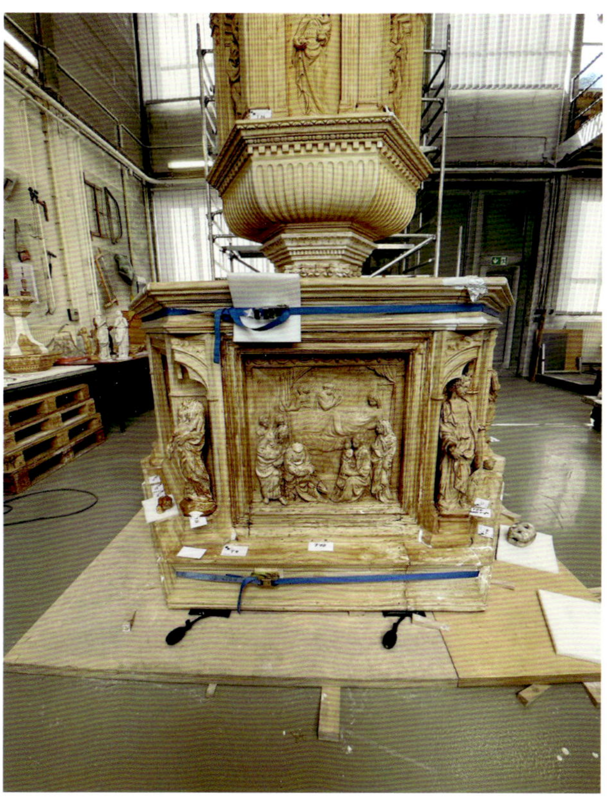

26 Letzte Rekonstruktionsarbeiten nach erfolgtem Probeaufbau / Final reconstruction works after trial assembly

eingebrachten Diagonalverstrebung und Halterungen zu ermöglichen, erschloss sich nach erfolgtem Probeaufbau und bei gegebener statischer Sicherung.

Fehlende Teilmodelle bzw. Teilbereiche wurden größtenteils durch Nachguss aus den originalen Formen rekonstruiert: im Falle der segmentierten Teilmodelle aus den Leimteilformen aus zweiter Generation, im Falle der Fehlstelle am Johannes aus der erwähnten Stückform dritter Generation (Abb. 26 bis 32). Die Kenntlichlassung der Kittungen und Rekonstruktionen sowie der Verzicht auf eine vereinheitlichende oder auch abgestufte Farbretusche, welche die der Nutzungsgeschichte geschuldete Fleckigkeit und heterogene Farbigkeit der verschiedenen Teilmodelle buchstäblich »vertuscht« hätte, sind zentrale Merkmale des restaurierten Werkes.

Missing model parts and areas of loss were largely reconstructed by recasting from the original moulds: in the case of the segmented model parts, from second-generation glue moulds; in the case of the loss to the figure of St John the Baptist, from the said third-generation piece mould (figs. 26 to 32). The key features of the restored work are the visible fills and reconstructions as well as the absence of any unifying or even graduated colour retouching, which would have concealed the blotchiness and heterogeneous colouring that the various model parts owe to their history of use.

transl. E. Marchand

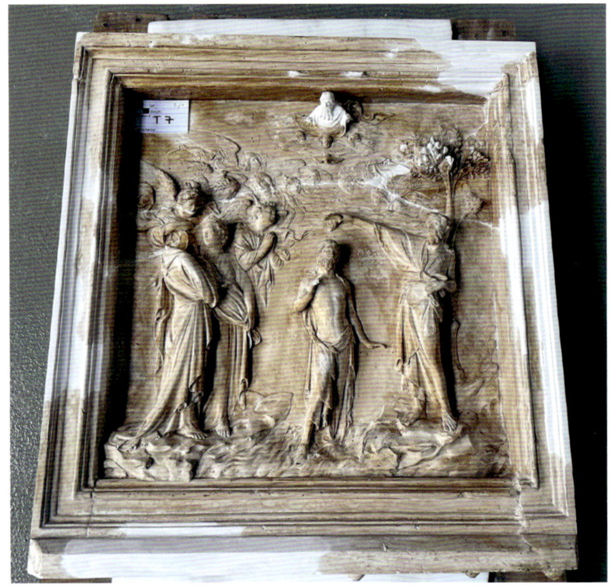

27 Das Relief *Taufe Christi* nach erfolgten Klebungen, Kittungen und Befestigung des segmentierten Teilmodells des Gott-Vater / The relief *Baptism of Christ* after completion of glueing, filling and attaching the segmented model part of God the Father

28 Verschiedene segmentierte bzw. nachgegossene Teilmodelle unterschiedlicher Generationen / Various segmented or recast model parts of different generations

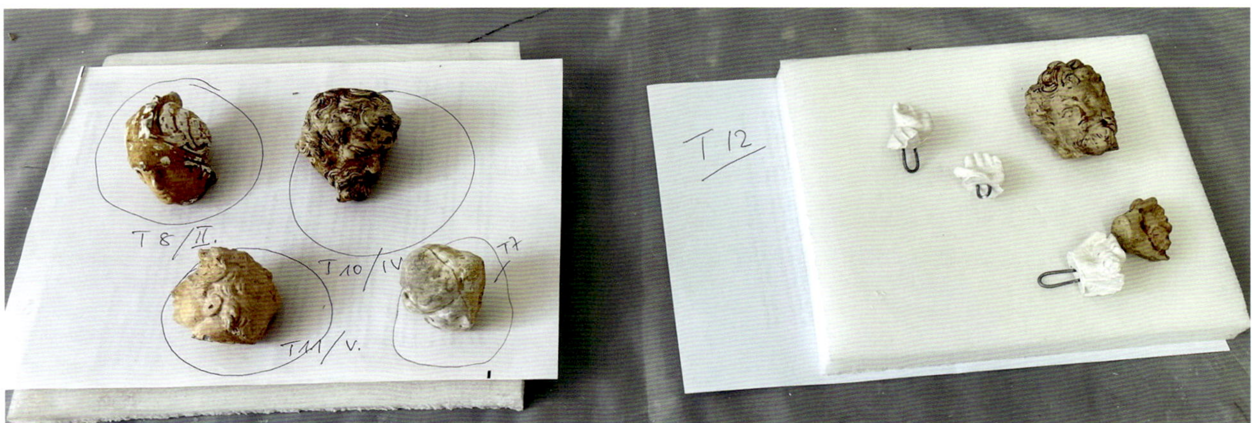

ANMERKUNGEN

1 »Aufquetschen« bezeichnet das Verfahren, bei dem eine Gipsoberfläche angetragen und in Form gequetscht wird, wobei die angrenzende Gipsfläche als Negativ dient und mit Seife als Trennmittel behandelt wurde, daher auch der Begriff »Seifkante«.

2 Archives of the Museum of Fine Arts Budapest, 1748/1907, S. 3.

NOTES

1 »Squeeze on« translates the German »aufquetschen« and describes the process in which a plaster surface is moulded and pressed into shape using an adjoining plaster surface as a negative, which has been treated with soap as a release agent. Hence also the term »soap edge«, from the German »Seifkante«.

2 Archives of the Museum of Fine Arts Budapest, 1748/1907, p. 3.

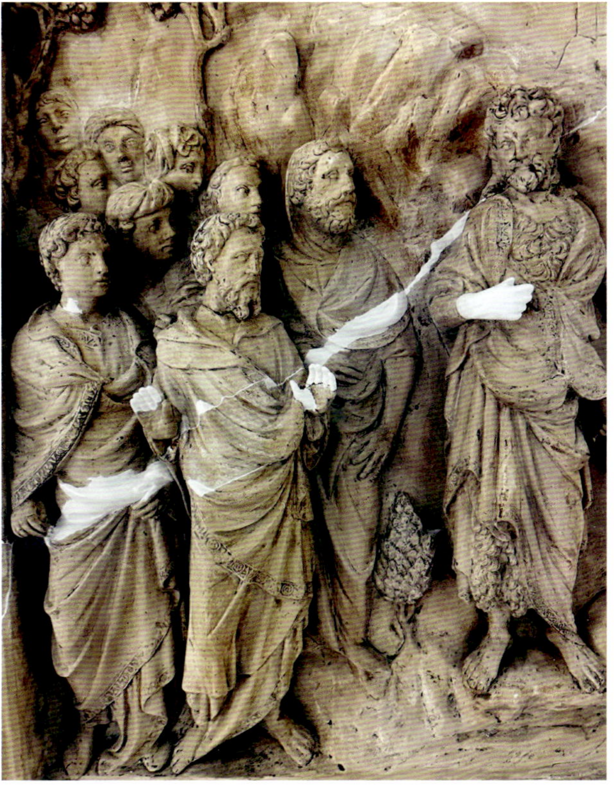

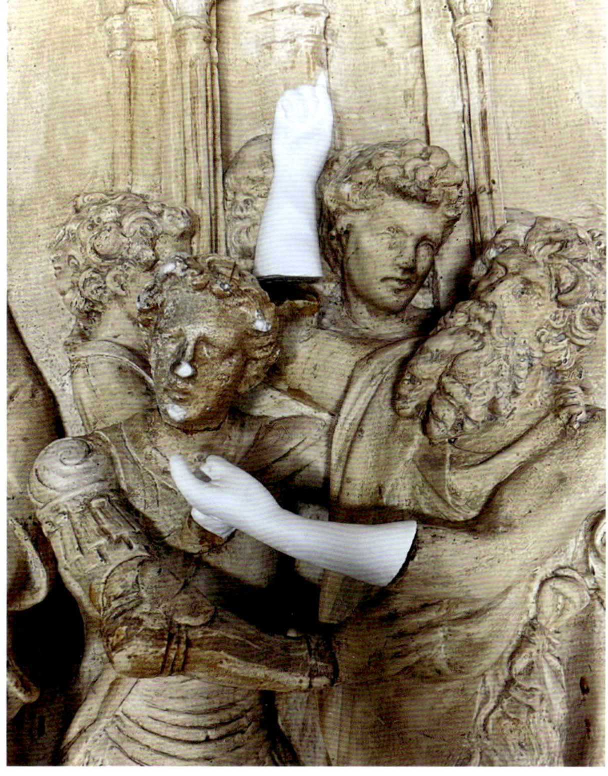

29 Relief *Die Predigt des Täufers* nach Abschluss der Kittungen und Rekonstruktionen / Relief *The Sermon of the Baptist* after completion of the fills and reconstructions

31 Durch Nachgüsse rekonstruierte Unterarme des Heiligen Johannes / St John's forearms reconstructed by re-casting

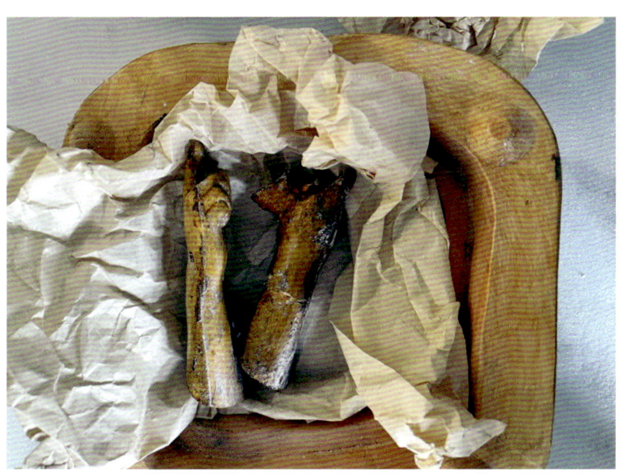

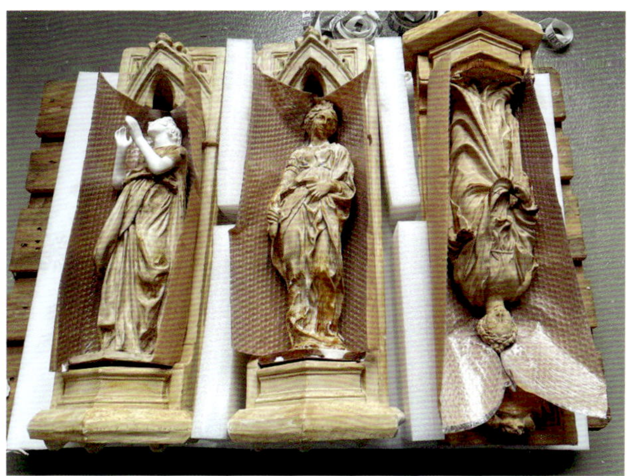

30 Die Teilmodelle der Unterarme des Heiligen Johannes aus dem Relief *Gefangennahme des Johannes* / The model parts of St John's forearms from the relief *Arrest of the Baptist*

32 Fertig rekonstruierte und transportbereite Figuren der *Hoffnung*, *Tapferkeit* und *Liebe* mitsamt ihren Nischen / Fully reconstructed and ready-to-transport figures of *Hope*, *Fortitude* and *Charity* along with their niches

Fotoessay Teil IV

Photo essay part IV

AUFBAUEN UND MONTIEREN
ASSEMBLY AND INSTALLATION

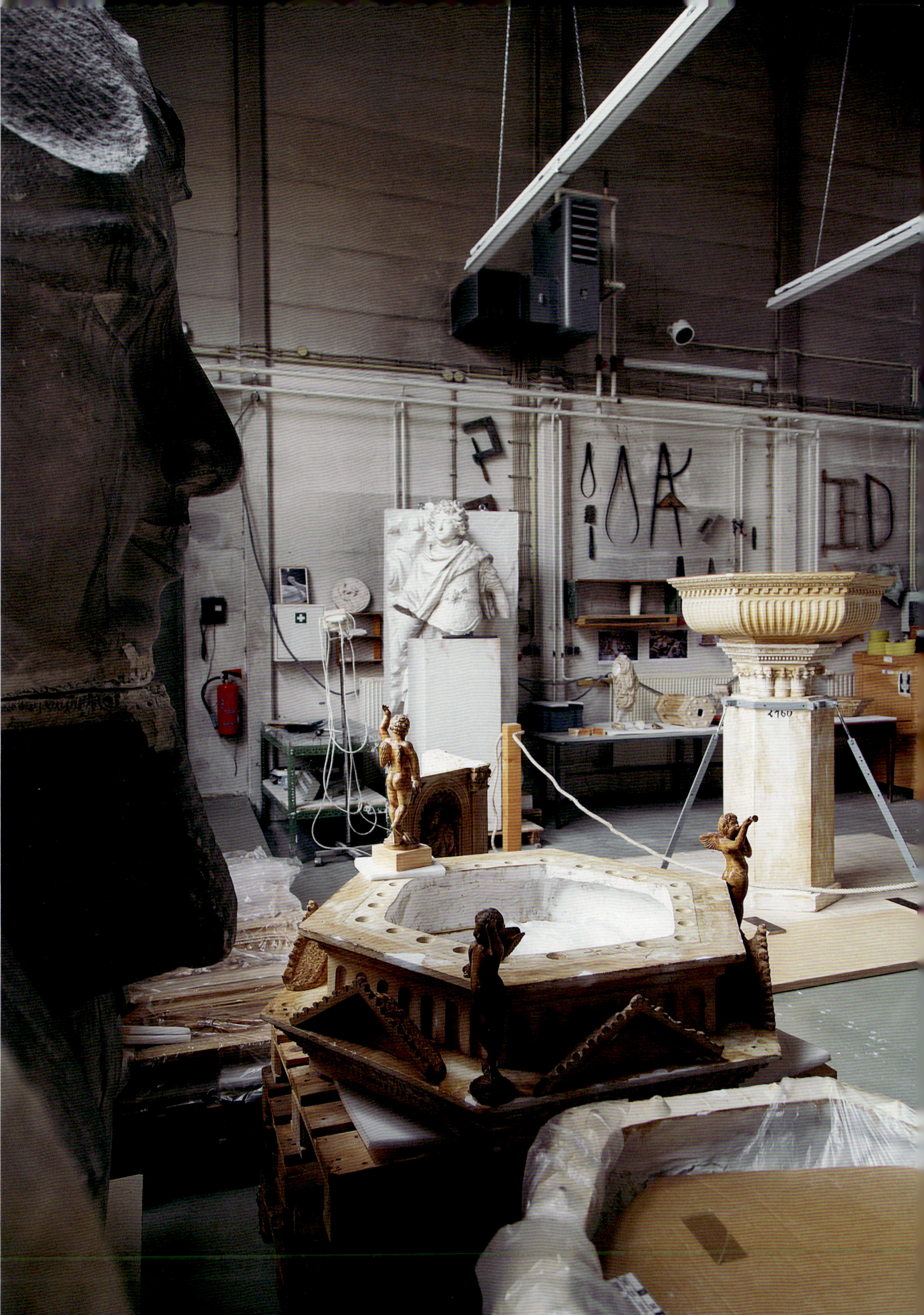

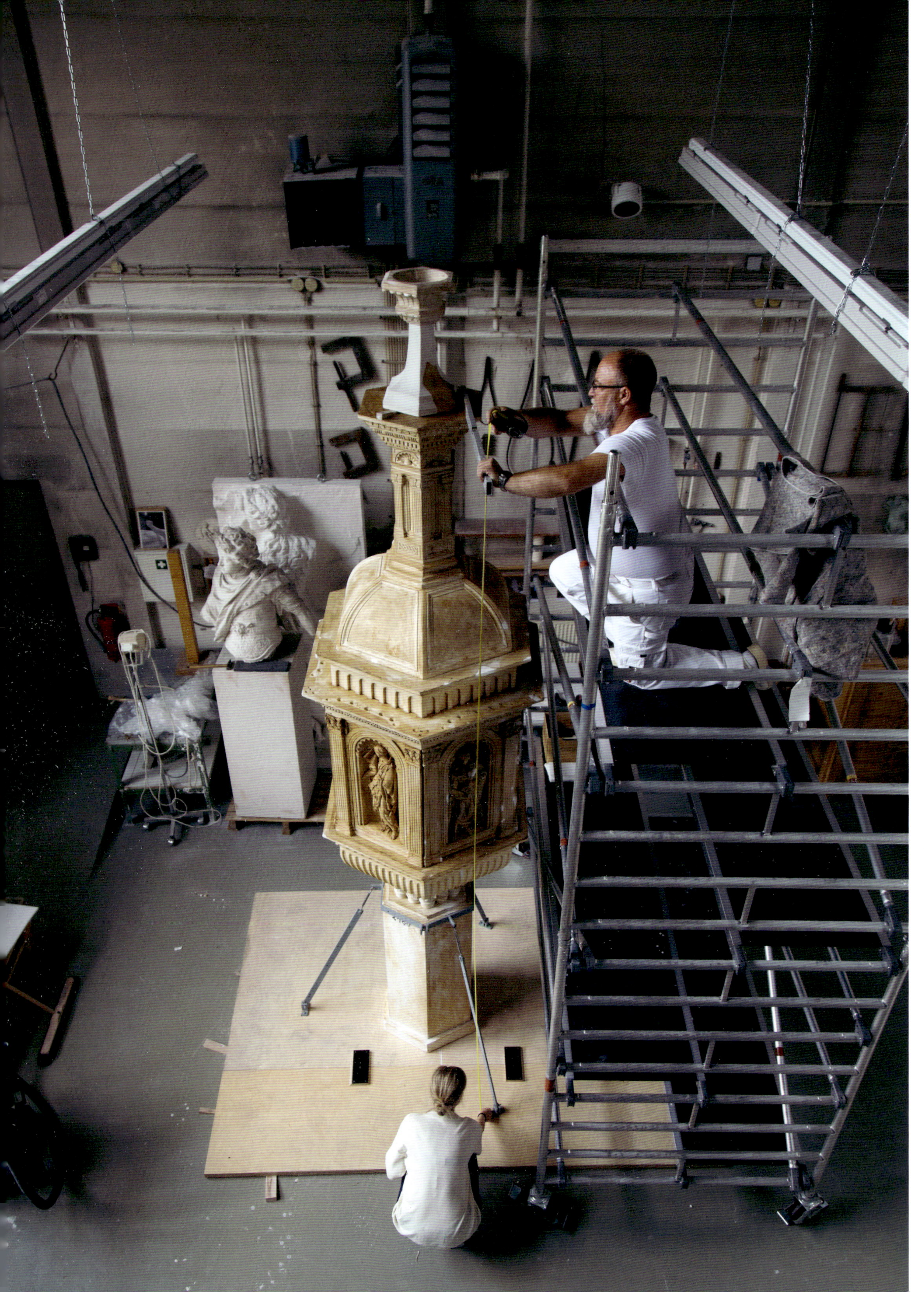

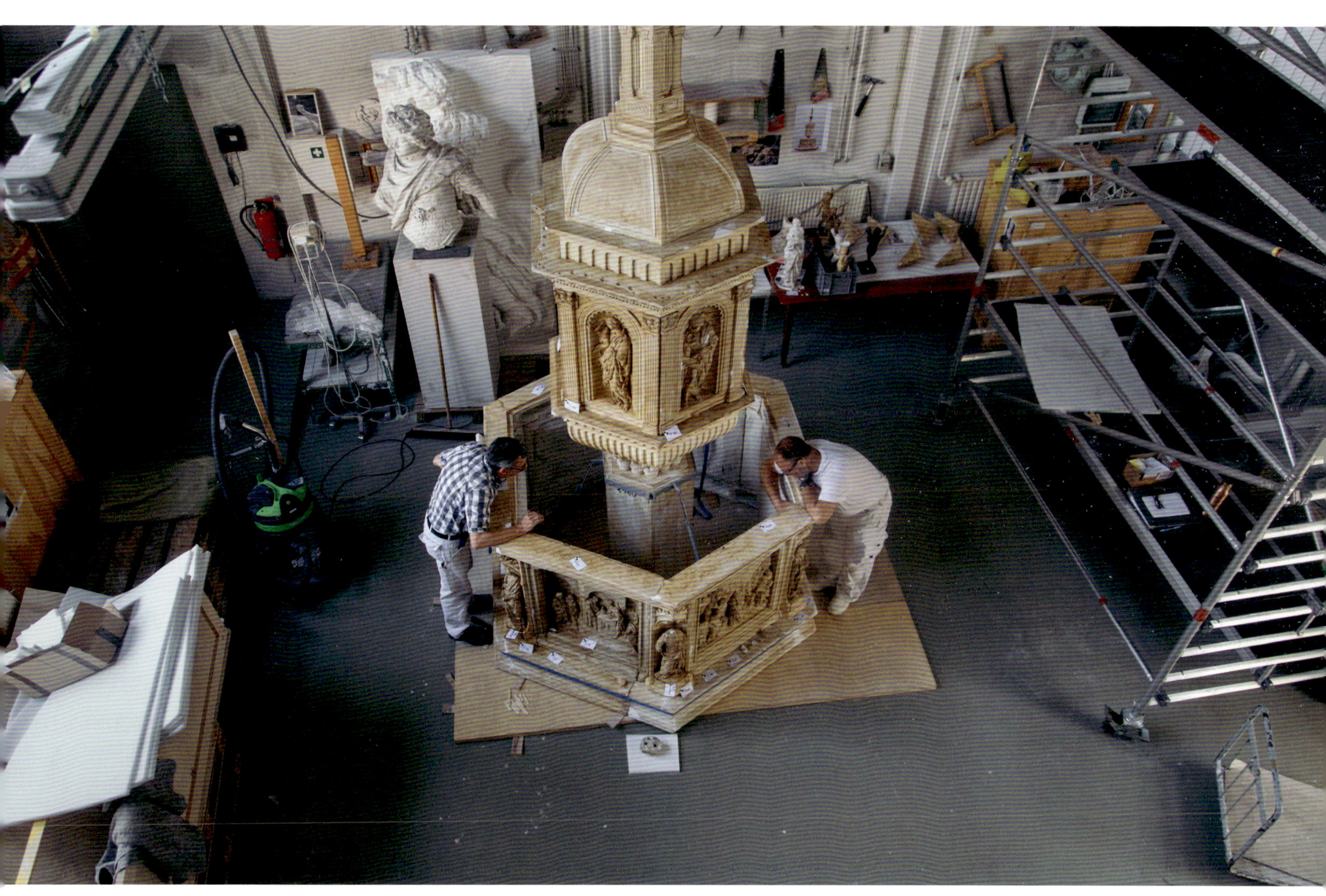

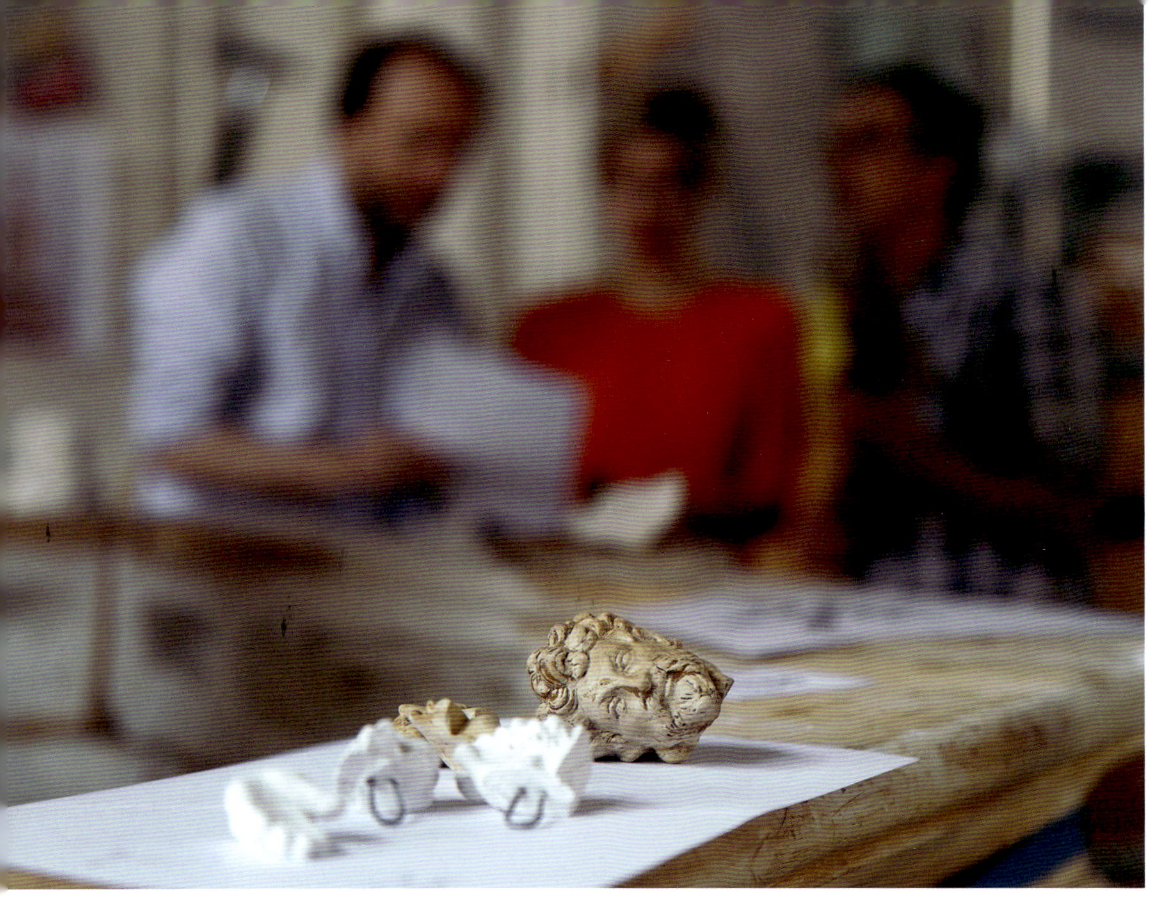

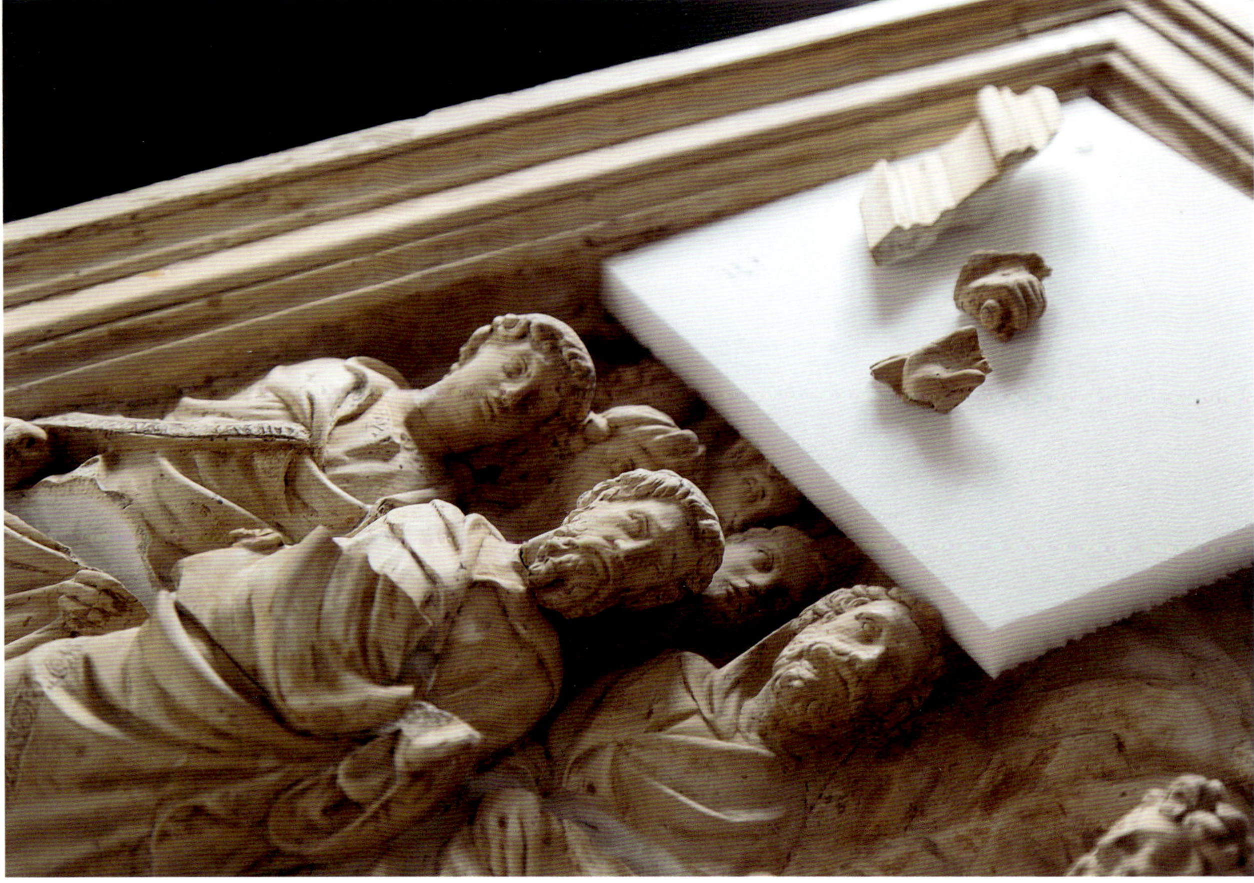

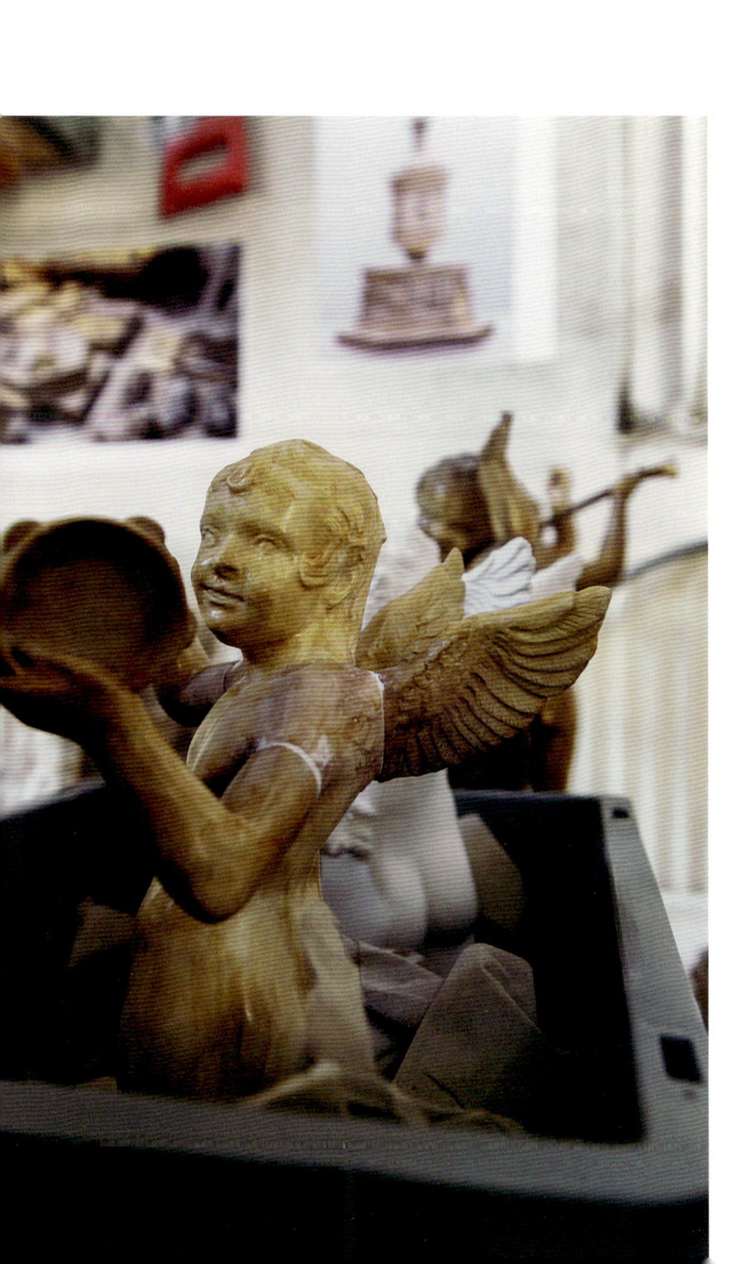

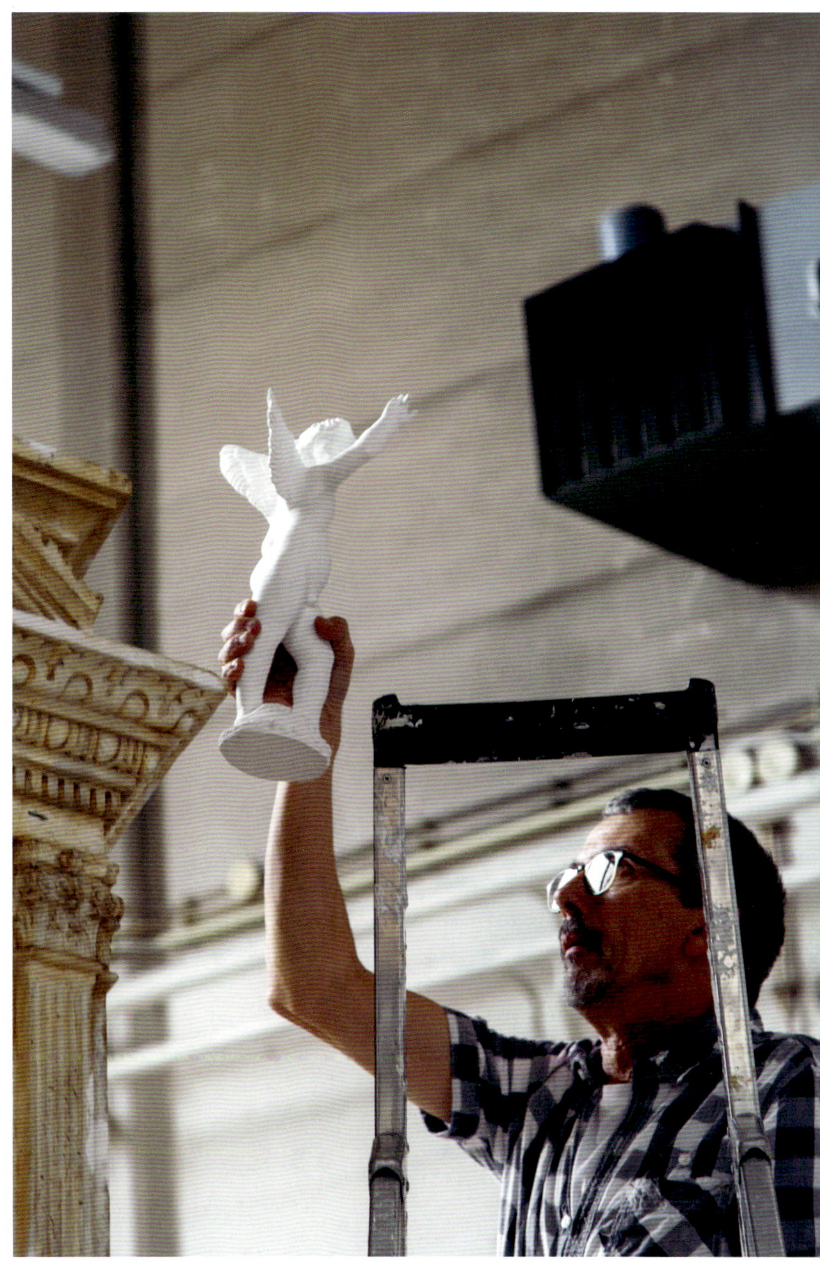

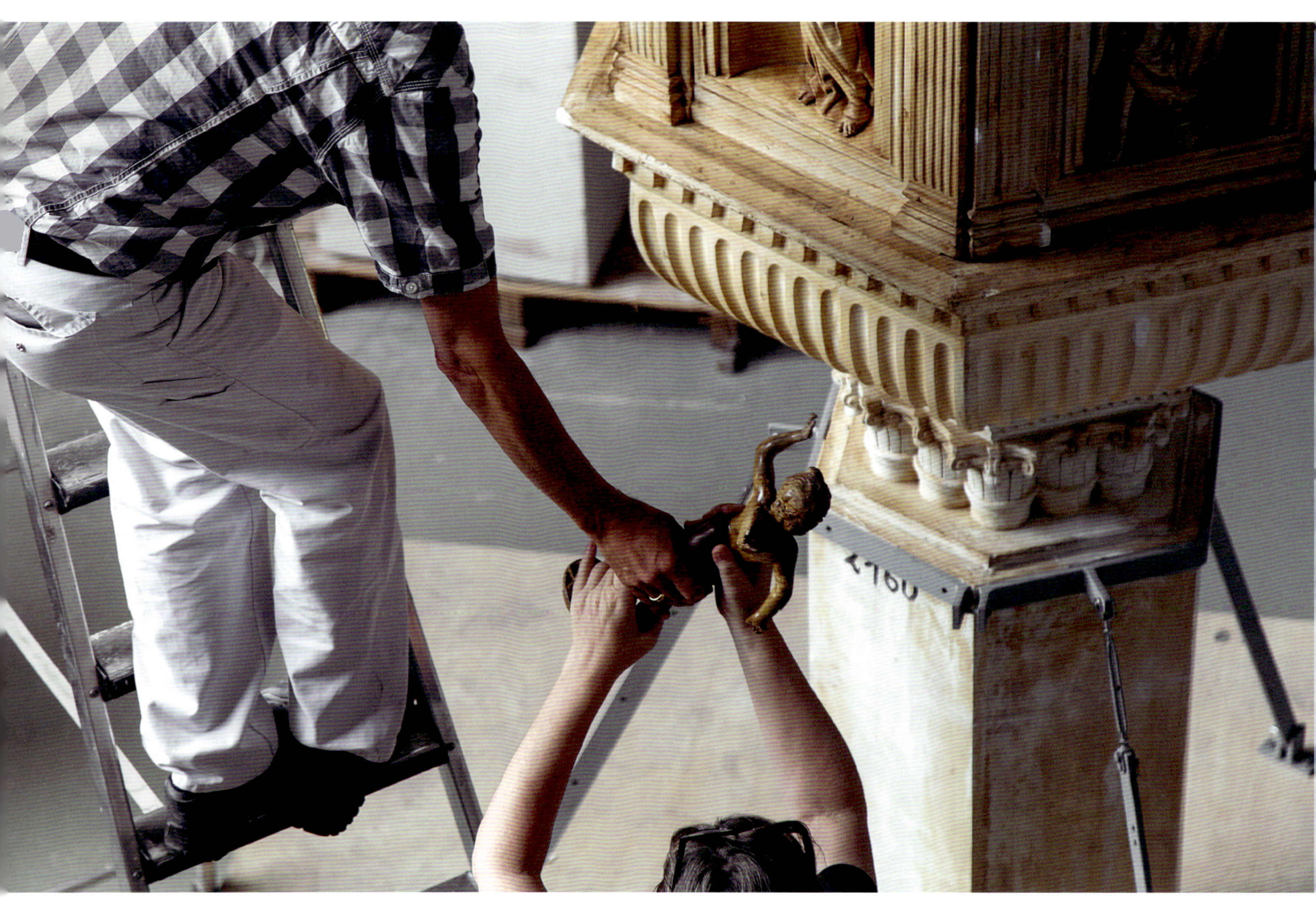

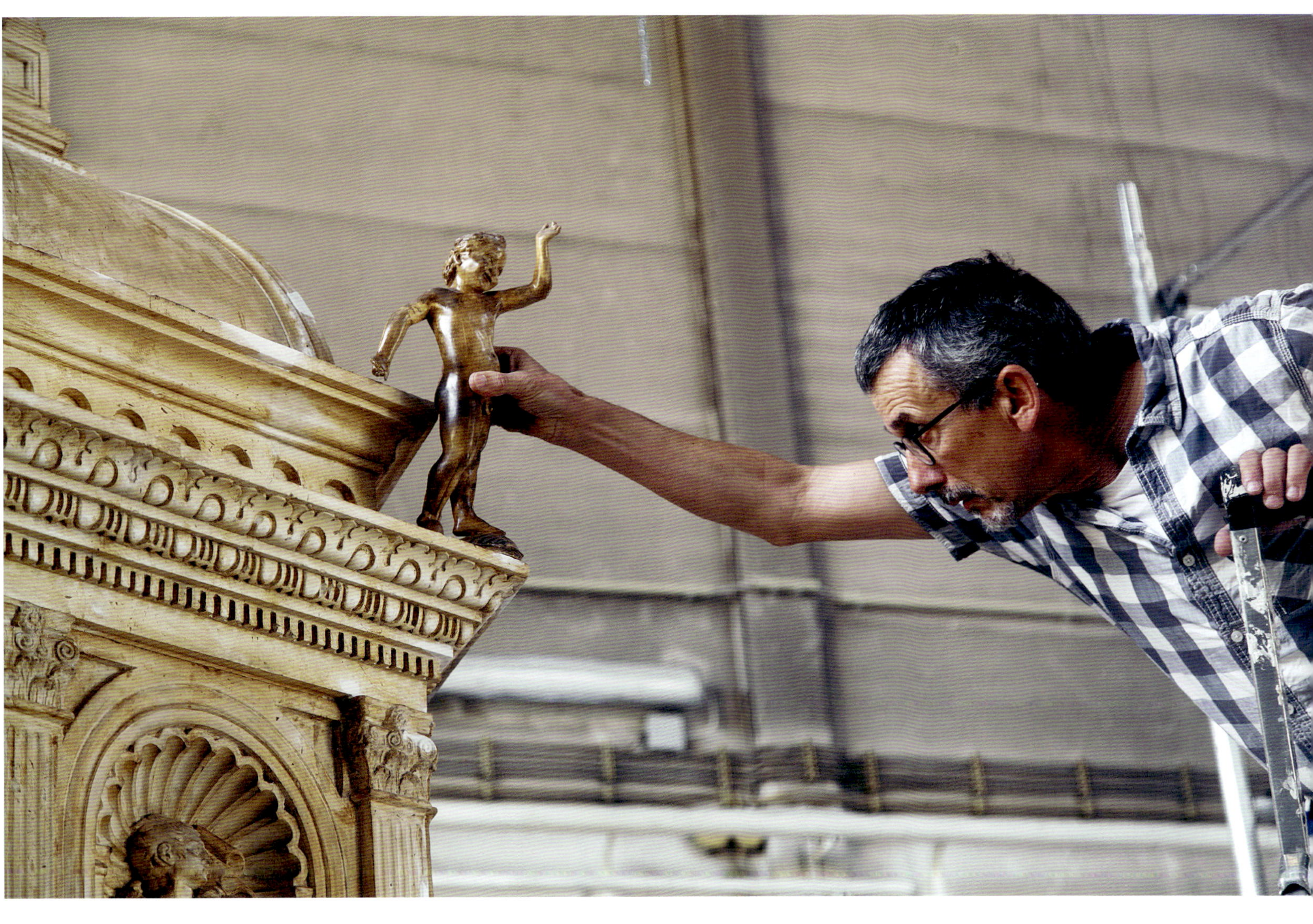

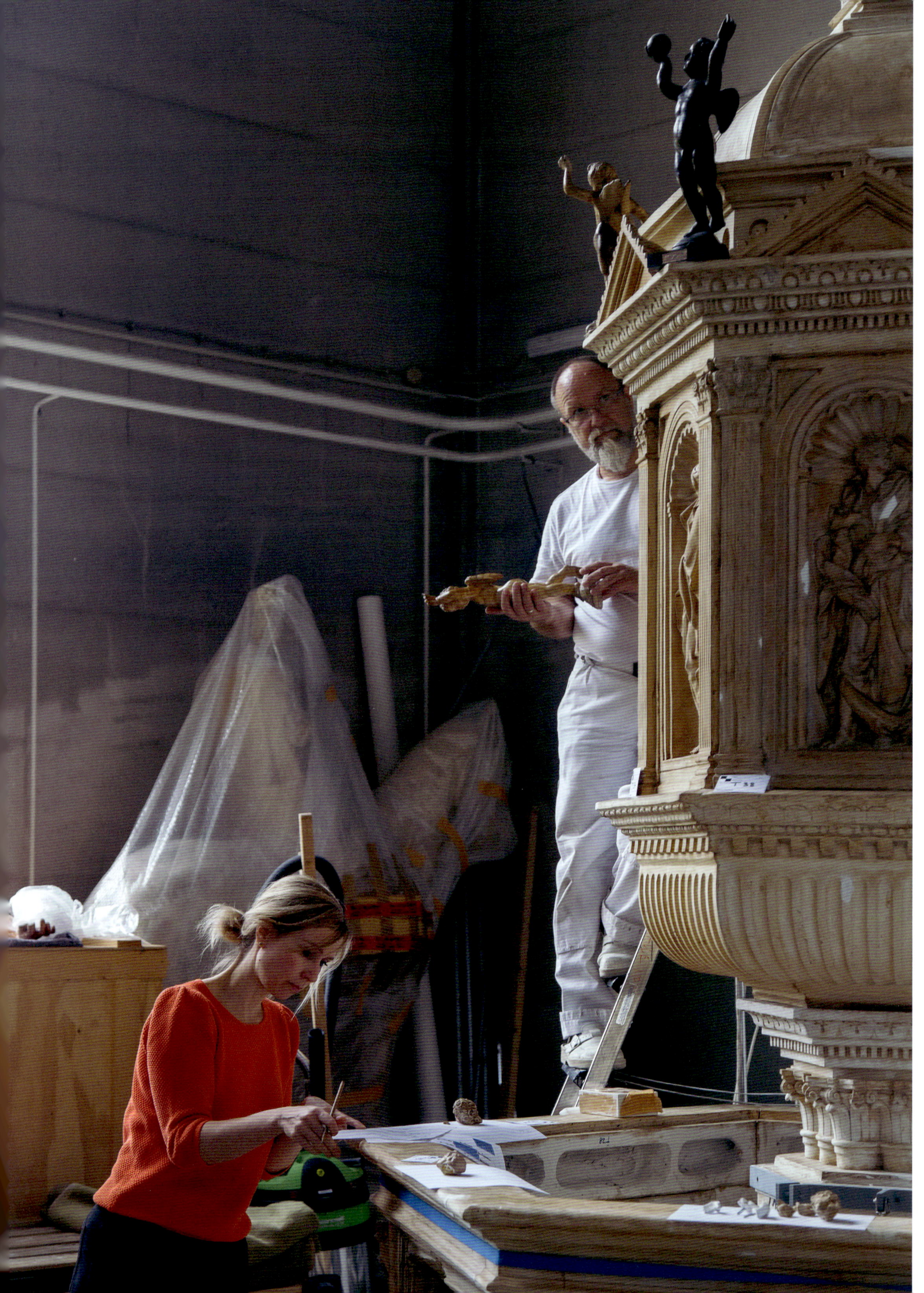

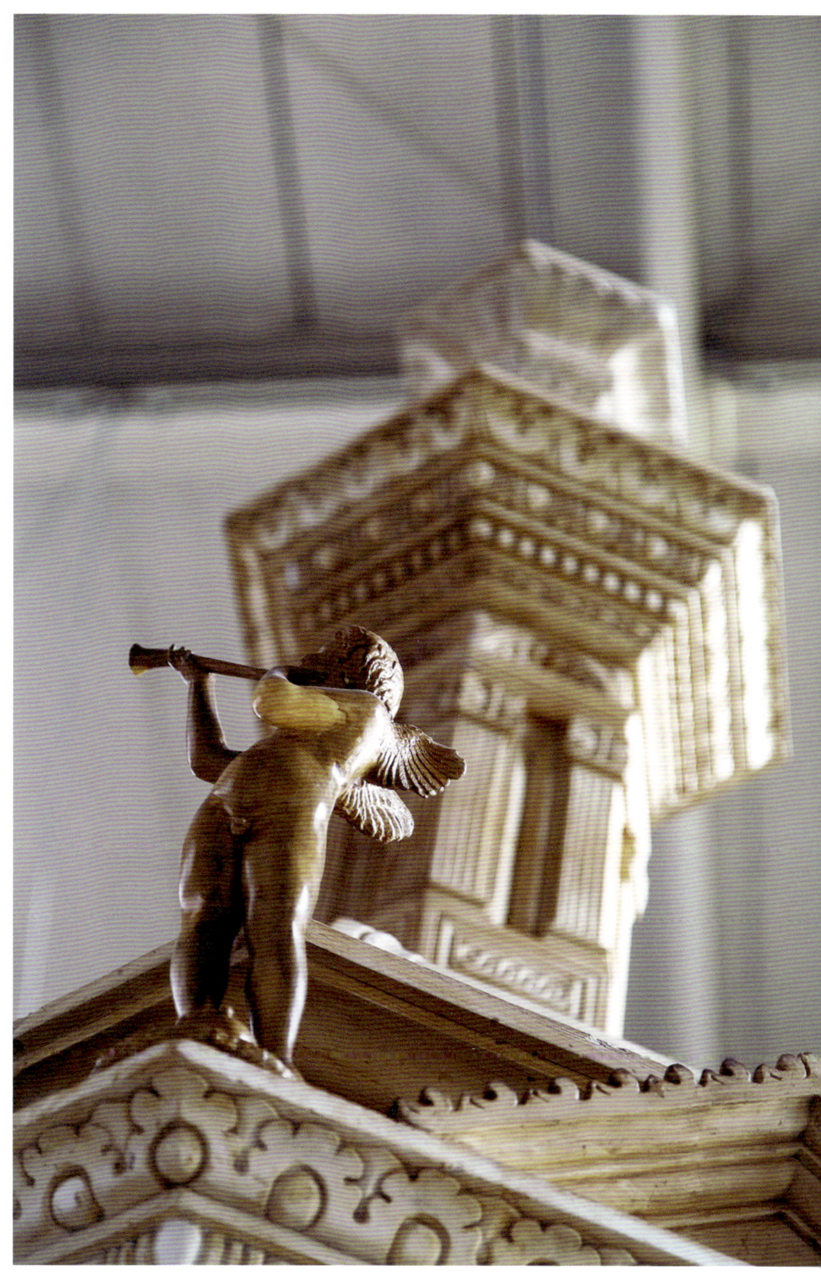

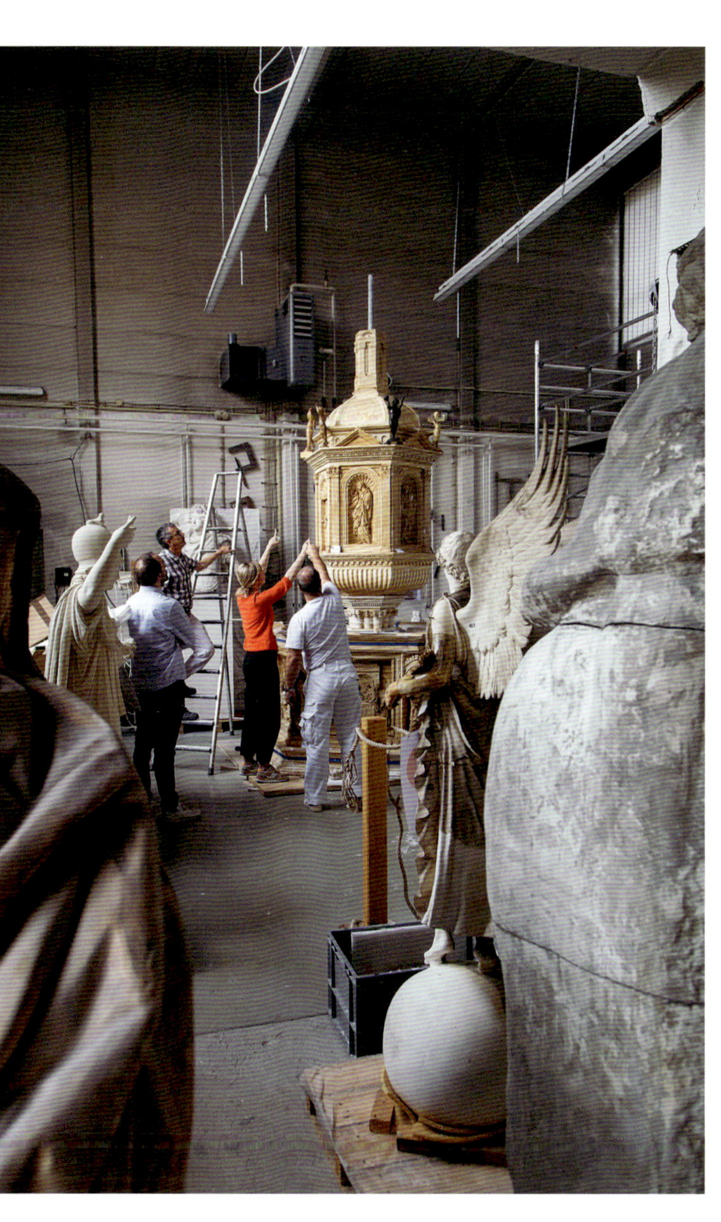

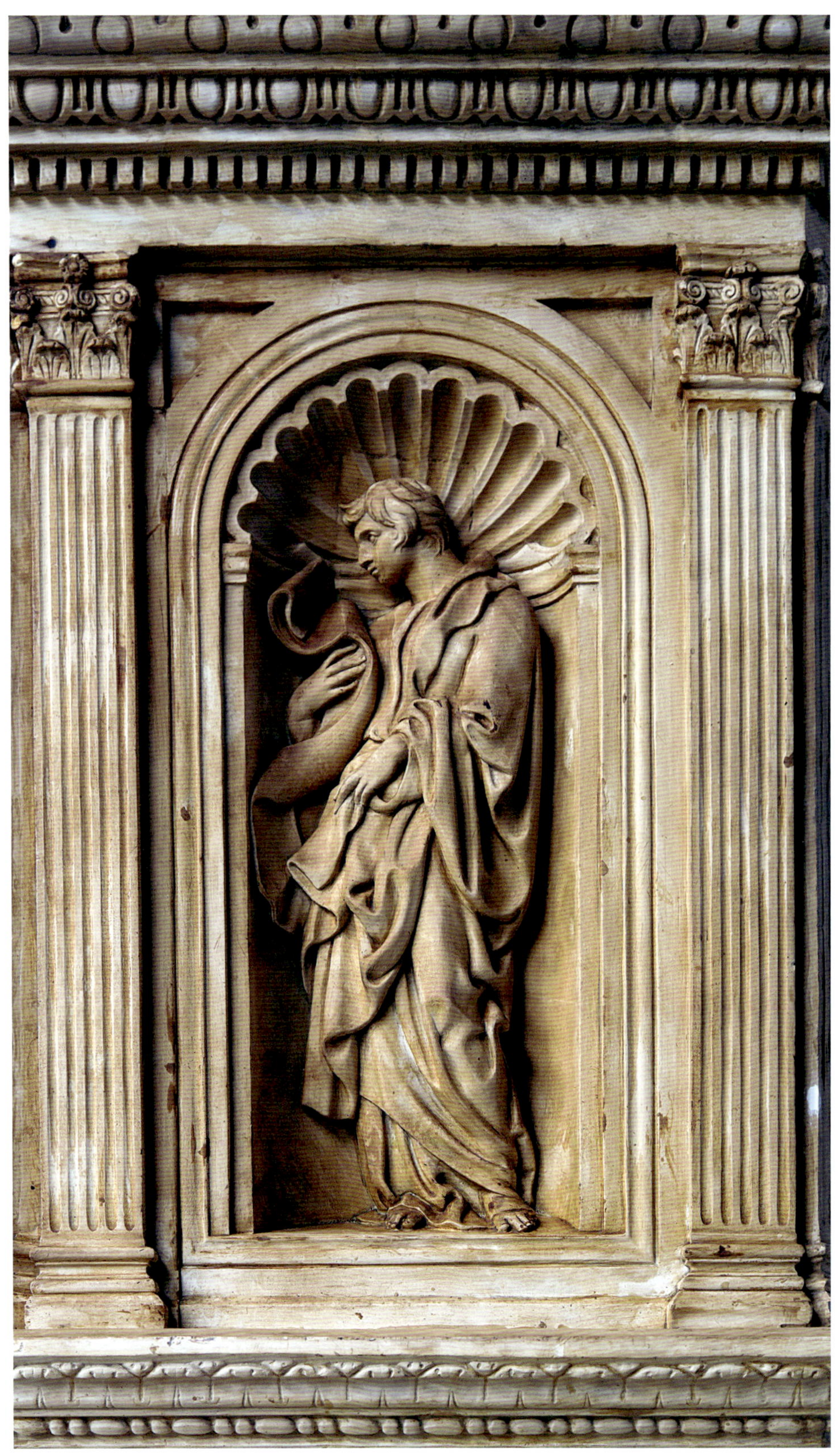

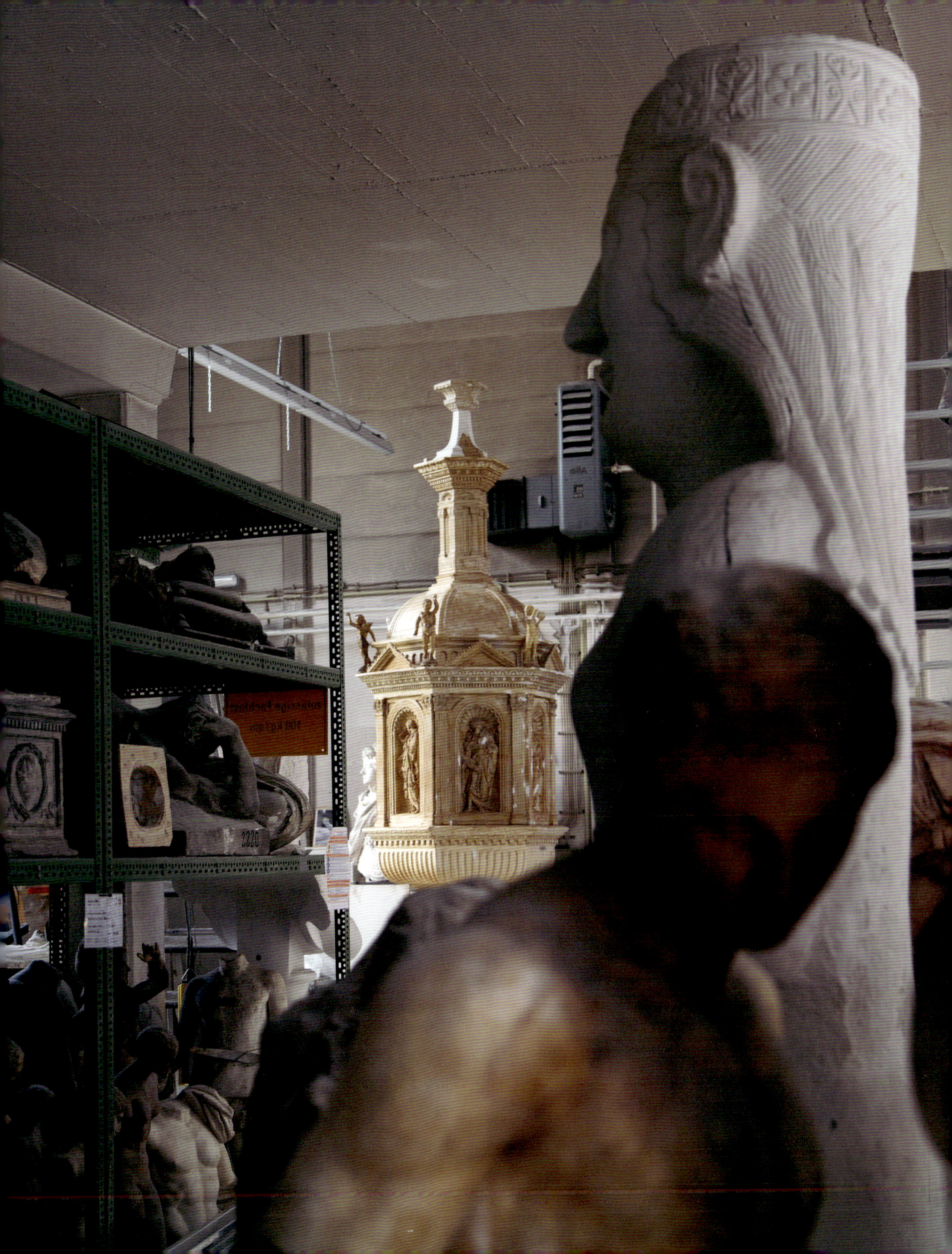

DAS TAUFBECKEN IM VERKAUFSKATALOG: RELIEFS UND FIGUREN

THE BAPTISMAL FONT IN THE SALES CATALOGUE: RELIEFS AND FIGURES

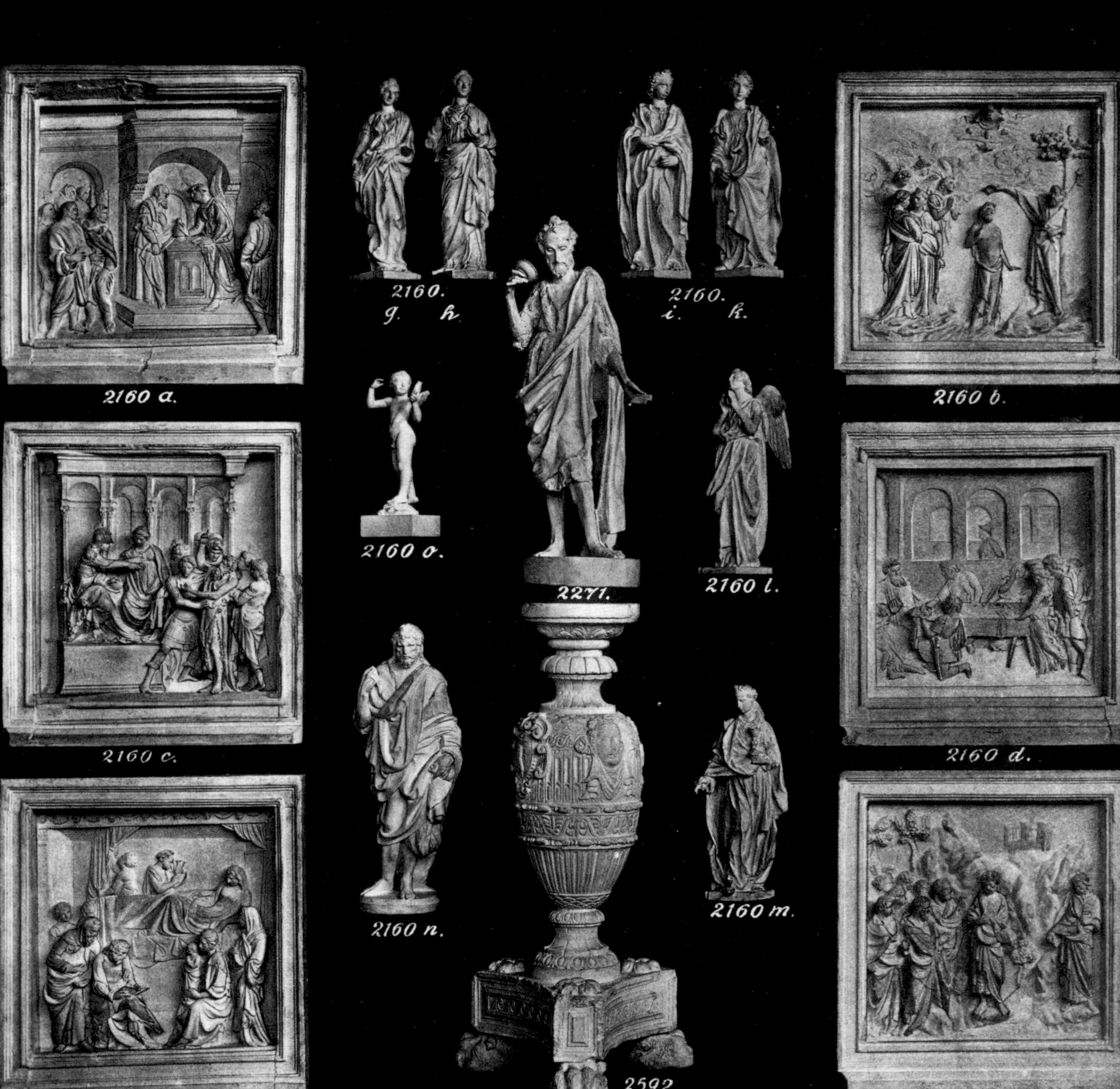

2160 a	Jacopo della Quercia	*Verkündigung an Zacharias / Annunciation to Zechariah*
2160 b	Lorenzo Ghiberti	*Taufe Christi / Baptism of Christ*
2160 c	Lorenzo Ghiberti	*Gefangennahme des Täufers / Arrest of John the Baptist*
2160 d	Donatello	*Fest des Herodes / Feast of Herodes*
2160 e	Turino di Sano, Giovanni di Turino	*Geburt des Johannes / Birth of John the Baptist*
2160 f	Giovanni di Turino	*Predigt des Täufers / Predication of John the Baptist*
2160 g	Goro di Neroccio	*Tapferkeit / Force*
2160 h	Giovanni di Turino	*Klugheit / Prudence*
2160 i	Giovanni di Turino	*Gerechtigkeit / Justice*
2160 k	Giovanni di Turino	*Wohltätigkeit / Charity*
2160 l	Donatello	*Hoffnung / Hope*
2160 m	Donatello	*Glaube / Faith*
2160 n	Jacopo della Quercia	*Johannes der Täufer / John the Baptist*
2160 o / 2161	Donatello	*Putto mit Tamburin / Putto with a Tambourine*

Nicht vom Taufbecken in Siena / Not from the Siena Baptismal Font:

2271 Donatello
Johannes der Täufer, ehem. Berlin, Kaiser-Friedrich-Museum; seit 1945: Moskau, Puschkin-Museum, kriegsbedingt verlagert
John the Baptist, formerly Berlin, Kaiser-Friedrich-Museum; since 1945: Moscow, Pushkin Museum, transferred after the Second World War

2592 Balustersockel des Johannes des Täufers im Kaiser-Friedrich-Museum, Staatliche Museen zu Berlin, Skulpturensammlung, Bode-Museum
Baluster base of John the Baptist in the Kaiser-Friedrich-Museum, Staatliche Museen zu Berlin, Skulpturensammlung, Bode-Museum

Nicht abgebildet / Not in the image:

2162	Giovanni di Turino	*Putto mit Ball / Putto with a Ball*
2163	Donatello	*Tanzender Putto / Dancing Putto*
2164	Giovanni di Turino	*Tanzender Putto / Dancing Putto*
2165	Donatello	*Putto mit Trompete / Putto with a Trumpet*
2166	Donatello	*Tanzender Putto / Dancing Putto*

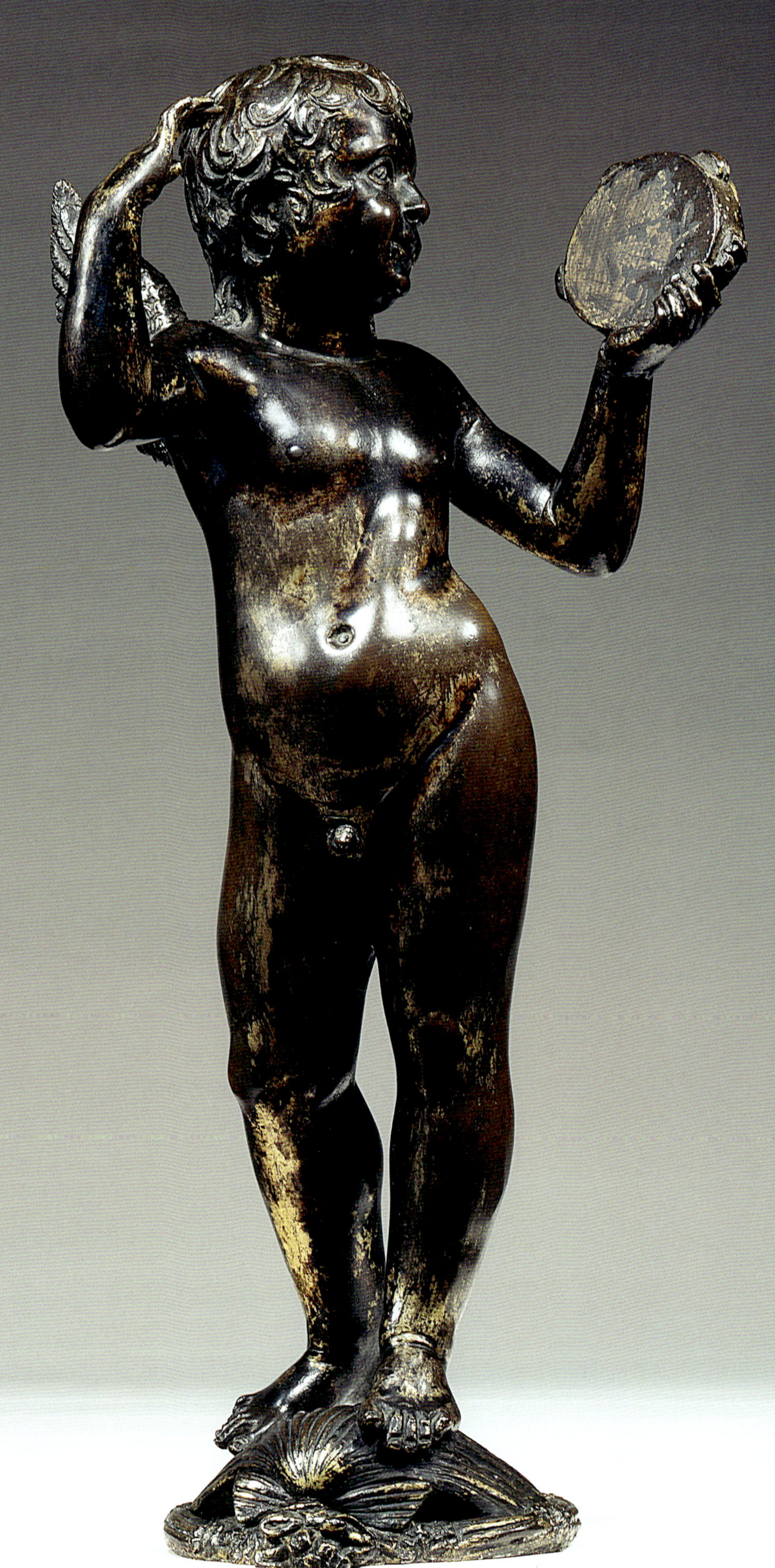

NEVILLE ROWLEY

BODES *PUTTO*

1896 publizierte Heinrich Wölfflin einen bemerkenswerten Artikel mit dem Titel »Wie man Skulpturen aufnehmen soll« in den Kolumnen der *Zeitschrift für bildende Kunst*. Der kaum zweiunddreißigjährige Schweizer Kunsthistoriker hatte bereits vier Jahre zuvor die Nachfolge des ehrwürdigen Jacob Burckhardt als Professor der Kunstgeschichte an der Universität Basel angetreten. Während der Lehrer, Burckhardt, die Bedeutung der »Kultur der Renaissance« propagiert hatte, wies der Schüler darauf hin, dass die nachfolgende Epoche, der Barock, ebenfalls als eine eigenständige Ästhetik anerkannt werden sollte – und zwar keineswegs als eine dekadente, wie bis dato oft argumentiert worden war. Im Laufe der nächsten Jahrzehnte entwickelte Wölfflin seine Ideen weiter, was schließlich in seinem 1915 publizierten Hauptwerk, *Kunstgeschichtliche Grundbegriffe*, kulminerte. Wölfflin argumentiert, dass die gesamte Geschichte der Kunst in eine Abfolge dreier Epochen unterteilt werden kann: Dem primitiven (und daher unvollkommenen) Zeitalter folge das klassische, wohl-proportionierte und schließlich das barocke, das ›malerisch‹ denkt. Früher oder später zerfalle die Einheit, und der Zyklus beginne wieder mit einer neuen primitiven Phase.

Dieser formalistische Ansatz, der Wölfflin berühmt machte, ihm aber auch scharfe Kritik zutrug, lässt sich bereits in dem kurzen Artikel der *Zeitschrift für bildende Kunst* finden, der im folgenden Jahr mit einem weiteren vervollständigt werden sollte. Was Skulptur angeht, schlug Wölfflin vor, dass die Werke der klassischen Epochen und des Barocks nicht auf die gleiche Weise fotografiert werden sollten: Während erstere von vorne aufzunehmen seien, seien letztere von einem seitlichen Blickwinkel zu fotografieren. Donatellos berühmter Bronze-*David*

BODE'S *PUTTO*

In 1896, Heinrich Wölfflin published a remarkable article in the columns of the journal *Zeitschrift für bildende Kunst* entitled »How One Should Photograph Sculpture«. The Swiss art historian, who was barely thirty-two, had four years earlier already succeeded the venerable Jacob Burckhardt as professor of art history at the University of Basel. While the teacher had been advocating the superiority of the »Culture of the Renaissance«, the pupil pointed out that the subsequent period, the Baroque, should also be appreciated as a distinct aesthetic – and by no means a decadence, as had often been argued until then. Wölfflin continued to develop his ideas over the following decades, culminating in his *magnum opus, Principles of Art History,* published in 1915. The entire history of art, he argued, can be scaled into a sequence of three periods: the primitive (and therefore imperfect) age; the well-proportioned classical, and lastly the baroque, which thinks ›pictorially‹. Sooner or later, unity breaks down, and the cycle begins again with a new primitive phase.

This formalist approach, which would make Wölfflin famous (and also earn him harsh criticism), was already at work in the brief article in the *Zeitschrift für bildende Kunst*, which was complemented by another article the following year. Regarding sculpture, Wölfflin argued that the creations of the classical and baroque periods should not be photographed in the same way: while the former should be taken frontally, the latter need to be photographed at an angle. Donatello's famous *David* in the Bargello Museum can only be understood from a frontal viewpoint (fig. 1), unlike a marble piece belonging to the Berlin Museums, which the author simply calls *Giovannino* (fig. 2). The sculpture had been purchased in Pisa at the end of

‹ Donatello, *Putto mit Tamburin* / *Putto with a Tamburino*, 1429,
Staatliche Museen zu Berlin, Skulpturensammlung, Bode-Museum

im Museo del Bargello in Florenz könne nur von einem frontalen Betrachterstandpunkt aus erfasst werden (Abb. 1), im Gegensatz zu einer Marmorstatue im Besitz der Berliner Museen, die der Autor schlicht *Giovannino* nennt (Abb. 2). Diese Skulptur war in Pisa Ende der 1870er Jahre erstanden, und damit zu einer Zeit, da die Meinungen der Forscher darüber auseinandergingen, ob hierin der junge *Heilige Johannes der Täufer* (italienisch *Giovannino*) zu sehen sei, der historischen Quellen zufolge vom jungen Michelangelo für Pierfrancesco de' Medici gehauen worden war. Diese Ungewissheit ermöglichte dem jungen Direktorialassistenten der Berliner Skulpturensammlung Wilhelm Bode den Ankauf dieses Objekts für seine Institution.

In Berlin wurde der »*Giovannino*« daraufhin als ein echter Michelangelo präsentiert; alles andere wäre Bode gegenüber ein Affront gewesen. Bereits in einem 1891 publizierten Buch über Michelangelos Jugend hatte Wölfflin diese Zuschreibung kritisiert. Fünf Jahre später griff sein Artikel in der *Zeitschrift für bildende Kunst* dieses Thema wieder auf. Wegen seiner Bewegtheit könne der »*Giovannino*« nicht nur von einer Seite aufgenommen werden, man müsse »mehrere Aufnahmen machen, um ihm gerecht zu werden« (Abb. 2). Für den Autor bestätigte dieser Aspekt, dass das Werk in die Zeit des Barocks gehörte und nicht vor der Mitte des 16. Jahrhunderts entstanden sein konnte. Dies schloss sogleich aus, dass es sich um den Ende des vorigen Jahrhunderts geschaffenen *Giovannino* von Michelangelo handelte.

Im Laufe der Zeit teilten immer weniger Kunsthistoriker Bodes unbeirrt beibehaltenes Urteil. 1910 schlug Alois Grünwald vor, dass die Berliner Skulptur das Werk Domenico Pierattis, eines Nachfolgers von Michelangelo, sei. Diese lange vernachlässigte These hat seit Kurzem wieder an Popularität gewonnen, wobei die Zuschreibung auf Domenicos Bruder Giovan Battista erweitert wurde. Was die Identifizierung der Skulptur angeht, so zieht die moderne Forschung vor, hier eher einen *Aristaios* zu sehen,

the 1870s, and at the time the scientific community was divided over whether to recognise it as the *Infant Saint John the Baptist* (*Giovannino* in Italian) that ancient sources claim was carved by the young Michelangelo for Pierfrancesco de' Medici. This uncertainty enabled the young deputy director of the Berlin Sculpture Collection, Wilhelm Bode, to arrange for his institution to purchase the object. The »*Giovannino*« was then presented in Berlin as a genuine Michelangelo; any other attribution would have been a disavowal for Bode. In a book on Michelangelo's youth, published in 1891, Wölfflin had already challenged this judgement. Five years later, his article in the *Zeitschrift für bildende Kunst* returned to the question. Because of its moving nature, the »*Giovannino*« could not be photographed from just one side, as »several points of view must be taken to do it justice« (fig. 2). For the author, this aspect confirmed the work belonged to the Baroque era, dating at least from the middle of the sixteenth century. It could not, therefore, be the *Giovannino* sculpted by Michelangelo at the end of the previous century.

Over the years, fewer and fewer art historians would share Bode's inflexible judgement. In 1910, Alois Grünwald suggested that the Berlin sculpture was the work of Domenico Pieratti, a Florentine follower of Michelangelo. This long-neglected view has recently come back into fashion, although the attribution has been extended to Domenico's brother Giovan Battista. As for the identification of the sculpture, one now prefers to see an *Aristaeus*, inventor of beekeeping according to classical mythology; the young man is, in fact, holding a honeycomb in his hands, more difficult to justify for John the Baptist. Despite Bode's immense reputation as a connoisseur, it seems Wölfflin was right to question his judgement on this matter.

*

»Bode's Michelangelo« disappeared at the end of the Second World War. It was not much discussed in

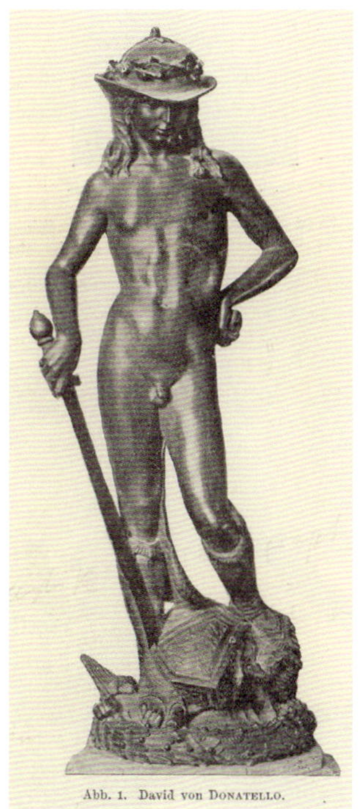

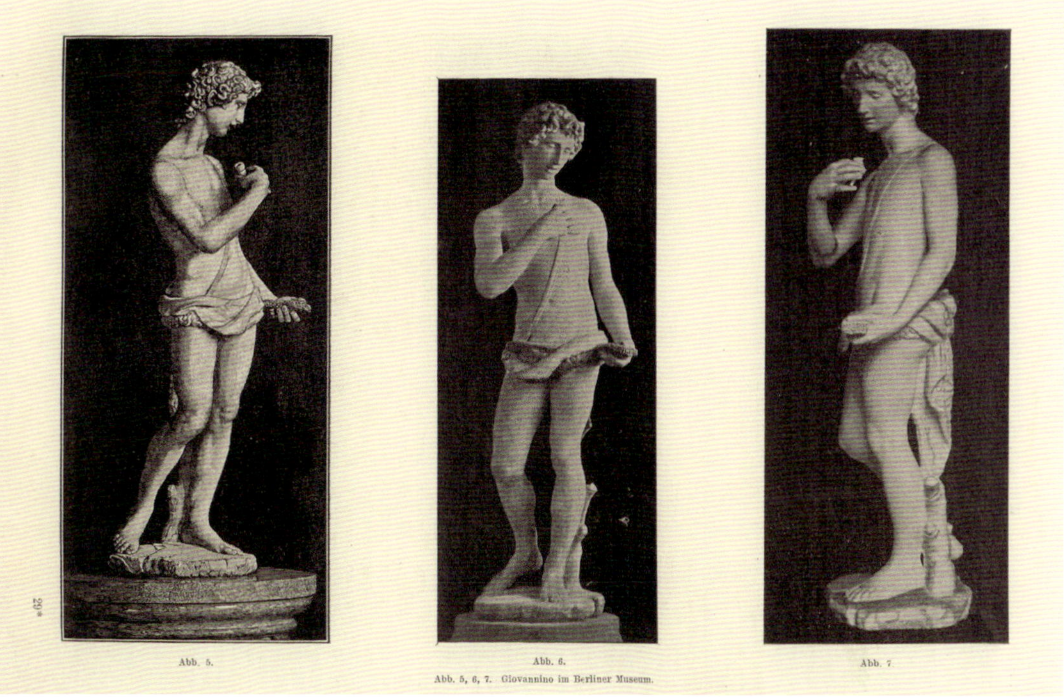

1 Donatello, *David*, Florenz / Florence, Museo Nazionale del Bargello, in: Wölfflin 1896, S. / p. 225

2 Domenico und Giovan Battista Pieratti, *Aristaios* / *Aristaeus*, ehemals / formerly Berlin, Kaiser-Friedrich-Museum, in: Wölfflin 1896, S. / p. 227

der in der klassischen Mythologie als Erfinder der Imkerei bekannt ist. In der Tat hält der junge Mann eine Honigwabe in seinen Händen, ein Motiv, das für Johannes den Täufer schwieriger zu rechtfertigen ist. Trotz Bodes gewaltigem Ruf als Kunstkenner scheint es, dass Wölfflin in diesem Fall sein Urteil zu Recht infrage stellte.

*

»Bodes Michelangelo« ist seit Ende des Zweiten Weltkriegs verschollen. Er wurde in der späteren Literatur wenig diskutiert, auch wenn er im Laufe der Jahre sporadisch mittels einer Fotografie und eines Gipsabgusses in seinem früheren Zuhause, dem 1956 in Bode-Museum umbenannten Kaiser-Friedrich-Museum, erwähnt wurde. Nach der deutschen Wiedervereinigung wurde das ganze Museum renoviert, um dem Gebäude seinen alten Glanz wiederzugeben.

subsequent literature, although it has been sporadically evoked over the years through a photograph and a plaster cast in its former home, the Kaiser-Friedrich-Museum, renamed the Bode Museum in 1956. After the German reunification, the entire museum was restored to return the building to its former splendour. One of the posters produced in 2006 for the reopening shows the huge entrance hall, at the centre of which stands an electroplated copy of the equestrian monument to Elector Friedrich Wilhelm III by Andreas Schlüter (fig. 3). Both staircase and horse seem to be in motion: one could list Wölfflin's »principles of art history« and place this scenography without hesitation in the category of Baroque art. Designed in 1904, such an exaltation of Prussia was requested by Emperor Wilhelm II and endorsed by Wilhelm Bode, who had become the museum director at the time.

Eines der Plakate für die Wiedereröffnung im Jahr 2006 zeigte die gewaltige Eingangshalle, in deren Mitte eine galvanoplastische Kopie des Reiterdenkmals für Kurfürst Friedrich Wilhelm III. von Andreas Schlüter steht (Abb. 3). Sowohl das Treppenhaus als auch das Pferd scheinen in Bewegung zu sein: Man könnte Wölfflins »Kunsthistorische Grundbegriffe« auflisten und diese Inszenierung ohne Zögern in der Kategorie der Barockkunst verorten. Als das Gebäude am Ende des 19. Jahrhunderts entworfen wurde, war eine derartige Verherrlichung Preußens von Seiten Kaiser Wilhelms II. gefordert und auch von Wilhelm Bode, der mittlerweile Direktor des Museums war, gebilligt worden.

Bode hatte bei der Planung ›seines‹ Museums bewusst eine derartige nationalistische Glorifizierung akzeptiert, wählte aber für den Mittelpunkt des Gebäudes eine Architektur, die mehr seinem Geschmack entsprach – nämlich die maßstabsgetreue Reproduktion einer florentinischen Kirche, gebaut nach den Prinzipien der frühen Renaissance, wie sie von Filippo Brunelleschi entwickelt worden waren. Im Gegensatz zu den geschwungenen Bögen, dem Gold und den preußischen Portraits der Eingangshalle dominierten in der sogenannten Basilika Geometrie, grauer Florentiner Stein sowie gemalte und in Stein gehauene Altarbilder. Es war Bode nicht gelungen, das Gebäude das »Renaissance Museum« zu nennen, aber er hatte erreicht, die Renaissance in den Mittelpunkt des Museums zu stellen. Hiermit leistete er dem einzigen Menschen, den er jemals als seinen Meister akzeptiert hätte, einen Ehrendienst: Jacob Burckhardt. Burckhardt sollte Bodes Hommage nie zu sehen bekommen: Er war 1897 verstorben – sieben Jahre vor der Eröffnung des Kaiser-Friedrich-Museums

Im Jahr 1922 sollte Wilhelm von Bode (er war 1914 in den Adelstand erhoben worden) auf seine fünfzigjährige Laufbahn im Dienste der Berliner Museen zurückblicken. Vieles hatte sich seit den glorreichen Tagen von 1904 geändert: Die deutsche

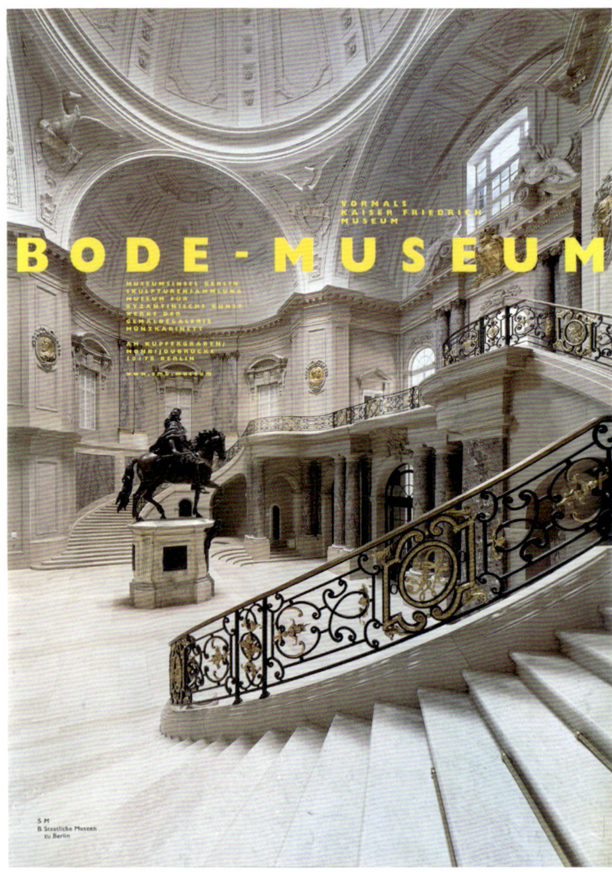

3 Plakat des Bode-Museums: Eingangshalle / Poster of the Bode-Museum: lobby, 2006

When planning what he considered to be ›his‹ museum, Bode willingly accepted such a nationalistic glorification while choosing to place at the centre of the museum an architectural style that was much more to his taste: a full-scale reproduction of a Florentine church, built according to the early Renaissance principles laid down by Filippo Brunelleschi. Unlike the curves, gold, and Prussian portraits in the entrance hall, geometry, grey Florentine stone, and painted and sculpted altarpieces reigned supreme in the »Basilika.« Bode did not succeed in naming the building the Renaissance-Museum, as he had long hoped, but he did succeed in placing the Renaissance at its centre. In doing so, he paid direct homage to the only person he had ever considered to

Niederlage von 1918 und die nachfolgende rasante Inflation hatten viele Berliner Sammler in den Ruin getrieben. Bodes Ambition war immer gewesen, Berlin zu einer Hauptstadt der Künste zu machen, auf einer Ebene mit Wien, Paris und London; jetzt aber machten die amerikanischen Milliardäre genau das, was er selbst in den ersten Jahrzehnten des Deutschen Reichs getan hatte: Sie erwarben so viele bedeutende Kunstwerke wie möglich, einschließlich derer, die ihren Weg nach Berlin gefunden hatten. Zu seinem Glück waren die Werke, die er für sein Museum erworben hatte, vor einer derartigen Emigration geschützt. In seinem 1922 publizierten ›Büchlein‹ konnte er daher einige seiner glanzvollsten Erwerbungen rühmen – allen voran die des »*Giovannino*«, der noch am Tage seiner Ankunft in Berlin von Kaiser Wilhelm I. gepriesen worden war.

Ein besonderer Platz wurde auch für »die hervorragendste Statuette unserer Sammlung, [den] tamburinschlagende[n] Engel von Donatello«, eingeräumt:

> Es lohnt, die kleine Geschichte ihrer Erwerbung zu erzählen als Illustration der Unsicherheit, welche noch vor 20 Jahren in den Kreisen der besten Kenner in bezug auf Bronzen herrschte, wenn sie über das Alltägliche hinausgingen. Überraschend erschien eines Abends in meinem Arbeitszimmer der mir seit Jahren gerade beim Ankauf von Bronzen behilfliche liebenswürdige englische Antiquar Murray Marks und stellte einen schweren Bronzeputto vor mir auf den Tisch. »Sehen Sie, was ich in London gefunden habe, und hören Sie, wie es mir damit ergangen ist«, so begrüßte er mich. In Bondstreet sei er einem ihm bekannten Aufkäufer mit dieser Figur begegnet, die derselbe gerade auf einer Möbelversteigerung um wenige Pfund Sterling erworben hatte. Er habe sie ihm sofort um 50 Pfund Sterling abgekauft und habe geglaubt, eine Bronze erworben zu haben, die mindestens aus der Nähe von Donatello stammen müsse; aber er sei überall ausgelacht worden, die

be his master, Jacob Burckhardt. Burckhardt would never see Bode's tribute to him, having died in 1897.

In 1922, Wilhelm von Bode (who was ennobled in 1914) would look back on his fifty-year career in the service of the Berlin museums. Much will have changed since the glorious days of 1904. The German defeat of 1918 and the ensuing galloping inflation had ruined many Berlin collectors. Bode had always worked to make Berlin a capital of the arts, on a par with Vienna, Paris, and London, and now American billionaires were doing what he himself had practised during the first decades of the German Reich: snapping up as many high-quality works of art as possible, including those that had made their way to Berlin. Fortunately for Bode, the works he had acquired for his museum were protected from such emigration. In his 1922 booklet, he could therefore boast of some of his most glorious acquisitions, starting with the »*Giovannino*«, praised by Emperor Wilhelm I on the very day it arrived in Berlin.

A special place was also reserved for »the most remarkable statuette in our collection, Donatello's tambourine-playing angel«:

> It is worth telling the little story of its acquisition to illustrate the uncertainty that prevailed even twenty years ago in the circles of the best connoisseurs about bronzes when they were out of the ordinary. One evening, the friendly English antiquarian Murray Marks, who had been helping me buy bronzes for years, suddenly appeared in my office and placed a heavy bronze putto on my table. »Look what I've found in London and find out what happened to me«, he said in greeting. In Bond Street, he had met a dealer he knew who had just bought this little figure for a few pounds at a furniture auction. Marks had immediately bought it from him for £50, believing he had acquired a bronze that must at least have come from Donatello's circle; but he had been laughed at everywhere, with some declaring it to date from the Empire period, others calling it a fake.

> einen hätten sie für Empire erklärt, die anderen gar für eine Fälschung; da habe er sich aufgemacht, um von mir zu erfahren, ob er wirklich ein Narr sei. Meine Entscheidung wolle er aber erst morgen hören, denn bei Licht könne man Bronzen nicht beurteilen. Ich fragte noch, ob die Figur denn käuflich sei, was er bejahte; nach allen Enttäuschungen fordere er nur 400 Pfund Sterling, würde sich aber von mir jede Reduktion gefallen lassen. Am folgenden Morgen hatte ich neben der Figur die Photographien des Taufbrunnens unter dem Dom in Siena mit den Putten von Donatello und der Lücke, an der sein Tamburinschläger vor ein paar Jahrhunderten gestanden hatte, ausgebreitet. Ich brauchte kein Wort hinzuzufügen. »Ich sehe jetzt«, sagte er halb traurig, halb erfreut, »daß meine Figur mit 400 Pfund Sterling verschenkt ist, aber sie gehört Ihnen, wenn Sie sie dafür behalten wollen; es freut mich wenigstens, dass in diesem Falle nicht ich der Narr gewesen bin.

Selbst wenn diese Version der Ereignisse oft infrage gestellt worden ist, so ist sie unter allen existierenden die wahrscheinlichste.

Frühe Fotografien des Sieneser Taufbeckens (Abb. 4) zeigen klar die Ähnlichkeit zwischen den noch auf dem Monument befindlichen Putti und demjenigen, den Bode an jenem Abend im Jahr 1901 so glücklich erstanden hatte – selbst wenn es in diesen Bildern keine sichtbare »Lücke« gibt. Kurz darauf schenkte Bode das Werk seinem geliebten Museum; so hatte er in der Tat jedes Recht, sich dieser einzigartigen Erwerbung zu rühmen.

*

Als das Bode-Museum im Jahr 2006 wiedereröffnete, wurde Bodes *Putto* noch immer als eines der herausragenden Werke der Skulptursammlung gewertet: Auch ihm wurde ein Plakat gewidmet (Abb. 5). In dem Bild erscheint der *Putto* in mehr als doppelter Originalgröße. Seine Armbewegungen sind elegant; mit der rechten Hand hat das Kind gerade das Tam-

> So he had come to find out from me if he really was a fool. But he didn't want to hear my decision until the following day because bronzes can only be judged in the light of day. I did ask him if the statue was for sale, to which he replied in the affirmative; after all his disappointments, he was only asking £400 for it but would accept a lower price from me. The next morning I had laid out next to the *Putto* the photographs of the Baptismal Font in Siena Cathedral, with Donatello's putti and the empty space where his tambourine player had stood a few centuries earlier. I didn't need to add a word. »I see now,« he said, half sad, half happy, »that my statuette is really given away for four hundred pounds sterling, but it is yours if you want to keep it; I am at least glad to see that, in this case, it is not I who will have been a fool.«

Even if this version has been disputed many times, it is the most likely of any of the existing alternatives.

Early photographs of the Siena Baptismal Font (fig. 4) clearly show the affinity between the putti still on the monument and the ones that Bode had fortuitously acquired the evening of 1901, even if there is no visible »empty space«. Shortly afterwards, Bode donated the work to his beloved museum. He was, therefore, perfectly entitled to boast of this singular catch.

*

When the Bode-Museum reopened in 2006, Bode's *Putto* was still regarded as one of the landmarks of the Sculpture Collection: it, too, had a poster in its honour (fig. 5). In the image, the *Putto* is more than twice his actual size. His arm movements are extremely elegant; with his right hand, the child has just struck the tambourine he is holding in his other hand (and no doubt will be striking it again soon). It is not difficult to see why the work was photographed from this viewpoint: the arms seem to be

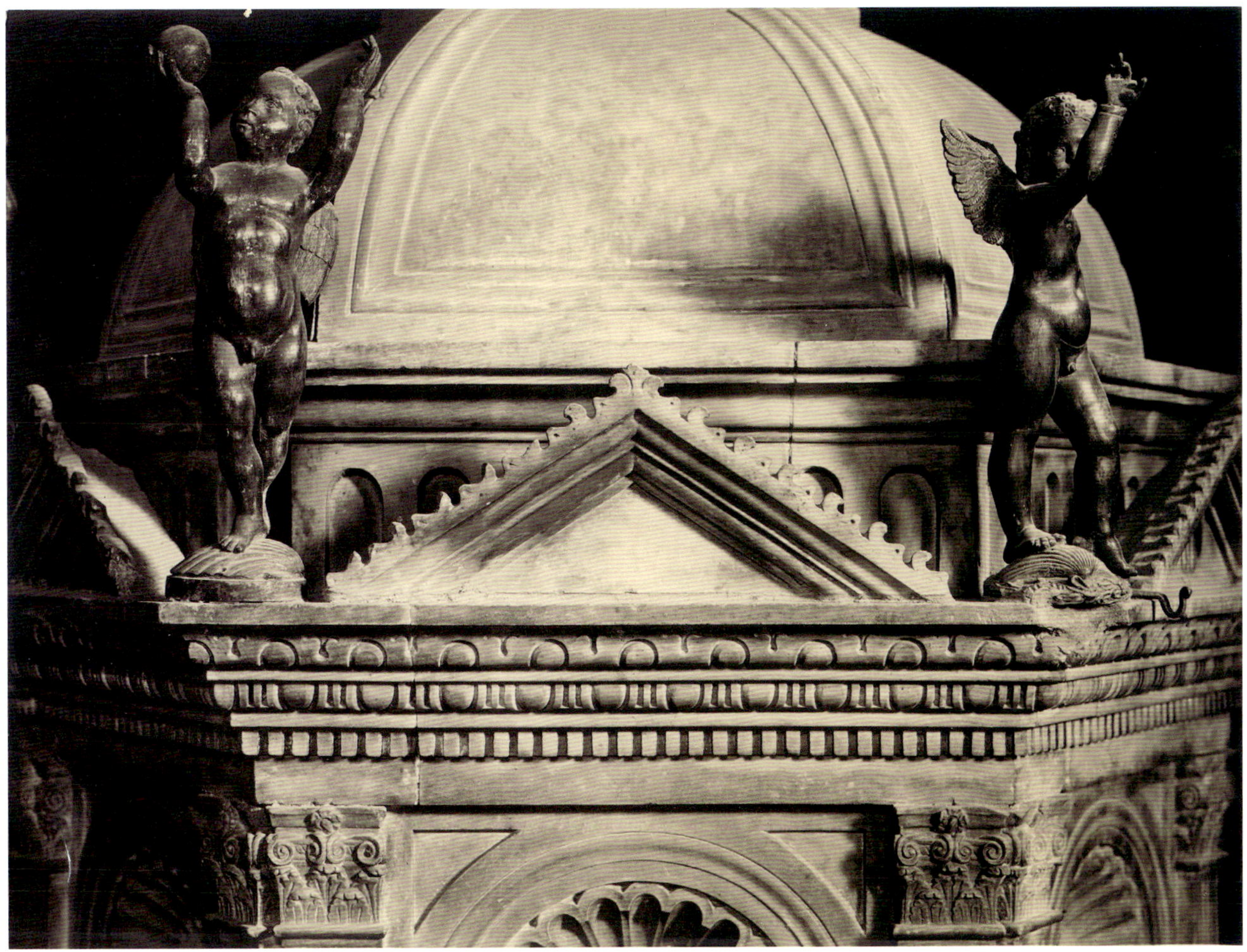

4 Siena, Taufbecken / Baptismal Font, Detail

burin geschlagen, das es in der anderen Hand hält (und sicher gleich noch einmal schlagen wird). Es ist leicht zu verstehen, warum das Werk von dem gewählten Standpunkt aus fotografiert wurde: Die Arme erscheinen zum Betrachter hin geöffnet und rahmen den leicht nach rechts gewandten Kopf des Kindes. Der Oberkörper ist ebenfalls in diese Richtung gewandt. Trotz einiger Unterschiede in den Proportionen gibt es eine deutliche Parallele zu dem berühmten Bronze-*David*, den Donatello einige Jahre später gießen sollte und der von Wölfflin in seinem Artikel in der *Zeitschrift für bildende Kunst*

open towards the viewer, framing the child's head, which is turned to the right. The upper torso also follows this direction. Despite the difference in proportions, there is a strong affinity with the famous bronze *David*, cast by Donatello a few years later and taken as an example by Wölfflin in his article in the *Zeitschrift für bildende Kunst* (fig. 1). The principles of classical art seem to apply appropriately.

The further down the *Putto* you look, however, the more surprising the impression becomes. Unlike the upper part of the torso, the lower part is turned the other way. The same is true of the legs: it is difficult to make out the right foot, which, as with the left, is balanced precariously on a large shell. One would need at least another photograph to get a

als Beispiel herangezogen worden war (Abb. 1). Die Prinzipien Klassischer Kunst scheinen hier ihre Bestätigung zu finden.

Je weiter aber der Blick auf den *Putto* nach unten wandert, desto überraschendere Eindrücke gewinnt man. Im Gegensatz zu dem oberen Teil des Torsos ist der untere in die andere Richtung gewandt. Dasselbe gilt für die Beine: Es fällt schwer, den rechten Fuß zu erkennen, der wie der linke spielerisch auf einer großen Muschel balanciert ist. Man bedarf mindestens einer weiteren Fotografie, um ein genaueres Bild zu erhalten. In dieser Hinsicht muss akzeptiert werden, dass Donatellos *Putto* genauso wenig auf einen frontalen Blickpunkt hin ausgerichtet ist wie Domenico und Giovan Battista Pierattis *Aristaios* (Abb. 2). Nach Wölfflins »Kunsthistorischen Grundbegriffen« müsste Donatellos Statuette als »barock« klassifiziert werden. Bode lag falsch mit seinem pseudo-Michelangelo und es scheint, dass sich auch Wölfflin mit seinen bildlichen Kategorien geirrt hat.

Trotz all ihrer Verdienste stießen die »Kunsthistorischen Grundbegriffe« an ihre Grenzen, da sie zu unflexibel waren – und dies nicht nur im Fall solch außergewöhnlicher Werke wie unseres *Putto* von Donatello. Anfang des 20. Jahrhunderts insistierten mehrere Kunsthistoriker, dass es notwendig sei, eine weitere Epoche, und zwar den »Manierismus«, zwischen der »klassischen« und der »barocken« Epoche zu verorten. Es wurde bald offensichtlich, dass diese Kategorie der Vielansichtigkeit von Werken wesentlich gerechter wurde als der Barock. Gianlorenzo Berninis *Ekstase der heiligen Teresa* in Santa Maria della Vittoria in Rom, ein Meisterwerk der Barockkunst, ist, um nur ein Werk unter vielen herauszugreifen, auf einen bestimmten, ausschließlich frontalen Betrachter:innenstandpunkt angelegt – wie auch die Skulpturen des jungen Michelangelo (dessen [echter] *Giovannino*, der vor Kurzem in Spanien entdeckt wurde, voll und ganz einer solchen frontalen Ausrichtung entspricht). Demgegenüber

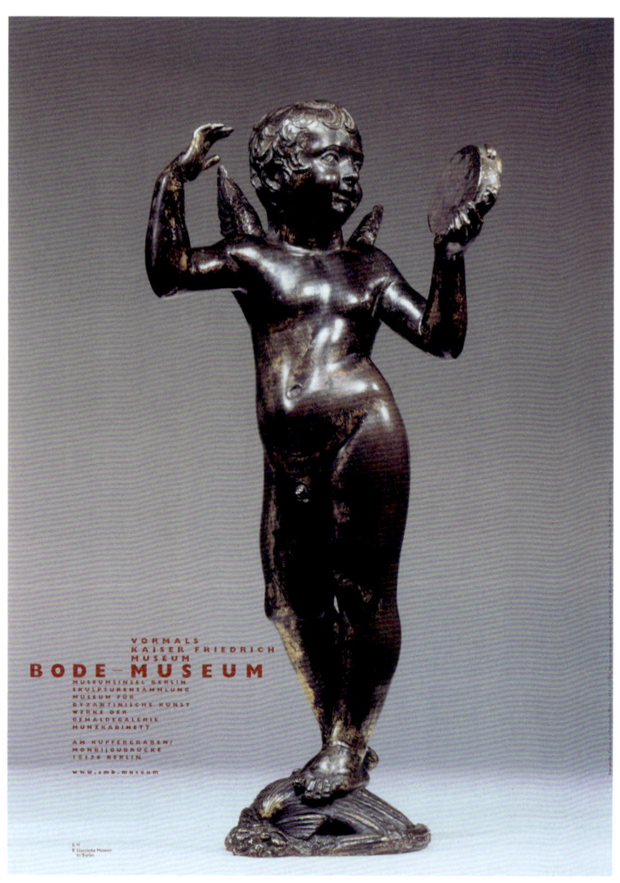

5 Plakat des Bode-Museums: Donatello, *Putto mit Tamburin* / Poster of the Bode-Museum: Donatello, *Putto with a Tambourine*, 2006

clearer picture. In this respect it must be admitted that Donatello's *Putto* no more respects a frontal view than Domenico and Giovan Battista Pieratti's *Aristaeus*. Strictly following Wölfflin's »principles of art history«, Donatello's statuette should be classified as »Baroque.« Bode was wrong about his pseudo-Michelangelo and it seems Wölfflin was equally mistaken about his visual categories.

For all their merits, the »principles of art history« showed their limitations by being too systematic – and not just in the case of certain exceptional works, such as our Donatellian *Putto*. At the beginning of the twentieth century, several art historians insisted on the need to place another period, to be

hinterfragten Michelangelos Nachfolger – von Benvenuto Cellini bis Giambologna – diese Tyrannei der Einansichtigkeit durch die Vervielfältigung des Betrachter:innenstandpunkt.

Die klar erkennbare Torsion des Berliner *Putto* wurde in der Literatur zu Donatello nicht unberücksichtigt gelassen. Sie wurde in Beschreibungen des Werkes seit der Nachkriegszeit wiederholt aufgegriffen, vor allem in H. W. Jansons 1957 erschienener Monografie. Ebenso wurde sie in einer Ausstellung hervorgehoben, die 1995 im Alten Museum ausgerichtet worden war, Bronzestatuetten aus der Renaissance und dem Barock zum Gegenstand hatte und den passenden Titel »Von allen Seiten schön« trug. Donatellos *Putto* eröffnete den Katalog, und die später als *figura serpentinata* bezeichnete, schlangenförmig gewundene Form seines Körpers wurde hier explizit als Vorläufer der Ästhetik des 16. Jahrhunderts beschrieben. Es war sicherlich nicht falsch, den *Putto* auf diese Weise zu präsentieren, doch wird diese Interpretation dem in einem völlig anderen Kontext entstandenen Werk letztlich nicht gerecht. Nun gilt es, den *Putto* wieder zurück in den Zusammenhang des Monuments zu stellen, von dem er stammt – dem Sieneser Taufbecken.

*

Die überlieferten Quellen zum Taufbecken umfassen einem Zeitraum von 1416 bis 1434. Diese achtzehn Jahre gehören zu den wichtigsten in der Entwicklung der Epoche, die wir die Renaissance nennen. Gewiss war das künstlerische Zentrum zu dieser Zeit eher Florenz als Siena, aber die Sienesen waren im Bereich der Bildhauerei nicht zu übertreffen. 1401 bewarben sich zwei Sieneser Bildhauer darum, das Florentiner Baptisterium in der Nachfolge der ein Dreivierteljahrhundert früher geleisteten Arbeit Andrea Pisanos mit neuen Bronzetüren auszustatten. Doch weder Jacopo della Quercia noch Francesco di Valdambrino wurden bei diesem Wettbewerb, der oft als der eigentliche Auftakt der Renaissance verstan-

called »Mannerism«, between the »Classical« and »Baroque« eras. It soon became clear that such a categorisation did far greater justice to the multiplicity of points of view than did the Baroque. To take one work among many, Gianlorenzo Bernini's *Ecstasy of Saint Teresa* in Santa Maria della Vittoria in Rome, a masterpiece of Baroque art, was intended to be seen from a specific, frontal viewpoint, as with the sculptures of the young Michelangelo (the latter's *Giovannino*, recently identified in Spain, fully conforms to such a point of view). On the other hand, Michelangelo's followers, from Benvenuto Cellini to Giambologna, challenged this tyranny of the viewpoint by multiplying it.

The obvious torsion of the Berlin *Putto* was not ignored in the literature on the artist. It was a recurrent aspect of descriptions of the work from the post-war period onwards, particularly in H.W. Janson's monograph on Donatello, published in 1957. This was also emphasised in an exhibition organised at the Altes Museum in 1995, devoted to Renaissance and Baroque small bronzes, and specifically entitled »Von allen Seiten schön« (»Beautiful from all sides«). The Donatellian *Putto* opened the catalogue, and the »figura serpentinata« or »serpentine form« of its body was openly described as a precursor of the sixteenth century aesthetic. It was certainly not wrong to present the *Putto* in this way, but this interpretation did not do full justice to an object conceived in an entirely different context. We now need to put the *Putto* back in relationship with the monument from which it came, namely the Siena Baptismal Font.

*

The documentation preserved on the font spans the period from 1416 to 1434. These eighteen years were among the most important in the development of what would be called the Renaissance. Admittedly, the artistic centre at the time was Florence rather than Siena, but the Sienese were not to be outdone, particularly in the field of sculpture. In 1401, two

den wird, in die engere Auswahl genommen. Die beiden Finalisten waren Florentiner, die zu diesem Zeitpunkt noch unbekannt, aber zu Großem bestimmt waren: Filippo Brunelleschi und Lorenzo Ghiberti.

Aus Gründen, die sich uns bis heute nicht erschließen, war es Ghiberti, der den Wettbewerb gewann. Er begann sofort mit der Arbeit an den Bronzetüren, fertigte weitere Werke in demselben Material an und wurde bald der berühmteste Goldschmied der Toskana. So beauftragten die Sieneser zuerst ihn, das neue Taufbecken mit bildhauerischem Schmuck zu versehen. Es verwundert nicht, dass er hierfür sein Lieblingsmaterial durchsetzte und die Marmorstruktur des Beckens mit Bronze-Reliefs ausgestattet wurde. Die Sieneser Reliefs waren im Vergleich zu denen, die er für seine Florentiner Türen schuf, wesentlich größer und verzichteten zugunsten eines rechteckigen Bildfelds auf das aus der Gotik übernommene Vierblatt-Format. Auf diese Weise gab Ghiberti seinen Kompositionen mehr Raum, aber auch mehr Autonomie. Nachdem er 1423 seine ersten Türen für das Florentiner Baptisterium fertiggestellt hatte, schuf Ghiberti einen zweiten Satz, bei dem die Reliefs nun exakt quadratisch waren, und er verwendete hier die neue Figurensprache der Renaissance. Michelangelo sollte dieses zweite Werk »die Paradiespforte« nennen.

Von den zwei Reliefs, die Ghiberti für Siena machte, ist die *Taufe Christi* (Abb. 6) unbestritten das gelungenste, da es gotische Eleganz mit klassischer Monumentalität verbindet. Der Künstler achtete besonders darauf, die Lesbarkeit des Reliefbildes zu fördern: Es ist sofort klar, dass die zentrale Figur die bedeutendste ist. Christus wird von Johannes dem Täufer getauft, dessen Arm über dem Messias eine Art von Torbogen bildet, der auf der anderen Seite und darüber von vielen Engeln vervollständigt wird. Ghiberti spielt mit vollendetem Geschick mit der räumlichen Anordnung seiner Engel. Manchmal lässt er sie hervortreten, ein andermal verschwinden sie in der Oberfläche der Bronze, so dass nur noch

Sienese sculptors applied to provide the Florentine baptistery with a new set of bronze doors, following on from Andrea Pisano's work three quarters of a century earlier. However, neither Jacopo della Quercia nor Francesco di Valdambrino was shortlisted in a competition often interpreted as the real kick-off to the Renaissance. The two finalists were Florentines, still unknown at the time but destined for greatness: Filippo Brunelleschi and Lorenzo Ghiberti.

For reasons that still elude us today, it was Ghiberti who won the competition. He immediately set to work on his bronze door and made other creations in the same material, soon becoming the most famous goldsmith in the whole of Tuscany. It was he that the Sienese first asked to decorate their new baptismal font. Unsurprisingly, the artist imposed his preferred medium: the stone structure of the basin would be decorated with bronze reliefs. Compared to those he was finalising for his Florentine Door, the Siena reliefs were much larger and abandoned the cloverleaf format inherited from the Gothic age for a rectangular layout. In this way, Ghiberti gave his creations more space but also more autonomy. After his first set of doors for the Florentine baptistery was completed in 1423, Ghiberti created a second set, in which the reliefs were now perfectly square and borrowed directly from the new figurative language of the Renaissance. Michelangelo would call this second work »the Gates of Paradise.«

Of the two Ghibertian reliefs in Siena, the *Baptism of Christ* (fig. 6) is undeniably the most successful, combining Gothic elegance with classical monumentality. The artist paid particular attention to simplifying the reading of the relief: it is immediately clear that the central figure is the most important. Jesus Christ is being baptised by John the Baptist, whose arm forms a type of archway above the Messiah, completed by multiple angels on the other side and above. Ghiberti plays with the depth of his angels with consummate skill, sometimes making them stand out, sometimes fading into the surface

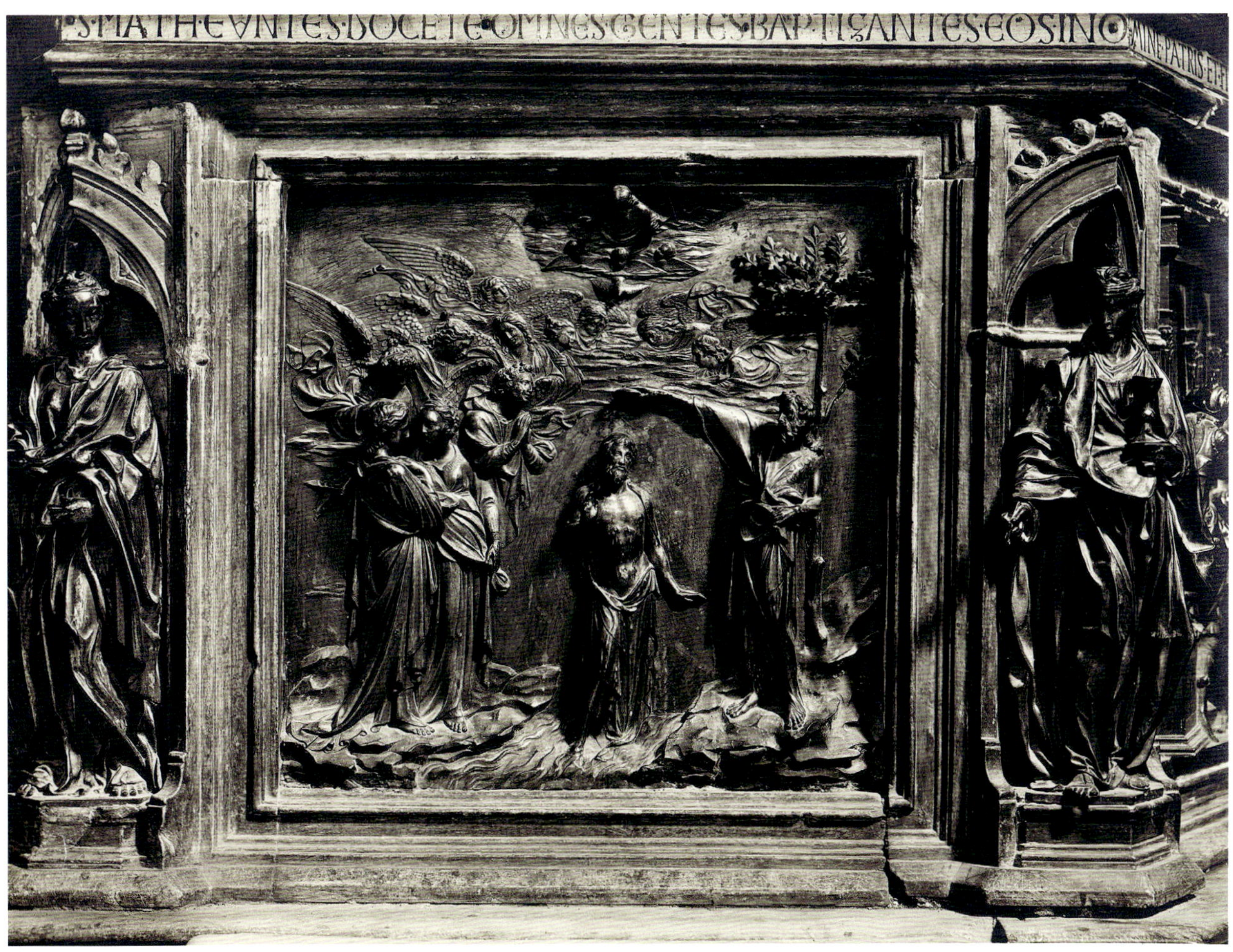

6 Lorenzo Ghiberti, *Taufe Christi* zwischen zwei Tugend von Goro di Neroccio und Donatello / *Baptism of Christ* between two Virtues by Goro di Neroccio and Donatello, Siena, Taufbecken / Baptismal Font

einige Gesichter oder Flügel sichtbar sind. Hoch im Himmel sendet Gott der Vater seinem Sohn seinen Segen. Für ein Taufbecken ist diese Szene offensichtlich von höchster Bedeutung. Sie ist dementsprechend direkt an der Vorderseite des Monuments angebracht, wo sie alle Besucher:innen beim Eintritt in das Sieneser Baptisterium begrüßt.

Der Auftraggeber, die Opera der Kathedrale von Siena, hatte eigentlich geplant, Ghiberti mit der Herstellung aller sechs Bronze-Reliefs zu betrauen. Doch selbst die Realisierung zweier Reliefs war bereits ein

of the bronze, leaving only a few faces or wings visible. In the sky, God the Father sends his blessing to his Son. The scene is obviously of capital importance for a baptismal font and was placed on the front side of the monument, welcoming all visitors entering the Siena baptistery.

The Opera of the Siena Cathedral, in charge of the commission, had thought of entrusting the six bronze reliefs for the monument to Ghiberti alone. But as the years went by, it became necessary to insist on obtaining two reliefs. Other craftsmen had to be called in. Two scenes were therefore allocated to Turino di Sano and his son Giovanni di Turino, who had the twin advantage of being close to Ghiberti and Sienese by birth. As a result, the new monument

schwieriges Unterfangen. So mussten andere Bildhauer einbestellt werden. Zwei Szenen wurden daher Turino di Sano und seinem Sohn Giovanni di Turino zugeteilt, die den doppelten Vorteil hatten, Ghiberti nahezustehen und sienesischer Herkunft zu sein. Somit würde das neue Monument nicht ausschließlich florentinisch sein. Leider waren ihre zwei Reliefs aber in keiner Weise Ghibertis ebenbürtig, auch wenn sich diese lokalen Künstler angestrengt hatten, das Werk des Florentiner Meisters und ganz besonders einige Figuren der ersten Tür des Baptisteriums zu imitieren. Hätten die Turini alle übrigen Reliefs geschaffen, so hätte das Taufbecken einen Großteil seines künstlerischen Wertes eingebüßt, was den Sieneser Auftraggebern zweifellos bewusst war. Um dieses Risiko zu vermeiden, wurde ein radikaler Entschluss gefasst und ein Relief bei einem Mitbürger Ghibertis in Auftrag gegeben, einem Florentiner, der jünger, aber schon fast genauso berühmt war – Donato di Niccolò di Betto Bardi, gemeinhin als Donatello bekannt.

Donatello hatte ebenfalls einen Teil seiner künstlerischen Ausbildung in Ghibertis Werkstatt erfahren. Zwischen 1404 und 1407 nahm er an den frühen Arbeiten für die Baptisteriumstüren in Florenz teil. Der junge Mann entschied sich aber bald, seine eigenen Wege zu gehen und widmete sich hauptsächlich Arbeiten in Marmor. Neben monumentalen Skulpturen für die Florentiner Kathedrale gelangen ihm bald auch subtile Marmor-Reliefs, die als »*schiacciati*« (oder »*stiacciati*«) bekannt sind. Diese doppelte Ausbildung erlaubte dem Bildhauer neue Wege zu beschreiten: So ist sein *Fest des Herodes* (Abb. 7) in Siena unendlich viel komplexer als Ghibertis *Taufe Christi*, auch wenn die Erzählung genauso leicht lesbar ist: Herodes sitzt auf der linken Seite und ist entsetzt, den abgeschlagenen Kopf des Heiligen Johannes des Täufers in Empfang nehmen zu müssen, den seine Stieftochter Salome – wir sehen sie auf der rechten Seite – als Preis für ihr Tanzen erhalten hat. Aber die Szene ist nicht auf den Vordergrund

would not be entirely Florentine. Unfortunately, the two reliefs are hardly on par with those by Ghiberti, even if the local artists went to great lengths to imitate the Florentine's creations, particularly certain figures on the first door of the baptistery. If the Turini had completed all the remaining reliefs, the Baptismal Font would have lost much of its artistic value; no doubt the Sienese commissioners would have realised this. To avoid such a risk, a radical solution was chosen: to commission a relief from one of Ghiberti's fellow citizens, younger than him but by then almost as famous – Donato di Niccolò di Betto Bardi, nicknamed Donatello.

Donatello had also received some of his artistic training from Ghiberti. Between 1404 and 1407, he took part in the first phase of work on the door of the Baptistery in Florence. But the young man soon decided to strike out on his own, devoting himself mainly to working with marble. As well as monumental sculptures for the Florentine Cathedral, the artist soon acquired the ability to create extremely subtle marble reliefs, known as *schiacciati* (or *stiacciati*). This double building allowed the sculptor to explore new paths: in fact, his *Feast of Herod* (fig. 7) in Siena is infinitely more complex than Ghiberti's *Baptism of Christ*, even if the narrative is just as easy to read: Herod is seated on the left, horrified to receive the severed head of Saint John the Baptist that his own step-daughter, Salome (here she is on the right), obtained as the price of her dancing. But the scene is not confined to the foreground, as it extends to two levels of depth, made possible both by the mastery of the *schiacciato* technique and of a new device, just invented by Filippo Brunelleschi: linear perspective. This is a far cry from Ghiberti's remarkable but impalpable group of angels, and some have even seen in Donatello's relief the very birth of cinema.

The opposition between »Gothic« and »Renaissance« that the Ghiberti-Donatello match seems to represent is repeated in the six bronze Virtues that punctuate the narrative reliefs. The three statuettes

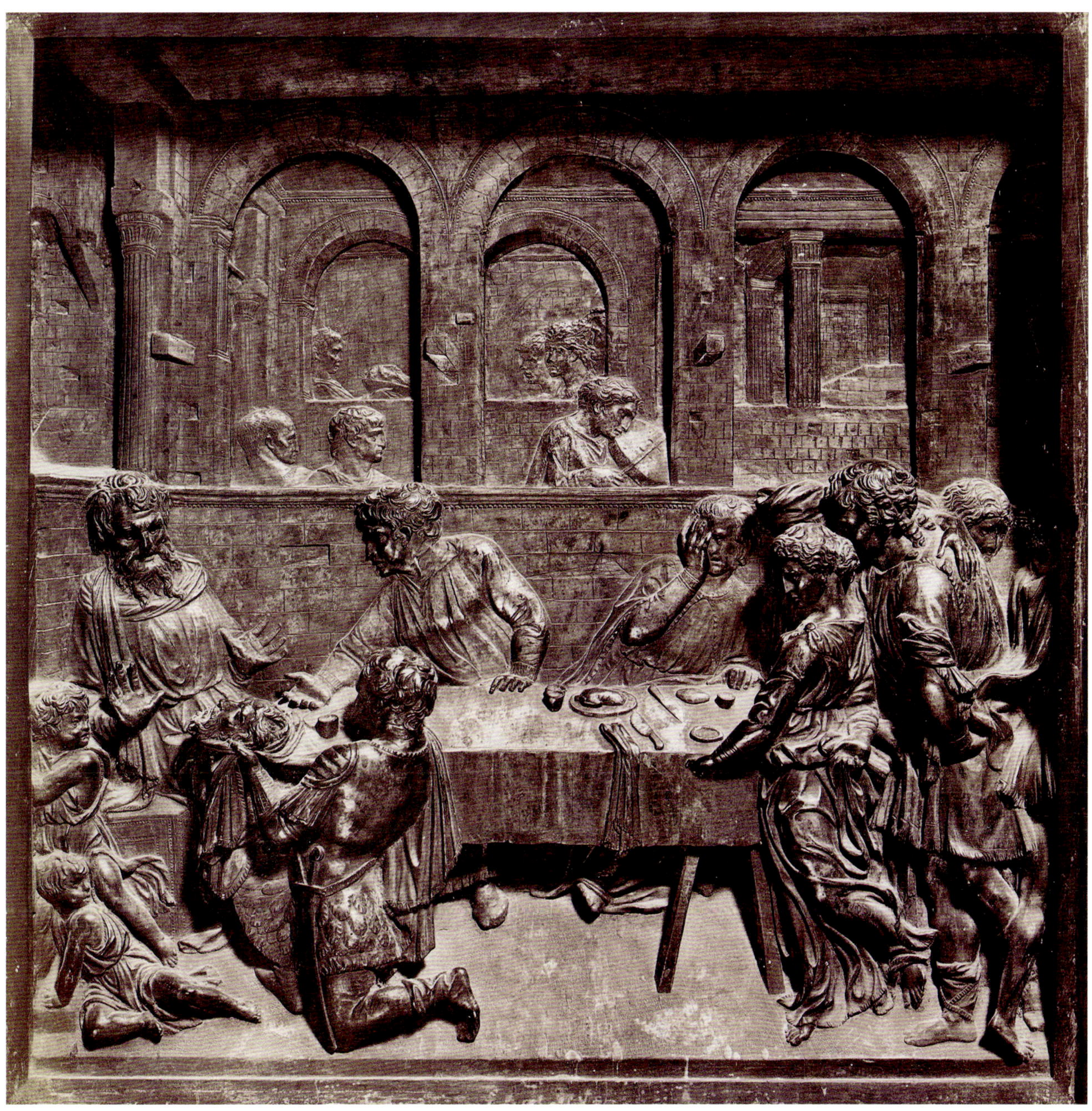

7 Donatello, *Fest des Herodes* / *Feast of Herod*, Siena, Taufbecken / Baptismal Font

beschränkt, sondern erstreckt sich über zwei Tiefenebenen, was sowohl durch die Meisterschaft der *schiacciato*-Technik, als auch durch eine neue, gerade von Filippo Brunelleschi erdachte Erfindung ermöglicht wird: die Linearperspektive. Dies geht weit über Ghi-

by Giovanni di Turino, who followed Ghiberti's aesthetic, are contrasted by the two cast by Donatello, representing *Faith* and *Hope* (fig. 8). The latter is particularly striking, as it seems to free itself from the Gothic niche that frames it. The last statuette, by Goro di Neroccio, is based on a model by Jacopo della Quercia. It was during these same years that Jacopo had completed a monumental stone fountain in Si-

bertis bemerkenswerte, aber doch kaum greifbare Engelsgruppe hinaus, und einige haben in Donatellos Relief sogar die Geburt des Kinos gesehen.

Der Gegensatz von »Gotik« und »Renaissance«, den die Auseinandersetzung zwischen Ghiberti und Donatello zu repräsentieren scheint, wiederholt sich in den sechs Bronze-Tugenden, welche die narrativen Reliefs formal voneinander trennen. Den drei Statuetten Giovanni di Turinos, die Ghibertis Ästhetik folgen, stehen die beiden von Donatello gegossenen Figuren *Glaube* und *Hoffnung* gegenüber. Letztere ist besonders bemerkenswert, da sie sich von der sie rahmenden gotischen Nische zu lösen scheint (Abb. 8). Die sechste Statuette, die von der Hand Goro di Neroccios stammt, geht auf ein Modell Jacopo della Quercias zurück. Es war genau in diesen Jahren, dass Jacopo della Quercia einen monumentalen Marmorbrunnen auf Sienas zentralem Platz, der Piazza del Campo, fertigstellte. Seine *Fonte Gaia* war ein derartiger Erfolg, dass der Künstler für lange Zeit als »Jacopo della Fonte« bekannt war. Bei dem anderen symbolischen Brunnen, dem Taufbecken, kämpfte Jacopo darum, seinen Platz zwischen Ghiberti und Donatello zu finden: Sein Bronze-Relief, das als Letztes geliefert wurde und die *Verkündigung an Zacharias* darstellt (Abb. 9), bildet eine unbestimmte Synthese zwischen den Welten der beiden Florentiner Künstler.

Jacopo della Quercia sollte seinen herausragenden Beitrag mit dem mittleren Teil des Taufbeckens leisten, der erst in einem zweiten Schritt, womöglich auf seinen Rat hin, errichtet wurde. Der große Tabernakel gibt der gesamten Struktur eine Monumentalität, die ein einfaches Becken nie hätte erreichen können. Die verschiedenen Seiten des Tabernakels zeigen Propheten im Flachrelief, wobei es hier kaum Kunkurrenz gab, da sie alle von Jacopo stammen (auf dieser Ebene befindet sich außerdem eine *Madonna mit Kind* aus Bronze von Giovanni di Turino). Anstatt sich dem aussichtslosen Versuch hinzugeben, Donatello zu kopieren, der berühmte

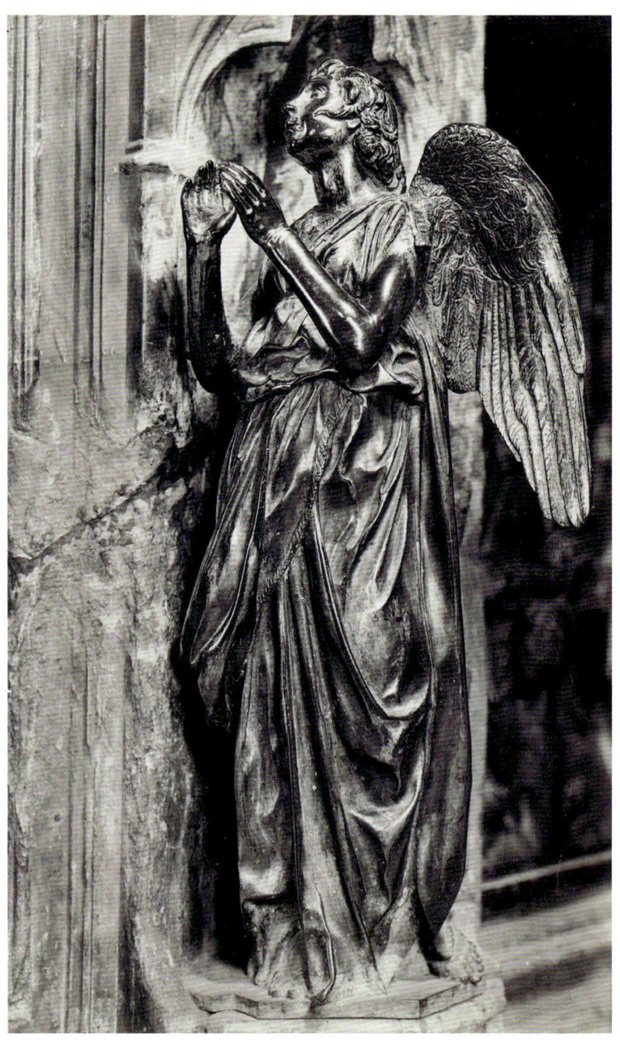

8 Donatello, *Hoffnung* / *Hope*, Siena, Taufbecken / Baptismal Font

ena's main square, the Piazza del Campo. Such was the success of his »Fonte Gaia« that for a long time the artist was known as »Jacopo della Fonte.« For this other symbolic fountain, the Baptismal Font, Jacopo struggled to find his place between Ghiberti and Donatello. Delivered last, his bronze relief representing the *Annunciation to Zacharias* (fig. 9) offers an uncertain synthesis between the worlds of the two artists.

Jacopo della Quercia would make his most masterful mark in the central part of the Baptistery font,

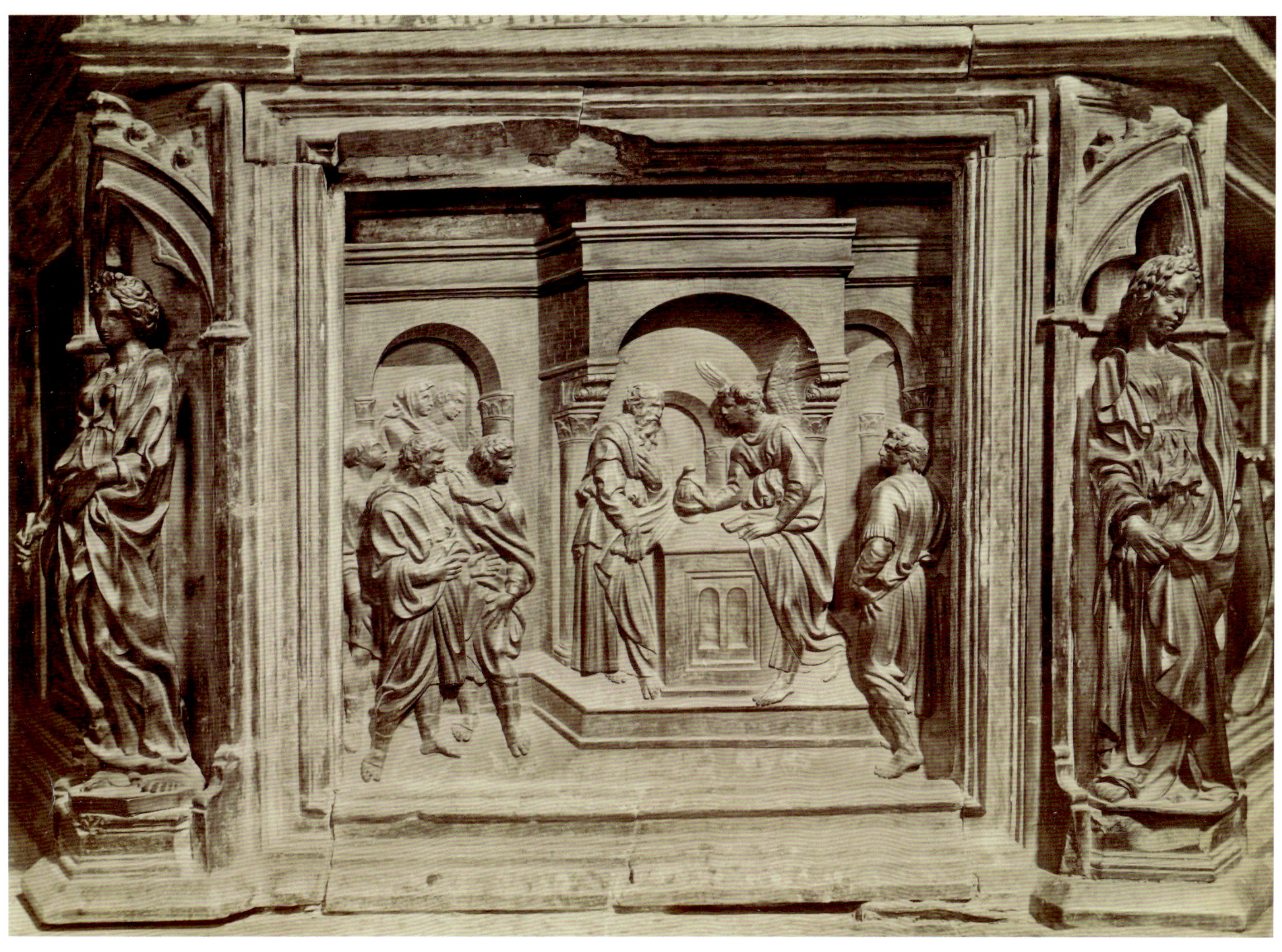

9 Jacopo della Quercia, *Verkündigung an Zacharias* zwischen zwei Tugenden von Giovanni di Turino / *Annunciation to Zechariah between two Virtues by Giovanni di Turino*, Siena, Taufbecken / Baptismal Font

rundplastische Prophetenfiguren für die Nischen des Florentiner Campanile gehauen hatte, entschied sich Jacopo, seine eigenen auf der Oberfläche zu modellieren: Alles scheint zwischen ihren Gewändern und Schriftrollen zu fließen (Abb. 10) und evoziert so die ursprüngliche Funktion des Monuments, bei der es um Wasser geht. Die einzige indentifizierbare Prophetenfigur ist König David, dessen Krone und langer Bart ihn von Donatellos Jugendbildnis dieses

which was built in a second stage in the centre of the basin, probably on his own advice. This large tabernacle gave the whole structure a monumentality that a simple basin could never have achieved. The different sides of the tabernacle were used to depict prophets in low-relief, though there was hardly any competition here, as all are by Jacopo (there is also at this level a *Virgin and Child* by Giovanni di Turino). Rather than trying in vain to copy Donatello, who had sculpted remarkable prophets in the round in the niches of the Florentine Campanile, Jacopo chose to model his own on the surface: everything seems to flow between their drapery and scrolls (fig. 10), thus recalling the original, liquid function of the monu-

Charakters unterscheiden, die dieser bald in der berühmten Bronzestatue für die Medici wiederholen sollte (Abb. 1).

Sinnbildlich resoniert die Musik genau jenes Leier spielenden David in derjenigen des Trompete blasenden Puttos oberhalb des Tabernakels (Abb. 11). Das Sieneser Monument verfügt über drei weitere Bronze-Putti, von denen zwei tanzen und einer mit einem Ball spielt. Alle vier befinden sich am Rande einer Kuppel, die an die von Filippo Brunelleschi zur gleichen Zeit für die Florentiner Kathedrale errichtete erinnert. Hatte Jacopo della Quercia die Idee einer solchen Versammlung? Er hatte schon sehr früh in seiner Laufbahn in der Kathedrale von Lucca antike Putti auf dem Grabmahl der Ilaria del Carretto verwendet. Wie dem auch sei: Der Einfall, diese geflügelten Neugeborenen, die in zeitgenössischen Dokumenten oft als »Spiritelli« (»kleine Geister«) bezeichnet wurden, aus dem Bestattungskontext herauszuholen, war völlig angebracht; zweifellos werden die Familien, die ihre Kinder zum Taufbecken brachten, um sie durch das Sakrament der Taufe in die christliche Gemeinschaft einzuführen, in ihnen sowohl Projektionen als auch Protektionen ihres eigenen Nachwuchses gesehen haben. Der *Putto mit Tamburin*, der sich heute in Berlin befindet, war ursprünglich einer von ihnen.

*

Als Murray Marks Wilhelm Bode gegen Ende 1901 den *Putto* gleichsam auf einem Silberteller darbrachte, war Bode mit dem Sieneser Monument, zu dem die kleine Bronze einst gehörte, bereits wohl vertraut. Zusätzlich zu seinen häufigen Reisen nach Italien (die er vor allem unternahm, um Jacob Burckhardts wichtigen Führer italienischer Monumente, den *Cicerone*, zu überarbeiten) hatte er ein Vierteljahrhundert zuvor die Anfertigung eines Gipsabgusses des Monuments für seine Institution iniziiert. Parallel zu dieser Aufgabe gelang es Bode, die Berliner Sammlungen mit Renaissance-Originalen zu

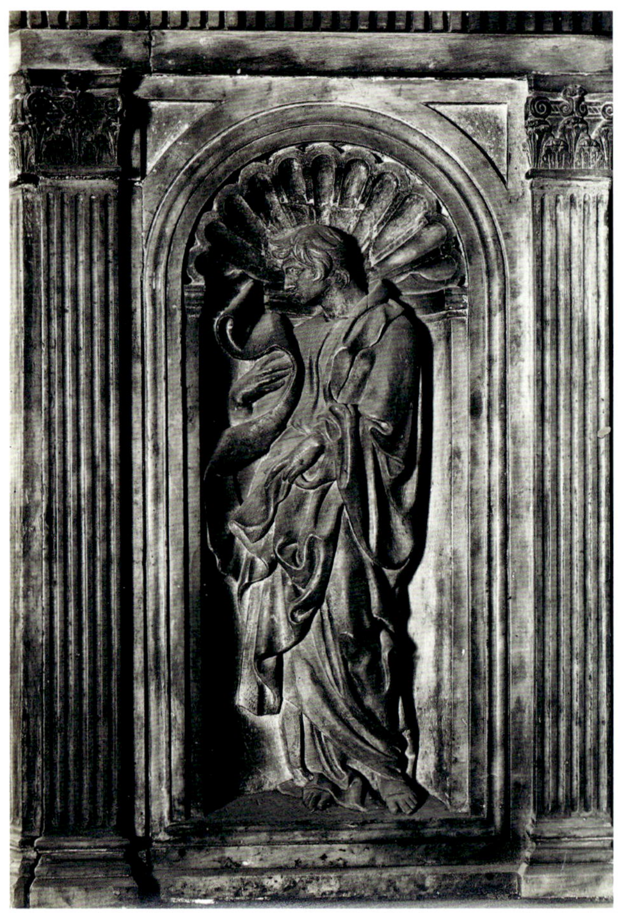

10 Jacopo della Quercia, *Prophet*, Siena, Taufbecken / Baptismal Font

ment. The only identifiable prophet is King David, whose crown and long beard distinguish him from Donatello's youthful interpretation, soon repeated in the famous bronze statue made for the Medici (fig. 1).

The music played by David's lyre is echoed by that of a trumpet-playing putto overlooking the tabernacle (fig. 11). The Siena monument also features three other bronze putti, two dancing and one playing with a ball. All four are placed on the edges of a dome reminiscent of the one built by Filippo Brunelleschi for the Florentine Cathedral in the same period. Did Jacopo della Quercia conceive the idea for such an assembly, having used ancient putti from a very

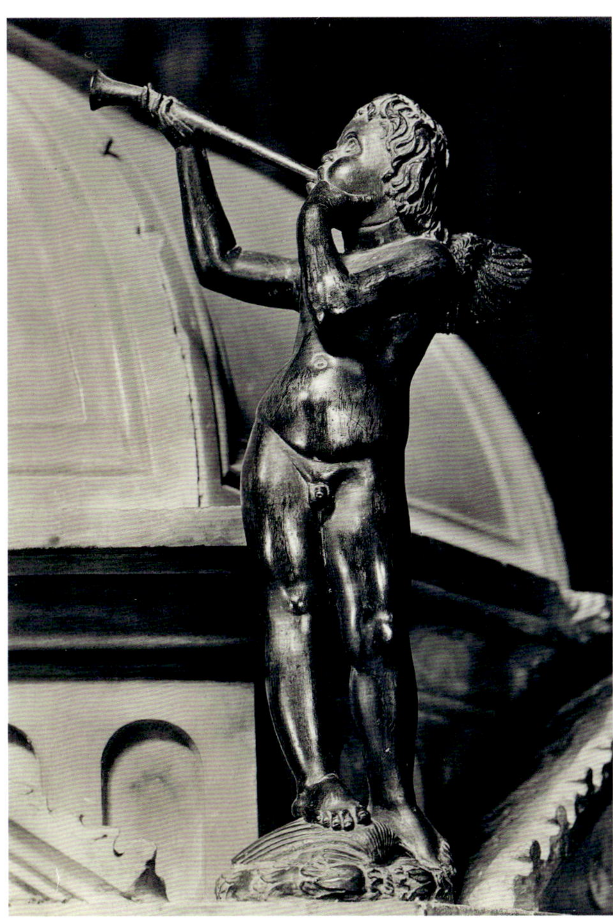

11 Donatello, *Putto mit Trompete* / *Putto with a Trumpet*, Siena, Taufbecken / Baptismal Font

bereichern: In diesem Zusammenhang erfolgte der Ankauf des angeblichen »*Giovannino*« Michelangelos. Neben den Fotografien des Taufbeckens, die Bode am Tag nach der Präsentation des *Putto* durch Murray Marks auf den Tisch legen sollte, wurde die korrekte Zuschreibung der Statuette durch Bodes Kenntnis des Berliner Gipsabgusses ermöglicht.

In seiner Beschreibung des Ereignisses behauptet Bode sogar, er habe Marks »[die] Lücke, an der sein Tamburinschläger vor ein paar Jahrhunderten gestanden hatte«, gezeigt. Nicht nur war jedoch, wie gesagt, eine solche Lücke in den Fotos des Monuments kaum sichtbar; vor allem aber waren die Putti

early stage in the tomb of Ilaria del Carretto in Lucca Cathedral? In any event, the idea of bringing out of the funerary world these winged new-borns, often referred to in contemporary documents as »*spiritelli*« (»little spirits«), was perfectly appropriate. No doubt the families who brought their children to the Baptismal Font in order to bring them into the Christian community through the sacrament of baptism must have seen these winged babies as both projections and protections of their offspring. The *Putto with a Tambourine* now in Berlin was originally one of these.

*

By the time Murray Marks brought him the *Putto* on a platter at the end of 1901, Wilhelm Bode already had an intrinsic knowledge of the Sienese monument of which the small bronze was a part. In addition to his frequent study trips to Italy (in particular to update Jacob Burckhardt's great guide to Italian monuments, *The Cicerone*), he had supervised the creation of a plaster cast of the monument for his institution a quarter of a century earlier. In parallel with this task, Bode had managed to enrich the Berlin collections with Renaissance originals. It was in this context that the purchase of the »*Giovannino*« supposedly by Michelangelo took place. Together with the photographs of the Font that Bode was to put on the table the day after Murray Marks presented him with his *Putto*, the correct attribution of the statuette was made possible by Bode's knowledge of the Berlin plaster cast.

In his description of the event, Bode even claims to have shown Marks »the empty space where his tambourine player had stood a few centuries earlier.« Not only was such a void hardly visible in the photographs of the monument, as we have seen, but above all, the Sienese putti were then (and still are) four in number. There were, therefore, two empty spaces on top of the Font, not one. In the plaster cast of the Font, a fifth putto, preserved in the Bargello (fig. 12),

damals (und sind es auch heute noch) vier an der Zahl: Es gab also zwei leere Stellen auf dem Tabernakel, nicht nur eine. Beim Gipsabguss des Monuments füllt ein fünfter Putto nach einem Original im Bargello (Abb. 12) eine der zwei Lücken. Das Material und die Maße, die Haltung und die Muschel, vor allem aber der unverkennbare Stil Donatellos überzeugten Bode, dass der *Putto mit Tamburin* für denselben Ort entworfen worden war. Seit den 1870er Jahren hat die Berliner Gipsformerei den Abguss des Sieneser Taufbeckens mit dem Florentiner Putto verkauft; nachdem Bode seiner Institution den neu erworbenen *Putto* geschenkt hatte, war der Satz der Putti – so schien es – komplett.

Die erst später publizierten Dokumente zum Sieneser Taufbecken geben Auskunft darüber, dass Donatello nur drei Putti für das Monument geschaffen hat. Die beiden noch vor Ort befindlichen sind vergoldet, und die Muscheln, auf denen sie stehen, sind mit Girlanden geschmückt. Beides ist auch bei der Statuette in Berlin der Fall – nicht jedoch bei derjenigen in Florenz. Zweifellos hat Donatello die letztgenannte Bronze bei den Vorarbeiten zu dem Sieneser Monument verworfen und ihren Platz einem zweiten *Tanzenden Putto* überlassen, den er für gelungener hielt. Nach den Dokumenten in Siena wurde der sechste Putto von Giovanni di Turino ausgeführt. Er ist bis heute verschollen. Wird er eines Tages wieder auftauchen, wie der Berliner *Putto*, und hoffentlich auch »Bodes Michelangelo«, der »*Giovannino*«?

*

1915 publizierte Wölfflin sein Werk *Kunsthistorische Grundbegriffe*. Im selben Jahr erschien in der *Zeitschrift für bildende Kunst* ein Artikel von ihm mit dem Titel »Wie man Skulpturen aufnehmen soll?«. Es war kein Nachdruck des früheren Beitrags, sondern eine neue Betrachtung des Themas. Mehr noch als die Fotografen waren es nun die Museumskurator:innen, die der Schweizer Kunsthistoriker aufs

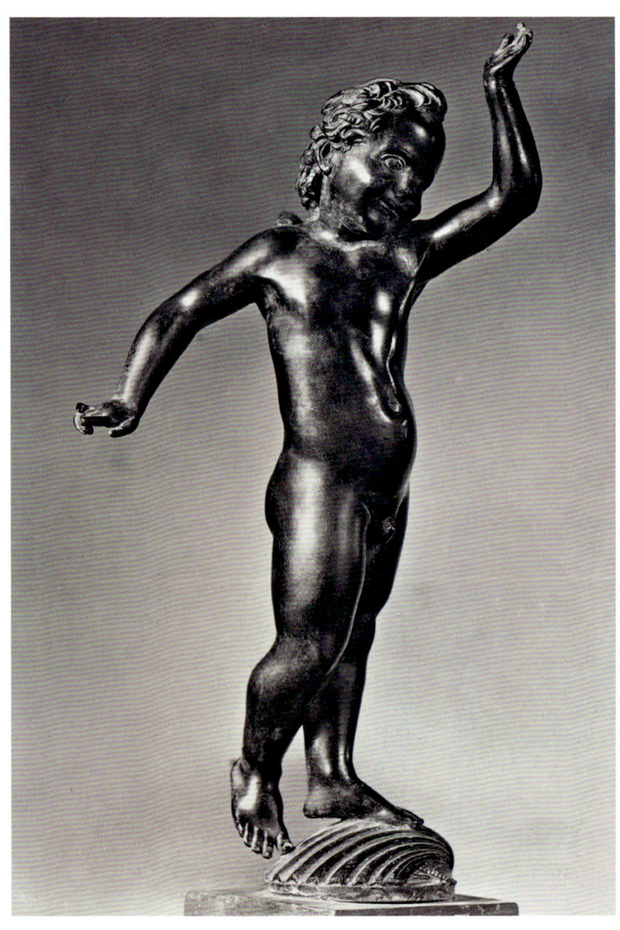

12 Donatello, *Tanzender Putto* / *Dancing Putto*, Florenz / Florence, Museo Nazionale del Bargello

stands in for one of the two gaps. The material and dimensions, the posture and shell, and above all the unmistakably Donatellian style, probably convinced Bode that the small bronze had been designed for the same location. Since the 1870s, the Berlin Gipsformerei has been selling the Sienese cast with the Florentine putto; by the time Bode gave his newly acquired *Putto* to his institution, the set of putti was complete, or so it seemed.

The documentation on the Siena Font, which was published later, tells us that Donatello provided only three *putti* for the monument. The two still in place are gilded, and the shells on which they stand

Korn nahm: Nicht nur, weil sie oft Bilder für ihre eigenen Publikationen bestellten (und Bode wurde implizit erwähnt), sondern auch, weil ihre Werke einfach schlecht präsentiert wurden – ohne Rücksicht auf die Hauptansicht oder die Notwendigkeit eines Hintergrunds, und manchmal sogar im Gegenlicht. Wölfflin bezog sich hier nicht auf Berlin, sondern hauptsächlich auf das Museo Nazionale del Bargello in Florenz, insbesondere auf Donatellos Bronze-*David*, den er bereits in seinem ersten Artikel erwähnt hatte (Abb. 1).

Diese Frage der Präsentation ist heute aktueller denn je. Im Frühjahr 2022 war der Bronze-*David* einer der Höhepunkte einer bedeutenden, Donatello gewidmeten Ausstellung in Florenz, die im Palazzo Strozzi und im Bargello gezeigt wurde. Das Werk verblieb im *Salone donatelliano*, wurde aber für diesen Anlass wesentlich höher positioniert als sonst, um seiner ursprünglichen Position Rechnung zu tragen. Nach dem Florentiner Auftakt wurde die Ausstellung in der Gemäldegalerie in Berlin gezeigt. Da der *David* nicht reisen durfte, wurde er in Form eines historischen Gipsmodells der Gipsformerei auf Augenhöhe präsentiert: ein radikal anderer Ansatz als in Florenz, der in der gesamten Ausstellung zum Tragen kam. Erstmalig konnte man Details aus der Nähe sehen, die normalerweise dem Blick entzogen oder nur in Fotografien sichtbar sind. Die beiden Versionen der Ausstellung wurden in völliger Harmonie konzipiert, und zeigten zugleich, dass man Kunstwerke auf sehr unterschiedliche Weise betrachten kann.

Die jüngst erfolgte Restaurierung des Gipsmodells des Sieneser Taufbeckens aus der Gipsformerei und seine Aufstellung im Bode-Museum gemeinsam mit Bodes *Putto* machen es nun möglich, diese komplementären Herangehensweisen zusammenzubringen: Die originale Statuette und ihre auf die *figura serpentinata* vorausdeutende gewundene Anlage können von Nahem erfasst werden (was bei den anderen vier Statuetten, die sich in Siena be-

are decorated with garlands, which is also the case for the Berlin but not the Florentine statuette. Donatello undoubtedly discarded the latter bronze when preparing the Siena monument, leaving its place to a second *Dancing Putto*, which he considered to be more successful. According to the documentation in Siena, the sixth putto was executed by Giovanni di Turino and is still missing. Will it one day resurface, as did the one in Berlin, and as will hopefully »Bode's Michelangelo«, the »*Giovannino*«?

*

In 1915, Wölfflin published his *Principles of Art History*. The same year, the *Zeitschrift für bildende Kunst* issued an article by him entitled »How Should One Photograph Sculpture?«. It was not a reprint of the former articles but a new reflection on the subject. Even more than the photographers themselves, it was the museum curators who were now targeted by the Swiss art historian: not only because they often commissioned the images for their own publications (and Bode was implicitly cited), but also because their works were simply badly displayed, not respecting a privileged viewpoint or the need for a background, and sometimes even placed against the light. Rather than Berlin, Wölfflin was mainly referring to the Museo del Bargello in Florence, citing in particular Donatello's bronze *David*, which he had already mentioned in his first article (fig. 1).

This aspect is all the more topical. In spring 2022, the bronze *David* was one of the highlights of a major exhibition devoted to Donatello in Florence, organised at Palazzo Strozzi and in the Bargello. The work did not leave its *Salone donatelliano*, but was placed for the occasion much higher than usual, in order to respect its original position – an aspect which did not interest Wölfflin much. After the Florentine venue, the exhibition was shown at the Gemäldegalerie in Berlin. As the *David* could not travel, it was presented in the form of a historical plaster cast model from the Gipsformerei,

finden, nicht möglich ist), während das Modell die ursprüngliche Anordnung verdeutlicht. Arrangiert in einem Triptychon oben auf dem Sieneser Monument, reagieren Donatellos Putti aufeinander, wobei der Tanz des im Zentrum befindlichen schlichtweg eine Reaktion auf die musikalischen Stimuli seiner Gefährten ist. Eines Tages sollte es dem Berliner *Putto* erlaubt werden, kurzzeitig nach Siena zurückzukehren, um mit seinen Freunden das Konzert wiederaufzunehmen, in das Donatello ihn einst auf ewig eingefroren hat. Auch das Taufbecken in Siena wurde vor Kurzem restauriert, und die kleinen Bronzen haben alle ihren goldenen Glanz wiedererlangt. Wir mögen uns fragen, ob dies nicht auch mit der Statuette geschehen sollte, die Wilhelm Bode Ende 1901 mehr oder minder zufällig erstanden hatte, um sie derjenigen Instititution zu vermachen, die am Ende sein Lebenswerk werden sollte. Aber das wäre eine andere Geschichte.

Übers. E. Marchand

itself visible at eye level: a radically different choice from that in Florence, which applied to the entire exhibition. For the first time, one could see up close details usually hidden from view, or visible only in photographs. The two parts of the exhibition were conceived in good harmony and demonstrated how differently one can look at works of art.

The recent restoration of the plaster model from the Sienese Baptismal Font at the Gipsformerei, and its presentation at the Bode-Museum alongside Bode's *Putto*, now allow these two complementary displays to be fulfilled. The original statuette and its premonitory »figura serpentinata« can be appreciated up close (which is not possible with the other four statuettes that have remained in Siena), while the model allows one to understand its original disposition. Arranged in a triptych at the top of the Sienese monument, the three Donatellian putti respond to each other, the dance of the one in the centre being merely a response to the musical stimuli of his companions. One day, the Berlin *Putto* should be allowed to return temporarily to Siena, and re-enact with his two friends the concert in which Donatello had frozen him for eternity. The Sienese Font has also recently been restored, and the small bronzes have all regained their golden gleam. We might also ask ourselves whether this should not be the case for the statuette that Wilhelm Bode acquired almost by chance in late 1901, and which he decided to donate to his lifelong institution. But this would be another story.

BIBLIOGRAFISCHE HINWEISE

Die zu Beginn erwähnten Artikel sind Wölfflin 1896 (und Wölflin 1897; siehe auch die kritische Ausgabe von Benedetta Cestelli Guidi, Wölfflin 2008). Zu Wölfflins »Kunsthistorischen Grundbegriffen« siehe Wölfflin 1915a. Zum »*Giovannino*« siehe Voci 2010 zur Erwerbung und Caglioti 2012 zur Zuschreibung (er entwickelt die Ideen von Grünwald 1910 weiter), Ikonografie und Identifizierung des ›echten‹ *Giovannino*. Wölfflins Buch zum jungen Michelangelo ist Wölfflin 1891. Bodes ›Büchlein‹ »Fünfzig Jahre Museumsarbeit« ist Bode 1922 (das Zitat findet sich auf S. 50–51). Anmerkungen zum Berliner *Putto* können in Janson 1957, II, S. 73–75 und Krahn in Berlin 1995, S. 130, Kat. Nr. 1 gefunden werden. Siehe ebenfalls zu der Statuette jüngst Rowley 2016 und Rowley 2022, S. 49–55. Zum Sieneser Taufbecken siehe Paoletti 1967 (1979) und Gabriele Fattorinis Zusammenfassung in Siena 2010, S. 182–184, Kat. Nr. C.1. Siehe ebenfalls Caglioti 2003 zum Fall der Putti. Siehe Di Loreto 2022 zur Parallele zwischen dem *Fest des Herodes* und der Geburt des Kinos. Wölfflins zweiter Artikel über Skulptur und Fotografie ist Wölfflin 1915b. Die erwähnten Donatello-Ausstellungen sind Florenz 2022 und Berlin 2022 (der dritte Ort war London 2023).

REFERENCES

The articles mentioned at the beginning are Wölfflin 1896 and Wölfflin 1897 (see also the critical edition of Benedetta Cestelli Guidi, Wölfflin 2008). For Wölfflin's *Principles of Art History*, see Wölfflin 1915a. On the *»Giovannino«*, see Voci 2010 for the acquisition, and Caglioti 2012 for the attribution (developing the idea of Grünwald 1910), iconography, and identification of the ›real‹ *Giovannino*. Wölfflin's book on the young Michelangelo is Wölfflin 1891. Bode's booklet »Fifty years of museum work« is Bode 1922 (the quote is pp. 50–51). References to the Berlin *Putto* are Janson 1957, II, pp. 73–75; and V. Krahn in Berlin 1995, p. 130, cat. 1. See also, more recently, on the statuette Rowley 2016 and Rowley 2022, pp. 49–55. On the Siena Baptismal Font, see Gabriele Fattorini's summary in Siena 2010, pp. 182–184, cat. C.1. See also Paoletti 1967 (1979), and Caglioti 2003 on the case of the putti. On the parallel between the *Feast of Herod* and the birth of cinema, see Di Loreto 2022. Wölfflin's second article on sculpture and photography is Wölfflin 1915b. The cited Donatello exhibitions are Firenze 2022 and Berlin 2022 (the third venue was London 2023).

Fotoessay Teil V

Photo essay part V

AUSSTELLEN UND PRÄSENTIEREN
EXHIBITING AND DISPLAY

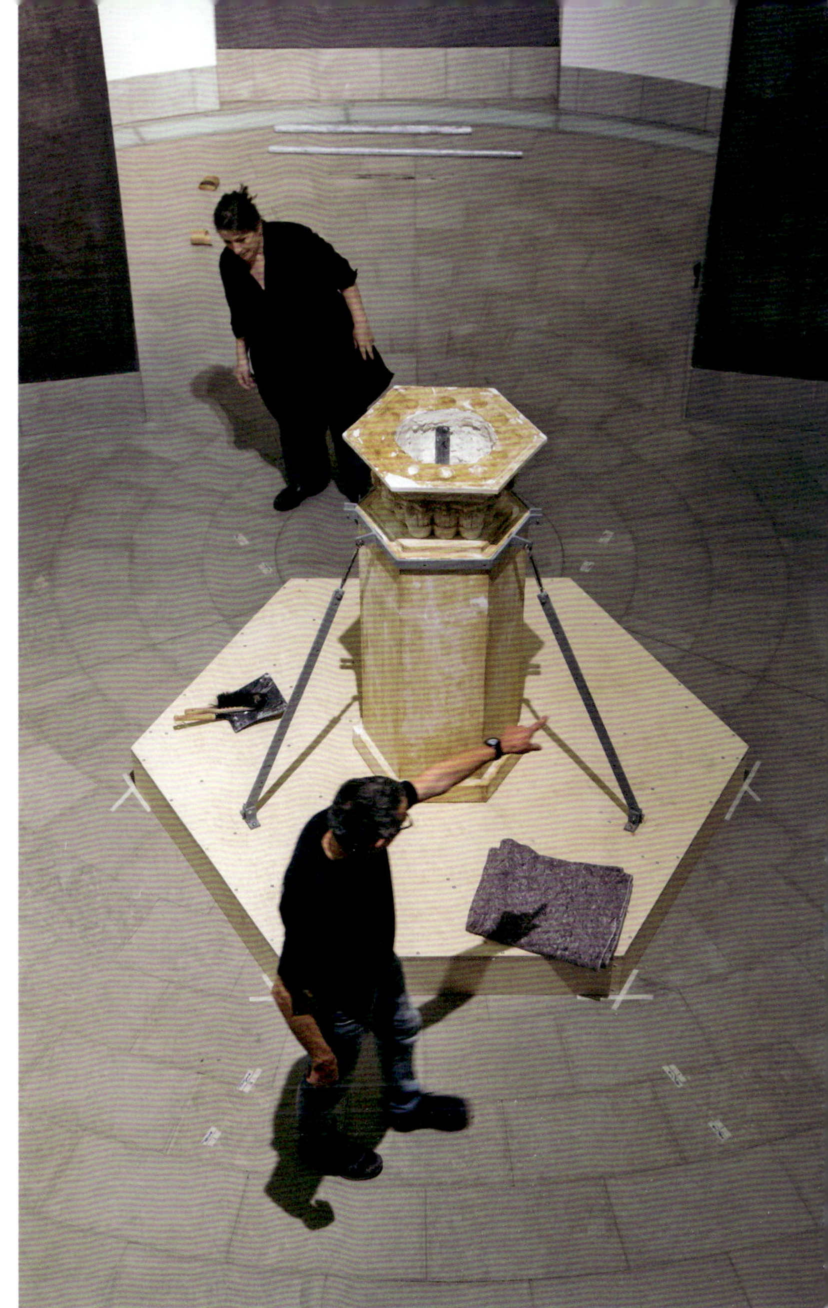

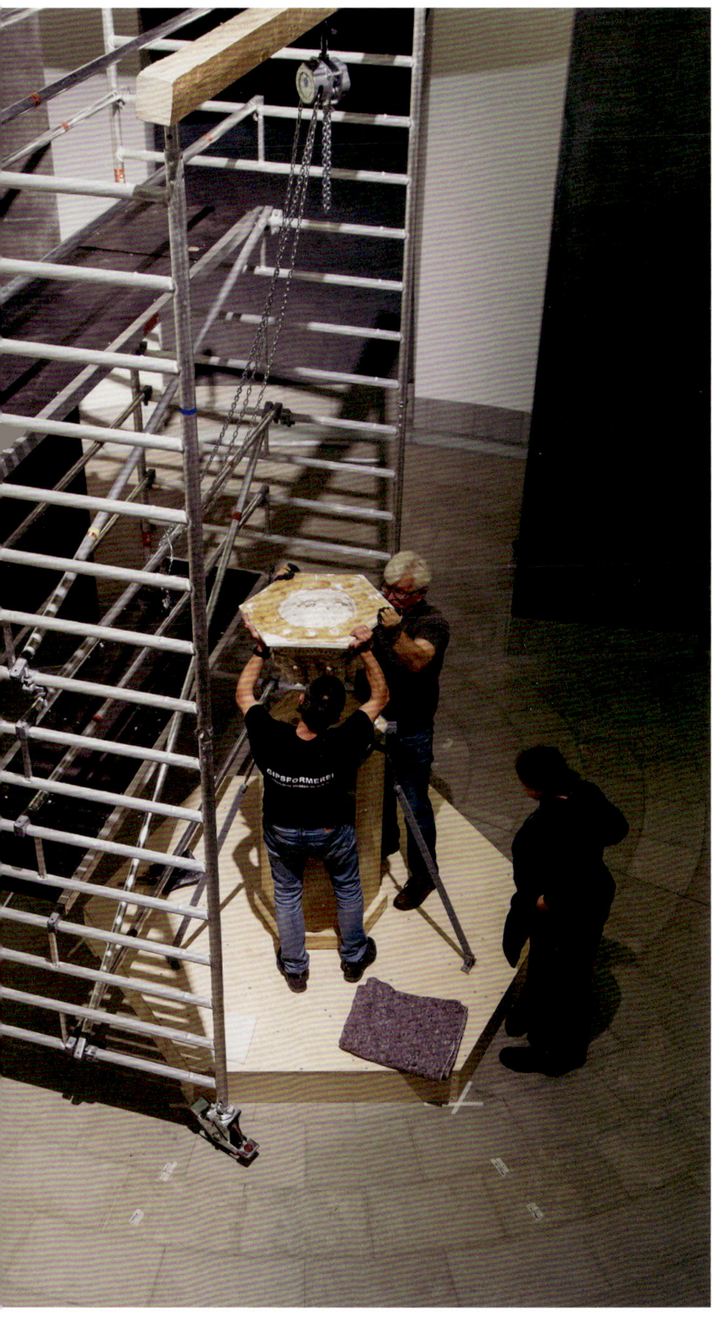
GIPSFORMEREI

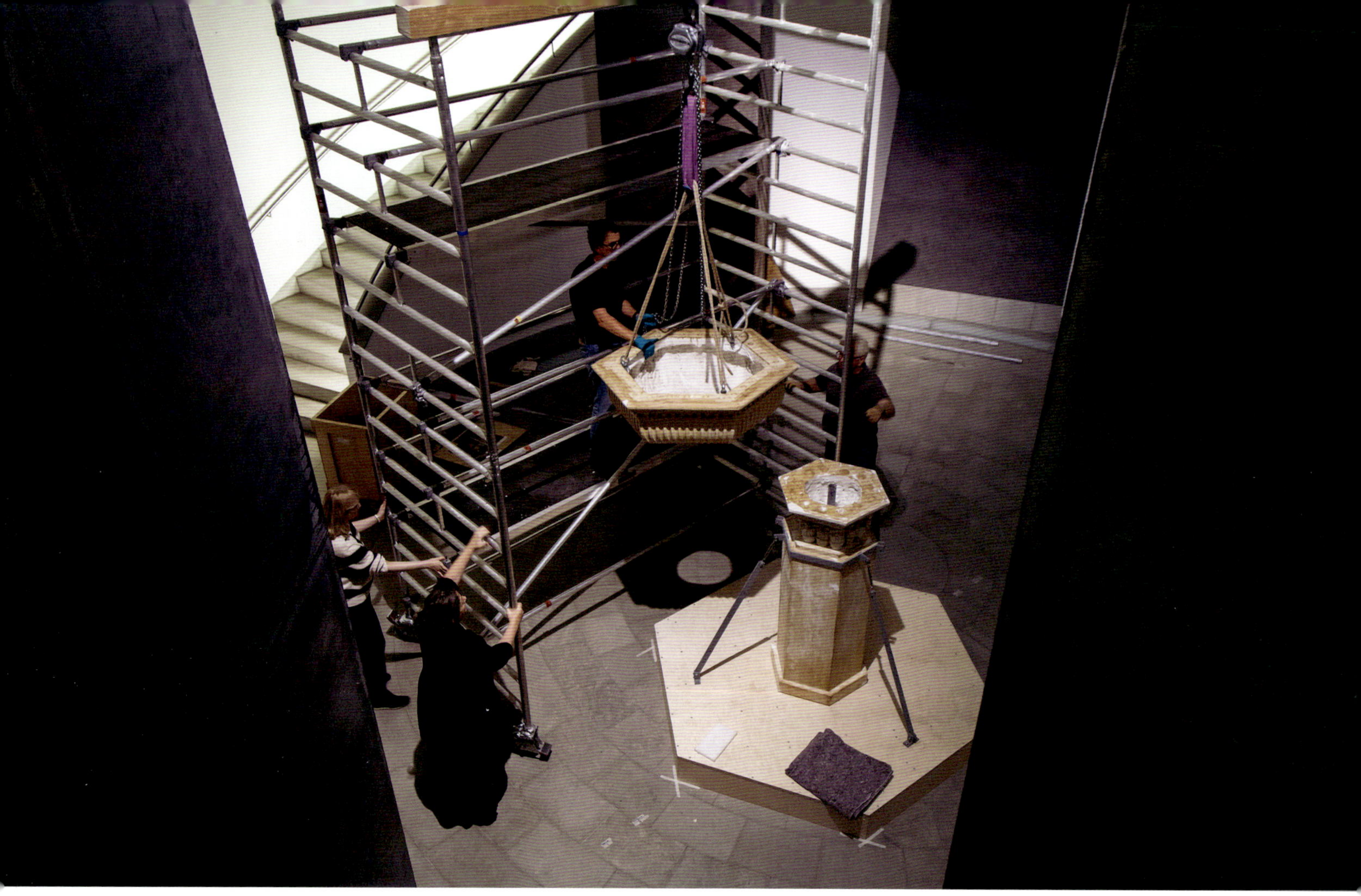

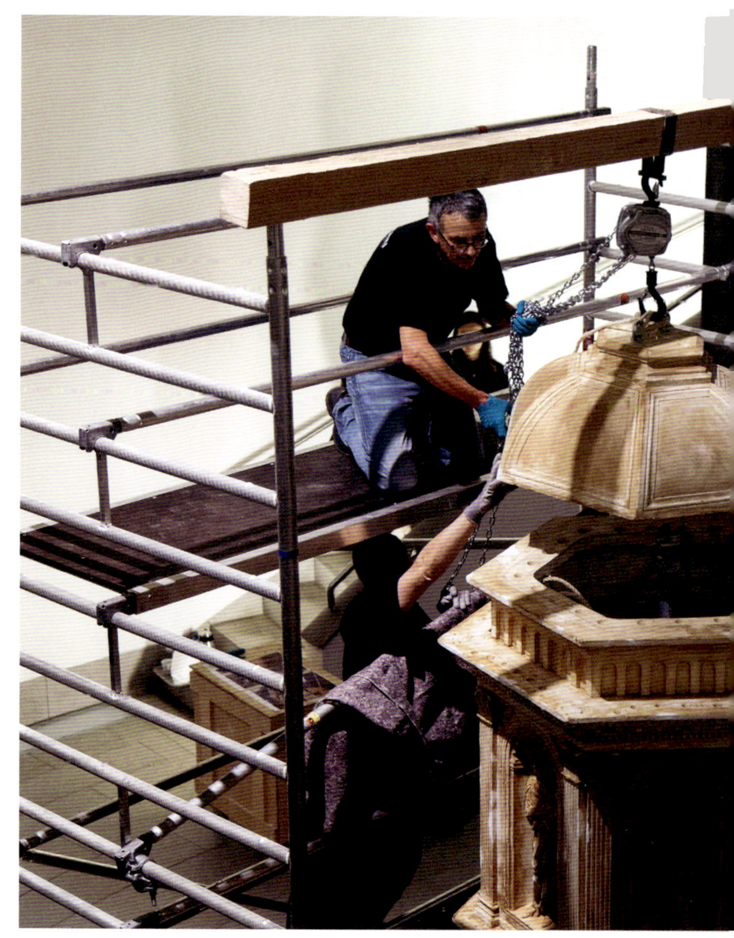

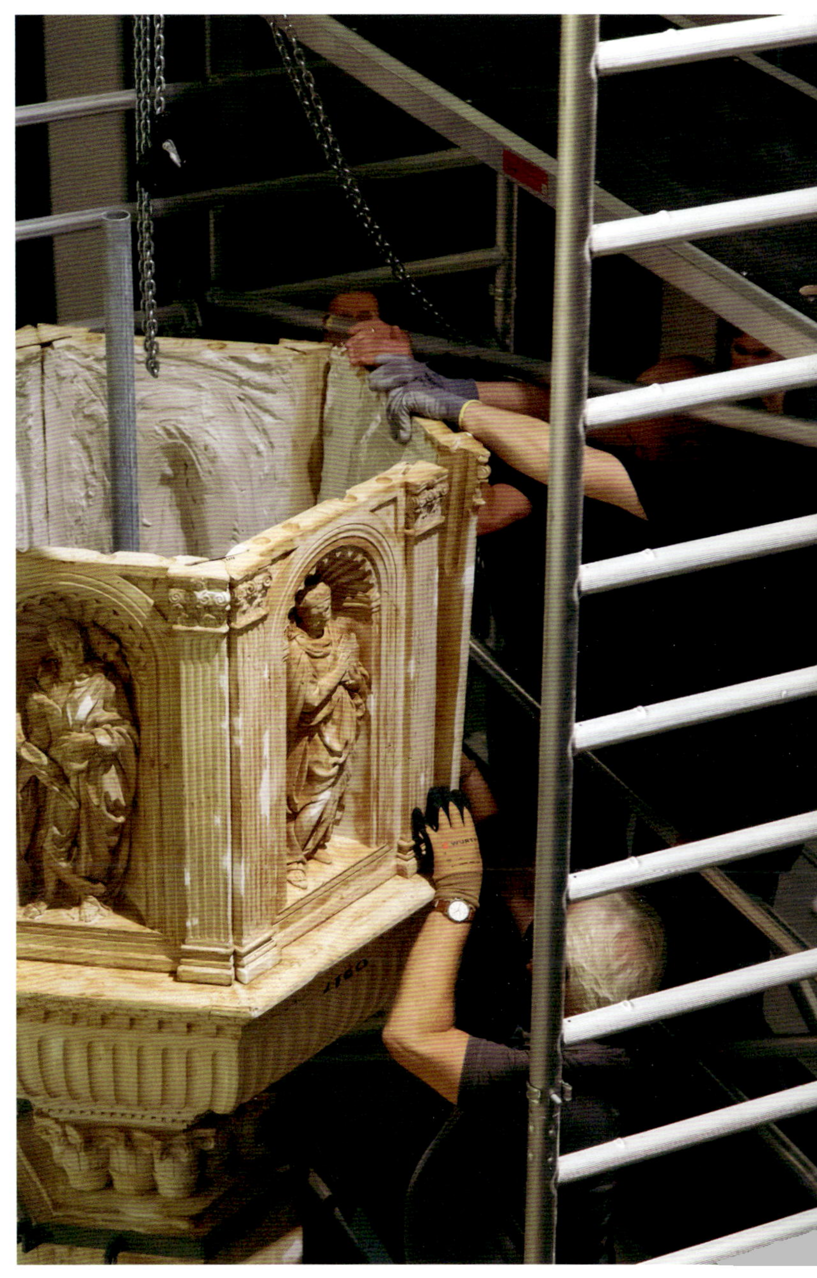

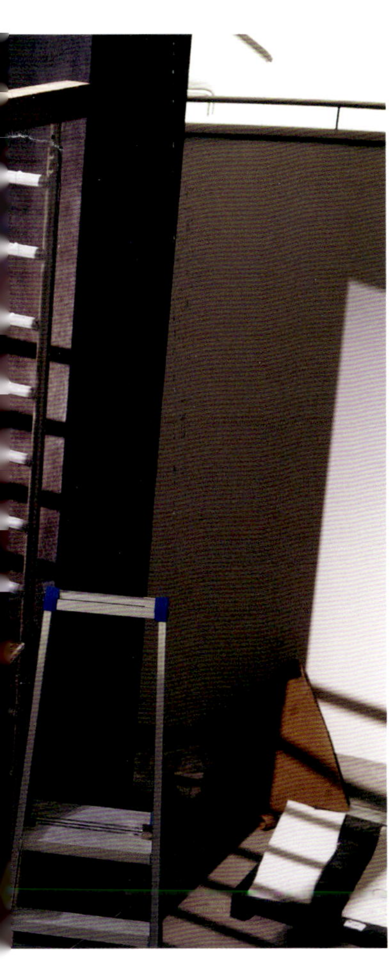

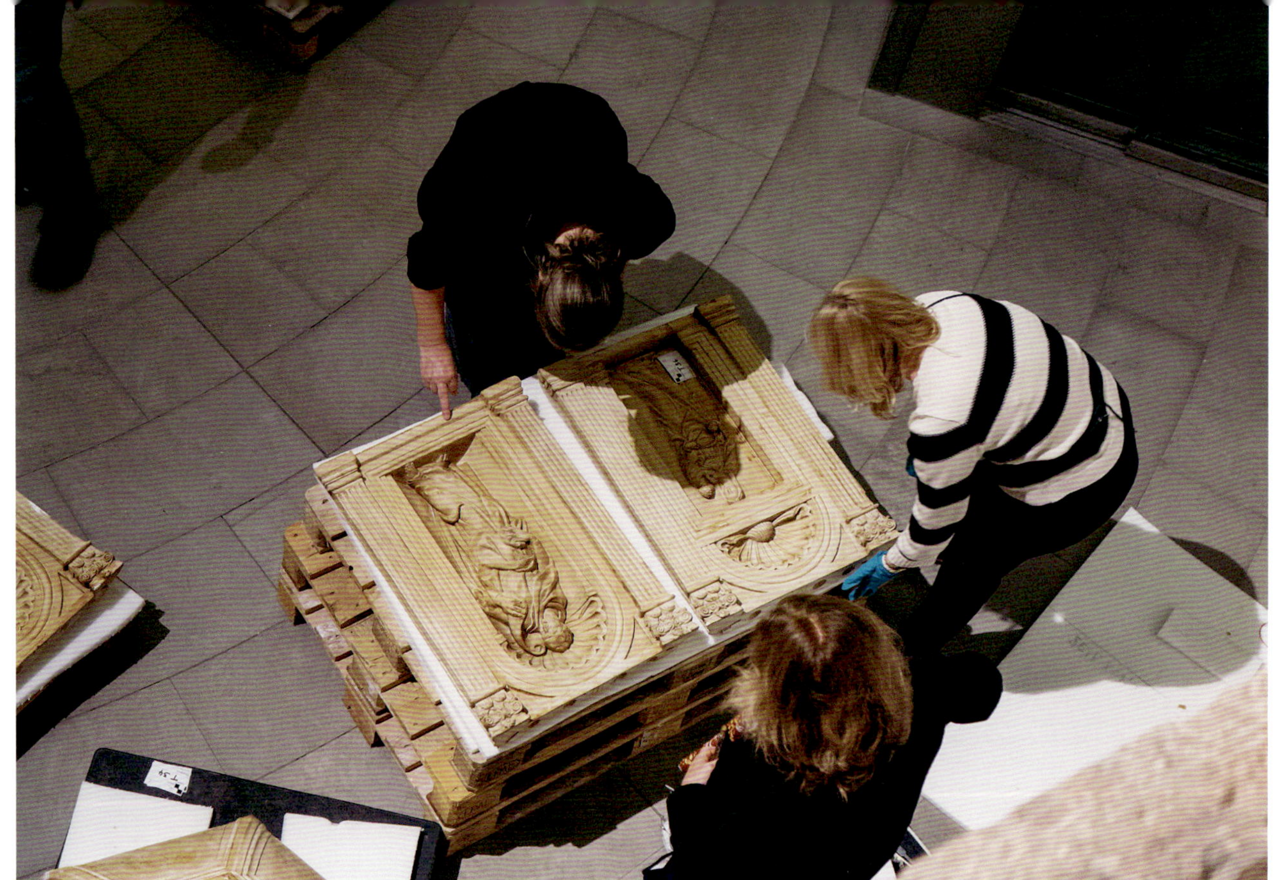

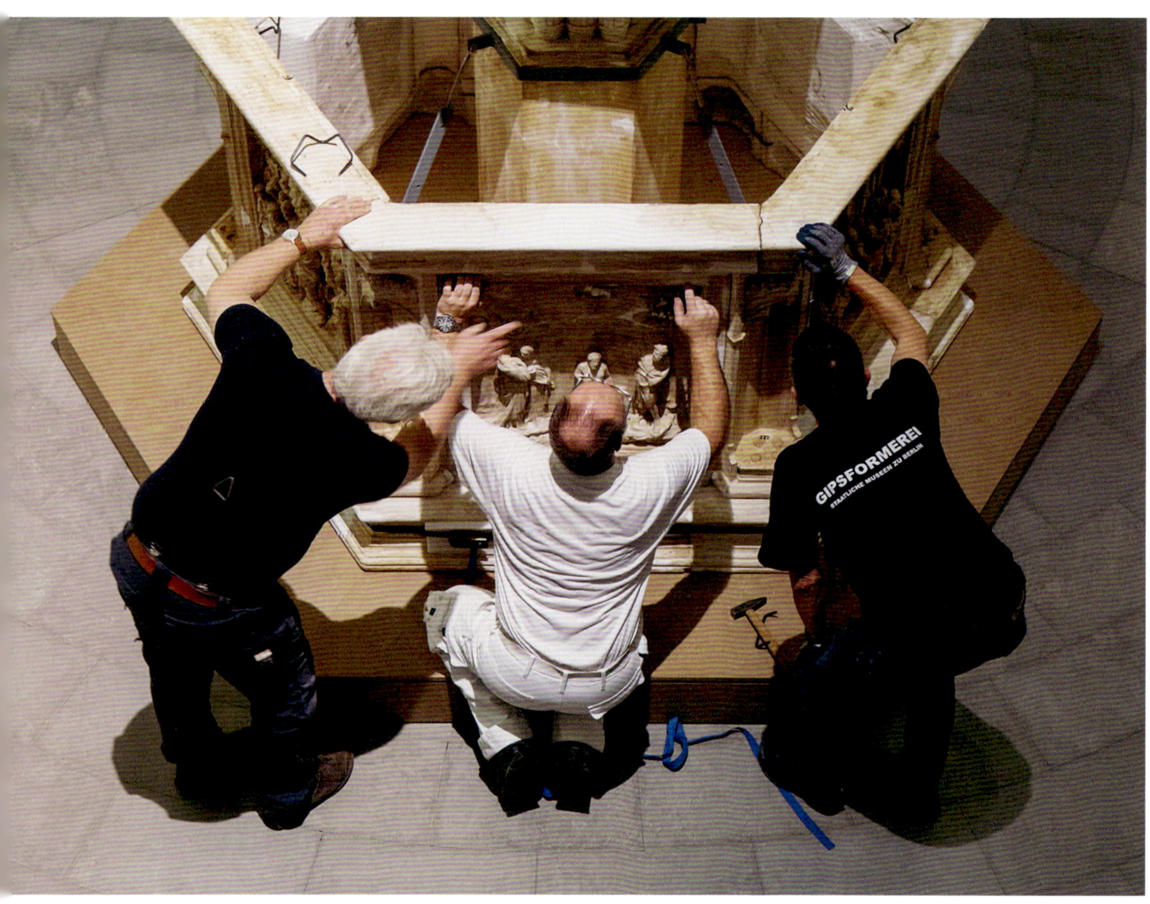
GIPSFORMEREI
STAATLICHE MUSEEN ZU BERLIN

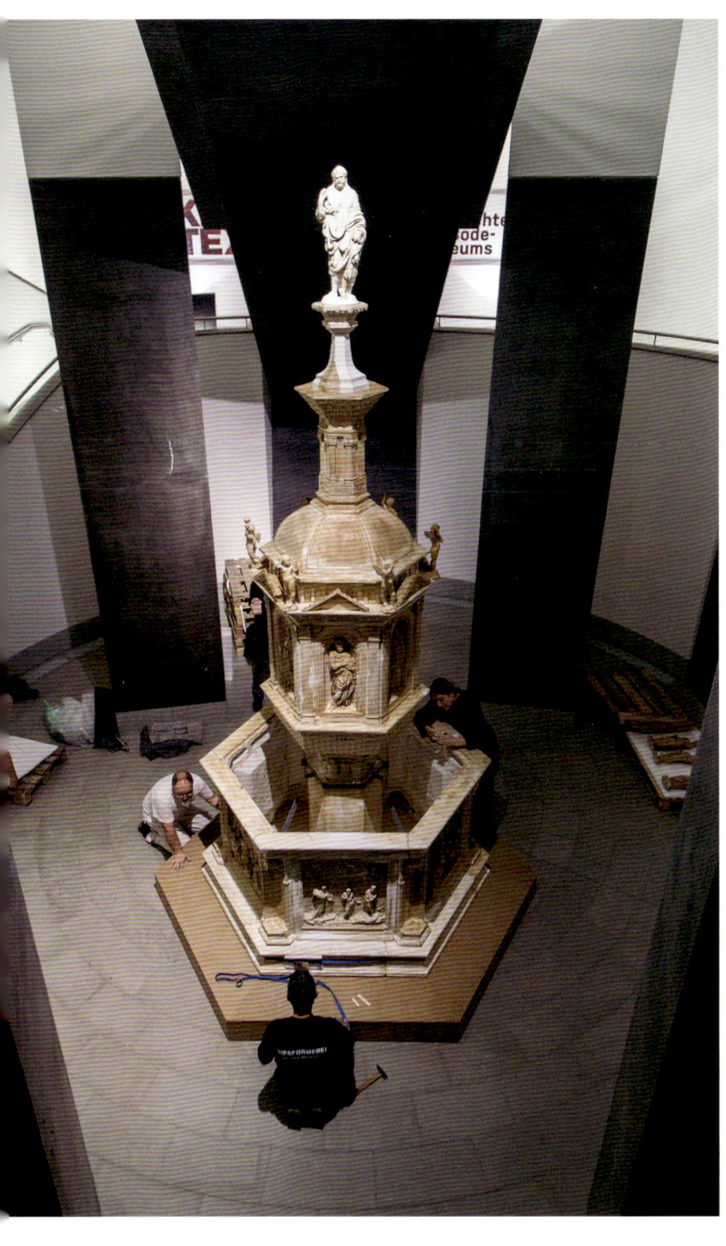

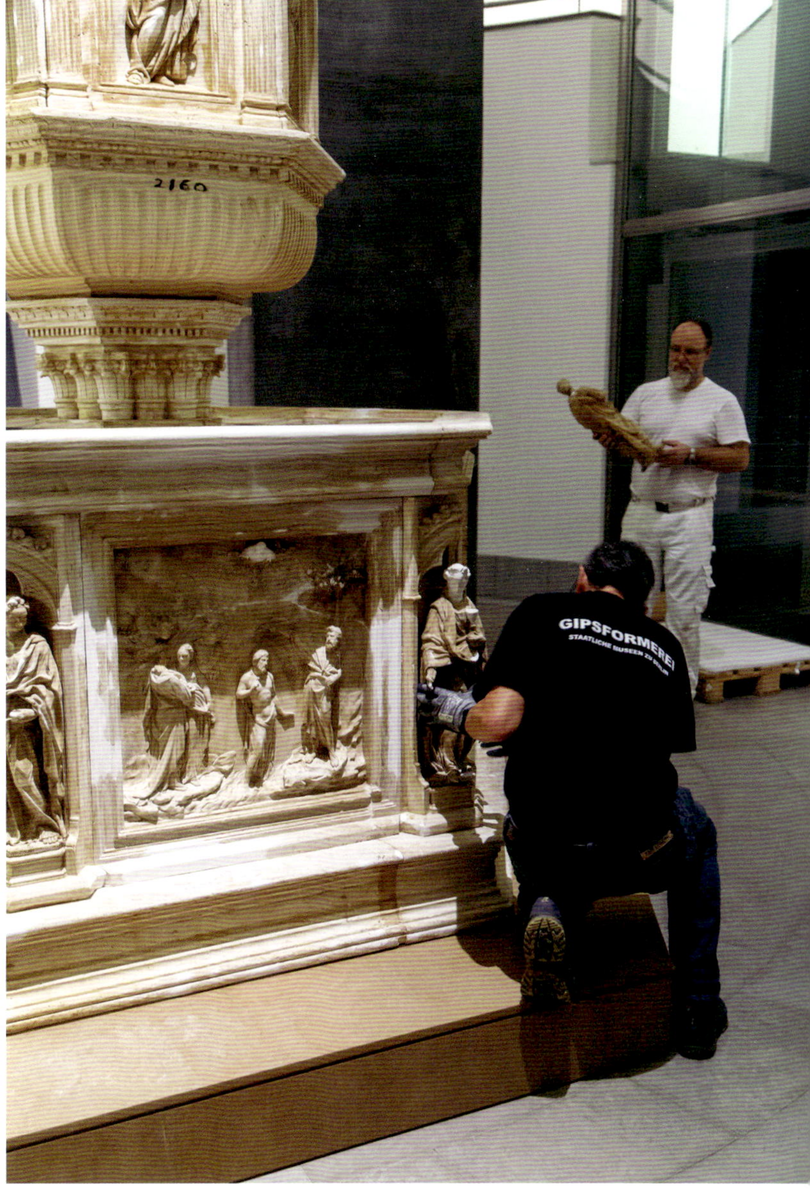
2160
GIPSFORMEREI

ECKART MARCHAND

GIPSABGÜSSE IM WERK DONATELLOS

PLASTER CASTS IN THE WORK OF DONATELLO

In der Geschichte der italienischen Kunst ist das 15. Jahrhundert von einer Erweiterung bildhauerischer Tätigkeiten geprägt, die durch private wie öffentliche Aufträge ausgelöst wurde. Ausschlaggebend hierfür waren der zunehmende Wohlstand der städtischen Eliten Nord- und Mittelitaliens, ihr wachsender politischer Einfluss sowie ihr Verlangen, die neugewonnene soziale Bedeutung durch die Vergabe prominenter Aufträge und den Besitz religiöser wie auch der römischen Antike nacheifernder Kunstwerke zum Ausdruck zu bringen. Neue Auftragsarbeiten großformatiger Skulpturen in Stein und Metall schmückten das Innere und Äußere kirchlicher, öffentlicher und privater Gebäude. Durch die Anforderungen neuer Andachtsformen und zeitgenössischer Votivpraktiken öffnete sich zugleich im Bereich der häuslich-privaten Kunst ein Markt für kleinformatige Skulpturen.[1] So entstanden in der ersten Hälfte des Jahrhunderts vermehrt Werke in bescheidenen Materialien, die oftmals auf bestehende Kompositionen zurückgriffen. Aus Terrakotta, Gips oder Papiermaché gefertigte Reliefs der Madonna mit Kind betonten durch ihre Plastizität und naturalistische Farbfassungen die lebendige Gegenwart der Heiligen im häuslichen Raum, womit sie deren beschützende Kräfte vergegenwärtigten und gleichzeitig Impulse und Zielpunkte für häusliche Andacht lieferten. Im späteren Verlauf des Jahrhunderts stellten vermehrt auch bronzefarbene oder marmorartig gefasste Werke in Gips und Terrakotta säkulare Bildthemen der Antike dar und imitierten auf diese Weise wertvollere Skulpturen in würdigeren Materialien.[2]

Den Gipsabgüssen kamen in all diesen Entwicklungen bedeutende Rollen zu – als eigenständige,

In the history of Italian art, the fifteenth century is associated with an expanded field of sculptural practices responding to private and public commissions. These were triggered by a number of interrelated factors, including the rising wealth and increasing political power of the urban patriciates in northern and central Italy, as well as the self-assertion of these political classes through the commissioning of religious imagery and art emulating ancient Roman works. New commissions of large-scale sculpture in stone and metal decorated the interiors and exteriors of ecclesiastical, civic, and private buildings. At the same time, in the domestic realm, a market for small-scale three-dimensional works evolved in response to the increasing demand for religious imagery for domestic devotion and votive practices.[1] Less exclusive religious works in humble materials, often reiterating existing designs, gained popularity in the first half of the century. Reliefs of the Virgin and Child made of terracotta, plaster, or papier mâché asserted the living presence of holy figures in the domestic sphere through their three-dimensionality and life-like polychromy, thereby emphasizing the protective powers of those represented and forming a stimulus and focus for personal devotion. In addition, later in the century, modest works in plaster or terracotta, often painted to resemble bronze or marble, represented ancient pagan imagery, imitating more upmarket sculpture in what were considered worthier materials.[2]

Plaster casts played substantial roles in these contexts, both as final works and in painters' and sculptors' workshops.[3] Painters in particular employed casts after human limbs as models to study the rendering of three-dimensional form, while casts

zum Verkauf stehende Werke, aber auch als Hilfsmittel in den Werkstätten der Maler und Bildhauer.[3] Insbesondere Maler verwendeten Abgüsse menschlicher Körperteile als Modelle zum Studium der bildlichen Wiedergabe plastischer Formen, während kleine Abgüsse nach zeitgenössischen wie auch antiken Werken Bildhauern und Malern dazu dienten, neue Kompositionen nachzuvollziehen oder die Kenntnis geschätzter antiker Vorlagen zu verbreiten. Gips wurde auch für negative Gußformen verwendet, aber im Gegensatz zu späteren Werkstattpraktiken kam Gibsabgüssen im Entwurfsprozess der Bildhauer keine Bedeutung zu. Dreidimensionale Modelle wurden üblicherweise in Wachs oder Ton modelliert und nur selten abgegossen.[4]

Donatello (1386–1466) sticht unter den Bildhauern seines Jahrhunderts hervor. Er arbeitete in den unterschiedlichsten Techniken und Materialien und brachte sie über ihre geläufigen Grenzen hinaus zum Einsatz. Auch im expandierenden Feld bildhauerischer Reproduktionen spielte er eine bedeutende Rolle: Schon zu Lebzeiten wurde er für lebensnahe Werke und einen kompromisslosen persönlichen Charakter gerühmt. Durch seine Ausbildung als Goldschmied war er mit dem Modellieren in Wachs und Ton vertraut und beherrschte verschiedenste Techniken der Metallverarbeitung. Von 1404 bis 1407 arbeitete er in Lorenzo Ghibertis Werkstatt an dessen ersten Bronzetüren für das Florentiner Baptisterium. In seinen frühen Zwanzigern erhielt er in Florenz wichtige öffentliche Aufträge für Skulpturen in Marmor und lokalem Stein.[5] Seine Materialwahl war mitunter innovativ: Von 1410 bis 1412 schuf er für die *Tribuna* der Florentiner Kathedrale eine großformatige Skulptur in weiß getünchter Terrakotta und reagierte so auf die Herausforderungen, vor die ihn der Standort aufgrund seiner extremen Höhe und der daraus resultierenden gewaltigen Dimensionen des endgültigen Werkes stellte.[6] In der Tat wird Donatello von manchen Kunsthistoriker:innen als Erfinder der nachantiken Terrakottaskulptur ge-

of existing works of art, both ancient and contemporary, were used to record new compositions or distribute the knowledge of venerated ancient motifs. Plaster was also used for the making of negative moulds, but in contrast to later practices, plaster casts did not play a role in the actual design process, where three-dimensional models were commonly made in wax or clay and were rarely cast.[4]

Donatello (1386–1466) stands out amongst the sculptors of the century. He worked in a wide variety of techniques and materials, which he pushed beyond their known limits, and played a major role in the expanding field of sculpture reproduction. During his lifetime, he already gained great fame for his uncompromising character and lifelike work. His initial training as a goldsmith gave him familiarity with modelling in wax and clay as well as an ability to work with metal, both of which informed his later sculptural work in bronze. From 1404 to 1407, he worked in Lorenzo Ghiberti's workshop on the first set of bronze doors for the Florentine baptistry.[5] In his early twenties, he obtained major public commissions in Florence, working initially in marble and local stone. His choice of material could be innovative: in 1410–1412, for the *tribuna* of Florence cathedral, he produced a large-scale sculpture in terracotta covered in whitewash, thereby responding to the challenges posed by the extreme elevation of the location and the enormous dimensions required for the final work.[6] The sculptor has been credited by some with practically reinventing post-antique terracotta sculpture, and his *Louis of Toulouse* for Orsanmichele in Florence and the *David* for the Palazzo Medici were among the first Renaissance bronze sculptures.

Donatello's fame soon spread beyond Tuscany, and the city of Venice commissioned him to execute in Padua the first post-antique equestrian monument to one of its military leaders. The so-called *Gattamelata* spurred many large- and small-scale commissions across northern Italy, bearing testimony and helping to spread Donatello's fame.[7] In the

würdigt, während sein *Heiliger Ludwig von Toulouse* für die Kirche von Orsanmichele in Florenz sowie der *David* für den Innenhof des Medici-Palastes zu den ersten Bronzestatuen der Renaissance gehören.

Donatellos Ruhm reichte bald über die Grenzen der Toskana hinaus, und so beauftragte ihn der venezianische Staat zur Ehrung eines seiner militärischen Führer mit der Errichtung eines Reiterstandbildes in Padua. Der sogenannte *Gattamelata*, das erste Monument dieser Art seit der Antike, führte zu verschiedensten Aufträgen in anderen Teilen Norditaliens und trug so zur Konsolidierung und weiteren Verbreitung des Ansehens Donatellos bei.[7] Im 16. Jahrhundert wurde er als größter Bildhauer seiner Zeit gehandelt und von Vasari als Vorgänger Michelangelos gefeiert, eine Bezeichnung, die der englische Maler William Young Ottley im späten 18. Jahrhundert wieder aufgreifen sollte.[8] Dieser anhaltende Ruhm Donatellos baut hauptsächlich auf seinen lebens- und überlebensgroßen Werken auf – dem aus Marmor gefertigten *Heiligen Georg*, dem Bronze-*David*, dem *Gattamelata* und der Gruppe von *Judith und Holofernes* – Werke, die ihre Betrachter:innen auf sehr direkte und oftmals herausfordernde Weise ansprechen. Im 19. Jahrhundert passten diese Direktheit seiner Bildwerke, Donatellos Ruf als selbstbewusst auftretender Bildhauer und sein persönlicher Kontakt mit den führenden Mitgliedern der Medici-Familie genau in das zu dieser Zeit geläufige Bild der italienischen Renaissance als einer Epoche, die durch das Erwachen des Individuums und die Ausbildung eines selbstbewussten kaufmännischen Großbürgertums geprägt war. Donatellos stetig wachsender Ruhm wurde zur historischen Untermauerung der Identität der jungen Nationalstaaten Italien und – Jahrzehnte später – Deutschland sowie der führenden Schichten Amerikas eingesetzt. All dies ging mit der zunehmenden Verbreitung der Kenntnis seiner Werke durch Fotografien und Gipsabgüsse, wie den von Bode für die Berliner Museen in Auftrag gegebenen, einher.[9] Gleichzeitig führten

sixteenth century, he was discussed as the greatest sculptor of his time and portrayed by Vasari as a precursor of Michelangelo, a label echoed in the late eighteenth century by the English painter William Young Ottley.[8] This enduring reputation rests largely on his large-scale public works – the marble *St. George*, the bronze *David*, *Gattamelata*, and *Judith* – works that also engage their beholders in a very direct and often challenging way. In the nineteenth century, this directness, Donatello's reported self-assertion, and the artist's close association with members of the Medici family fitted the then-popular portrayal of the Italian Renaissance as a period marked by the rise of the self-asserting individual and merchant classes. His growing fame was utilized to underpin the identity not only of the new nation-states of Italy and, later, Germany, but also of the leading classes in North America. This went hand in hand with the growing dissemination of images of his work through photography and plaster casts, such as those ordered by Bode for the Berlin museums.[9] At the same time, social changes in nineteenth century Italy and the growing market for fifteenth century sculpture meant that small-scale devotional works in plaster and other materials – by and after Donatello, together with nineteenth century imitations of the same – appeared on the market, becoming available to museums and private collectors.[10]

In what follows, Donatello's engagement with casts and cheap materials in the wider field of sculptural multiples and reproduction will be addressed.

In 1418, Donatello was already known across Tuscany for his small-scale terracotta works for domestic devotion, which in a contemporary legal case were declared to be of higher value than those made by others who apparently imitated his work.[11] Prominent among such devotional images are reliefs of the Virgin and Child in terracotta, plaster, papier mâché, or mixed media that often repeat earlier prototypes. Occasionally attributed to Donatello or his workshop, these works are more often catalogued as

gesellschaftlicher Wandel im Italien des 19. Jahrhunderts und der sich erweiternde Markt für Skulpturen des 15. Jahrhunderts dazu, dass kleinformatige Andachtswerke in Gips und anderen Materialien von und nach Donatello zusammen mit Imitationen und Fälschungen des 19. Jahrhunderts auf den Markt kamen und vermehrt von Museen und privaten Sammlern erworben wurden.[10]

Im Folgenden soll Donatellos Verwendung von Abgusstechniken und günstigeren Materialien im weiteren Feld bildhauerischer Reproduktion und Vervielfältigung besprochen werden. Bereits 1418 war Donatello in der Toskana für seine kleinformatigen Andachtswerke in Terrakotta bekannt. In einem zeitgenössischen Gerichtsfall wurden diese im Wert höher veranschlagt als Arbeiten anderer, von denen es hieß, dass sie seine Werke nachahmten.[11] Zu derartigen Andachtsbildern gehören in erster Linie Reliefs der Madonna mit Kind in Terrakotta, Gips, Papiermaché oder auch gemischten Materialien. Gelegentlich Donatello oder seiner Werkstatt zugeschrieben, werden solche Werke heute in der Regel eher als »nach Donatello« katalogisiert. Diese Vorsicht ist wohl geboten: Historische Dokumente bestätigen, dass Maler nicht nur die Gipse, die ihnen von Bildhauern übergeben wurden, farblich fassten, sondern auch selbst Kopien von diesen erstellten, bemalten und weiter verkauften.[12] Donatellos *Verona-Madonna* (Abb. 1) ist ein eindrückliches Beispiel: Die kunsthistorische Literatur listet mehr als 20 Exemplare in verschiedenen Materialien. Mittels technischer und stilistischer Untersuchungen lassen sich einige dieser Kopien als direkte Abformungen der zugrundeliegenden Skulptur bestimmen, während es sich bei anderen um freie Nachbildungen oder Abgüsse nach solchen sekundären Versionen handelt.[13] Die Verwendung verschiedener Reproduktionstechniken und günstigerer Materialien ermöglichte es selbst weniger wohlhabenden Bürgern Skulpturen zu erwerben. Es ist jedoch wahrscheinlich, dass es den meisten Käufern nicht darum ging,

»after Donatello«. There are good reasons for this caution, as there is documentary evidence of painters not only painting casts handed to them by sculptors, but also casting, painting, and selling plaster reliefs of the Virgin and Child themselves.[12] Donatello's *Verona Madonna* (fig. 1) is an instructive example: more than 20 copies are known. Based on technical and stylistic analysis, some of these copies are considered direct casts of the primary model, while others appear to have been copied freehand or cast after such secondary versions.[13] These reproduction techniques and cheap materials made it possible even for humbler citizens to acquire sculpture. However, it is likely that for many the point was not to possess a copy of a famous work by a known master, but rather to own their own, distinct, or even personalized, version of a familiar image of the Virgin and Child.

It is a frequent assumption that the first work in such a chain of copies was a finished work in marble or bronze. Many of the Virgin and Child reliefs in marble are characterized by relatively low relief and the virtual absence of undercuttings, signifying they could be reproduced with ease. In the case of the Berlin *Pazzi Madonna* (fig. 2), the undercuttings in the marble might easily have been filled with wax to enable the making of a single removable mould. In the resulting casts, the undercuttings could then be recreated by cutting into the plaster with a knife or wooden tool when it was soft, or by chiselling it out once it had fully set and hardened. The development of the extremely low or *schiacciato* (»squeezed«) relief, in which Donatello was a major force, was associated, as the term indicates, with imprints, reproduction techniques, and memory, as has recently been discussed by Frank Fehrenbach.[14] Its most prominent instantiations, such as the *Ascension* relief in the Victoria & Albert Museum, however, almost evade the possibility of reproduction through the extreme subtlety of their design.

Sculptors whose output was not limited to works in marble and stone may have gone a step

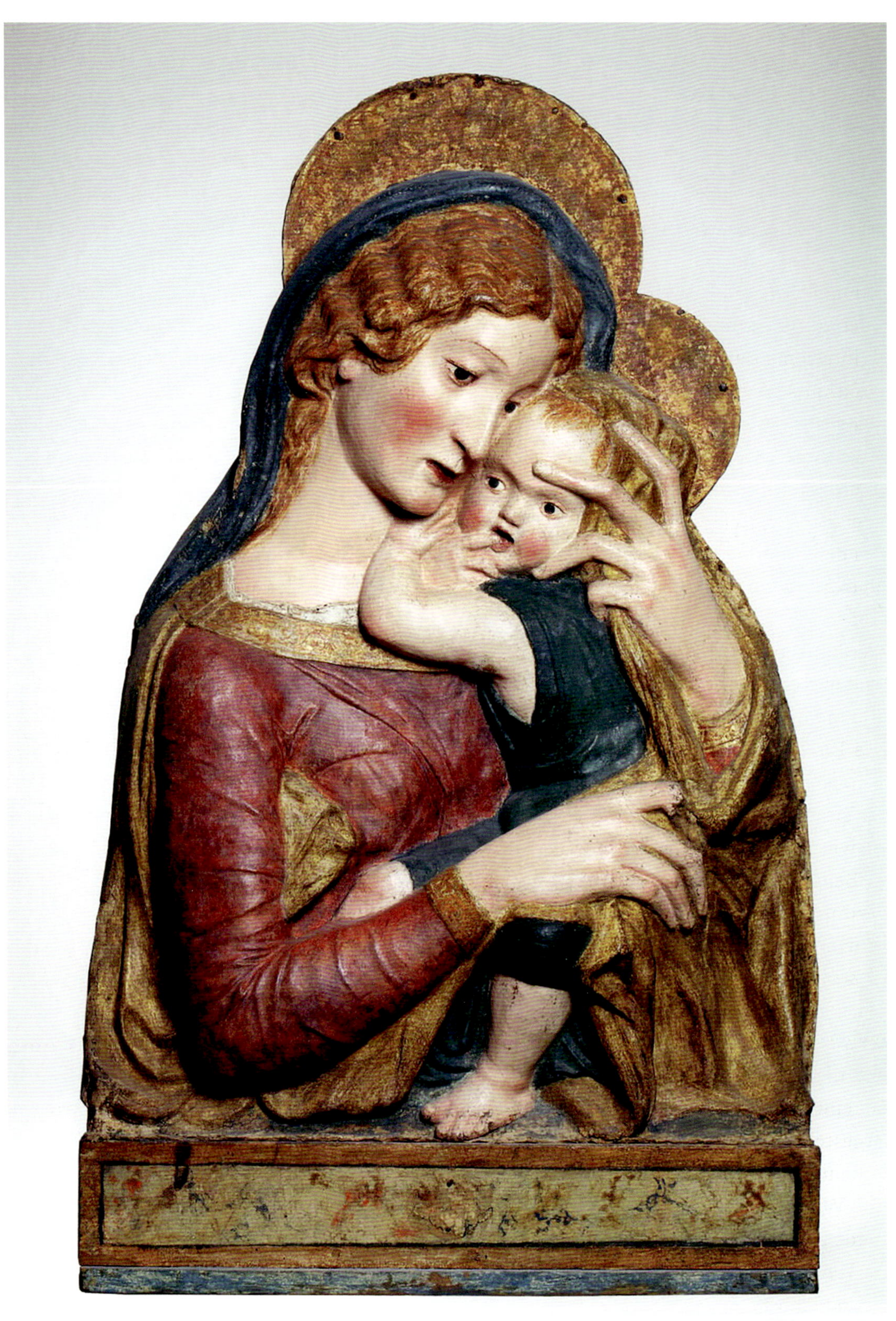

1 Nach / After Donatello, *Jungfrau und Kind* (Verona Madonna) / *Virgin and Child* (*Verona Madonna*), nach / after 1445/50, Papiermaché, farbig gefasst / papier mâché, polychromed, 97,5 x 56,7 x 14 cm, Musée du Louvre, Paris, Inv. RF 589

Kopien eines berühmten Werkes eines bekannten Bildhauers zu erstehen, sondern darum, ihre eigene, spezifische und unter Umständen sogar persönliche Version eines vertrauten Bildes der Madonna mit Kind zu besitzen.

Es ist eine geläufige Annahme, dass solche Reihen von Kopien auf ein eigenständiges Werk aus Marmor oder Bronze zurückgehen. Viele Marmorreliefs der Madonna mit Kind sind in relativ flachem Relief ausgeführt und durch das fast gänzliche Fehlen von Hinterschneidungen charakterisiert, was ihre Reproduktion sehr erleichtert. Im Fall der Berliner *Pazzi-Madonna* (Abb. 2) etwa können die Hinterschneidungen im Marmor leicht mit Wachs gefüllt werden, um die Erstellung einer einzigen, leicht abnehmbaren negativen Form zu ermöglichen. In den resultierenden positiven Abgüssen können diese Hinterschneidungen dann entweder vor der vollständigen Erhärtung des Materials mittels eines Messers oder eines hölzernen Werkzeugs oder später im harten Zustand mit einem Meißel neugeschaffen werden. Wie von Frank Fehrenbach vor Kurzem besprochen, war die Entwicklung des extrem flachen oder *schiacciato-* (»gequetschten«) Reliefs, wie der Begriff erkennen lässt, mit Druck- und Reproduktionstechniken sowie Erinnerungsprozessen assoziiert.[14] Donatellos Beitrag war auch hier von großer Bedeutung. Allerdings entziehen sich die prominentesten Ausführungen, allen voran das Relief der *Himmelfahrt Christi* im Victoria & Albert Museum, durch die extrem geringe Reliefierung nahezu der Möglichkeit einer Reproduktion.

Bildhauer, die nicht nur in Marmor und Stein arbeiteten, mögen einen Schritt weitergegangen sein und Modelle hergestellt haben, die alleinig zur Serienproduktion dienten. Ein derartiges Werkstattmodell mochte in Wachs, ungebranntem Ton oder Gips geformt worden sein. So ist in der Tat für die bereits erwähnte *Verona-Madonna* keine zugrundeliegende Marmor- oder Bronzeausführung bekannt. Daher lässt sich den modernen Zuschreibungen zum

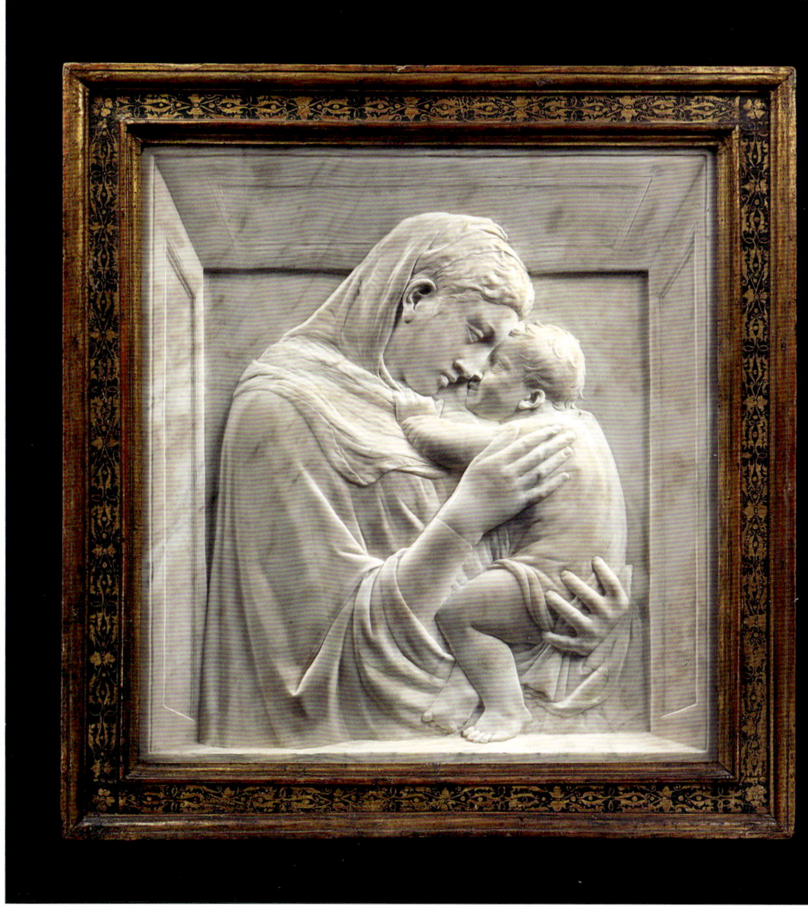

2 Donatello, *Jungfrau und Kind* (Pazzi Madonna) / *Virgin and Child (Pazzi Madonna)*, ca. 1420–1425, Marmor / marble, 74,5 x 73 x 6,5 cm, Staatliche Museen zu Berlin, Bode-Museum, Inv. 51

further, making a model for serial production that was never designed for any other purpose. Such a workshop model may have been formed in wax, clay, or plaster. Indeed, for the *Verona Madonna* mentioned above, no ›original‹ marble or bronze work is known. Therefore, regardless of modern labels, some of the religious reliefs »after Donatello« in plaster, terracotta, or mixed media may well have been produced in his workshop. This, however, raises other questions: whether they were painted there or in a painter's workshop and, if the latter was the case, by whom were they eventually sold – the sculptor

Trotz vermuten, dass einige der heute als »nach Donatello« bezeichneten Reliefs in Gips, Terrakotta oder gemischten Medien doch aus Donatellos Werkstatt stammen. Hieraus ergeben sich aber neue Fragen: Wurden sie dort dann auch farbig gefasst, oder doch in der Werkstatt eines Malers? Angenommen das Letztere war der Fall, von wem wurden die Werke schließlich verkauft: vom Bildhauer oder vom Maler? Dem Wenigen zufolge, das wir über diese Prozesse wissen, sind beide Szenarien denkbar.[15]

Ein Hauptgrund für den Mangel an historischer Dokumentation ist die geringe Bedeutung, die Gips und Terrakotta zugeschrieben wurde. Diese Wertung findet man auch in Vasaris Lebensbeschreibung Donatellos: In einer Geschichte über das Wohlwollen Donatellos gegenüber sozial niedrigstehenden Freunden mit geringem künstlerischen Verständnis berichtet Vasari, wie Donatello während seines Aufenthalts in Padua auf die Bitte eines Freundes, eine Skulptur für ein lokales Frauenkloster anzufertigen, reagierte. Aufgefordert, ein von den Nonnen verehrtes, altes und minderwertiges Werk bestmöglich nachzuahmen, strengte sich Donatello an, diesem Wunsch zu entsprechen, war aber letztendlich doch unfähig, seine herausragenden Fähigkeiten im Zaum zu halten. Vasari beendet die Erzählung mit den folgenden Worten, die Terrakotta und Gips eindeutig in den Kontext bescheidener Objekte und wiederverwerteter Materialen stellen: »Zusammen mit dieser Figur machte er viele andere in Ton und Stucco, und aus einem Teil eines alten Stücks Marmor, das die erwähnten Nonnen in einem ihrer Gärten hatten, formte er eine sehr schöne Madonna.«[16]

Padua hatte seine eigene Tradition, was die Erstellung von Abgüssen und künstlerischer Reproduktionen angeht. Es war hier, dass um 1400 Cennino Cennini sein *Buch von der Kunst* schrieb, einen, wie Norberto Gramaccini darlegt, nicht gerade neuartigen Text, in dem Cennini aber die Autorschaft der Kapitel über die Abformung des menschlichen Körpers ganz bewusst für sich reklamiert.[17] Wie ein-

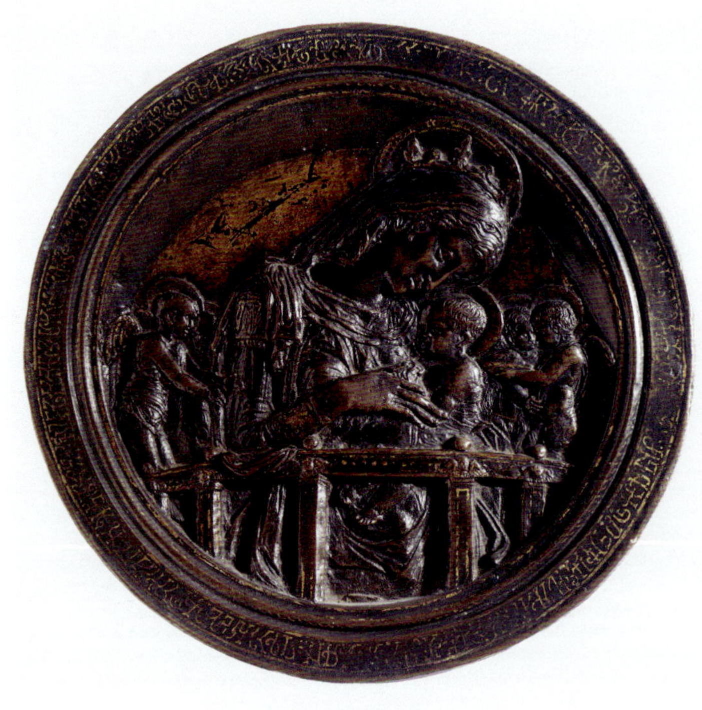

3–4 Donatello, *Jungfrau und Kind mit vier Engeln (Chellini Madonna)* / *Virgin and Child with Four Angels (Chellini Madonna)*, ca. 1450, Bronze, teilvergoldet / bronze, partly gilded, 28.5 x 3 cm, London, Victoria and Albert Museum, Inv. A.1-1976, Vorder- und Rückseite / front and back

or the painter? From the little we know about these processes, both scenarios are plausible.[15]

One major reason for the lack of documentary evidence is the low status ascribed to works in plaster and terracotta, a judgement reflected in Vasari's *Life of Donatello*. In a story about Donatello's benevolence towards friends of lower standing and lesser artistic insight, Vasari narrates how Donatello, during his stay in Padua, answered a friend's request to make a sculpture for a local female convent. Asked to emulate an old and inferior work treasured by the nuns, the sculptor tried his best but was ultimately unable to suppress his own excellence. Vasari ends the account with the following words, clearly placing terracotta and plaster within the context of humble

gangs erwähnt, wurden derartige Abgüsse zunehmend in norditalienischen und Florentiner Künstlerwerkstätten zu Studienzwecken verwendet, wobei die Lehrlinge lernten, den menschlichen Körper zu zeichnen und Volumen und skulpturale Qualitäten mit Licht und Schatten zu modellieren. Die einförmig weiße Oberfläche der Gipsabgüsse machte sie zu einem hierfür idealen Werkzeug. Es war ebenfalls in Padua, dass in der Mitte des Jahrhunderts Francesco Squarcione in seiner Werkstatt Lehrlinge mithilfe einer großen Sammlung auf früheren Reisen erstandener Gipsabgüsse nach der Antike unterrichtete; ein Vorgehen, das Vasari in seiner Biografie Andrea Mantegnas als Vorläufer der frühen Kunst-Akademien charakterisiert.[18] Gramaccini verortet diese Entwicklungen in Padua im Kontext der an der Universität der Stadt praktizierten humanistischen Lehre, bei der das Kopieren und Imitieren antiker Texte im Vordergrund standen.[19]

Dass Donatello sich sorgfältig mit Reproduktionstechniken und Fragen der Vervielfältigung auseinandersetzte, kann nicht nur von seinen Werken und den angewandten Techniken abgeleitet werden, sondern ist auch in den Notizen seines Florentiner Arztes Giovanni Chellini festgehalten, dem er 1456 ein Bronzerelief der Madonna mit Kind als Bezahlung überließ (Abb. 3). Die Rückseite dieses Metalltondos gibt das äußere Bild im Negativ wieder, um, wie Chellini schreibt, »geschmolzenes Glass in sie hineingießen zu können, was dieselben Figuren wie die erwähnten der anderen Seite ergeben würde« (Abb. 4).[20] Dass Donatello Chellini Glas als Gussmaterial vorschlug, wurde von Kunsthistoriker:innen überzeugend als eine Referenz auf die *Reinheit* der Jungfrau Maria gedeutet.[21] In der jüngeren Literatur wurde diese Materialwahl aber auch mit Donatellos etwaiger Zusammenarbeit mit Florentiner Glasmachern in Verbindung gebracht, die Bronzeformen zu Reproduktionszwecken nutzten.[22]

Nach Florenz zurückgekehrt, hat Donatello die Verwendung von Abgüssen einen Schritt weiterge-

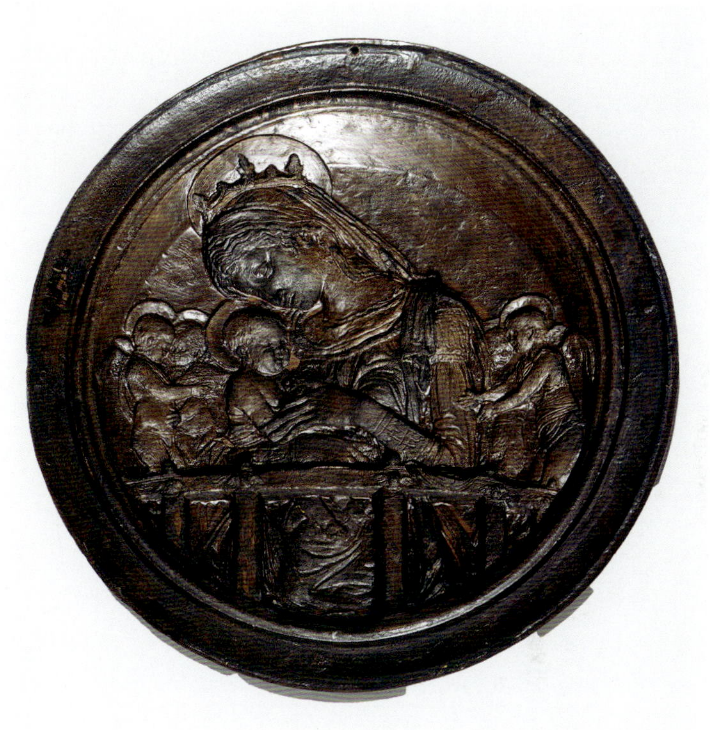

objects and reused materials: »Together with this figure he made many others in clay and in stucco, and on one end of an old piece of marble that the said nuns had in their garden he carved a very beautiful Madonna.«[16]

Padua had its own tradition of cast-making and artistic reproduction. It was here that at around 1400 Cennino Cennini wrote his *Craftsman's Handbook*, in which, as Norberto Gramaccini reminds us, he claimed as his own, in an otherwise not entirely original text, the chapters on casting after the human body.[17] As noted, such casts were increasingly used in fifteenth century northern Italian and Florentine workshops for study purposes, with pupils learning to draw after the human body and to render volume and sculptural values through the modelling of light and shade. The dull, white surface of plaster casts made them an ideal tool for this. It was also in Padua that, towards the middle of the century, Francesco Squarcione ran what Vasari characterized in his *Life of Andrea Mantegna* as an early art academy, where

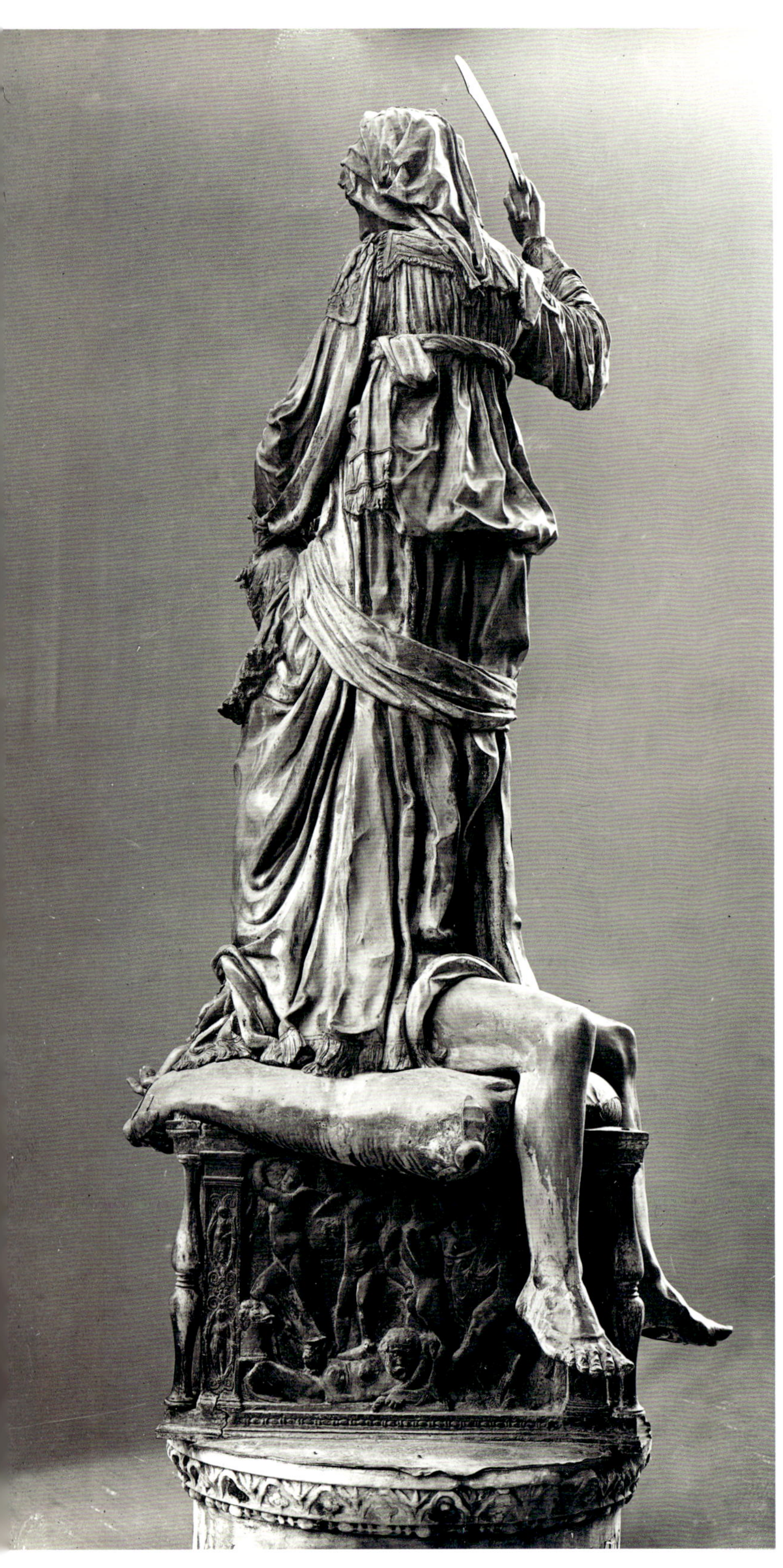

Squarcione taught students using plaster casts after ancient works he had made and acquired on earlier travels.[18] Gramaccini positions these Paduan developments in the context of the humanist teaching at the city's university, which placed emphasis on the copying and imitation of ancient texts.[19]

That Donatello thought carefully about reproduction techniques and multiplication may be deduced not only from his sculpture, technique, and working practice; it is also documented in the notes of his Florentine doctor, Giovanni Chellini, to whom he gave in 1456, in lieu of payment, a bronze relief of the *Virgin and Child* (fig. 3). The back of this metal roundel (fig. 4) forms the negative of the front, so that, as Chellini writes, »melted glass could be cast onto it to make the same figures as those on the other side«.[20] Donatello's recommendation to Chellini of glass as the casting material has been read convincingly by art historians in terms of the material's iconography, as referencing the Virgin's purity.[21] More recently, from a technical viewpoint, this choice of material has also been related to Donatello's potential collaboration with Florentine glass-makers, who used bronze moulds for reproductions.[22]

Back in Florence, Donatello took the use of casts a step further when, in his group of *Judith and Holofernes* (1457–1464), he may have integrated casts after the human body and textile fabric into his final work. Judith stands towering over Holofernes, whose head she is about to sever with a second blow to his already deeply cut neck. The threatening vehemence of the group arises not least from the naturalistic rendering of its figures. Judith's garment, in fact, appears to have been cast after an actual cloth, impregnated with wax and burned out during the making of the terracotta mould. Near her forehead,

5–6 Donatello, *Judith und* / *and Holofernes*, 1457–1464, Bronze, 235 x 109 cm, Florenz / Florence, Palazzo Vecchio, Ganze Figurengruppe und Kopf der Judith / Entire group and head of Judith

führt und in seiner Gruppe *Judith und Holofernes* (1457–1464) möglicherweise Abgüsse des menschlichen Körpers sowie gewebten Stoff reproduziert. Judith steht erhaben über Holofernes und ist im Begriff, ihm mit einem erneuten Schlag in die bereits weit aufklaffende Wunde am Hals den Kopf abzutrennen. Die Gruppe erhält ihre bedrohliche Vehemenz nicht zuletzt durch die naturalistische Darstellung der Figuren. Judiths Gewand ist augenscheinlich nach einem mit Wachs verstärkten Stoff gegossen. Über ihrer Stirn ist die Struktur des Gewebes klar erkennbar (Abb. 6). Was die entblößten Beine des Holofernes angeht, so gehen die Meinungen der Forscher:innen auseinander, ob diese mittels Abgüssen menschlicher Körperteile geformt wurden oder nicht (Abb. 5).[23] Im Fall des sogenannten *Niccolo da Uzzano* im Florentiner Museo Nazionale del Bargello, dessen Zuschreibung weiterhin umstritten ist, hat die Tatsache, dass das Gesicht des Dargestellten auf einer Lebendabformung beruht, einige Forscher:innen veranlasst, eine Zuschreibung an Donatello abzulehnen, da ein solches Vorgehen eines großen Künstlers unwürdig sei. Andere sehen hier einen strategischen Naturalismus. In diesem Zusammenhang wurde die energische Wendung des Kopfes als von ähnlichen Motiven in der antiken Porträtkunst inspiriert erklärt. Deren Kenntnis konnte Donatello vor Ort in Rom oder auch durch Gipsabgüsse erlangt haben.[24]

Weiterhin gibt es einige aus der Renaissance stammende Gipsabgüsse nach Werken Donatellos, bei denen unklar ist, ob sie aus der Werkstatt des Meisters stammen. Drei solcher Gipse, von denen sich eins im Rijksmuseum in Amsterdam (Abb. 7), zwei weitere im Museo Horne in Florenz befinden, reproduzieren Reliefs der an der Außenseite der Kathedrale von Prato befindlichen Kanzel. Die drei Abgüsse gehen eindeutig auf die fertigen Marmorreliefs mit ihrem eingelegten Mosaik-Hintergrund zurück. Es liegt aber nahe, dass sie vor der Installation der Kanzel angefertigt wurden.[25] Argumente

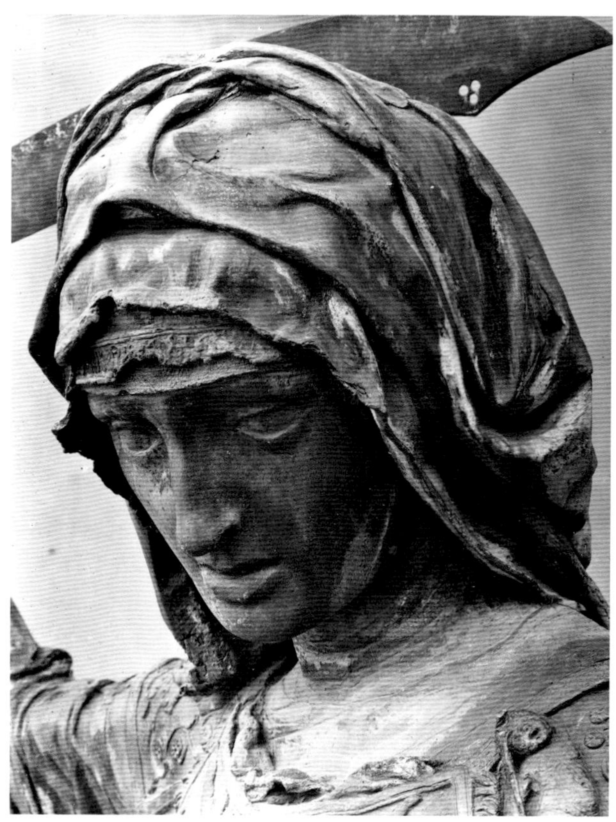

the woven structure of the cloth is still discernible (fig. 6). As to the naked limbs of Holofernes, conservators are still debating whether or not these may be cast after actual body parts (fig. 5).[23] In the case of the so-called *Niccolo da Uzzano*, the attribution of which remains debated, the fact that the face is most certainly based on a cast from life has led some, considering such an act unworthy of a great artist, to reject an attribution to Donatello. Others see this as a strategic naturalism. The lively turn of the head has been explained as being inspired by similar motifs in ancient Roman portraiture, examples of which Donatello may have encountered in Rome or through reproductions in plaster.[24]

Beyond this, there are a number of Renaissance plaster casts after works by Donatello that may or may not come from his workshop. Three of these, two in the Museo Horne in Florence, the other in the Rijksmuseum in Amsterdam (fig. 7), reproduce

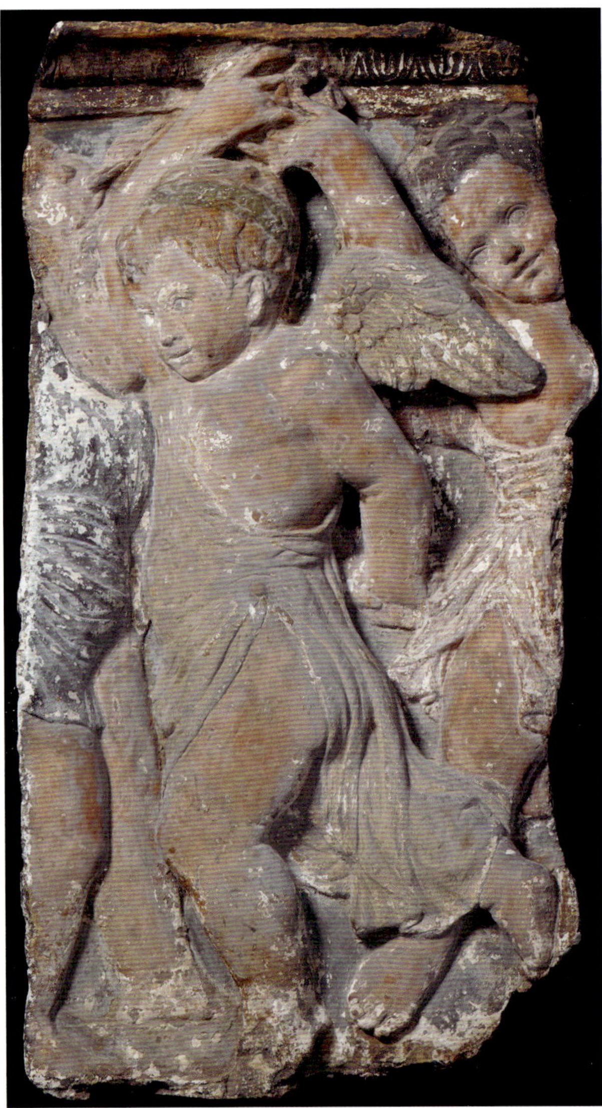

7 Nach / After Donatello, *Tanzende Putti* / *Dancing Putti*, 15. Jahrhundert? / fifteenth century?, Gips / plaster, 73 x 40 cm, Rijksmuseum, Amsterdam, Inv. R.B.K. 15401

für die Existenz früher Gipse liefern weiterhin Zeichnungen der Werkstatt Pisanellos (1395–1455), die zwei andere Tafeln der Kanzel zur Vorlage haben (Abb. 8). Diese Zeichnungen zeigen die Reliefs wie auf Augenhöhe und enthalten keinerlei Anzeichen von Verzerrungen, wie sie bei der Korrektur optischer Verkürzungen auftreten können, wenn eine aus der Ferne und von unten betrachtete Kompo-

panels from the pulpit outside Prato Cathedral. The three casts undoubtedly reproduce the marble panels with their mosaic backgrounds. It is, however, tempting to imagine these casts were taken before the panels were installed.[25] Arguments for the existence of casts at an early date are also provided by drawings from the workshop of Pisanello (1395–1455), after two other panels from the pulpit (fig. 8). The drawings show these panels as if seen straight on, with no trace of the distortions that might occur when correcting the effects of optical foreshortening in a frontal rendition of a composition examined from a low, distant viewpoint. Equally, like the three casts, the drawings do not record the curvature of Donatello's panels. Before the invention of flexible gelatine moulds, a flat cast might have been achieved by gently releasing the not completely hardened plaster from its mould onto a flat surface;[26] such a manipulation would have been helpful for workshop models. It is telling that a nineteenth century set of casts in London's Wallace Collection, made with the intention of representing the work rather than simply its design, reproduces the convex shape.[27] In Pisanello's workshop, the casts would have facilitated the controlled study of reliefs otherwise difficult to access. In fact, Vasari mentions a similar instance: casts after a relief by Antonio del Pollaiuolo that had left Florence for Spain were still to be found, he reports, »in every Florentine workshop«.[28]

Two other casts after works by Donatello survive in Padua. One reproduces a small relief of two musician angels for the high altar of the church of Sant'Antonio. Apparently, it was taken after the relief had been installed. Again, it may have been made for an artist's workshop, but eventually made its way into the sixteenth century collection of the law scholar Marco Mantova Benavides, which still survives in Padua.[29] A second cast after Donatello in this collection represents the head of *Gattamelata*, though its relationship to the original is not straightforward (fig. 9).[30]

sition in Frontalansicht dargestellt wird. Auch die leichte Krümmung der Marmortafeln ist in den Zeichnungen wie in den drei Abgüssen nicht wiedergegeben. Vor der Erfindung flexibler Formen aus Gelatine konnte ein flacher Abguss nach einer gerundeten Vorlage dadurch erreicht werden, dass der noch nicht ganz erhärtete Gips vorsichtig aus der gerundeten Form gelöst und auf eine flache Oberfläche platziert wurde.[26] Für Werkstattmodelle, die dem Studium der Komposition dienten, wäre eine derartige Manipulation hilfreich gewesen. Dagegen ist es bezeichnend, dass ein aus dem 19. Jahrhundert stammender Satz von Gipsabgüssen der Kanzel in der Londoner Wallace Collection genau diese konvexe Krümmung wiedergibt. Hier steht die Wiedergabe des endgültigen Werkes im Vordergrund, nicht das Design der einzelnen Tafel.[27] In Pisanellos Werkstatt hätten die Abgüsse den Mitgliedern der Werkstatt ermöglicht, schwer zugängliche Werke unter kontrollierten Umständen zu kopieren. Vasari erwähnt einen ähnlichen Fall: Von einem nach Spanien exportierten Relief Antonio del Pollaiuolos seien noch zu Vasaris Zeiten Abgüsse in jeder Florentiner Werkstatt zu finden gewesen.[28]

Zwei weitere Abgüsse nach Werken Donatellos sind in Padua erhalten. Einer von ihnen gibt ein kleines Relief mit zwei musizierenden Engeln für den Hochaltar der Basilika des Heiligen Antonius wieder. Dieser Gips geht offensichtlich auf eine nach der Installation des Originals erfolgte Abformung zurück. Auch hier mag es sich ursprünglich um ein Werkstattmodell gehandelt haben, aber im Laufe des 16. Jahrhunderts fand das Gipsrelief seinen Weg in die Sammlung des Juristen Marco Mantova Benavides, die sich noch heute in Padua befindet.[29] Ein weiterer Abguss nach Donatello in dieser Sammlung gibt den Kopf des Gattamelata wieder. Seine Beziehung zum Original ist jedoch komplexer (Abb. 9).[30]

Gipsabgüsse werden oft als mechanisch produzierte, exakte Kopien verstanden, was aber nicht immer der Fall ist. Der aus dem 19. Jahrhundert

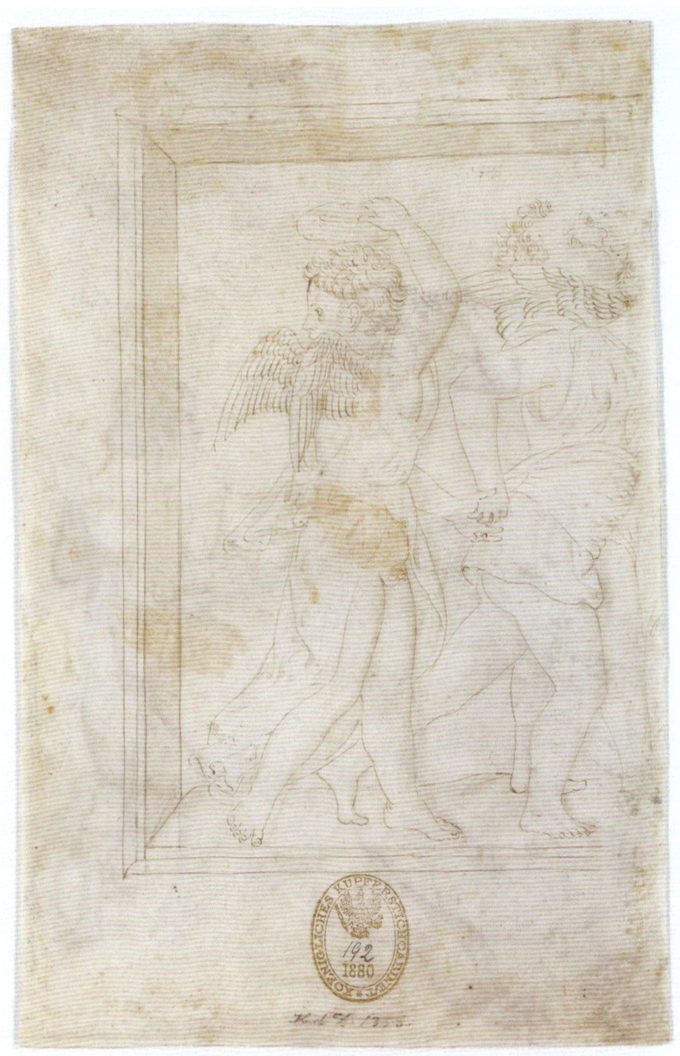

8 Pisanello, Werkstatt / workshop (nach / after Donatello), *Tanzende Putti / Dancing Putti* (Zeichnung nach einem Teil des zentralen Reliefs der externen Kanzel am Dom von Prato / drawing after a section of the central relief of the external pulpit of Prato Cathedral), um / ca. 1435, Feder und Tinte auf rotem Vorsatzpapier / pen and ink over red prepared paper, 19.3 x 12 cm, Staatliche Museen zu Berlin, Kupferstichkabinett, Inv. 1358v

Plaster casts tend to be perceived as mechanically produced exact copies, though this is often not the case. The nineteenth century cast of the Siena Baptismal Font is assembled from a large number of individual casts, with some framing elements cast

stammende Gipsabguss des Sieneser Taufbeckens ist aus einer Vielzahl einzelner Abgüsse zusammengesetzt, wobei gelegentlich mehrfach auftauchende rahmende Elemente, die im Original variieren, in der Kopie aus einer einzelnen Form gegossen wurden und folglich identisch sind. Ebenso ist der vordere Teil des aus Gips geformten Gattamelata-Kopfes ein Abguss, während der Hinterkopf frei von Hand modelliert wurde. Auch die Augen sind animierter durch in den Gips eingeritzte Pupillen, die wahrscheinlich eingefügt wurden, um eine intensivere Begegnung mit dem Objekt zu ermöglichen.

Eine geläufige Annahme ist, dass dieser Abguss auf die endgültige Bronzeskulptur zurückgeht, dass die Form aber wahrscheinlich vor der Aufstellung der Bronzeskulptur auf ihrem acht Meter hohen Sockel erstellt wurde, da dieser selbst die Teilabformung des Gesichts erschwert hätte. Aller Wahrscheinlichkeit nach wurde der Gips folglich in Donatellos Werkstatt in Padua gefertigt. Seine Funktion wandelte sich demnach im Laufe der Zeit vom Werkstattmodell, das ein Motiv festhält und zum Studium dient, zu einem Sammlerstück. In der Benavides-Sammlung mag es sowohl als Modell eines berühmten Florentiner Künstlers geschätzt worden sein, als auch – zusammen mit den Köpfen berühmter Männer der römischen Antike – als Porträt eines Helden der jüngeren venezianischen Vergangenheit.[31]

Schließlich besitzt noch das Londoner Victoria & Albert Museum einen Abguss von Donatellos Relief *Der Heilige Georg besiegt den Drachen* (Abb. 10).[32] Das Marmorrelief befand sich ursprünglich an einem öffentlichen Ort unterhalb der Figur des Heiligen Georgs und somit auf einer Höhe, die die Abnahme einer Form ohne größere Schwierigkeiten erlaubte. Der Londoner Abguss mag ursprünglich das ganze Relief wiedergegeben haben, ist nun aber auf allen Seiten beschnitten und mit einem Rahmen aus dem 16. Jahrhundert versehen. Reste einer polychromen Fassung und Teilvergoldung untermauern die Annahme, dass der Abguss ähnlich zu datieren ist.

from the same mould, where as in the original there is variation. Likewise, the plaster head of the *Gattamelata* is made from a mould of the front half of the head, while the back has been freely modelled by hand. Also, the eyes are more animated through the insertion of pupils, which may have been added to enhance the encounter with the object. The general assumption today is that the cast was made from the bronze sculpture, but that it is likely to predate the erection of the monument atop its eight metre-tall plinth, which would have rendered even a simple mould of the face extremely difficult. Therefore, in all likelihood the cast was made in Donatello's Paduan workshop. Its function eventually changed from that of an artist's record and possible drawing model to a collector's item. In the Benavides collection, it may have been treasured as a model from the workshop of a famous Florentine sculptor, and, together with heads of Roman Worthies, as an image of a Famous Man, in this case from the more recent, local past.[31]

Finally, the Victoria & Albert Museum in London houses a cast of Donatello's low relief of

9 Nach / After Donatello, Kopf des / head of Erasmo da Narni »Il Gattamelata«, um / ca. 1450?, Gips / plaster, 24 x 27 cm, Padua, Museo di Scienze Archeologiche e d'Arte, Università degli Studi di Padova, Inv. 5952

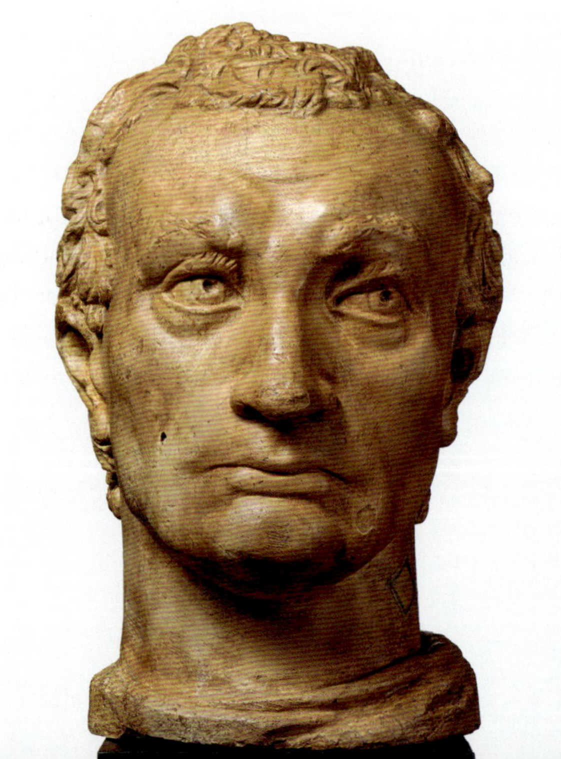

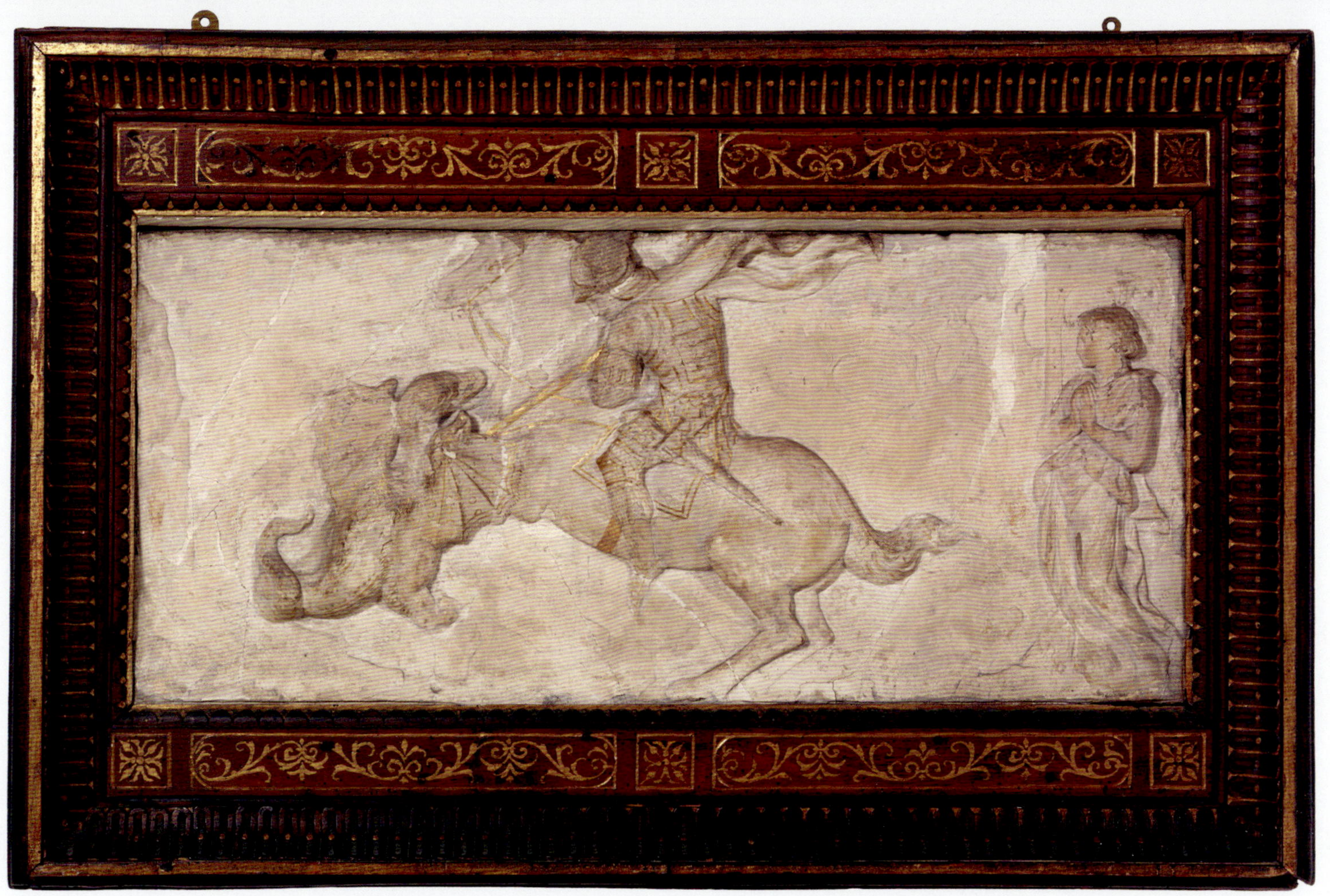

10 Nach / After Donatello, *Der Heilige Georg erschlägt den Drachen* / *St George Slaying the Dragon*, ca. 1550–1600, Gipsabguss mit Spuren farbiger Fassung und Vergoldung / plaster cast with traces of polychromy and gilding, 36,8 x 81,3 cm, Victoria and Albert Museum, London, inv. 7607/A-1861

Außerdem deuten diese Spuren einer Farbfassung darauf hin, dass dieser Gips kein Werkstattmodell war, sondern von Anfang an dazu diente, ein berühmtes, mit der Heiligenstatue assoziiertes Werk wiederzugeben. Als einer der frühesten Abgüsse nach einem Werk Donatellos bildet das Londoner Relief eine denkwürdige Verbindung zwischen Donatellos eigenem Interesse an Reproduktionstechniken und seiner posthumen Rezeption, für die auch das Berliner Gipsmodell des Sieneser Taufbeckens ein wichtiger Beleg ist.[33]

Übers. E. Marchand

St. George Slaying the Dragon (fig. 10).[32] The marble relief was originally positioned in a public space beneath his figure of St. George and at a height where taking a mould could be done with ease. The cast, now cut on all sides, may have originally reproduced the complete relief, only later being inserted into its sixteenth century frame. Traces of polychromy and partial gilding support the assumption that the cast dates from the same century as the frame; they also suggest that this was not a workshop model, but rather made to reproduce a famous work associated with a statue that was already held in particularly high regard during the sixteenth century. As one of the earliest casts after a sculpture by Donatello, it serves as a fitting link between Donatello's own interest in reproduction techniques and the nineteenth century reception of the sculptor, of which the Berlin cast of the Siena Baptismal Font is an important document.[33]

ANMERKUNGEN

1 Goldthwaite 1980, bes. S. 397–425; Goldthwaite 1993, bes. S. 176–255.
2 Sénéchal 2012; Marchand 2021, S. 27.
3 Hierbei handelte es sich im 15. Jahrhundert nahezu ausschließlich um Männer, da es Frauen unter anderem unmöglich war, eine Werkstatt zu betreiben; zu Bildhauerinnen in der Epoche siehe z. B. Frasca-Rath 2024 mit weiterführender Bibliografie.
4 Myssok 1999, S. 11; Marchand 2007, S. 196; und Marchand, im Erscheinen.
5 Zu Donatellos Ausbildung als Goldschmied und dessen Einfluss auf sein bildhauerisches Werk siehe Bloch 2023; Wright 2020 und Wright 2023, S. 35–37. Für einen knappen Überblick über Donatellos frühe Laufbahn siehe Coonin 2019, S. 9–56.
6 Zur Terrakotta-Statue des *Joshua* siehe Caglioti 2020, S. 36–37.
7 Für eine einführende Diskussion des Aufenthalts Donatellos in Padua siehe Coonin 2019, S. 169–206. Siehe ebenfalls die Kapitel zu Padua und Norditalien in Florenz 2022, S. 278–309; Berlin 2022, S. 259–281 und London 2023, S. 201–215.
8 Vasari 1878–1885, 2. Bd, 1878, S. 424–426. Zu Ottley siehe Gentilini 1985, S. 372.
9 Siehe Gentilini 1985 zur Rezeption Donatellos im 19. Jahrhundert in Italien und anderen Ländern; zu Bode und den Berliner Museen siehe Gaehtgens 2022; Kerr-Lewis 2022 bezüglich des South Kensington Museums (dem heutigen Victoria & Albert Museum) in London 2023; zur Donatello-Rezeption in den Vereinigten Staaten von Amerika siehe Dunkelman 2022.
10 Kerr-Lewis 2023; siehe ebenfalls die Beiträge in Catterson 2020.
11 Caglioti 2020, S. 35–36.
12 Marchand 2010, S. 64–65; Marchand 2021, S. 26 mit Anmerkung 19 für weitere Literatur.
13 Zu Donatellos Reliefs der *Madonna mit dem Kind* siehe Jolly 1998. Zur *Verona-Madonna* siehe den Beitrag von Marc Bormand in London 2023, S. 172–173 mit weiterführender Literatur.
14 Fehrenbach 2022, bes. S. 60–62.
15 Vgl. Anm. 11.
16 Vasari 1878–1885, 2. Bd, 1878, S. 247; Übersetzung aus dem Italienischen von Eckart Marchand.
17 Cennini 2019, S. 266–272; Gramaccini 2011, S. 68–71.
18 Vasari 1878–1885, 3. Bd, 1878, S. 384–386.
19 Gramacini 2011, S. 60.
20 Chellini 1984, S. 218, Übersetzung aus dem Italienischen von Eckart Marchand.
21 Peta Motture in London 2023, S. 164–165.
22 Ebenda; Motture verweist auf Famularo 2020, S. 107–110 bezüglich Donatellos möglicher Zusammenarbeit mit einer Florentiner Glasshütte und auf McCray 1999, S. 133 bezüglich

NOTES

1 Goldthwaite 1980, esp. pp. 397–425; Goldthwaite 1993, esp. pp. 176–255.
2 Sénéchal 2012; Marchand 2021, p. 27.
3 These professionals were predominantly, but not exclusively, male as it was, e.g., impossible for a woman to run a workshop; for women sculptors see, e.g., Frasca-Rath 2024 (with further bibliography).
4 Myssok 1999, p. 11; Marchand 2007, p. 196; and Marchand forthcoming.
5 On Donatello's training as a goldsmith and its impact on his sculptural work, see Bloch 2023; Wright 2020; and Wright 2023, pp. 35–37. For an accessible overview of his early career, see Coonin 2019, pp. 9–56.
6 For the terracotta *Joshua*, see Caglioti 2020, pp. 36–37.
7 For a general discussion of Donatello's time in Padua, see Coonin 2019, pp. 169–206. See also the sections on Padua and Northern Italy in Florence 2022, pp. 278–309; Berlin 2022, pp. 259–281; and London 2023, pp. 201–215.
8 Vasari 1912–1915, vol. 2, 1912, pp. 254–55. On Ottley, see Gentilini 1985, p. 372.
9 See Gentilini 1985 for the reception of Donatello in the nineteenth century in Italy and beyond; Gaehtgens 2022 for Bode and the Berlin Museums; Kerr-Lewis 2022 for the South Kensington Museum (today's Victoria & Albert Museum) in London; and Dunkelman 2022 for the United States.
10 Kerr-Lewis 2023; see also the contributions in Catterson 2020.
11 Caglioti 2020, pp. 35–36.
12 Marchand 2010, pp. 64–65; Marchand 2021, p. 26 with n. 19 for further literature.
13 On Donatello's Virgin and Child reliefs, see Jolly 1998. On the *Verona Madonna*, see the entry by Marc Bormand in London 2023, pp. 172–173, with further bibliography on the general phenomenon.
14 Fehrenbach 2022, esp. pp. 60–62.
15 Cf. note 11.
16 Vasari 1912–1915, vol. 2, 1912, p. 247.
17 Cennini (1933) 1960, pp. 123–131; Gramaccini 2011, pp. 68–71.
18 Vasari 1912–1915, vol. 3, 1912, p. 279.
19 Gramacini 2011, p. 60.
20 Chellini 1984, p. 218; translation by Peta Motture in London 2023, p. 165.
21 Peta Motture in London 2023, pp. 164–165.
22 Ibid. Motture refers to Famularo 2020, pp. 107–110 for Donatello's potential collaboration with Florentine glass-houses, and to McCray 1999, p. 133 for the mention of bronze moulds in the 1508 inventory of the Dragani family glass-house in Murano.
23 The use of textile fabric was first recognized by the conservator Bruno Bearzi who also proposed the use of casts after body parts (Bearzi (1940) 1988). This second point has since been strongly questioned; in his fundamental work on the

der Erwähnung von Bronzeformen im Inventar von 1508 der Glasshütte der Familie Dragani in Murano.

23 Die Verwendung von Textilien im Abgussmodell wurde zuerst von dem Restaurator Bruno Bearzi erkannt. Bearzi argumentierte auch, dass Donatello Abgüsse nach menschlichen Körperteilen eingesetzt hatte (Bearzi [1940] 1988). Dies wurde seither stark in Frage gestellt. In seiner grundlegenden Studie zu den bei der Judith-Gruppe verwendeten Gusstechniken hat Richard Stone jedoch dafür plädiert, diese Frage erneut in Erwägung zu ziehen (Stone 2001, S. 59–67). Für die Diskussion dieser Frage bin ich Peta Motture zu Dank verpflichtet.

24 Zur Rezeption antik-römischer Porträts im Florenz des 15. Jahrhunderts siehe Sabrina Villani in London 2023, S. 144; siehe ebenfalls Marchand 2004, S. 5–6.

25 Marchand 2007, S. 200–206. Siehe die jüngsten Katalogbeiträge von Amy Bloch in London 2023, S. 134–135 und Neville Rowley in Florenz 2022, S. 214–216 und 220–221 und in Berlin 2022, S. 202–207. Während der Mosaikhintergrund erst nach der Installation der Tafeln vervollständigt wurde, liegt es nahe anzunehmen, dass der Großteil noch in der Werkstatt angebracht wurde, vgl. Aldrovandi, Casciani 2000, S. 141. Rowley in Florenz 2022 (S. 217–218 und 222–223) diskutiert die Zeichnungen der Pisanello-Werkstatt mit Bezug auf Donatellos Marmorreliefs.

26 Marchand 2007, S. 202.

27 Zu den Abgüssen in der Wallace Collection siehe Marchand 2007, S. 201–202 mit Anm. 23.

28 Vasari 1878–1885, 3. Bd, 1878, S. 296–297; Marchand 2007, S. 197.

29 Zur Sammlung Mantova Benavides siehe Marchand 2007, S. 213–14 mit Anm. 45 und insbesondere Favaretto, Menegazzi 2013. Zum Abguss des Reliefs siehe Luisa Attardis Beitrag ebenda, S. 123–124.

30 Marchand 2010, S. 62 mit Anm. 55. Siehe ebenfalls Luisa Attardi in: Favaretto, Menegazzi 2013, S. 124–126, Sabine Hoffmann in Berlin 2022, S. 272 und Alexander J. Noelle in London 2023, S. 215.

31 Marchand 2010, S. 76–77.

32 Laura Chase in London 2023, S. 238.

33 Vgl. den ähnlichen Kommentar von Laura Chase in London 2023, S. 238.

metal casting techniques used for the Judith, however, Richard Stone argues for its reconsideration (Stone 2001, 59–67). I am grateful to Peta Motture for discussing this issue with me.

24 See Sabrina Villani in London 2023, p. 144, on the reception of ancient Roman portraits in fifteenth century Florence; see also Marchand 2004, pp. 5–6.

25 Marchand 2007, pp. 200–206. On the pulpit, see most recently the entries by Amy Bloch in London 2023, pp. 134–135 and Neville Rowley in Florence 2022, pp. 214–216 and 220–221, and in Berlin 2022, pp. 202–207. While the mosaic was only completed in situ, it is likely that most of it was applied in the workshop, cf. Aldrovandi, Casciani 2000, p.141. In Florence 2022 (pp. 217–218 and 222–223), Rowley also discusses the drawings from the Pisanello workshop in relation to the original reliefs.

26 Marchand 2007, p. 202.

27 On the reliefs in the Wallace collection, see Marchand 2007, pp. 201–202 with n. 23.

28 Vasari 1912–1915, vol. 3, 1912, p. 242; Marchand 2007, p. 197.

29 On the Mantova Benavides collection, see Marchand 2007, pp. 213–14 with n. 45 and, above all, Favaretto and Menegazzi 2013. For the cast after the Donatello relief, see Luisa Attardi's entry ibid., p. 123–124.

30 Marchand 2010, p. 62 with n. 55. See also Luisa Attardi in Favaretto, Menegazzi 2013, pp. 124–126; Sabine Hoffmann in Berlin 2022, p. 272; and Alexander J. Noelle in London 2023, p. 215.

31 Marchand 2010, pp. 76–77.

32 Laura Chase in London 2023, p. 238.

33 Cf. the comments by Laura Chase in London 2023, p. 238.

BIBLIOGRAFIE
LITERATURE

Akimova 2006 Ludmilla Akimova, ›Das Dresdner Albertinum und sein Moskauer »Sohn«‹, in Hexelschneider, Baranov, Burg 2006, 49–63.

Aldrovandi, Casciani 2000 Alfredo Aldrovandi, Alberto Casciani, ›Lettura e restauro del pulpito di Donatello‹, in Prato 2000, 133–173.

Alexandridis, Winkler-Horaček 2022 Annetta Alexandridis, Lorenz Winkler-Horaček (Hg./eds.), *Destroy the Copy. Plaster Cast Collections in the 19th–20th Centuries. Demolition, Defacement, Disposal in Europe and Beyond*, Berlin-Boston 2022.

Bearzi (1940) 1988 Bruno Bearzi, ›Considerazioni di tecnica sul »San Ludovico« e la »Giuditta« di Donatello‹ (1940), in Firenze 1988, 64–66.

Bloch 2023 Amy R. Bloch, ›Donatello's Origins: Sculpture and Goldsmithing‹, in London 2023, 20–33.

Bode 1887 Wilhelm Bode, *Italienische Bildhauer der Renaissance: Studien zur Geschichte der italienischen Plastik und Malerei auf Grund der Bildwerke und Gemälde in den Königl. Museen zu Berlin*, Berlin 1887.

Bode 1911 Wilhelm Bode, ›Die Aufstellung der italienischen Abgüsse im Erdgeschosz des Kaiser-Friedrich-Museums‹, *Amtliche Berichte*, XXXII, 10, Jul. 1911, 1–2.

Bode 1922 Wilhelm von Bode, *Fünfzig Jahre Museumsarbeit*, Bielefeld-Leipzig 1922.

Bode (1929) 1997 Wilhelm von Bode, *Mein Leben* (1929), Thomas Gaehtgens, Barbara Paul (Hg./eds.), Berlin 1997.

Caglioti 2003 Francesco Caglioti, ›Donatello e il Fonte Battesimale di Siena. Per una rivalutazione dello »Spiritello danzante« nel Museo Nazionale di Firenze‹, *Prospettiva*, 110–111, 2003, 18–29.

Caglioti 2012 Francesco Caglioti, ›Il »San Giovannino« mediceo di Michelangelo, da Firenze a Úbeda‹, *Prospettiva*, 145, 2012, 2–81.

Caglioti 2020 Francesco Caglioti, ›Donatello e la terracotta‹, in Padua 2020, 35–65.

Caputo Calloud 1991 Annarita Caputo Calloud, ›La dotazione di calchi di opere rinascimentali nell'Accademia di Belle Arti ed il centenario di Michelangelo (1784–1875)‹, in: *La scultura italiana dal XV al XX secolo nei calchi della Gipsoteca*, Firenze 1991, XVII–XXIX.

Caputo Calloud 1985 Annarita Caputo Calloud, ›Cultura, Didattica, Mercato del Calco in Gessi‹, in Firenze 1985a, XV–XXX.

Catterson 2020 Lynn Catterson (Hg./ed.), *Florence, Berlin and Beyond: Late Nineteenth-Century Art Markets and their Social Networks*, Leiden-Boston 2020.

Cennini (1933) 1960 Cennino Cennini, *The Craftsman's Handbook: ›Il libro dell'arte‹* (1933), New York 1960.

Cennini 2019 *Il ›Libro dell'arte‹ di Cennino Cennini: edizione critica e commento linguistico*, Veronica Ricotta (Hg./ed.), Milano 2019.

Chellini 1984 Giovanni Chellini, *Le ricordanze di Giovanni Chellini da San Miniato: medico, mercante e umanista*, Maria Teresa Sillano (Hg./ed.), Milano 1984.

Coonin 2019 A. Victor Coonin, *Donatello and the Dawn of Renaissance Art*, London 2019.

Crocquevieille 2021 Guillaume Crocquevieille, ›»Rome n'est plus dans Rome …« mais dans la Cour vitrée. Le paradigme muséographique romain de la présentation des moulages dans la cour centrale du palais des Études à l'École des beaux-arts de Paris (1876–1970)‹, *In situ. Revue des patrimoines*, 43, 2021: https://journals.openedition.org/insitu/28842.

Daun 1915 Berthold Daun, ›Die Bemalung antiker Gipsabgüsse‹, *Museumskunde*, 9, 1915, S. 193.

Demmler 1933 Theodor Demmler, ›Die Neuaufstellung der italienischen Skulpturen im Erdgeschoss des Kaiser-Friedrich-Museums‹, *Berliner Museen*, LIV, 4, 1933, 68–71.

Di Loreto 2022 Pietro Di Loreto, ›Numero speciale: Francesco Caglioti, Donatello e il Rinascimento. Il successo di un progetto‹, *About art online*, Aug. 2022: https://www.aboutartonline.com/francesco-caglioti-donatello-e-il-rinascimento.

Dunkelman 2022 Martha Dunkelman, ›Augustus Saint-Gaudens, Donatello and America's Self-Image‹, *Sculpture Journal*, 31.4, 2022, 479–503.

Einholz 1996 Sibylle Einholz, ›Orte der Kontemplation und Erziehung. Zur Geschichte der Gipsabgusssammlungen in Berlin‹, in Berlin 1996, 11–40.

Falser 2013 Michael Falser, ›From Gaillon to Sanchi, from Vézelay to Angkor Wat. The Musée Indo-Chinois in Paris: A Transcultural Perspective on Architectural Museums‹, *RIHA Journal*, 0071, Jun. 2013: http://nbn-resolving.de/urn:nbn:de:101:1-2013072310921.

Famularo 2020 Jordan Famularo, *Gems and the Media of Italian Art, ca. 1450–ca. 1550*, PhD, Institute of Fine Arts, New York University, 2020.

Favaretto, Menegazzi 2013 Irene Favaretto, Alessandra Menegazzi (Hg./eds.), *Un museo di antichità nella Padova del Cinquecento: la raccolta di Marco Mantova Benavides all'Università di Padova, Museo di scienze archeologiche e d'arte*, Roma 2013.

Fehrenbach 2022 Frank Fehrenbach, ›Rilievo schiacciato: Donatello und die Kräfte der Skulptur‹, in Berlin 2022, 59–67.

Festschrift 1880 *Zur Geschichte der Königlichen Museen in Berlin: Festschrift zur Feier ihres fünfzigjährigen Bestehens am 3. August 1880*, Berlin 1880.

Frasca-Rath 2024 Anna Frasca-Rath, ›Imagining Women Wor-

king Stone: the Ancient Sculptor Marcia in Boccaccio's *De mulieribus* and Responses in Fifteenth- and Sixteenth-Century Art Literature‹, *Sculpture Journal*, 33.1, 2024, 13–27.

Freckmann, Nestler-Zapp 2000 Klaus Freckmann, Angela Nestler-Zapp (Hg./eds.), *Die Bildhauerfamilie Cauer. Künstlerische Gestaltungen und gesellschaftliche Vorgaben*, Köln 2000.

Frederiksen, Marchand 2010 Rune Frederiksen, Eckart Marchand (Hg./eds.), *Plaster Casts: Making, Collecting and Displaying from Classical Antiquity to the Present*, Berlin-New York 2010.

Gaehtgens 2022 Thomas W. Gaehtgens, ›Wilhelm von Bode und die Renaissance im deutschen Kaiserreich‹, in Berlin 2022, 85–103.

Gallipoli 2021 Milena Gallipoli, *La Victoria de las copias. Dinámicas de circulación y exhibición de calcos escultóricos en la consolidación de un canon estético occidental entre el Louvre y América (1863–1945)*, PhD, Escuela Interdisciplinaria de Altos Estudios Sociales, Universidad Nacional de San Martín, 2021: https://ri.unsam.edu.ar/handle/123456789/1654.

Generalverwaltung 1886 Generalverwaltung (Hg./ed.), *Führer durch die Königlichen Museen*, 6. Auflage, Berlin 1886.

Generalverwaltung 1914 Generalverwaltung (Hg./ed.), *Führer durch die Königlichen Museen zu Berlin. Das Kaiser-Friedrich-Museum*, 5. Auflage, Berlin-Leipzig 1914.

Generalverwaltung 1920 Generalverwaltung (Hg./ed.), *Führer durch die Königlichen Museen zu Berlin. Das Kaiser-Friedrich-Museum, 6. Auflage*, Berlin-Leipzig 1920.

Gentilini 1985 Giancarlo Gentilini, ›Donatello fra Sette e Ottocento‹, in Firenze 1985b, 363–389.

Giovannini 2007 Joseph Giovannini, ›Old Masters in Plaster. The Carnegie Museum of Art Lifts the Fig Leaf from its 100-year-old Collection of Plaster Casts‹, *Architect*, Nov. 2007, 67–71.

Giusti 1990 Annamaria Giusti, *Sculture da conservare. Studi per una tecnologia dei calchi*, Milano 1990.

Goldthwaite 1980 Richard A. Goldthwaite, *The Building of Renaissance Florence: An Economic and Social History*, Baltimore 1980.

Goldthwaite 1993 Richard A. Goldthwaite, *Wealth and the Demand for Art in Italy 1300–1600*, Baltimore 1993.

Gramaccini 2011 Norberto Gramaccini, ›Ideeller Besitz: Paduaner Gipsabgüsse des Quattrocento‹, in Jörg Probst (Hg./ed.), *Reproduktion: Techniken und Ideen von der Antike bis heute. Eine Einführung*, Berlin 2011, 58–83.

Grünwald 1910 Alois Grünwald, ›Über einige unechte Werke Michelangelos‹, *Münchner Jahrbuch der bildenden Kunst*, 5, 1910, 11–70.

Haak, Helfrich (2016) 2022 Christina Haak, Miguel Helfrich (Hg./eds.), *Casting. Ein analoger Weg ins Zeitalter der Digitalisierung? Ein Symposium zur Gipsformerei der Staatlichen Museen zu Berlin*, Heidelberg (2016) 2022.

Hettner 1881 Hermann Hettner, *Das Königliche Museum der Gypsabgüsse zu Dresden. 4. Auflage*, Dresden 1881.

Hexelschneider, Baranov, Burg 2006 Erhard Hexelschneider, Alexander Baranov, Tobias Burg (Hg./eds.), *In Moskau ein kleines Albertinum erbauen. Iwan Zwetajew und Georg Treu im Briefwechsel (1881–1913)*, Köln 2006.

Hiller von Gaertringen, Helfrich 2012 Hans Georg Hiller von Gaertringen, Miguel Helfrich (Hg./eds.), *Meisterwerke der Gipsformerei. Kunstmanufaktur der Staatlichen Museen zu Berlin seit 1819*, München 2012. Janson 1957 H. W. Janson, *The Sculpture of Donatello. Incorporating the Notes and Photographs of the Late Jenö* Lányi, Princeton 1957.

Jolly 1998 Anna Jolly, *Madonnas by Donatello and his Circle*, New York *et al.* 1998.

Kammel 1996 Frank Matthias Kammel, ›Die Sammlung der Abgüsse von Bildwerken der christlichen Epochen an den Berliner Museen‹, in Berlin 1996, 41–66.

Kenworthy-Browne 2006 John Kenworthy-Browne, ›Plaster Casts for the Crystal Palace, Sydenham‹, *Sculpture Journal*, 15.2, 2006, 173–198.

Kerr-Lewis 2022 Whitney Kerr-Lewis, ›Donatello in London: Eine Geschichte aus South Kensington‹, in Berlin 2022, 105–117.

Kerr-Lewis 2023 Whitney Kerr-Lewis, ›Imitators, Copyists, Forgers: Emulating Donatello in the Nineteenth Century‹, in London 2023, 89–99.

Kiderlen 2006 Moritz Kiderlen, *Die Sammlung der Gipsabgüsse von Anton Raphael Mengs in Dresden. Katalog der Abgüsse, Rekonstruktionen, Nachbildungen und Modelle aus dem römischen Nachlass des Malers in der Skulpturensammlung, Staatliche Kunstsammlungen Dresden*, München 2006.

Lasunción Ascanio 2022 Montserrat Lasunción Ascanio, ›Reconstruyendo los procesos de reproducción de monumentos la huella sobre los grandes formatos del siglo XIX‹, *RA: Revista de Arquitectura*, 24, 2022, 139–153 (*Replicas. Architecture as Copy or Invention / Réplicas. Arquitectura como copia o invención*).

Lending 2017 Mari Lending, *Plaster Monuments. Architecture and the Power of Reproduction*, Princeton-Oxford 2017.

Marchand 2004 Eckart Marchand, ›Exemplary gestures and »authentic« physiognomy‹, *Apollo*, 159/506, 2004, 3–11.

Marchand 2007 Eckart Marchand, ›Reproducing Relief: The Use and Status of Plaster Casts in the Italian Renaissance‹, in Donald Cooper, Marika Leino (Hg./eds.), *Depth of Field: Relief sculpture in Renaissance Italy*, Oxford *et al.* 2007, 191–221.

Marchand 2010 Eckart Marchand, ›Plaster and Plaster Casts in Renaissance Italy‹, in Frederiksen, Marchand 2010, 49–79.

Marchand 2021 Eckart Marchand, ›Plaster Sculpture between Painting and Architecture‹, *Techné*, 51, 2021, 23–31 (*Reliefs en stuc de la Renaissance italienne*).

Marchand 2022 Eckart Marchand, ›The Plaster Cast Collection of the Museum of Fine Arts, Budapest‹, *The Burlington Magazine*, CLXIV, 1431, 2022, 602–606.

Marchand im Erscheinen/forthcoming Eckart Marchand, ›Italy, France, and the Origin of the Full-Scale Plaster Cast Model‹, in Abbey L. R. Ellis, Emma M. Payne, William T. Wootton (Hg./eds.), *Ancient Plaster: Casting Light on a Forgotten Sculptural*

Material (*Proceedings of the British Academy*), im Erscheinen/forthcoming.

McCray 1999 Patrick McCray, *Glassmaking in Renaissance Venice. The Fragile Craft*, Aldershot- Brookfield, VT 1999.

Myssok 1999 Johannes Myssok, *Bildhauerische Konzepte und plastisches Modell in der Renaissance*, Münster 1999.

Negrete Plano 2009 Almudena Negrete Plano, *La colección de vaciados de escultura que Antonio Rafael Mengs donó a Carlos III para la Real Academia de Bellas Artes de San Fernando*, PhD, Universidade Complutense de Madrid, 2009.

Noack 1927 Friedrich Noack, *Das Deutschtum in Rom seit dem Ausgang des Mittelalters*, Stuttgart 1927.

Pallat 1959 Ludwig Pallat, *Richard Schöne, General Direktor der Königlichen Museen zu Berlin. Ein Beitrag zur Geschichte der preußischen Kunstverwaltung 1872–1905*, Berlin 1959.

Paoletti (1967) 1979 John T. Paoletti, *The Siena Baptistry Font. A Study of An Early Renaissance Collaborative Program, 1416–1434* (PhD, Yale University, 1967), New York-London 1979.

Papadopoulos 2025 Ulrike Papadopoulos, ›Die Berliner Gipsformerei im 19. Jahrhundert – Von der Idee im Königlichen Lagerhaus bis zur weltweit größten Gipsformerei in Charlottenburg‹, in Tocha 2025.

Platz-Horster 2012 Gertrud Platz-Horster, *Die Gipssammlung im Neuen Museum – Ausstattung und Aufstellung*, in Berlin 2012, 57–68.

Rizzo 2023 Giuseppe Rizzo, *Il Grand Tour in Italia dei duchi di Sutherland (1838–1839) e la genesi del neo-Rinascimento tra Firenze e l'Inghilterra*, PhD, Ruprecht-Karls-Universität Heidelberg, 2023: http://archiv.ub.uni-heidelberg.de/artdok/volltexte/2023/8532.

Roettgen 2010 Steffi Roettgen, ›Abbild und Urbild im Dialog: Zur Abformung von Ghibertis »Porta di mezzo«‹, in Wojciech Marcinkowski (Hg./ed.), *Plaster Casts of the Works of Art: History of Collections, Conservation, Exhibition Practice*, Kraków 2010, 64–93.

Rózsavölgyi 2021 Andrea Rózsavölgyi, ›The Meeting of Past and Present. The Museum of Fine Arts' Plaster Cast Collection of Medieval and Renaissance Sculpture‹, in Szőcs 2021a, 130–157.

Rowley 2016 Neville Rowley, ›Putto mit Tamburin‹ (2016), Staatliche Museen zu Berlin. Sammlungen Online: https://id.smb.museum/object/868091/putto-mit-tamburin.

Rowley 2022 Neville Rowley, *Donatello berlinese*, Roma 2022.

Schottmüller 1911 Frida Schottmüller, ›Die Gipsabgüsse nach italienischen Skulpturen im Kaiser-Friedrich-Museum‹, *Vossische Zeitung*, 257, 28.05.1911.

Sedlarz 2012 Claudia Sedlarz, ›Zu den Abgüssen der Berliner Akademie der Künste von 1750 bis 1815‹, in Berlin 2012, 29–50.

Sénéchal 2012 Philippe Sénéchal, ›L'éclat du sombre? Terres cuites façon bronze de la Renaissance italienne‹, *Technè*, 36, 2012, 26–33 (*Terres cuites de la Renaissance: matière et couleur*).

Société des Nations 1928 Société des Nations: Institut International de la Coopération Intellectuelle, *La coopération des Ateliers et Musées de Moulage, Mouseion*, 4, Apr. 1928 (Beiheft/attachment).

Stone 2001 Richard E. Stone, ›A New Interpretation of the Casting of Donatello's »Judith and Holofernes«‹ in Debra Pincus (Hg./ed.), *Small Bronzes in the Renaissance*, Washington D.C. 2001, 55–69 (*Studies in the History of Art*, 62).

Szőcs 2021a Miriam Szőcs, *Rebirth of a Collection. The Plaster Casts of the Museum of Fine Arts, Budapest in the Renewed Star Fortress in Komárom*, Budapest 2021.

Szőcs 2021b Miriam Szőcs, ›Restoration of a Collection. The Museum of Fine Arts' Medieval and Renaissance Plaster Cast Collection after World War II 2021‹, in Szőcs 2021a, 158–183.

Tocha 2025 Veronika Tocha, mit/with Aurelia Badde, Thomas Schelper (Hg. / eds.), *Formen und Modelle nach verlorenen Originalbildwerken der Berliner Museen im Bestand der Gipsformerei der Staatlichen Museen zu Berlin*, Berlin 2025 in Vorbereitung/in preparation.

Trusted 2022 Marjorie (Holly) Trusted, ›The Making and Meaning of Plaster Casts in the Nineteenth Century. Their Future in the Twenty-First Century‹, in Helfrich, Haak (2016) 2022, 148–169.

Vasari 1878–1885 Giorgio Vasari, *Le Vite de' più eccellenti pittori scultori ed architettori*, Gaetano Milanesi (Hg./ed.), Firenze 1878–1885.

Vasari 1912–1915 Giorgio Vasari, *Lives of the Most Eminent Painters, Sculptors & Architects*, London 1912–1915.

Voci 2010 Anna Maria Voci, ›Wilhelm Bode e il falso Michelangelo‹, *Marburger Jahrbuch für Kunstwissenschaft*, 37, 2010, 265–278.

Wölfflin 1891 Heinrich Wölfflin, *Die Jugendwerke des Michelangelo*, München 1891.

Wölfflin 1896 Heinrich Wölfflin, ›Wie man Skulptur aufnehmen soll. I‹, *Zeitschrift für bildende Künste*, 7, 1896, 224–228.

Wölfflin 1897 Heinrich Wölfflin, ›Wie man Skulptur aufnehmen soll. II‹, *Zeitschrift für bildende Künste*, 8, 1897, 294–297.

Wölfflin 1915a Heinrich Wölfflin, *Kunstgeschichtliche Grundbegriffe. Das Problem der Stilentwickelung in der neueren Kunst*, München 1915.

Wölfflin 1915b Heinrich Wölfflin, ›Wie man Skulptur aufnehmen soll? (Probleme der Italienischen Renaissance)‹, *Zeitschrift für bildende Künste*, 26, 1915, 237–244.

Wölfflin 2008 Heinrich Wölfflin, *Fotografare la scultura*, Benedetta Cestelli Guidi (Hg./ed.), Mantova 2008.

Wright 2020 Alison Wright, ›The Politics of the Gilded Body in Early Florentine Statuary‹, *Sculpture Journal*, 29.2, 2020, 131–158.

Wright 2023 Alison Wright, ›Making and Viewing: Encountering Donatello's Sculpture‹, in London 2023, 34–47.

Ausstellungskataloge

Exhibition catalogues

Berlin 1995 Volker Krahn (Hg./ed.), *Von allen Seiten schön. Bronzen der Renaissance und des Barock. Wilhelm von Bode zum 150. Geburtstag* (Berlin, Altes Museum, 1995–1996), Heidelberg, 1995.

Berlin 1996 Hartmut Krohm (Hg./ed.), *Meisterwerke mittelalterlicher Skulptur. Die Berliner Gipsabgusssammlung* (Berlin, Bode-Museum, 1996), Berlin 1996.

Berlin 2012 Nele Schröder-Griebel, Lorenz Winkler-Horaček (Hg./eds.), *... von gestern bis morgen ...: Zur Geschichte der Berliner Gipsabguss-Sammlung(en)* (Berlin, Abguss-Sammlung Antiker Plastik, 2012), Rahden 2012.

Berlin 2019 Christina Haak, Miguel Helfrich, Veronika Tocha (Hg./eds.), *Nah am Leben. 200 Jahre Gipsformerei* (Berlin, James-Simon-Galerie, 2019–2020), München-New York 2019.

Berlin 2022 Neville Rowley, mit/with Francesco Caglioti, Laura Cavazzini, Aldo Galli (Hg./eds.), *Donatello. Erfinder der Renaissance* (Berlin, Gemäldegalerie, 2022–2023), Leipzig 2022.

Firenze 1985a Luisella Bernardini, Annarita Caputo Calloud, Mila Mastrorocco (Hg./eds.), *Donatello e il primo Rinascimento nei calchi della Gipsoteca* (Firenze, Istituto Statale d'Arte, 1985–1986), Firenze 1985.

Firenze 1985b Paola Barocchi *et al.* (Hg./eds.), *Omaggio a Donatello: Donatello e la storia del Museo* (Firenze, Museo Nazionale del Bargello, 1985–1986), Firenze 1985.

Firenze 1988 Loretta Dolcini (Hg./ed.), *Donatello e il restauro della Giuditta* (Firenze, Palazzo Vecchio, 1988), Firenze 1988.

Firenze 2022 Francesco Caglioti, mit/with Laura Cavazzini, Aldo Galli, Neville Rowley (Hg./eds.), *Donatello: Il Rinascimento* (Firenze, Palazzo Strozzi-Museo Nazionale del Bargello, 2022), Venezia 2022.

London 2023 Peta Motture (Hg./ed.), *Donatello: Sculpting the Renaissance* (London, Victoria and Albert Museum, 2023), London 2023.

Padua 2020 Andrea Nante, Carlo Cavalli, Aldo Galli (Hg./eds.), *A nostra immagine. Scultura in terracotta del Rinascimento da Donatello a Riccio* (Padova, Museo Diocesano, 2020), Verona 2020.

Prato 2000 Anna Maria Giusti (Hg./ed.), *Donatello restaurato: i marmi del pulpito di Prato* (Prato, Museo dell'Opera del Duomo, 2000), Siena 2000.

Siena 2010 Max Seidel *et al.* (Hg./eds.), *Da Jacopo della Quercia a Donatello. Le arti a Siena nel primo Rinascimento* (Siena, Santa Maria della Scala-Opera della Metropolitana-Pinacoteca Nazionale, 2010), Milano 2010.

Archivalien

Archive

Budapest, Szépművészeti Múzeum, Archívum
- 1227/1907
- 1748/1907

Berlin, Zentralarchiv der Staatlichen Museen zu Berlin
- I/SKS 94
- I/SKS 17

Dresden, Archiv der Staatlichen Kunstsammlungen
- SKD 01/SKS 83

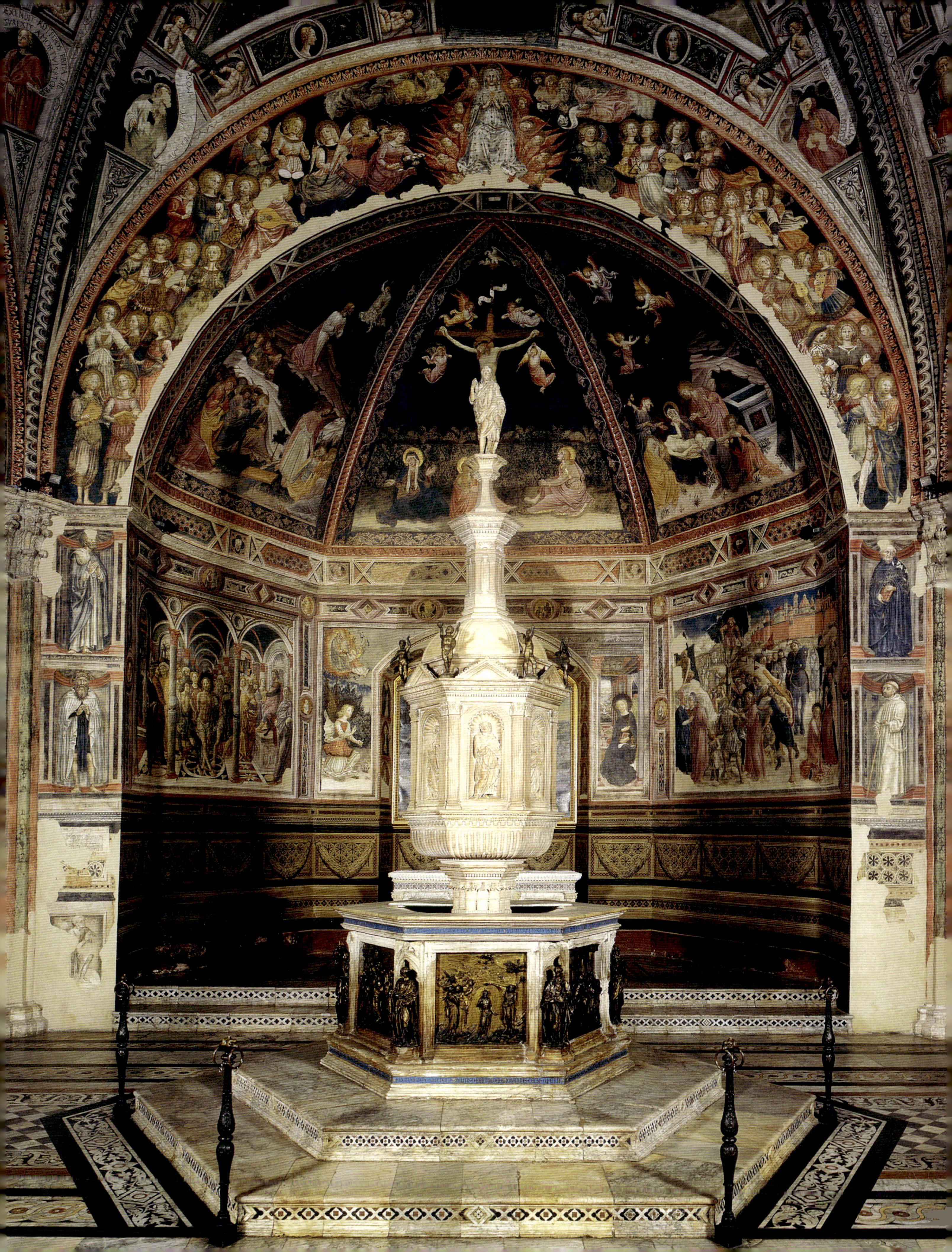

BILDNACHWEISE
PHOTO CREDITS

Einleitung / Introduction
(S. / pp. 16–21)
1, 2: Staatliche Museen zu Berlin, Gipsformerei / Fabian Fröhlich

Fotoessay / Photo essay **I–V**
(S. / pp. 22–33, 54–65, 90–101, 124–135, 160–165)
Staatliche Museen zu Berlin, Gipsformerei / Fabian Fröhlich

Beitrag / Contribution **Veronika Tocha**
(S. / pp. 66–89)
1, 2: Fotosammlung / photo collection Norbert Franken; 3: Staatliche Museen zu Berlin, Kunstbibliothek / Veronika Tocha; 4: Staatliche Museen zu Berlin, Skulpturensammlung, Archiv; 5, 6: Staatliche Museen zu Berlin, Gipsformerei / Dietmar Katz, 2024; 7: Staatliche Kunstsammlungen Dresden, Skulpturensammlung / Hermann Krone; 8–10: Staatliche Kunstsammlungen Dresden, Skulpturensammlung / Reinhard Seurig; 11, 12: Victoria & Albert Museum, London; 13, 14: Carnegie Museum of Art Archives, Pittsburgh; 15: MTI photo: Zoltán Pólya; 16: Szépművészeti Múzeum Budapest / Gellért Áment, 2021; 17: Gossudarstwenny musei isobrasitelnych iskusstw imeni A. S. Puschkina / Vasily Rastorguev

Beitrag / Contribution **Aurelia Badde**
(S. / pp. 104–123)
1: Staatliche Museen zu Berlin, Gipsformerei / Thomas Schelper; 2–32: Staatliche Museen zu Berlin, Gipsformerei / Aurelia Badde

Beitrag / Contribution **Neville Rowley**
(S. / pp. 139–159)
1, 2: Staatliche Museen zu Berlin, Kunstbibliothek; 3, 5: Staatliche Museen zu Berlin, Skulpturensammlung / Antje Voigt; 4, 6–12: Fondazione Federico Zeri, Fototeca

Beitrag / Contribution **Eckart Marchand**
(S. / pp. 166–181)
1: Musée du Louvre, Dist. GrandPalais Rmn / Pierre Philibert, 2008; 2: Staatliche Museen zu Berlin, Skulpturensammlung / Antje Voigt; 3, 4: Victoria & Albert Museum, London; 5, 6: Fondazione Federico Zeri, Fototeca; 7: Rijksmuseum, Amsterdam; 8: Staatliche Museen zu Berlin, Kupferstichkabinett / Jörg P. Anders; 9: Mit freundlicher Genehmigung der Universität Padua / Courtesy of the University of Padua; 10: Victoria and Albert Museum, London

Weitere Abbildungen / Further images
Frontispiz: Staatliche Museen zu Berlin, Gipsformerei / David von Becker
S. / pp. 6–7: Staatliche Museen zu Berlin, Gipsformerei / Philip Radowitz
S. / pp. 34, 36, 38: Staatliche Museen zu Berlin, Zentralarchiv, SMB-ZA, I/SKS 94
S. / pp. 102, 136: Staatliche Museen zu Berlin, Gipsformerei / Dietmar Katz, 2024
S. / p. 187: Photo Opera Metropolitana Siena / Scala, Florence

IMPRESSUM
IMPRINT

Diese Publikation erscheint anlässlich der Ausstellung
»Das Taufbecken von Siena. Geschichte, Restaurierung und Wiederaufstellung eines Gipsmodells«
This publication is published on the occasion of the exhibition
»The Baptismal Font from Siena. History, Restoration, and Reinstallation of a Plaster Cast Model«

Bode-Museum, Staatliche Museen zu Berlin
ab 20. Oktober 2024 / from 20 October 2024

Eine Ausstellung der Gipsformerei und der Skulpturensammlung der Staatlichen Museen zu Berlin
An exhibition by the Gipsformerei and the Skulpturensammlung of the Staatliche Museen zu Berlin

Leitung / Head Gipsformerei: Miguel Helfrich

Direktorin / Director Skulpturensammlung und Museum für Byzantinische Kunst:
Antje Scherner

Kommissarische Leitung / Acting Head Skulpturensammlung und Museum für Byzantinische Kunst:
Paul Hofmann

Die Restaurierung wurde großzügig gefördert von der / The restoration was generously funded by the
Ernst von Siemens Kunststiftung

Die Ausstellung wurde ermöglicht vom / The exhibition was made possible by the
Kaiser Friedrich Museumsverein

Mit Unterstützung von / With support by
Museum & Location

Die Publikation wurde ermöglicht von der / The publiction was made possible by the
Ernst von Siemens Kunststiftung und vom / and by the Kaiser Friedrich Museumsverein

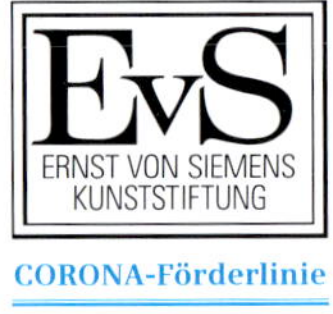

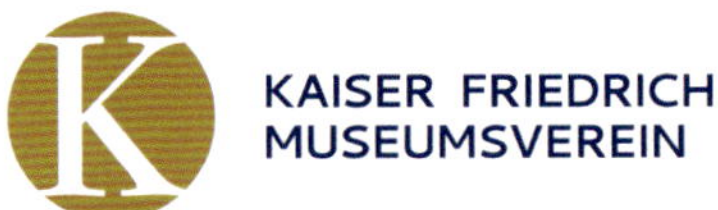

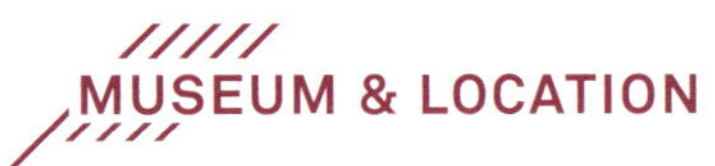

AUSSTELLUNG / EXHIBITION

Idee und Konzeption /
Idea and conception:
Neville Rowley, Veronika Tocha

Projektkoordination / Project coordination:
Andrea Müller

Restaurierung und Konservierung /
Restauration and conservation:
Aurelia Badde in Zusammenarbeit mit / in collaboration with Judith Kauffeldt und der / and the Gipsformerei

Projektteam / Project team **Gipsformerei:**
Günter Fromme, Stefan Kramer, Thomas Schelper
Unter Mitarbeit von / in collaboration with Lothar Bogdanski, Isabelle Irrgang, Daniel Meyer, Robin Schulz

Fotografie / Photography:
Fabian Fröhlich
Philip Radowitz

Videodokumentationen / Video documentations:
Retina Fabrik, Berlin

Ausstellungsgestaltung / Exhibition design:
SchroederRauch, Berlin

Aufbauteam / Preparation team **Skulpturensammlung:**
Boris Baradoy, Melanie Herrschaft

Technik und Logistik / Technology and logistics:
Björn Grothusen, Steffen Machnik, Axel Milde, Rainer Naumann, Rene Streithoff

Bildung und Vermittlung / Education:
Marie Fröde

Ausstellungsmanagement /
Exhibition management **Staatliche Museen:**
Maren Eichhorn, Jörg Völlnagel

Finanzmanagement / Finance management:
Constanze Arendt, Tonje Haugland, Christian Haubner, Berit Kintschil, Anja Robbel, Volko Steinig, Dirk Ueckert

Presse- und Öffentlichkeitsarbeit /
Press and Public Relations:
Fabian Fröhlich, Yvonne Geister, Mechtild Kronenberg, Daniel Rosengarten, Sven Stienen

PUBLIKATION / PUBLICATION

Für die Staatlichen Museen zu Berlin herausgegeben von /
For the Staatliche Museen zu Berlin edited by:
Neville Rowley und / and Veronika Tocha

Textbeiträge / Contributions:
Aurelia Badde, Eckart Marchand, Ricardo Mendonça, Neville Rowley, Veronika Tocha

Fotografien / Photographs:
Fabian Fröhlich
sowie / as well as David von Becker und / and Philip Radowitz

Übersetzung / Translation:
Eckart Marchand

Publikationsmanagement /
Publication management **Staatliche Museen:**
Marika Mäder, Angelika C. Walther, Sigrid Wollmeiner

Projektmanagement Verlag /
Project management publishing house:
Isabell Schlott

Lektorat Deutsch / Editing German:
Isabell Schlott, Veronika Tocha

Lektorat Englisch / Editing English:
Nigel Blake

Umschlagabbildungen / **Cover illustrations:**

Formmodell des Taufbeckens von Siena (Detail) / Moulding model of the Siena Baptismal Font (detail), 1876,
Staatliche Museen zu Berlin, Gipsformerei / Fabian Fröhlich

Donatello, *Putto mit Tamburin* / *Putto with a Tambourine*, 1429,
Staatliche Museen zu Berlin, Skulpturensammlung / Jörg P. Anders

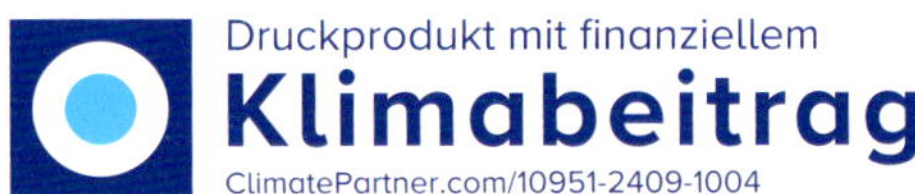

Bibliographische Informationen der Deutschen Nationalbibliothek: Die Deutsche Nationalbibliothek verzeichnet diese Publikation in der Deutschen Nationalbibliographie; detaillierte bibliographische Daten sind im Internet über https://dnb.de abrufbar.

1. Auflage 2024

Leibnizstraße 13, 93055 Regensburg
Umschlag und Satz: typegerecht berlin
Druck: Gutenberg Beuys Feindruckerei GmbH, Langenhagen

ISBN 978-3-7954-3975-0

Weitere Informationen zum Verlagsprogramm erhalten Sie unter: www.schnell-und-steiner.de

Die Staatlichen Museen zu Berlin finden sie unter: www.smb.museum

Bibliographic information published by the Deutsche Nationalbibliothek: The Deutsche Nationalbibliothek lists this publication in the Deutsche Nationalbibliografie; detailed bibliographic data are available on the Internet at: https://dnb.de

First edition 2024

Leibnizstraße 13, 93055 Regensburg
Layout and Coverdesign: typegerecht berlin
Print: Gutenberg Beuys Feindruckerei GmbH, Langenhagen

ISBN 978-3-7954-3975-0

Further information about our publications can be found at: www.schnell-und-steiner.de

The Staatliche Museen zu Berlin can be found at: www.smb.museum